AUTOBIOGRAFÍA
DE UN PINCHE GÜEY

AUTOBIOGRAFÍA DE UN PINCHE GÜEY

La fuga de la normalidad

PREM DAYAL

Grijalbo

Autobiografía de un pinche güey
La fuga de la normalidad

Primera edición: octubre, 2017

D. R. © 2017, Prem Dayal

D. R. © 2017, derechos de edición mundiales en lengua castellana:
Penguin Random House Grupo Editorial, S. A. de C. V.
Blvd. Miguel de Cervantes Saavedra núm. 301, 1er piso,
colonia Granada, delegación Miguel Hidalgo, C. P. 11520,
Ciudad de México

www.megustaleer.com.mx

D. R. © 2017, Andrea Mori y Maya Mori, por el mapa de interiores
Penguin Random House Grupo Editorial apoya la protección del *copyright*.
El *copyright* estimula la creatividad, defiende la diversidad en el ámbito de las ideas y el conocimiento,
promueve la libre expresión y favorece una cultura viva. Gracias por comprar una edición autorizada
de este libro y por respetar las leyes del Derecho de Autor y *copyright*. Al hacerlo está respaldando a los autores
y permitiendo que PRHGE continúe publicando libros para todos los lectores.

Queda prohibido bajo las sanciones establecidas por las leyes escanear, reproducir total o parcialmente esta
obra por cualquier medio o procedimiento así como la distribución de ejemplares
mediante alquiler o préstamo público sin previa autorización.
Si necesita fotocopiar o escanear algún fragmento de esta obra diríjase a CemPro
(Centro Mexicano de Protección y Fomento de los Derechos de Autor, http://www.cempro.com.mx).

ISBN: 978-607-316-026-1

Impreso en México – *Printed in Mexico*

El papel utilizado para la impresión de este libro ha sido fabricado a partir de madera procedente
de bosques y plantaciones gestionadas con los más altos estándares ambientales, garantizando
una explotación de los recursos sostenible con el medio ambiente y beneficiosa para las personas.

Penguin
Random House
Grupo Editorial

ÍNDICE

Vi las mejores mentes de mi generación destruidas por la locura, hambrientas histéricas desnudas, arrastrándose por las calles de los negros al amanecer en busca de un colérico pinchazo, hipsters con cabezas de ángel ardiendo por la antigua conexión celestial con el estrellado dínamo de la maquinaria nocturna, que pobres y harapientos y ojerosos y drogados pasaron la noche fumando en la oscuridad sobrenatural de apartamentos de agua fría, flotando sobre las cimas de las ciudades contemplando jazz...

ALLEN GINSBERG

Prefacio

Todos los que se enteraron de que estaba escribiendo una auto-biografía me dijeron: "¡Wow! ¡Qué bonita terapia!"

La verdad es que para mí este libro no ha sido ni una terapia ni una autobiografía. Mi separación del personaje cuyas aventuras cuento es tan grande que es como si hubiera narrado la historia de otro. Por eso no fue una terapia, porque aquel hombre al que había que "tera-pear" no existe más. Y tampoco es una autobiografía, porque el perso-naje que describo no es más yo mismo. Aquel personaje murió, o em-pezó a morir, el 18 de enero del 1993, el día en que termina este relato.

Ésta es una historia de redención, y como todas las redenciones, sucede cuando lo viejo muere y lo nuevo nace. A quien me pregunta qué diferencia hay entre el personaje que cuento y quien lo cuenta, le contesto: ninguna. El hombre descrito en estas páginas es el mismo que las ha escrito, con una sola pequeña, pero relevantísima, diferen-cia: el descrito está de cabeza respecto a quien lo describe. Aunque no haya alguna diferencia, por ejemplo, entre una silla patas pa' abajo y una patas pa' arriba, no se puede negar que la silla patas pa' arriba no es más una silla.

La historia del niño, del muchacho y del hombre que fui es perfecta, como lo es todo lo que ha muerto, porque sólo un loco podría pensar en interferir en los misteriosos diseños que usa la existencia para traernos hasta donde estamos en este momento. La lógica no es parte de la existencia; el misterio es el único elemento que hace aceptable la realidad y que es capaz de transformar en "necesario" lo que la lógica condena como "equivocado".

Así pues, ésta es una la historia de "errores" necesarios.

Prem Dayal

Introducción

Fue así que de pronto me encontré, sin haber cumplido siquiera los veintitrés años, esperando mi jubilación. Casado, empleado de un banco, con la agravante de un hijo, estaba prácticamente jodido. Sin darme apenas cuenta, ya me había llevado entre las patas la tierra de la fantasía y de la aventura para encerrarme en esa fortaleza llamada "normalidad", donde la certeza del futuro borra el entusiasmo a cambio de una aparente seguridad. Y detrás de aquellos muros donde la sorpresa generalmente sólo se manifiesta bajo la forma de accidente, veía pasar los sueños de todos los hombres quienes, como yo, habían saboreado, al menos por un momento, la emoción de no tener confines, de superar los límites del destino familiar y de dedicarse sin oficio ni beneficio a esas cosas que, deplorables o no, te hacen sentir vivo, como crear, destruir, inventar, equivocarse, retar, conquistar o incluso arriesgar la propia vida y la ajena por fútiles motivos.

Pero ya era demasiado tarde. No tengo idea de cómo caí en la trampa; no sé en qué momento abandoné la piel del animal salvaje para ponerme la del animal doméstico. ¿En qué momento le di la espalda a los infinitos horizontes de la libertad para limitar mis movimientos al estrecho recorrido de una rata de laboratorio? Siempre el mismo recorrido, bajo las luces atentas de ese experimento llamado "normalidad": casa, preparar al niño, ir en auto hasta la casa de mi suegra, entregar al "bultito", llegar al banco, subir hasta el quinto piso, llegar a mi escritorio, bajar para ir a tomar el capuchino en la cafetería que está a dos cuadras —siempre la misma—, volver a subir hasta el quinto piso, bajar a la hora de la comida y recorrer las cuatro cuadras —siempre las mismas— que me separaban de la Casa del Bocadillo, subir de nuevo, bajar de nuevo... salir a las cinco de la tarde, hacer las compras sin ganas ni hambre, pasar a casa de mi suegra y recoger al "bultito", volver a casa, dar de comer a los perros y al "bultito", un poco de televisión... y luego a la cama a descansar para estar listo a la mañana siguiente y volver a hacer el mismo recorrido. Estaba jodido. Y estaban jodidos también quienes me amaban y por diversos motivos estaban unidos a mi vida, porque sentía que, de una manera o de otra, me los había llevado entre las patas de mi desesperación.

Y vaya que había intentado ser "normal". ¡Dios sabe cuánto lo había intentado! Había intentado fingir ser quien no era, había intentado interpretar a ese personaje que toda la sociedad había esperado siempre que interpretara y que desde niño había tratado de evitar con todas mis fuerzas. A pesar de mis ideas de "hacer el amor y no la guerra", me había rendido a "servir a la patria" regalando un año de mi vida al servicio militar, tal como en aquel entonces era obligatorio para todo ciudadano italiano; a pesar de no creer en el matrimonio y de odiar la religión, para hacer feliz a la familia de mis suegros me casé y, para colmo, ¡por la Iglesia!... pero, sobre todo, ¡había aceptado entrar a trabajar en el banco!, coronando así el sueño de mi padre y de mi madre, quienes con un suspiro de alivio se liberaron del creciente terror de no lograr que su hijo se sometiera al yugo de la "normalidad".

Durante los primeros días de trabajo lo intenté. ¡Dios sabe que lo intenté! Hasta tenía un aspecto decente. Y aunque sentía que llevaba encima un cilicio, usaba traje y corbata como todo un empleado modelo; daba los buenos días y las buenas tardes como monito cilindrero; hablaba sin decir groserías, mordiéndome continuamente la lengua, y les hablaba de usted a todos, aunque me pareciera estar en medio de un juego de sociedad en que los niños fingen ser adultos; mi cabello, todavía traumatizado por la brutalidad del corte de la aeronáutica militar, se había adaptado al anonimato, renunciando al esplendor de los años de viaje de aventón, cuando, ondeando largos y rojizos en medio de las calles de la aventura, me habían conferido el estatus de hippie o, mejor dicho, de "hijo de las flores", y me habían regalado tal sensación de libertad al punto de darme incluso la ilusión de ser feliz.

Decidí escribir estas memorias porque eres muy pequeña como para que te las pueda contar ahora, y no quiero correr el riesgo de no tener el tiempo de hacerlo cuando tengas la edad para escucharlas. La historia de tu abuelo, o sea yo, no es la historia de un hombre famoso, no es para nada una historia ejemplar y mucho menos contiene gestas tan heroicas como para hacerse merecedora del título de "épica". No obstante, probablemente valga la pena contarla, porque es la historia de una inconsciente y desesperada búsqueda de la verdad; una búsqueda sin brújula ni mapa del tesoro; una búsqueda que pasa a través de los errores, los excesos, las confusiones y los desconciertos de quien arriesga la propia vida tratando de salvarse a sí mismo: salvarse del destino familiar, de las ideas comunes, de aquello que se da por sentado, de las costumbres, de las tradiciones impuestas, de los proyectos de los demás y del uso que la sociedad quiere hacer de cada uno de sus integrantes.

Ésta es la historia de un rescate, de una fuga: una fuga de la "normalidad".

El viaje del pinche güey

CAPÍTULO 1
LA INFANCIA

"Normalidad", para los niños, significa "ser únicos"; es decir, "no ser como los demás". De hecho, dado que venimos al mundo diferentes los unos de los otros, "ser único" es absolutamente normal y un claro síntoma de nuestra buena salud mental y espiritual. Por el contrario, tratar de "ser como los demás" es producto de un esfuerzo que nos aleja inevitablemente de nuestra naturaleza y, por lo tanto, nos vuelve "anormales", psicológicamente enfermos o, si así lo prefieres, neuróticos.

Desgraciadamente, en nuestras vidas, desde la infancia, aprendemos a invertir completamente el significado de estos dos términos, "normal" y "anormal", intercambiando uno por el otro. De hecho, a todos los niños se les hace creer que "ser normal" no significa ser "tú mismo", sino "ser como los demás". Y resulta que todas las veces que te traicionas a ti mismo para ser como los demás te dicen: "¡Bravo!". En cambio, todas las veces que no te importa cómo son los demás y permaneces fiel a ti mismo, te dicen que eres anormal. El resultado paradójico de esta confusión es un mundo en que todos se esfuerzan por ser como los demás y nadie trata de ser uno mismo. Si la neurosis es un trastorno de la personalidad, se deduce que esta humanidad está enferma en su conjunto, y no hay que sorprenderse que se comporte en forma tan estúpida como para generarse constantemente dolor a sí misma.

Sin embargo, antes de ser infectados por las ideas de esta humanidad enferma, los niños son sanos y no conciben ni por asomo la idea de renunciar a ser quienes son para convertirse en alguien que no son. Cuando somos niños, la idea de pertenecer a una determinada categoría es un sinsentido, porque en el estado natural sólo existe una categoría: la unicidad.

Cabellos rojizos

Yo también, como todos los niños, era único... más bien, en mi caso podría decir que era un poco "más único" que los demás, porque mi normal unicidad se acentuaba por dos características particulares: una física y una social. La física era que tenía el cabello rojizo, y en Sicilia, que fue el teatro más importante de mi infancia, era el único pelirrojo de la escuela y del vecindario. En cambio, la peculiaridad social estaba determinada por haber sido desde entonces un "forastero". A causa de los constantes traslados de mi padre —tu bisabuelo—, me encontré en la incómoda situación de hablar puliés en Toscana, toscano en Sicilia y siciliano en Apulia. Y si en Toscana era demasiado pequeño para darme cuenta de la desventaja, en Mesina y en Tarento fue todo un reto tratar de hablar un dialecto que no era el mío; y, como no lo lograba, tuve que aprender bien pronto a sacar los músculos que no tenía para defenderme de las burlas de los compañeros y ganarme el respeto de los demás.

Ya me imagino que ahora me preguntarás: "Pero, ¿por qué querías hablar en dialecto?". Porque el dialecto es el lenguaje de la calle y, desde que tengo memoria, la calle y las "malas compañías" han sido siempre mi punto de referencia. Después de todo, lo que estoy a punto de contarte, mi querida Inés, es una historia de calle y de malas compañías.

No me gustaban los juegos de casa, de niños buenos; nada más la idea de ser un niño bueno me avergonzaba, como si se tratara de una deformidad. Cualquier cosa que oliera a "normalidad" me hacía huir. No sé por qué era así, pero la "normalidad" me causaba horror. Tal vez dependía del hecho de que mi familia era normal, y yo no quería ser como ella. Pero ¡por caridad! ¡Mis padres no eran personas malas! ¡Al contrario! Fuera del tan común comportamiento criminal que lleva a todos los padres a aprovecharse de niños indefensos a fin de plasmarlos de acuerdo con sus propios deseos, sin tomar mínimamente en consideración las peculiaridades, el carácter y las inclinaciones naturales, en definitiva mis padres eran buena gente. Ningún tribunal soñaría con condenar a unos padres por cometer contra sus hijos crímenes como el chantaje, la amenaza, *el stalking,* la violencia o el abuso contra el menor, que generalmente se castigan con años de cárcel cuando se cometen en contra de personas adultas.

Mi aversión a la "normalidad" probablemente había madurado como una reacción ante la imagen de mi pobre padre, quien, agitando las manos delante su pecho, se desesperaba, agachándose hacia mí:

—Pero ¿por qué no eres un niño normal? ¿Por qué no eres como todos los demás?

O de mi madre, quien gruñía al no poderse rendir ante la evidencia de ser incapaz de forjar en su propio hijo la imagen "normal" del hombre que habría querido para ella.

En la escuela también me pedían que fuera "normal"; o sea, que fuera obediente, disciplinado, que no hiciera cosas "extrañas", que no me hiciera notar, que desapareciera en medio de la masa... en otras palabras, que dejara de existir. Y permanecía pasmado ante la deslumbrante contradicción a la que sometían a los niños: por un lado, se les proponían modelos de santos como Jesús, san Francisco y Juana de Arco, o de criminales como Napoleón, Alejandro Magno y Julio César, y por el otro lado esperaban que nos adaptáramos a vivir como el licenciado Pérez, el contador Hernández o mi padre y mi madre.

Ante la duda, yo fui uno de los que se atreven a alinearse con la banda de personajes que, sin importar si positivos o negativos, han tenido la capacidad de elevarse por encima de la calma plana de la "normalidad" para enriquecerla con una nueva nota musical o para turbarla con ruido.

Pero, mi querida Inés, ya que para aprender a emitir notas primero tienes que hacer mucho ruido, durante la primera mitad de mi vida, que es la que he decidido contarte, los acordes entonados fueron islas perdidas en medio de un mar de notas falsas... comenzando por mi infancia.

Era el año de 1962 cuando mi trío familiar, metido en un Fiat 1300 azul y atiborrado hasta el techo, cantando canciones viejas y nuevas, emprendió la marcha desde la Toscana y recorrió toda la península hacia el sur, hasta desembarcar en Sicilia. Como sabrás, Sicilia es una isla triangular que parece que siempre estuviera a punto de ser pateada por la punta de la bota italiana. De hecho, en mi fantasía de niño, cuando miraba el mapa, que ocupaba toda una pared de la casa de Montevarchi, me imaginaba que Cerdeña y Córcega formaban la figura de un portero que intentaría parar el balón triangular cuando finalmente esa simpática bota grandota se decidiera a patearlo.

Mi padre, que en aquel entonces todavía no desarrollaba ese terror a las corrientes de aire que caracterizaría su vejez, como un mascarón de proa con lentes se emplazó en el extremo de esa embarcación que unía la tierra firme con la isla, exponiéndose al viento de la aventura: sí gozó la masculina sensación de quien está dispuesto a enfrentar cualquier desafío, pero pagó las consecuencias del viento frío con una molesta diarrea que dejaría un estigma de deshonor en el recuerdo del intrépido abordaje a esa tierra desconocida que iba a conquistar con su orgulloso ascenso a "vicedirector-del-Banco-de-Roma-de-*Mesina*".

Aquél fue el año del debut de los Rolling Stones y de Andy Warhol; nacieron Hulk, Diabolik, Superman y el agente 007, mientras que Estados Unidos y Rusia aterrorizaron al mundo jugando a las vencidas apoyados en la isla de Cuba. Para mí, el '62 fue el inicio de mi transformación de "niño bueno" en piel de Judas.

Fue en el barrio Trapani donde comenzó mi historia callejera; un barrio de la periferia, donde un chico que se quisiera afirmar socialmente no sólo debía enfrentarse con sus semejantes, hijos de familias de obreros o de la pequeña burguesía, sino también con los chicos de un subproletariado que vivía en las barracas al abrigo de los edificios en construcción, que iban reduciendo progresivamente las zonas de campo que eran el territorio ilimitado de nuestras correrías.

Tardé un poco en adaptarme tanto a la nueva escuela y al nuevo dialecto como a ese pasaje —de los seis a los siete años—, el cual no sé por qué lo percibía, de manera totalmente arbitraria, como una transición de la infancia a la edad adulta. Desde ese momento la idea de pedir ayuda para que me defendieran se tornó en una deshonra insoportable de la cual, de un día para el otro, decidí que nunca me mancharía. "¡Yo puedo solo!", me dije. Y pude. Comencé a meter las narices fuera de casa, mezclándome entre los niños del patio, quienes me olisquearon con la misma curiosidad y desconfianza que un grupo de animales reserva para un nuevo sujeto de color y acento extraños; después pasé a la calle que estaba fuera del patio, y a fuerza de golpes les quité las ganas a los habitantes de ese territorio colindante de seguirme llamando "cuatro ojos" —apodo que los niños sicilianos endosaban a quien usara anteojos—; luego extendí mi radio de acción a las calles circundantes y, exhibiéndome en extremas pruebas de valor, conquisté el respeto incluso de los niños más fuertes y más grandes que yo; finalmente, ya como elemento integrante de los más nefastos del grupo, extendí mi dominio a todo el barrio, hasta infringir las fronteras de nuestro arrabal, traspasando los suburbios limítrofes, habitado por esos "peligrosos sujetos" que eran "nuestros enemigos".

Ya te imaginarás la sorpresa de tu pobre bisabuela, o sea, mi madre, cuando comenzaron a llegar las primeras quejas por todo tipo de travesuras en las que, entre tantos mocosos insolentes, su hijo se distinguía por sus inconfundibles cabellos rojizos. No podía creer que ese chiquillo en el que había volcado todas sus esperanzas de construir al hombre que siempre había querido —serio, gentil, interesante, culto, honesto, sincero, brillante y valiente— se le estuviera irremediablemente escapando de las manos.

Mi madre había heredado esas nobles aspiraciones de la seca atmósfera familiar en que había crecido. De hecho, su padre, es decir, mi abuelo, era un comunista de una pieza, quien había sacrificado la paz y la seguridad familiar por no quererse doblegar a la prepotencia del fascismo. Fue por esto que en los años treinta, después de padecer abusos y atropellos que frecuentemente lo obligaban a escapar de noche por entre los tejados, tuvo que dejar Santeramo, en el mero sur, para mudarse con toda la familia a un lugar para ellos más anónimo: Turín, en el mero norte. Era, pues, un hombre honesto, de férreos principios, quien torturó a toda la familia con su idealismo puro, su sentido de justicia, honestidad y el culto de una orgullosa pobreza.

Esta herencia moral-espiritual del abuelo materno que ella me inculcó se había arraigado en mí, pero por ironías del destino se había volcado en su contra. De hecho, recurrir a mentiras y a subterfugios me parecía humillante: un niño honesto, sincero e íntegro, como mi madre me había enseñado a ser, no recurre a subterfugios para defender sus derechos: lucha. Así que mis pobres padres, quienes, como todos, probablemente habrían preferido tenérselas que ver con un niño normalmente desobediente que dice mentiras para no incurrir en las represalias familiares, se encontraron con un pequeño Danton que los arengaba con argumentos a los que un padre, si no quiere ser violento o prepotente, no sabe ni cómo responder. Por ejemplo, cuando ellos me decían que no fuera a esas primitivas salas de juego donde los chicos más grandes fumaban y blasfemaban golpeando las primeras maquinitas de pinball que se asomaban al mundo, o cuando me prohibían ir en bicicleta en la circunvalación o me recomendaban no destruir todo lo que estaba a mi paso... yo no me limitaba a contravenir sus prohibiciones, sino que exponía abiertamente mi desobediencia al tribunal familiar, aplastando a los jueces con el cinismo de quien se sabe más fuerte que ellos. Con una arrogancia y una argucia que, imagino, dejaban de una pieza a la corte entera, sostenía que mi libertad personal estaba fuera de su alcance. Cierto que podían no darme dinero para jugar a las maquinitas —esto sí estaba en sus manos—, pero no me podían impedir físicamente ir a las salas de juego. Podían privarme de la bicicleta, pero no me podían impedir que la pidiera prestada para ir a donde quisiera. Claro que habrían podido secuestrarme y encerrarme en casa, pero, ¿por cuánto tiempo? Tarde o temprano me tendrían que haber dejado salir, y entonces la primera cosa que habría hecho habría sido ir a la sala de juegos, pedalear en la circunvalación, jugar a las pedradas, colarme en edificios en construcción, quemar lo primero que viera y hacer todas esas hermosísimas cosas que yo consideraba diversión.

Ponte en los zapatos de mis pobres padres. ¿Qué podían hacer? Un grito, un bofetón, un castigo… pero eran demasiado buenos como para sofocar mi inteligencia con la brutalidad con que frecuentemente se mantiene el orden en algunas familias. Para mi suerte, fueron bastante civilizados e inteligentes como para no ofender gravemente mi dignidad, comprometiendo por siempre la confianza en mí mismo. Por eso siempre les estaré agradecido. Probablemente presionar los botones de la violencia y de los castigos extremos en un temperamento como el mío me habría llevado a asumir, ya de adulto, como les pasa a muchos, un comportamiento criminal para hacer pagar a los otros, y a sí mismos, el precio de la propia humillación.

Pero por fortuna no fue así… o lo fue sólo en parte.

En aquellos años, que van desde los siete hasta los doce, hice todo tipo de locuras. No sé por qué, comencé a buscar la afirmación de mi individualidad relacionando la diversión con lo que tenía que ver con lo proscrito y lo que no se debía hacer. Esta característica me acompañó mucho tiempo en la edad adulta y todavía hoy no puedo ver una prohibición sin sentir la tentación de infringirla.

Mi madre, a pesar de los regaños, no dejaba de tratarme como al niño que le habría gustado tener y durante un tiempo se esforzó en hacerme salir limpiecito, ordenadito y peinadito; y no sólo esto: a cierta hora de la tarde insistía en lanzarme desde el balcón un bolillo para la merienda. Ella no entendía que la simple idea de "merienda" no combinaba con la idea del personaje en quien había decidido convertirme. La merienda era algo demasiado de niñas... y yo estaba muy orgulloso de no serlo. Además, esa maldita merienda consistía en pan, mantequilla y mermelada: demasiado dulce, demasiado pegajosa, demasiado poco viril para uno que se estaba construyendo su reputación de ¡chico duro! Pero como mis protestas en contra del concepto de merienda habían sido en vano, tuve la brillante idea de transformar una buena intención materna en una oportunidad de causar estragos. Así, cada tarde fingía recibir de buen grado el bolillo que me lanzaba del balcón con gran ilusión y, dejándome sólo rozar por el sentimiento de culpa hacia aquella mujer buena tan enamorada de su hijo, desaparecía de su vista para ir hasta el buzón público. En realidad los buzones eran dos: uno para el continente y otro para Sicilia, y yo, con impecable sentido de la equidad, separaba las dos mitades de la pegajosa merienda y expedía una a "Sicilia" y otra al "Continente". Ni siquiera me puedo imaginar las maldiciones de los pobres empleados de la oficina postal de media Italia, quienes durante algunos años vivieron con las manos pegajosas por culpa de un pinche niño que se merecía ser agarrado a patadas en el culo desde "Sicilia" hasta el "Continente".

Hasta hoy la pobre mujer, mi madre, abriga la vana ilusión de que fueron las malas influencias las que me echaron a perder y se niega a aceptar una simple realidad: la mala influencia era yo. De hecho, yo era capaz de transformar cualquier juego de niños en una acción "criminal". Si se trataba de algo tan normal como jugar a la pelota, por ejemplo —que no sé por qué lo hacíamos en una calle asfaltada y en bajada, donde era difícil establecer si el hándicap más grave era el del equipo que atacaba de subida o del que, atacando de bajada, tenía que correr detrás de un balón más veloz que sus jugadores—, la parte más interesante del juego para mí era desafiar la prohibición y el riesgo de subirme al techo de la escuela cuando el balón se volaba y ganarme como remuneración una paleta en la tiendita. Andar en bicicleta no habría sido una diversión si no era sin manos o parado en el cuadro o a toda de velocidad en las bajadas y en sentido contrario, pero sobre todo en calles que no estaban contempladas en la topografía del permiso familiar. Y si se trataba de jugar a la guerra, bueno, pues ¡guerra en serio! Nos dividíamos en equipos como si tuviéramos que jugar quemados y, en un hoyo enorme que habían hecho para los cimientos de un edificio que nunca se construyó y que todo el vecindario usaba como basurero, nos formábamos unos frente a otros haciendo refugios con cascajo y desechos entre la basura. A una señal, la guerra comenzaba: nos agarrábamos a pedradas, asaltos con arma blanca, emboscadas; nos agarrábamos a palos con la vehemencia de quien está delante de un verdadero enemigo... hasta que alguien se lastimaba. Entonces parábamos el "juego" y, como éramos todos amigos, auxiliábamos al herido en turno llevándolo en un mar de lágrimas con su madre, quien nos maldecía de tal modo que terminábamos por hacer algo más tranquilo el resto del día: lanzar bolsas de basura al balcón de un solterón que vivía en el primer piso hasta atiborrarlo, meternos en los edificios en obra para robar herramientas, jugar con el cemento y ejercitarnos en karate rompiendo cajas enteras de azulejos, o incendiar cualquier cosa, aprovechando la gran cantidad de paja, cartón y madera que dejaban las continuas mudanzas de las familias que llegaban a vivir al nuevo barrio...

No puedo decir que yo fuera el peor, pero jamás me quedaba atrás. Me había hecho a la idea de que un hombre que se respeta no conoce obstáculos. Y si la influencia del abuelo materno, el comunista, me había marcado a través de mi madre en forma silenciosa, el extremo parecido físico con el otro abuelo, holgazán y encantador, me avasalló con el ruidoso entusiasmo típico de esa rama de la familia: *"Madò! Com' s' paresc' a Peppin u russ'!"*, que significa: "¡Madre de Dios! ¡Cómo se parece a Pepín el Rojo!". Efectivamente, los cabellos rojizos los había heredado de él; también los hombros anchos, las manos y los pies eran idénticos... ¿Y qué decir del carácter? "¡Igualito!" Al menos eso era lo que ellos decían. Sin embargo, aunque efectivamente me parecía mucho, no cabe duda que el deseo familiar de ver replicados en el primero de los nietos los rasgos de la cabeza de familia los hacía exagerar: tanto que hoy puedo decir que, para no defraudar las expectativas familiares, hice de todo por parecerme a aquel abuelo de quien todos contaban las hazañas, mezclando la vergüenza con el orgullo.

El abuelo Peppino era totalmente impulsivo. Un tipo siempre bromista, mujeriego y manirroto que había alegremente hundido a su mujer e hijos en la miseria más oscura cuando, en 1928, durante la vigilia de la crisis económica más grave del siglo, en un acceso de patológica irresponsabilidad, vendió una próspera cantera de cal para invertir todo el dinero en una lujosa sala de billar que, en vez de administrar escrupulosamente, dejaba encargada al hijo de seis años, mi padre, mientras él se iba de cacería con los amigos. Pero si por una parte lo señalaban como un ejemplo que no se debía seguir en lo absoluto, por la otra todos estaban enamorados de él, y con gran fragor y un énfasis totalmente meridionales me contaban sus aventuras, sus extravagancias y sus actos heroicos, como los de un personaje mítico. De niño me quedaba fascinado al escuchar esas historias. Si el abuelo Gaetano, con su intransigencia intelectual, me hacía sentir importante, el abuelo Peppino me hacía soñar. Las medallas al valor ganadas durante el primer conflicto mundial... la guerra en África en el desierto de Dancalia... la vez en que le volteó un tazón en la cabeza al teniente y tuvo que fingir que estaba loco para no terminar en la cárcel... o esa otra, durante la Primera Guerra Mundial, cuando hizo volar un puente sobre el Tagliamento, cayendo de noche al río en tempestad junto con un regimiento de bersaglieri;[1] cuando desvistió un cadáver para poder cambiarse de ropa... o aquel día cuando, delante de todos los niños, entró en el salón de mi padre y agarró por el cuello al maestro, culpable de haberlo castigado con la regla... ¿y qué decir de aquella vez en que, ya a sus setenta años, defendió a mi madre, recién casada, "rompiéndole la madre" a ese joven que la había molestado en el autobús de Trani a Bitonto? Pero, entre todas, la que más me gustaba era la "historia del árbol de percochi".[2] Este episodio es tan particular que siempre he pensado en hacer un cortometraje en blanco y negro, actuado en dialecto bitontino[3] antiguo. Érase a principios de los años veinte, y mi abuelo, o sea, tu tatarabuelo, tendría unos veinticinco.

Precisamente delante de la cantera de cal en que trabajaba estaba el campo de un tal Mngocc —un derivado bitontino del nombre Doménico—. Entre sus árboles frutales había uno realmente especial: un árbol de percochi. A primera vista no se distinguía de los demás árboles, pero al llegar el mes de mayo

---

1   Los *bersaglieri* son un cuerpo de infantería del ejército italiano de alta movilidad, caracterizados tanto por su puntería como por sus vistosos sombreros adornados con plumas.

2   Un particular tipo de durazno de gran tamaño, típico de esa región de Italia.

3   Bitonto es una localidad italiana en la provincia de Bari, cuyo dialecto es precisamente el bitontino.

echaba tal cantidad de fruta grande, jugosa y perfumada que era imposible no notarlo. Desde hacía años mi abuelo y otro par de trabajadores veían esos percochi madurar, pero no habían podido probar ni siquiera uno, porque Mngocc era de lo más tacaño... Cuando comenzaban a madurar, se metía bajo el árbol, noche y día, para evitar que se los robaran. Al abuelo Peppino, que era de una generosidad tan desconsiderada que la pobre mesuradísima abuela Rosaria se jalaba los pelos, esta tacañería le revolvía el estómago.

Un día, cuando los frutos ya estaban que reventaban de jugosos, una mujer embarazada pasó por la polvosa calle de campo bajo el rayo del sol. Mi abuelo alzó la voz en dirección del avaro:

—*Mngocc! Dang 'un prquuc' a la sgnaur'!* —que significa: "¡Dale un percochi a la señora!".

No fue su respuesta lo que decretó la condena de Mgnocc, sino la forma en que lo hizo: sin decir palabra, agitó los brazos en dirección a mi abuelo haciendo gestos irritados, que significaban: "¡Cállate! No te metas en lo que no te importa. Si ella te escucha, me veré obligado a darle uno, porque no puedo negárselo a una mujer encinta". Esto fue el colmo. Mi abuelo no era del tipo que esperara el día del juicio universal para castigar la mezquindad. Así que tuvo una idea.

Algunas noches después, en acuerdo con sus amigos, encendió un fuego a unos cientos de metros del árbol de percochi. Intrigado por las flamas que se veían a lo lejos, con nocturna indolencia, pasito a pasito, Mngocc se acercó en dirección del extraño incendio, dejando así el árbol sin vigilancia.

¿Qué hizo tu tatarabuelo? ¿Robó todos los melocotones? No, eso habría sido banal. El abuelo Peppino era creativo: con sus compadres cortó el árbol desde la base y lo ocultó en el horno donde cocían la piedra para hacer la cal. Después, escondidos en la oscuridad, esperaron.

Media hora más tarde Mngocc volvió meneando las manos en los bolsillos. Pasó de largo por el lugar donde debía estar el árbol... luego se detuvo... miró a un lado y después al otro... volvió sobre sus pasos... se detuvo de nuevo... para seguir adelante con los ojos velados por la noche. Sus movimientos comenzaban a revelar una creciente angustia: en ausencia de ese árbol, en la noche, no reconocía el lugar. Sacudió la cabeza... volvió sobre sus pasos... luego se desvió por un lado y, acelerando el paso, desapareció en la oscuridad. Dos minutos más tarde volvió rascándose la cabeza en un estado de evidente confusión... miraba a un lado, miraba al otro... desaparecía de nuevo en la oscuridad... y volvía otra vez más angustiado...

No sé exactamente cómo terminó la historia, pero sí sé cómo terminará mi cortometraje: Mgnocc seguirá toda la noche buscando su árbol, perseguido por los fantasmas de la avidez y de la avaricia. Las primeras luces del amanecer lo encontrarán exhausto y totalmente fuera de sí, vagando por el campo.

En fin, en Mesina me volví un pequeño cabrón... pero, ¡no creas que era un delincuente...! Bueno, claro que, de cuando en cuando, una dosis de maldad era necesario mostrarla en sociedad para no correr el riesgo de que los demás se aprovecharan de ti; pero, más allá de las apariencias, mi naturaleza de niño bueno y dotado de un innato sentido de justicia —durante toda mi vida— siempre terminaba por salir victoriosa. Ya desde entonces, mientras que para adquirir fama en el campo de las travesuras —que era el ámbito social donde había decidido sentar las bases de mi éxito— me tenía que esforzar, había otro ámbito en el que, sin hacer ningún esfuerzo, conquistaba mágicamente el respeto de los demás. Tal vez haya sido por esos anteojos o porque hablaba italiano mejor que los demás, pero notaba que mis compañeros de correrías me elegían cada vez más seguido para confiarme sus secretos y pedir consejo sobre los pequeños dramas que afligen a los niños sin que nadie se dé cuenta. Al principio me sorprendía esta confianza que otorgaban a mi criterio en cuanto a "consejos de vida", pero no podía perder la ocasión de incrementar mi poder, afirmándome en un campo que no fuera el del típico vandalismo y de la desobediencia. Por eso comencé a inventar mis respuestas usando un buen juicio innato que me parecía obvio, pero que evidentemente no lo era para quienes consultaban con aquel joven oráculo.

La convivencia de estas dos almas, el pecador y el santo, es una característica que siempre me ha acompañado. Lógicamente parece una contradicción ser al mismo tiempo bueno y malo, creativo y destructivo, ateo y religioso, pero, viéndolo en profundidad, es fácil darse cuenta de que al final todas las características negativas son sólo la consecuencia de la incapacidad de encarnar aquellas positivas. ¿Quién no quiere amar y ser bueno? En el fondo de todos los seres humanos, hasta en los más crueles y criminales, tal vez en forma tortuosa y rudimentaria, siempre encontrarás la semilla del amor y de la bondad, porque son precisamente éstas las características que nos hacen "humanos". Y todos, al menos potencialmente, lo somos.

"Entonces, ¿por qué —me preguntarás— la historia de la humanidad, hasta nuestros días, parece gobernada casi exclusivamente por el odio y la maldad?" Si tomo como criterio la historia que he decidido contarte, querida Inés, la respuesta es clara y puede englobarse en dos palabras lapidarias: ignorancia e impotencia. Me encontré odiando no porque fuera malo, sino por la frustración de ser incapaz de encarnar el natural sueño de amor y libertad que se alberga en el corazón de cada ser humano. Me encontré destruyendo por la frustración de constatar que todos estaban interesados en mi obediencia y nadie en mi creatividad. Me encontré siendo ateo no porque fuera indiferente a explorar el misterio de la vida, sino sólo porque la idea de Dios que me habían dado era infantil y ridícula. Y al respecto vale la pena decir que es sólo por mera casualidad que, cuando el personaje de esta historia desaparecerá, tendré la fortuna de salvarme de la condena común de permanecer suspendido en la esquizofrenia de quien se rodea de aquellos que disfrutan de la imbecilidad de las creencias, o se queda en compañía de quienes, congelados en la duda, se conforman con la "razón" al precio de la felicidad.

Como les sucede a todos los que han tenido la desgracia de nacer en un país religioso, de niño fui estafado hasta llegar a creer estupideces increíbles. Tonterías que, antes o después, como los Reyes Magos y Santa Claus, rebelan su absoluta inconsistencia, dejándote completamente perdido en la nada y sin ningún referente "espiritual" decente. Por ejemplo, como todos los niños, me hicieron creer que existen el paraíso y el infierno, y fui aterrorizado con la idea del demonio, consolado por ese amigo imaginario que es el ángel de la guarda; me hicieron creer que la mamá de Jesús —a diferencia de la mía— había permanecido virgen aun después de parir al niño; daban por cierta la existencia de un Dios que, sin la mínima discreción, me observaba desde arriba incluso cuando estaba en el baño y que él, ese mismo Dios mirón, tenía un hijo único que, cuando murió, se fue al cielo haciendo inmortales hasta sus vestidos —dado que en la imaginación de un niño es inadmisible la idea de que Jesús se haya quedado en el cielo por toda la eternidad sin siquiera los calzones—. En fin: como todos, estaba lleno de ideas fantasiosas que, cuando visitas una tribu de salvajes, te sacan la sonrisa complaciente del turista ante el folclore, pero que cuando se vuelven la base del sistema educativo de tus hijos te dan ganas de gritar: "¡Basta!". ¿Cómo es posible que nadie intervenga en defensa de los niños? No sé qué pienses tú, pero para mí la gente que se aprovecha de la ingenuidad de los niños para inculcarles ideas arbitrarias que no pueden ser probadas debería ser llevada ante el tribunal y condenada por abuso de menores. Pero, como sucede también hoy en día, en mis tiempos nadie se daba cuenta de que es imposible cultivar la inteligencia de un niño si, en lugar de nutrirla con la verdad, la nutres con estupideces. Y, como ahora, en aquel entonces nadie se sorprendía de que las mismas personas que habían arruinado la inteligencia humana inculcando ideas de caricaturas, alzaran el dedo para condenar los comportamientos dementes y criminales de la misma gente que justo ellos habían educado.

Pero en aquel entonces, aun cuando mi instinto me decía que había algo raro en todo eso, sentía una gran atracción por la fe y el "misterio de Dios". Obviamente todavía no estaba consciente de las trampas que cualquier religión basada en la culpa tiende a sus adeptos; aunque fuera a nivel instintivo, probablemente mi rebeldía era una forma de venganza hacia un mundo de adultos hipócrita e inadecuado para relacionarse con la nobleza de ánimo de los niños. Ciertamente aún no había articulado los conceptos que pronto me llevarían a un estéril y extremo materialismo, pero en ese chiquillo intolerante a todas las reglas y a todas las imposiciones puedo ver ahora las semillas del árbol en que se convertiría. Y así, a pesar de la fascinación que me inspiraba el silencio ascético de los rituales eclesiásticos, el llamado de la aventura que se extendía fuera de los muros de la casa, de la iglesia y de la escuela al final prevaleció.

Aunque me repugnaba la idea de lastimar a alguien, fuera física o moralmente, sabía que para conquistar aquel reino en que había posado mis ojos, es decir, la calle, era absolutamente necesario nunca dar la impresión de ser bueno, porque "bueno", al menos en mi imaginación, era sinónimo de "pendejo". Y por eso, a pesar de que en mi interior sabía que estaba equivocado, de cuando en cuando me hacía el prepotente con uno, el fanfarrón con otro, me unía a las crueles burlas de las que a menudo son víctimas algunos niños y a veces me agarraba a golpes con alguien. En realidad no me gustaban los trancazos. Y si mi orgullo me imponía aceptar como "hombre" los golpes recibidos, había algo inconcebible que me llevaba inexplicablemente a echarme a llorar cuando era yo quien golpeaba, dejando una mancha en la impávida imagen de "guerrero" que quería mostrar. Pegaba y lloraba. "¿Se puede ser tan imbécil? —me decía—. ¡Chingada madre!" Pero no había nada que hacer. Había algo en lo más profundo de mí que probablemente lloraba por verse obligado a hacer algo que no le gustaba hacer. Tú me preguntarás: "Pero, ¿por qué te agarrabas a golpes si no te gustaba?". Por la reputación, Inés. La reputación. El mundo de los niños que yo había elegido era salvaje y se regía por el aspecto más primitivo de las relaciones humanas: el que está gobernado por la fuerza física, la velocidad, el instinto y la astucia. No sobresalía en fuerza ni en velocidad, pero instinto y astucia tenía de sobra como para dar la impresión de nunca tener miedo de nada ni de nadie y para elegir a mis oponentes entre aquellos con quienes no tendría demasiada dificultad en dar una buena exhibición de mí mismo. Casi siempre me salió bien, pero una vez mi deseo de ganarme un lugar entre los sujetos emergentes de la manada me hizo dar un paso en falso.

Había un chico de otro barrio a quien todos llamaban Tiraciolla. La ciolla es la versión siciliana del barese ciola, es decir, aquello que, según el caso, cuelga o vibra entre las piernas de los varones. Imagino que no necesito explicarte qué significa tiraciolla. No sé por qué lo llamaban así o si alguna vez se mereció ese horrible apodo, pero todas las veces que pasaba a dejar el pan u otros productos alimenticios a domicilio —porque él, a diferencia de nosotros, sí trabajaba— todos le gritaban:

—¡Tiraciolla! ¡Tiraciolla!

Comprenderás que no podía quedarme atrás:

—¡Tiraciolla! ¡Tiraciolla!

Una tarde —tendría entonces poco más de diez años, porque mi hermana había nacido hacía poco— estaba con dos amigos en la esquina de una de esas calles desiertas y poco iluminadas del barrio, cuando vimos pasar al pobre Tiraciolla con su canasto lleno de alimentos: iba a hacer la última entrega de su larga jornada. Los tres le gritamos:

—¡Tiraciolla! ¡Tiraciolla!

No habría pasado nada nuevo si, de pronto, yo no hubiera decidido utilizar ese pretexto para darles a los otros dos una prueba de bravuconería útil en mi escalada hacia la afirmación social. Por lo tanto, imprimí a mi voz y a mis gestos una vehemencia desproporcionada para la situación:

—¡Tiraciolla! ¡Tiraciolla! ¡¡Tiraciolla!!

Grave error. Fue la primera vez en mi vida, y desgraciadamente no la última, que aprendí que ofender el orgullo ajeno para alimentar el propio es muy peligroso. Aunque en apariencia el otro sea más débil que tú, humillarlo te expone a grandes riesgos e incluso a catástrofes.

Pero yo no lo sabía todavía. Por lo tanto:

—¡Tiraciolla! ¡Tiraciolla! ¡¡¡Tiraciolla!!!

El muchacho estaba acostumbrado a dejarse ofender, pero, como acabo de decir, nadie perdona sentirse humillado. Además, por un instinto completamente animal, Tiraciolla intuyó que mi valentonería era desproporcionada respecto a mi poder real, y que mis ganas de combatir eran inferiores al deseo de afirmar mi supremacía. Por eso, el clásico guion en que Tiraciolla se alejaba con la espalda encorvada, perseguido por los gritos de burla, tuvo un brusco giro: el chico se volteó, volvió sobre sus pasos, me miró a los ojos y, con una determinación que nadie se esperaba, dijo:

—Espérame aquí, "cuatro ojos". Voy a hacer la entrega y ya verás.

Demasiado tarde para echarse para atrás.

Me quedó claro de inmediato que me había metido en un lío y que tendría que enfrentar solo las consecuencias de los insultos que habíamos dicho entre los tres. De hecho, los dos amigos, un poco por cobardía, un poco porque no querían sufrir los efectos de un incidente que había provocado yo y un poco para castigar mi intento de "escalada social", se desligaron inmediatamente de la situación. Sin pestañear, se deshicieron del papel de protagonista para meterse en el de comparsa, y en un segundo, de ser mis cómplices, apoyados en el farol que iluminaba tenuemente la maldita esquina, asumieron la actitud de dos espectadores de paso que no tienen ninguna intención de interferir en las decisiones que ha tomado la vida para restablecer las jerarquías.

Sin traicionar mínimamente la perplejidad y las dudas que minaban mi seguridad, esperé mi destino ostentando bravuconería.

Cuando volvió, con evidente aire teatral, Tiraciolla llevaba puesta la canasta como bandolera, al estilo de un guerrero de otros tiempos, y procedía con temeridad. Fue en ese momento cuando me di cuenta de mi error. Tiraciolla era un poco más alto y mucho más robusto que yo. Nunca lo había notado. No obstante, eso no me atemorizó... o, mejor dicho, ¡no me podía dejar atemorizar delante del público! Estaba de por medio mi prestigio. Por lo tanto, con igual aire teatral, en un movimiento sorpresivo, agarrándolo por el asa de la canasta, comencé a sacudirlo por aquí y por allá provocando un efecto cómico apreciado por el público con murmullos de aprobación. "Uno a cero a mi favor", pensé. Pero Tiraciolla, percatándose inmediatamente del error al que frecuentemente induce la vanidad cuando privilegia el sentido estético sobre el práctico, se apresuró a quitarse el estúpido cesto y, aún más enfurecido por el error cometido, se lanzó sobre mí como una furia. Intercambiamos por igual patadas, puñetazos y bofetones en todas las partes del cuerpo; rodamos por el suelo jalándonos de los pelos; mordidas, arañazos, estrangulamientos... gruñíamos y resoplábamos en una confrontación a muerte, la cual ninguno de los dos tenía intención alguna de perder. La cosa se ponía mal. No era el valor lo que me faltaba, no eran la fuerza ni la habilidad, sino que fue el aliento que comenzó a escasear. Después de no sé cuántos minutos —pero me parecieron muchísimos— estábamos metidos en un combate que ninguno de los dos sabía cómo parar. Si hubiera detectado en él el más mínimo signo de un posible armisticio, inmediatamente habría dejado de combatir, salvando mi honor; pero este maldito Tiraciolla era como una bestia enceguecida por las ofensas y las humillaciones, y parecía dispuesto a morir en esa pugna: si hubiese conseguido ganar, tal vez habría logrado poner fin a los insoportables insultos de los que era víctima quién sabe desde cuándo.

El ritmo desenfrenado de los primeros minutos había aflojado, pero su ciega determinación me obligaba a seguir lanzando golpes que resultaban cada vez menos eficaces. Sentí que estaba a punto de sucumbir: tuve miedo. ¿Qué es mejor? ¿Perder con honor y dejar a tu ejército en el campo o perder con una ignominiosa retirada que salve las tropas, esperando que el público y los historiadores lo interpreten como una deshonrosa, pero inteligente estrategia guiada por un sano pragmatismo? Elegí el "sano pragmatismo", que, sin embargo, se tradujo en mi cabeza en un grito que laceró sin remedio el respeto de mí mismo: "¡Cobarde!".

Escapé. Tiraciolla no me siguió, en demostración de que él también estaba al límite y que no esperaba nada más que terminar con ese pleito. "¡Maldición! —pensé—. Si hubiese resistido un poco más, tal vez habría cedido él, mi orgullo estaría a salvo y mi popularidad, ¡por las nubes…!" Casi estuve tentado a volver a pelear; me detuve a mirarlo: estaba allí, resoplando derecho bajo la luz del farol, y me miraba como una bestia que no está dispuesta a ceder el territorio que acaba de conquistar. Era él el vencedor. No me quedaba más que recoger los pedazos de mi orgullo y volver a casa con mi madre. ¡Qué vergüenza! ¡Qué vergüenza! ¡¡¡Qué vergüenza!!! De poco me sirvió tratar de convencerme con la piadosa justificación de que no había escapado por cobardía, sino porque se había hecho tarde y no quería que mis padres se preocuparan.

Llegué a casa hecho un mar de lágrimas; no por los golpes, no por las heridas, sino por la humillación. Había puesto en riesgo mi reputación, y eso no me lo podía perdonar. A la comprensible aprehensión de mi madre no pude responder diciendo que me había agarrado a golpes por haberle dicho a uno "Tiraciolla", así que me inventé una excusa que había urdido mientras subía jadeando los tres tramos de

escalera: me había visto obligado a defender el honor de mi hermana —quien tenía tres meses— de un "maldito felón" que la había
llamado "puta". Mi madre se la tragó, o fingió que se la tragaba, y,
sonriendo por la ternura que causa un niño que defiende el honor de
la hermana de tres meses, disfrutó ante la idea de estar criando a un
héroe. ¡Lástima que no fuera verdad!

Esa noche, aun cuando la arrogancia me había llevado a mancharme con la deshonra de la cobardía, al menos en mi familia la astucia
me hizo ganar un poco de inmerecida gloria. Pero eso no fue suficiente para que me fuera a la cama sintiéndome orgulloso de mí mismo.

* * *

Sólo un observador superficial puede confundir con maldad la simple
reacción de un niño ante el miedo, y mi miedo era que me ganaran.
Era un miedo que muy probablemente heredé de mi padre, quien desde siempre había estado aterrorizado ante la idea de tener un hijo que
no fuera capaz de defenderse de los otros niños, tal vez porque probablemente era demasiado bueno y delicado como para enseñarme
a hacerlo. Pero yo no era un niño malo. Por fortuna, el nivel de dolor
al cual estaba expuesto era suficiente como para vengarme del mundo
de los adultos destruyendo cosas, aunque sin dañar a ningún ser. Por
ejemplo, nunca torturé animales. Por el contrario, siempre que me ha
sido posible me he esmerado en defenderlos de la maldad de los niños
menos afortunados que yo. Me he enrolado en guerras, pero siempre
he sido más propenso a la paz. He cometido actos ilegales, pero nunca he robado... aparte de aquella vez en que me hice pasar por un
niño de la parroquia.

No sé por qué mi mente funcionaba de esa forma. Seguro que no lo había aprendido de mi padre, bancario honesto, y mucho menos de mi madre, quien como ya te he dicho provenía de una familia comunista con férreos principios de honestidad; y no tengo ninguna noticia de parientes estafadores o ladrones... Pero cuando supe que había niños de la parroquia de San Lucas que iban por las casas vendiendo boletos para la rifa de cinco huevos de Pascua, lo primero que me vino a la mente fue: "¿Por qué no comprar un bloc de boletos para la rifa en Upim —el almacén que estaba frente a la escuela— e irlos a vender por las casas haciéndonos pasar por uno de los chicos de la parroquia, quedándonos con el dinero y mandando a volar los estúpidos huevos de Pascua? ¿Cómo sabrá la gente que no somos niños de la parroquia?". Así que elegí a dos cómplices, nos vestimos bien y pasamos los siguientes días tocando los timbres de las casas, ofreciendo esos falsos boletos numerados, asegurándoles que los primeros cinco números que coincidieran con los de la lotería de Palermo[4] ganarían "un hermoso huevo de Pascua". El que hablaba era yo, porque me expresaba en un mejor italiano y me presentaba también mejor. Todo se desarrolló sin incidentes... quitando la vez en que tuvimos que huir.

Sucedió cuando ya habíamos vendido la mitad de los boletos y la emoción de tocar en las primeras puertas había sido sustituida por la desenvoltura de quienes ya se ha acostumbrado a operar en la ilegalidad. Como todavía éramos pequeñitos, todas las veces que tocábamos el timbre nos preparábamos a mirar hacia arriba para dirigirnos al adulto que abriría la puerta. Pero en esa ocasión no había nadie arriba; el rostro del adulto nos estaba mirando desde abajo: era una

---

4   Palermo es la capital de Sicilia.

enana. La sorpresa fue tal que no logramos contener la carcajada, y la única cosa que pudimos hacer fue precipitarnos fuera del edificio, rodando hacia abajo por las escalares, hasta encontrarnos en la calle, retorciéndonos de la risa como borrachos.

Fuera de este "épico" incidente, vendimos hasta el último boleto con increíble facilidad. Cuando nos encontramos en el último piso de un edificio para dividirnos esas diez mil liras —una fortuna para niños de esos tiempos—, nos sentíamos tan satisfechos que a ninguno de nosotros nos pasó ni por un instante por la mente la idea de que éramos unos estafadores.

La historia no sería la gran cosa si no fuera porque, una docena de años más tarde, tuvo una misteriosa implicación...

Trece años más tarde, en la provincia de Bari— Era la primavera de 1980. Hacía poco, y con gran pesar, había dejado a tu abuela después de un año y medio de matrimonio, y me encontraba con un grupo de amigos y amigas con quienes amábamos pasar los días fumando, criticando a la sociedad y discutiendo sobre lo que haríamos en la vida. Ese día habíamos decidido perder el tiempo en la casa de campo de los padres de una del grupo, en Mola di Bari —un lugar que conserva un trozo importante de mis memorias y del que hablaré más adelante en esta narración—. En cierto momento, para romper con la monotonía de ese domingo lluvioso delante de la chimenea, se me ocurrió proponer que hiciéramos una sesión espiritista.

Algunos años atrás, durante mi adolescencia, me había metido en ese tipo de ambiente a través de la mamá de un amigo mío, quien había perdido a su hija en un accidente de moto y solía hablar con ella a partir de los movimientos de un platillo dentro de un círculo de letras. De allí había comenzado a jugar con esto, sin tomar nunca muy en serio la cosa, pero un día me hablaron de un joven médium en Giovinazzo capaz de hacer maravillas. Se decía que, gracias a sus contactos con el más allá, había recobrado un tesoro escondido y que incluso una noche lo habían encontrado en trance en un cementerio. Mi curiosidad hacia el misterio y mi amor por los retos me lanzaron inmediatamente hasta Giovinazzo.

Una tarde lluviosa de febrero llegué hasta el lugar con un amigo que conocía al muchacho-médium. Nos encontramos en la estación, según lo planeado. Era pálido, como corresponde a un médium, pero sin el carisma que esperas en un tipo de su reputación. Tendría unos dos años más que yo, es decir, dieciocho, y más que parecer alguien capaz de cazar espíritus, daba la impresión de que eran los espíritus los que lo cazaban a él. Nos condujo con paso incierto hasta un antiguo sótano de su abuelo, encendió las "indispensables" velas, nos hizo sentar en torno a una vieja mesa donde probablemente su abuelo pasaba las tardes jugando cartas y bebiendo cerveza con los amigos, y comenzó la invocación. Inmediatamente el platillo empezó a moverse y a "hablar". El ambiente espectral que había creado para sugestionarnos parecía que tenía más efecto sobre él que sobre nosotros, tanto que después de un poco, cansado por su inseguridad, decidí tomar la iniciativa, comunicándome directamente con el espíritu en cuestión. Dando rienda suelta a mi fanfarronería, como un pequeño Van Helsing del Adriático, lo había acosado con preguntas sin ningún temor, desafiándolo a ofrecer pruebas de su existencia. Hasta aquí todo había salido bien, pero cuando el espíritu decidió complacerme y nos invitó simplemente a mirar hacia el techo abovedado para manifestarse, toda mi confianza se desmoronó de golpe, en medio de una incómoda perplejidad.

Todos nos quedamos con la vista baja, consultándonos con la mirada, incapaces de proferir una sola palabra.

Luego, tímidamente, pregunté:

—Y si alzamos la mirada… ¿qué es lo que veremos?

—Mi ectoplasma —respondió el fantasma sin rodeos.

No sé qué habrías hecho tú en mi lugar, pero yo, por más que odiara el miedo, no tuve el valor de mirar. Ninguno de nosotros lo tuvo, ¡ni siquiera el médium!

Todos nos quedamos con la mirada baja, como niños que esperan recibir de un momento al otro un coscorrón en la nuca. Sabíamos que nos quedaríamos toda la vida con la duda: ¿esa energía pesada que rondaba sobre nuestras cabezas, bajo la bóveda de barriles de aquella bodega, era algo real o solamente nuestra imaginación?

A pesar de esa experiencia sin gloria, mi mente racional me impedía creer verdaderamente en espíritus y fantasmas. Por eso, aquella tarde de domingo, en Mola di Bari, la propuesta de una sesión espiritista al grupo de extremistas de izquierda que éramos significaba lo mismo que decir: ¿jugamos a las cartas?

En medio del escepticismo general, coloqué las letras; algunos de nosotros apoyamos ligeramente los dedos sobre el platillo, que apenas terminada la invocación empezó a moverse "misteriosamente".

Ahora puedo decir que no pienso que el platillo se moviera solo, pero en ese entonces era difícil comprender si eso sucedía verdaderamente o si éramos nosotros mismos quienes lo movíamos sin siquiera darnos cuenta. Probablemente el deseo colectivo de ser testigos de un evento extraordinario que nos arrancara de la mediocridad de esa cotidianidad que nadie soportaba nos hacía empujar inconscientemente los dedos sobre el plato, creando un agradable autoengaño con el cual entretenernos durante tardes como aquélla. Aun así, es innegable que esa inconsciente puesta en escena que montábamos para nosotros mismos a veces tenía resultados sorprendentes. Por ejemplo, aquella tarde nos "visitó" una muchacha de Europa del Este, muerta de cólera a los trece años, en el 1200, en Nápoles... etcétera, etcétera.

Entre los asistentes que no tocaban el platillo por exceso de escepticismo había uno con un apodo animal: Pantera, un muchachote dotado de gran carisma y un par de piernas que no se quedaban en paz ni cuando estaba sentado. Era el motor de la comitiva que con miles de tribulaciones organizaba, inspiraba, convencía, ayudaba, protegía, amenazaba... era una combinación de fuerza y fragilidad que impulsaba a cualquiera a amarlo o a temerlo... y a veces las dos cosas a la vez. De pronto, entre las risas y la ironía general, se le ocurrió provocar al mundo del más allá lanzando una petición:

—Danos los números de la lotería.

El platillo, sin dudar, escribió: veinticinco y ochenta y siete. Inmediatamente se hizo el silencio. Pantera se acercó a la mesa y, con mucho más respeto, pidió un tercer número, que le fue dado, y rayó en lo servil cuando, sentándose delicadamente a la mesa, pidió el cuarto: éste también nos fue dado. Al quinto recibimos una negativa.

El ambiente había cambiado radicalmente. La atención era máxima, y cuando el muchachote de las piernas inquietas, quien era un experto de la lotería, soltó la última pregunta, consultando en cuál de las ruedas deberíamos jugar los números, la respuesta nos dejó de una pieza: Palermo. ¿Palermo? ¿Y de dónde salía Palermo? Nosotros estábamos en Apulia y Palermo se encuentra en el extremo de Sicilia, una tierra lejana tanto en la geografía como en el imaginario. (Sólo muchos años después, contando esta historia, me di cuenta de pronto de la coincidencia con mi primera estafa infantil, pero en ese momento, y durante muchos años, no había caído en la cuenta de ello.) ¿Palermo? ¿Había lotería en Palermo? Pantera lo confirmó: sí, existía la rueda de la lotería de Palermo.

La sesión concluyó con un extenuante ritual impuesto por el espíritu de esa niña muerta setecientos años atrás a quien esa banda de comunistas positivistas racionalistas que éramos se plegó con untuosa condescendencia, apurándose en ofrecimientos sin sentido como: "¿Estás cansada? ¿Quieres hacer una pausa? ¿Quieres un vaso de agua…?".

Cuando finalmente el "espíritu" se fue, nos sumimos en el silencio para reflexionar: "¿Qué hacemos? ¿Jugamos o no? ¿Qué preferimos, pasar por pendejos que juegan sin ganar o por pendejos que, después de no haber jugado, se dan cuenta de que habrían ganado?" ¡Aquel pinche fantasma nos había chingado…! Ante la duda, preferimos ser pendejos antes que después: juntamos nuestros magros recursos y le confiamos la responsabilidad de administrar nuestra pequeña fortuna a Pantera, que se había quedado tan consternado como para incluso olvidarse de mantener el movimiento perpetuo de sus muslotes.

El sábado siguiente, los dos primeros números de la rueda de la lotería de Palermo fueron el veinticinco y el ochenta y siete: los primeros dos que la jovencita muerta de cólera en Nápoles setecientos años atrás nos había dado. Es difícil de creer, pero así fue: es historia.

Como habíamos dividido las jugadas de los cuatro números recibidos, sólo ganamos trescientas sesenta mil liras. Pero la cosa más importante no fue haber ganado dinero, sino haber perdido "la certeza". Porque, pequeña Inés, "las certezas", como he aprendido con el tiempo, son veneno para la inteligencia. La inteligencia se nutre de la duda, no de la certeza. Es por eso que no trataré de dar una explicación a lo que sucedió, sino que prefiero quedarme —y que te quedes— con la duda.

* * *

En los años sesenta Mesina era una ciudad que aún sufría del trauma del terremoto de 1908. Los fantasmas de esa tragedia vivían en la gran cantidad de casas en ruinas desde aquel fatídico 28 de diciembre cuando, a las 5:20 de la mañana, en tan sólo treinta y siete segundos, la naturaleza no sólo decidió arrasar con la mitad de la población de la ciudad, destruyendo noventa por ciento de los edificios, sino que también quiso limpiar todo con un maremoto que se tragó a quienes no habían quedado atrapados bajo los escombros. En nuestra inocente inconsciencia de niños de calle, aquellas casas semiderrumbadas por el desastre natural más grave que se recuerde que jamás haya golpeado a Europa eran un verdadero regalo. Era como si con ese terremoto la existencia hubiese querido construir un maravilloso parque de atracciones para los nietos de las pobres víctimas. Esas casas derrumbadas se volvían paredes rocosas para escalar, escondites secretos, baños públicos, tiraderos, madrigueras de animales, refugios donde hacer competencias para ver quién meaba más lejos o quién la tenía más grande o para, en compañía, cometer los actos impuros que en la parroquia insistían en decir que aun si se cometían en solitario eran pecados gravísimos que te llevaban derechito al infierno, ¡imagínate si los hacías acompañado! En realidad no tuve tiempo de mancharme directamente con ese tipo de pecado, en parte porque en Mesina no alcancé a cumplir la edad adecuada para ganarme el infierno por tales razones y en parte por un innato sentido del pudor que ya de adulto aprendería a disfrazar. No obstante, junto con otros niños de mi edad, no perdíamos la ocasión para quedarnos como espectadores admirados y perplejos de las indecentes atracciones que cometían los chicos más grandes que nosotros.

Fue justo en una de esas ruinas del terremoto donde vi por vez primera a un precoz chico de trece años, ya lleno de pelos por todos lados, "tirarse una chaqueta". Provenía de un barrio vecino en busca de público y, contrariamente a sus coetáneos que se arriesgaban en ese mismo tipo de exhibiciones, éste era un verdadero artista, capaz de transformar un acto obsceno en un rito dotado de cierta fascinación. A diferencia de los demás, él no dejaba que sus salpicaduras cayeran casualmente entre las piedras y la basura, sino que las disparaba con pericia en un bote de plástico transparente con tapa blanca donde, quién sabe desde cuándo, reunía su "precioso jugo". Cuando se dignaba visitarnos, nosotros, más pequeños, nos reuníamos a su alrededor para asistir al fascinante milagro por el cual, a través de simples movimientos, la pipí se trasformaba en "otra cosa". Pero el rito no se terminaba allí; de hecho, el "oficiante", entonando con una bella voz los tonos de un canto gregoriano improvisado e, imitando los movimientos solemnes con que cada domingo veíamos al padre guardar las hostias consagradas en el tabernáculo, escondía el "sagrado contenedor" en un agujero del muro al que llamaba "sacristía", disimulado por uno de esos arbustos que misteriosamente crecen entre las piedras. Nunca supe cómo se llamaba, pero a su modo era un artista… y seguramente me enseñó mucho más sobre sexo que mi padre y mi madre juntos.

En algún momento lo dejamos de ver y, sin siquiera darnos cuenta, nos olvidamos de él y de su tabernáculo.

Entre esas ruinas había una especie de enorme búnker encajado en la montaña al que llamábamos El Refugio. No sé quién se habría refugiado allí en el pasado, pero en el presente era usado por los barrenderos para guardar las carretillas de la basura y las escobas de paja. No me acuerdo cómo descubrí dónde escondían la llave de la reja que daba acceso a esa enorme y oscura boca que, en nuestra fantasía de niños, prometía tragarse para siempre a quien se atreviera a violarla. En comparación, las cañerías que se abrían sobre el lecho del torrente Trapani nos parecían casi un ambiente familiar: bastaba con no perder el sentido de la orientación dentro de su laberinto y no asustarse con las pinches ratas; pero esa boca enorme, escondida detrás de la tétrica y desquiciada fachada de aquel monstruo de cemento, infundía un respeto que no estábamos acostumbrados a reservar para nadie.

Inspirado en parte por la idea que mi madre me había inculcado del hombre ideal, en parte por el ejemplo —aunque diametralmente opuesto— de mis dos abuelos, y en parte quién sabe por qué, el miedo era para mí un sentimiento vergonzoso que no debía sentirse de ningún modo. A mis ojos, tener miedo era casi tan innoble como no saber guardar un secreto; una cosa se aprende desde niño en las leyes no escritas de Sicilia: *orbo, sordu e mutu* —"ciego, sordo y mudo"—. Éste era el lema. *Nun lu sacciu, non c'ero y si c'ero, durmia* —"no lo sé, yo no estaba, y si estaba, dormía"—: esto es lo que se tenía que aprender a responder si se quería ganar el respeto de los demás. Pero, después de la discreción, seguramente la cualidad más noble era ciertamente el valor.

Por eso aquella infinita caverna negra que daba miedo, pese a los cuentos de fantasmas, cadáveres y monstruos, tenía que ser definitivamente desafiada.

Así, durante una de esas "normales" tardes de vagabundeo infantil, con otros tres o cuatro escuincles, aprovechando el "secreto de la llave escondida", decidimos desafiar la oscuridad y meternos en su garganta para ver a dónde llevaba. La cosa más lógica habría sido ir a buscar las linternas sordas que usábamos en nuestras exploraciones nocturnas o cuando inspeccionábamos las cañerías, pero ¿quién tenía el tiempo de ir hasta la casa para equiparse cuando la aventura estaba viva y vibrante delante de nosotros y nos llamaba con su olor a tierra humeda y su silencio hermético? Las escobas de varas de los barrenderos servirían perfectamente: bastaba prenderlas y transformarlas en antorchas.

La primera exploración tuvo la profundidad mínima necesaria para salvarnos de la deshonra de la cobardía: cuando sentí que me había adentrado lo suficientemente profundo como para demostrar a mis compañeros de aventura que merecía el papel de jefe de la expedición, di la orden de volver, con gran alivio de quien sólo se hacía el duro para no hacerse acreedor al título de "mariquita". Pero fue sólo el inicio: ese mundo oscuro tenía que ser desafiado, combatido y derrotado. Así, con el paso de los días, armados con un equipo más idóneo y con nuevas escobas, al no haber encontrado —además de los huesos de algún animal— monstruos ni fantasmas, nos aventuramos cada vez más profundamente en las entrañas de la montaña a través de un pasaje que, entre subidas, bajadas, estrechamientos y ensanchamientos, formaba una especie de intestino que a cada paso nos empujaba como trocitos de mierda hacia un hipotético orificio opuesto.

A esas alturas ya nos habíamos acostumbrado a la oscuridad y no nos daba más miedo, pero cuando vimos que, desde el fondo, un resplandor indicaba que se acercaba algo nuevo y misterioso, nos volvimos cautos. El silencio se tornó más intenso aún, el corazón batía fuerte en las gargantas; dudamos, pero no podíamos detenernos: así como habíamos desafiado la oscuridad, esa luz tampoco se podía perdonar.

Trepando como arañas por un montón de arena que casi obstruía el paso completamente, nos asomamos a una caverna amplia y profunda, parecida a aquella por la que habíamos entrado, y allí, en el fondo, a unos cincuenta metros más abajo de nosotros, por una puertecita que daba a la otra parte de la montaña, se colaban unos rayos de sol, iluminando dos figuras monstruosas: un ogro y un dragón. ¡Que viva! ¡El viaje no había sido en vano! Que en realidad el ogro fuera un herrero y el dragón, un asno, no tenía ninguna importancia: ¡éramos héroes! ¡Me sentía como Julio Verne o Cristóbal Colón! Habíamos descubierto un pasaje secreto que nos llevaba de un continente al otro... o, mejor dicho, de un barrio al otro.

Pero ¿de qué servía ser un héroe si no lo podía presumir? Se necesitaba un público. Así, el domingo, el día en que las niñas tenían un poco más de libertad, convencí a un grupito de ellas de hacer una cosa "que sus padres no sabrán jamás". Con la ropa de domingo y una gran profusión de antorchas y linternas eléctricas, una docena, entre niños y niñas, nos aventuramos en el que hasta hacía unas semanas era un gran misterio para todos. No sé cómo hicimos para infundir valor en esos extraños seres con falda y zapatos de charol, pero logramos arrastrarlas dentro de esa oscuridad hasta asomarnos a la flébil luz que se filtraba a lo lejos a través de la vieja puerta de madera en el lado opuesto de la montaña. El herrero no estaba y también era domingo para el "dragón", que estaba plácidamente atado al pajar. ¡Qué ocasión imperdible para profanar el "castillo del ogro"!

Habiendo vencido las últimas resistencias de las niñas, y suavizando el paso, bajamos entre las piedras y nos colamos en ese taller que parecía salido de los antiguos cuentos de hadas. El olor a establo se mezclaba con el aroma del hierro y de las antorchas que ardían. Allí había martillos, tornillos de banco, pinzas... ¡y allá el famoso yunque...! Hablando en voz baja, todos sentíamos la emoción y la culpa de estar allanando la vida de alguien más; tocábamos todo, pero con las puntas de los dedos, tratando de ser lo más delicados posible... cuando, de golpe, justo cerca del animal, el típico cretino dejó caer una de las antorchas sobre la paja que cubría gran parte del piso y de pronto se desató el desastre: las llamas se propagaron rápidamente en torno al animal, aunque, por suerte, debajo de él, tal vez por sus propios orines, la paja no se prendió; el asno rebuznaba y daba de coces; todos comenzamos a gritar en voz baja y nos abalanzamos frenéticamente tratando de apagar el fuego, la mayor parte con los pies —incluidas las niñas con sus zapatos de charol—; uno lanzó una cubeta de agua que estaba allí para que abrevara el asno y otro usó una especie de cobija... Al final, el fuego fue milagrosamente domado, dejándonos temblando, mudos y con los ojos vacíos. El miedo había desinflado mi seguridad. Destituyendo sin apelación a los chicos, las niñas tomaron la iniciativa de volver de inmediato, quitándome sin ninguna sensibilidad mi papel de guía. Sentí mi bravuconería agazapándose en el más odioso recoveco de mí mismo, donde aún reinaba, inaceptable, la fragilidad de un niño. Mis palabras convincentes y la certeza en el tono de mi voz se habían apagado en torpes tentativas de recuperar mi papel de jefe de la expedición, pero estaba claro que ya nadie me hacía caso. Simplemente todos se apuraban a deshacer el camino andado en un viaje de regreso que pareció interminable.

Cuando finalmente estuvimos fuera de aquel monstruo de piedra, el grupo se disgregó con la urgencia de volver cada uno al tranquilizador ritmo de la vida familiar, mientras que yo, adaptándome de nuevo a la luz del sol dominical, me encontré solo, sin poder gozar de un éxito que tenia el olor a quemado de lo que me daba más vergüenza: el miedo.

CAPÍTULO 2

LA ADOLESCENCIA

En aquel frío invierno de 1980, a mis míseros veintitrés años, en Bari, no era el frío lo que me congelaba, sino el miedo. No el miedo de dejar a mi joven esposa, o sea, tu abuela, ni el miedo de abandonar a tu papá, o sea, mi hijo de siete meses, y tampoco el miedo de deshacerme de los siete perros y de la casa de tres pisos con que nos habíamos complicado nuestra vida de recién casados: el verdadero miedo, aunque parezca increíble, era dejar el banco. Me habían inculcado la idea del empleo fijo, y dejar un trabajo "respetable" —como era el del banco en los años setenta— me daba terror. Era como si, al perder esa oportunidad, no se fuera a presentar ninguna otra mejor en mi vida. Al final no era para sorprenderse: había sido entrenado para ser un "esclavo" por una familia de "esclavos". No un esclavo en chanclas y camiseta, sino en saco y corbata, quien lo mejor que puede esperar de la vida es encontrar a un jefe que se ocupe de su supervivencia hasta la muerte. Y mi patrón era el Banco de Roma, el mismo de padre. Sin embargo, mientras que para él, quien provenía de una familia pobre, haber encontrado a ese patrón era la expresión de su salvación de la miseria, para mí, que venía de una familia con aspiraciones, era una cadena insoportable. Si para la generación de mi padre resolver el problema de sobrevivir era suficiente para sentirse realizados, para la mía no lo era en lo absoluto: nosotros queríamos vivir; sobrevivir no era suficiente. Mi generación fue probablemente la primera en que aspirar a vivir —y no a sobrevivir— se convirtió en un fenómeno de masas. De hecho, la verdadera revolución de los años setenta no fue tanto proletaria sino burguesa; no se centraba tanto en las necesidades primarias como el salario, la salubridad o la educación, sino en lujos como el amor, la libertad, la creatividad o la autodeterminación espiritual y sexual. Y me preguntarás: "Pero, si para ti éstos eran los valores, entonces ¿por qué entraste al banco?". Porque no sabía nada de mí mismo. Por eso. Pensaba que carecía de cualquier talento particular y no imaginaba para mí un destino diferente al que tenían los demás. Por lo tanto, cuando mi padre alcanzó la edad mínima para jubilarse con el monto máximo de la pensión, pensé: "Un trabajo es igual que otro", y aproveché la ocasión para sustituirlo numéricamente entre las filas de empleados que contribuyen a enriquecer a un patrón, el banco, que entre todos puede presumir de ser tan astuto como para lograr, bajita la mano, acumular enormes riquezas y atribuirse el derecho de decidir la suerte de la humanidad sin jamás tener que ensuciarse las manos produciendo absolutamente nada.

Haber entrado en el banco, casarme y todo lo demás no me hacía feliz… pero tampoco infeliz. Simplemente había seguido un destino que parecía ya diseñado y que, sin importar mis sueños juveniles, me empujaba inexorablemente hacia la "normalidad". Además de esto, llevaba prisa: tenía veintiún años y quería ser independiente… pero, sobre todo, quería irme a vivir con tu abuela.

De Mesina a Tarento

Desde niño siempre tuve que ver con esos irresistibles seres de faldas. De hecho, en Mesina, si en las calles interpretaba al personaje guerrero de las películas de aventura, cuando jugaba en el patio, el único lugar permitido para las niñas, no me exhibía únicamente en pruebas de valor y de habilidad, sino que me volvía gentil y galante. Era novio de Giovannella, una hermosa niña que tenía una característica que no he vuelto a encontrar en toda mi vida: cuando reía le temblaban las aletas de la nariz. Todavía me acuerdo de la infantil excitación al sentir su cuerpecito junto al mío mientras, jugando a las escondidas, nos quedábamos ocultos en las escaleras que conducían a una de las terrazas; allí, acurrucados uno junto al otro, oíamos las voces de los amigos gritar nuestros nombres hasta cansarse y reíamos. O cuando, metidos en la cajuela de un auto abandonado del que nos habíamos vuelto dueños —un Appia, si no me equivoco—, envueltos en el olor típico del relleno de un auto que alguna vez fue de lujo, nos apretujábamos silenciosamente, sintiendo en nuestros cuerpos la anhelante promesa de algo que tarde o temprano brotaría con una fuerza irresistible, pero de lo cual en ese entonces no teníamos ni idea.

Un día, a la salida de la escuela, la llamé aparte para decirle solemnemente que ya éramos lo bastante grandes como para comenzar a pasar de los besos en la mejilla a los besos en la boca. Mi amigo Riccardo me había dado ya los primeros rudimentos de información al respecto: había que pasar el brazo derecho sobre su hombro, el brazo izquierdo bajo su axila —para poder inclinarla de lado— y luego meterle la lengua en la boca de una forma que no había entendido bien. Con estas explicaciones ya me sentía un amante experto. Giovannella, con aire de quien se enfrenta a su primera decisión crucial de la edad adulta, me dijo que lo pensaría. Cuando nos vimos después de unos días, me dijo que todavía no se sentía lista para tener hijos.

A pesar de esta "apasionada" relación, en aquellos tiempos mi corazón de niño ya experimentaba de manera precoz el conflicto al que tarde o temprano están condenados todos quienes se rinden prematuramente a la monogamia. De hecho, aunque novio de Giovannella, estaba secretamente enamorado de la misteriosa e inalcanzable Donatella: una niña rubia de largos cabellos, de quien se podía adivinar la silueta mientras nos miraba jugar, oculta por las cortinas de la ventana tras la cual era recluida por un padre estúpidamente celoso.

Aquella onírica y melancólica figura me daba la idea de una princesa que había que salvar de un monstruo que la tenía encerrada en la torre de su castillo. Estaba convencido de que, en mi mundo ideal de fantasía, seguramente habría poseído un caballo blanco con el que sin duda lograría liberarla, atrapándola al vuelo en las únicas ocasiones en que era posible verla: es decir, en las mañanas, cuando su padre carcelero la acompañaba a la escuela de monjas. No sabía que muchos años después mi testarudez me llevaría hasta sus brazos. Pero esto te lo contaré después porque, entre mis logros infantiles y los de la edad adulta, desafortunadamente tuve que pasar por las dudas, la incertidumbre, los dolores y los fracasos que, entre los doce y los quince años —como muchos coetáneos—, me vi destinado a sufrir. Y ese periodo de transición lo pasé en Tarento.

* * *

El trauma más grande de mi vida fue la mudanza de Mesina a Tarento. Tenía doce años y era noviembre de 1968. Ese año la "primavera de Praga" había inflamado los corazones de quienes esperaban huir

del talón de fierro de la Unión Soviética, condenando a los checoslo-
vacos a una ocupación militar que duraría más de veinte años; en
París, obreros y estudiantes, inspirados en el contexto filosófico-cul-
tural de ese periodo, habían dado vida al inolvidable "mayo francés"
al ritmo de *ce n'est qu'un début continuons le combat* —"es sólo el inicio,
seguimos combatiendo"— y el 2 de octubre, en México, el gobierno,
al ordenar y ejecutar la masacre de Tlatelolco, le había demostrado al
mundo que no estaba formado por buenas personas. Ese año, que en
gran parte del mundo marcó simbólicamente el inicio de una nueva
era, para mí marcó el fin de la vieja era: mi infancia.

Llegamos a Tarento en una noche de lluvia y viento. Yo, con el corazón hecho trizas, desde la ventanilla trasera del Fiat 125 azul, buscaba
desesperadamente algo que me recordara, aunque fuera remotamente, al barrio de Mesina, que con tanto esfuerzo había conquistado;
pero la única imagen que recuerdo de aquella maldita noche son los
reflejos mojados de un farol que ondeaba, dándole un aire aún más
siniestro a ese pedazo de calle desierta que, costeando el mar, lleva al
famoso puente giratorio que separa la ciudad nueva de la impenetrable Tarento Vieja. No lloré, porque las lágrimas se me habían terminado durante el viaje, junto con las baterías del tocadiscos que, desde
el momento en que el ferry dejó atrás mi mundo, Sicilia, no cesó de
tocar *Hey Jude* de los Beatles. Al año siguiente ellos también abando-
narían el mundo que habían creado, dejando huérfana a una humanidad que no supo hacer mejor cosa que descargar su frustración contra
la "maldita Yoko Ono".

Nos acomodamos en un hotel, mientras buscábamos casa. Mi desesperación fue tal que, aunque apenas tenía doce años, hice circo,

maroma y teatro para convencer a mi familia de que me permitieran volver a Mesina a vivir con Riccardo, quien, además de la técnica del beso, me había enseñado muchas otras cosas. Mis papás, al verme tan deprimido, por un tiempo incluso fingieron que estaban tomando en serio mi propuesta.

Terminé en el salón III G de la escuela secundaria "Luigi Bettolo", en una clase llena de reprobados. "¡Madres! —me dije— ¡Tendré que comenzar desde el principio!" En Sicilia había logrado hacerme de un lugar entre los chicos de la calle. ¿Y ahora? ¿Qué tendría que hacer para conquistar el respeto de aquellos nuevos y amenazantes peludos compañeros de escuela? Eran unos barbajanes de quince y dieciséis años, con quienes quedaba descartado enfrentarme físicamente. Además, yo tenía ese maldito aire de chico bueno que los cuidados maternos marcaban en mi forma de vestir. ¡Maldición! ¿Cómo salir de aquello? No me quedó alternativa e hice la única cosa que sabía hacer: con santa paciencia, tuve que romper un pizarrón durante el recreo, aventar un pupitre por la ventana, quebrar un vidrio a pedradas, cometer actos vandálicos contra los autos estacionados alrededor de la escuela, agarrarme a madrazos con un tipo de otro salón —a quien había elegido minuciosamente entre aquellos de mi igual corpulencia, ni tan fuerte como para arriesgarme a perder ni tan débil como para arriesgarme a que me tomaran por un abusivo—... y también debí demostrar que no tenía miedo de la autoridad haciendo uso de una de mis especialidades, el fuego, al incendiar una gran cantidad de contenedores de basura. Fue precisamente esta especialidad la que me llevó a la cima del éxito cuando el diario *Corriere di Tarento* me dedicó un artículo en la crónica: "Pirómanos en la ciudad". Pero, entre todos los recursos de los que me valí para hacer frente al miedo de ser sometido por las crueles leyes de la calle, hubo uno que le dio un carácter distintivo y particular a mi personalidad: los eructos. Sí, los eructos. Tenía un talento natural que me permitía emitir una especie de rugido capaz de inspirar respeto y otorgarme una rápida popularidad, y que a partir de entonces, y durante muchos años, usé como tarjeta de presentación.

CUATRO AÑOS DESPUÉS, EN BARI— Puede que parezca exagerado, pero este talento que cultivé con un constante entrenamiento y que incluso me produjo una ligera redondez del vientre por el aire que tenía que ingerir no sólo me ha servido para hacerme de una reputación, divertir a los amigos, espantar a los enemigos y molestar a los transeúntes, sino también para que mi madre me abriera el portón cuando, unos años más tarde, en el silencio de la noche, desde el séptimo piso de la casa de Bari, me escuchaba llegar desde unas cuadras antes. Por no hablar de la vergüenza que regalé a mi pobre tío Michele —director del liceo clásico al que asistía, el "Orazio Flacco"—, quien, sin saber que se trataba de su sobrino, juraba que desollaría vivo al "puerco" que, asomándose por las ventanas del baño, hacía retumbar todo el patio de la escuela turbando la austeridad del instituto. Un domingo en que fue de visita a casa de su hermano, mi padre, mientras tomaba el café en la cocina, escuchó salir de mi recámara los mismos rugidos que perturbaban la escuela. Era yo, haciendo mi entrenamiento matutino para mantenerme en forma. Corrió a mi cuarto con consternada incredulidad:

—¡¡¡Así que eres tú!!!

Se quedó helado. Sin embargo, a pesar de la indignación y el asombro, no logró esconder una sombra de orgullo familiar al ver a ese sobrino sin cualidades que se distinguía al menos en algo. Desde ese día, todas las veces que hacía retumbar mis monstruosidades antisociales en los corredores de la escuela o en el patio, me reía ante la idea de tener un cómplice ilustre: el director. De hecho, mi pobre tío Michele, al no poder confesarles a sus colegas que ese "puerco" a quien quería desollar vivo era su sobrino, fingía que seguía sin conocer la identidad de aquel animal, teniendo que esconder, a su pesar, la simpatía que sentía por ese chamaco que se parecía tanto a su padre, o sea, mi abuelo. Pero uno de los más grandes admiradores de mi peculiar talento fue mi primo Nicola. Con él, a los dieciséis años, visitando a unos parientes en Turín, pasamos días divirtiéndonos al molestar a los habitantes de aquella ciudad seria y de bien eructando por todos lados, pero sobre todo en el transporte público.

Nos subíamos al tranvía y nos poníamos anónimamente en una esquina como dos pasajeros comunes. En cierto momento yo disparaba mi primer eructo. Nos quedábamos impasibles, como si no hubiera sido yo, en tanto que la gente se giraba sin comprender; luego, poco después, disparaba otro con la misma frialdad, mirando hacia el vacío por la ventanilla. Los pasajeros empezaban a rumorar, localizando en esa extraña pareja de jóvenes el origen de tal indecencia. Al tercer eructo la gente se rebelaba y comenzaba a gritar, señalándome:

—¡*Crin*! ¡*Crin*! —que en dialecto piamontés significa "¡Puerco! ¡Puerco!".

Para entonces entraba en acción mi primo. En mi defensa, irguiéndose como escudo, se lanzaba sobre la multitud enfurecida, gritando:

—¿Cómo se atreven a ofender? ¡Mi primo está enfermo del hígado!

La gente se quedaba de una pieza.

—Si no eructa —explicaba, indignado, mientras yo seguía eructando—, si no eructa, mi primo se siente mal ¡y hasta puede desmayarse!

En realidad, la broma original del guion tenía que ser: "Si no puede sacar el aire por arriba, lo debe sacar por debajo, y entonces ¡sí que nos jodemos todos!", pero nos dimos cuenta de que no habríamos podido llevar a cabo tan refinada perla sin rendirnos a la carcajada, por lo que nos aplicamos la autocensura. Ya era muy difícil, mientras la gente murmuraba, mantener la seriedad y continuar con los eructos, esperando la siguiente parada para salir disparados del autobús doblándonos de la risa.

Mi primo estaba tan orgulloso de mí que una vez, en Bitonto, el pueblo natal de mi padre, me consiguió una competencia con un campeón local, ofreciendo a la alcurnia familiar la posibilidad de hacerse con uno de los reconocimientos más distinguidos: campeones de eructos.

La competencia se fijó a las cuatro de la tarde. El equipo de casa se presentó en un grupo de cinco chicos tan maleducados y mal vestidos que, en comparación, mi primo y yo parecíamos lores ingleses. Como el equipo que acompaña al boxeador hasta el ring, los chicos rodeaban a su campeón con excesivo entusiasmo, insolencia y obscenidad. En cambio, nosotros sólo éramos dos, vestidos casi decentemente y más bien silenciosos. Seguro que a sus ojos parecíamos dos pendejitos para llevar al matadero.

Me examinaron con suficiencia, provocando en un dialecto al extraño forastero que se atrevía a venir a retarlos en su propio territorio. Yo no me dejé intimidar. ¡Al contrario! Contraataqué, tomando la iniciativa de elegir el ring de la competencia. Por un instinto ancestral, sabía que tomar esa iniciativa los desorientaría, haciéndolos sentirse visitantes en su propia casa; por lo tanto, los precedí guiándolos por un callejón de la parte vieja de la ciudad, frente a una sórdida sala de billar. No pudieron hacer otra cosa que seguirme. "Uno a cero a mi favor", pensé.

Caminando detrás de mí seguían fanfarroneando, aunque, por el timbre de su voz, sabía que ya se había insinuado claramente el velo de la duda de quien ostenta seguridad fingiendo un buen humor que ya no es natural. Sin embargo, cuando su autoconfianza se enfrió definitivamente fue en el momento que les propuse las reglas de la competencia. No sé de dónde me salió. Con el aire seco de quien está acostumbrado a competencias de ese tipo, escupí las reglas que me había inventado en el momento:

—¿En qué especialidad quieres competir? —pregunté con aire profesional, como si se tratara de una disciplina atlética reconocida por el Comité Olímpico—. ¿En duración, en potencia, en numeración o en notas musicales?

Ahora no sólo su autoconfianza, sino también su seguridad, vaciló sin remedio: "dos a cero". Su campeón me miró con sospecha, como un animal que teme haber caído en una trampa; aun así, para defender su orgullo de jefe de la manada, respondió en tono retador:

—En potencia.

Era lo que esperaba, así que lo apremié:

—Está bien. Entonces competimos con cinco eructos alternados entre tú y yo. Quien lo haga más fuerte, gana.

Se quedó de piedra. No pudo evitar mirarme con admiración y, antes de reponerse de ese "tres a cero", decidí darle el golpe de gracia al terminar con las instrucciones.

—Y si no queda claro quién de los dos es el vencedor, la transformamos en una competencia de resistencia.

Allí el pobre chico comenzó en verdad a dudar de sí mismo. Cuatro a cero, cinco a cero, seis a cero… Ya ni siquiera me interesaba ganar: ya había ganado. Él quiso que empezara yo, así que me cargué como es debido: tragué una enorme cantidad de aire, lo miré a los ojos y, con una potencia sobrehumana, lo embestí con uno de los eructos más fuertes que he logrado en toda mi vida. El equipo local se quedó simplemente de una pieza. Su campeón, al darse cuenta de que había perdido irremediablemente el prestigio que tenía, palideció y, para evitar aunar el ridículo a la humillación, ni siquiera se atrevió a responder. Se quedaron mudos, admirados y humillados. No me quedaba más que ensañarme. Como un gigante que hace temblar las casas con sus rugidos, con insospechada ferocidad, descargué sobre el grupo mi arma letal, disparando una ráfaga de mucho más de cinco eructos... hasta que el dueño del billar salió al callejón y dispersó a la indecente comitiva dando patadas a diestra y siniestra.

* * *

De pequeñito, antes de volverme un vándalo, adoraba a mi madre: la veía hermosísima, y efectivamente era un cuero de vieja. Mientras que veía a mi padre como uno de quien había que defenderse por su obsesión de que yo hiciera lo que le habría gustado a él, mi madre era un refugio seguro que me brindaba su total devoción al módico precio de nunca decir —quiero decir NUNCA— mentiras y de mantener el control absoluto sobre mi vida en todas sus áreas.

En cambio, mi padre era un territorio inseguro y nervioso. Él habría querido un niño vivaz, entusiasta, valiente, extrovertido... pero durante los primeros años de mi vida, cuando vivíamos en Trani, Squinzano y Montevarchi, yo era un niño serio, introvertido y bien peinadito con raya de lado, quien odiaba que lo tocara la gente. No me gustaba que el mundo de los adultos me agobiara con preguntas estúpidas y sin sentido como: "¿Tienes novia?". No soportaba que me demostraran su simpatía alborotándome el cabello, y en particular odiaba que los parientes de Bitonto me jalaran la piel bajo el mentón con sus manos arrugadas y me sacudieran todo, sonriendo a pocos centímetros de mi cara con sus bocas chimuelas, gritando en dialecto:

—*Madó, ci è bell'!!!* —"¡Ay, qué lindo!".

Así, refugiándome detrás de la falda materna, en lugar de deleitar a toda la familia con mi alegría, como le habría gustado a mi padre, los afligía con mis pucheros y mi mal genio. Mi padre habría querido a un niño que corriera por los prados, mientras que yo, con aire aburrido, caminaba con la cabeza gacha, deteniéndome a ver las diferentes formas de las piedras. Y en la playa le habría gustado verme desnudándome y corriendo en el agua lleno de entusiasmo, pero yo, de niño, en la playa, ¡ni los calcetines me quería quitar! Puedes imaginarte la frustración del pobre hombre, quien un día, en un arranque de nervios, me agarró del cuello y me botó al agua vestido. Él habría querido que corriera, saltara, jugara, gritara… todavía hoy sigo sin saber qué chingados quería de mí. De lo que sí estaba seguro era de que no soportaba, o simplemente no lograba entender, el temperamento de un niño reflexivo, curioso por los fenómenos naturales, amante de las historias y atento a la coherencia de las palabras.

Por el contrario, mi madre trató de secundar mi naturaleza, haciendo su mejor esfuerzo para defenderme de las fijaciones paternas. De todo el tiempo que me dedicó, quedó indeleble el recuerdo de aquellas bellísimas tardes, acostados en su camota, cuando me leía libros. Me leyó infinitas veces *La llamada de lo salvaje*, de Jack London; *Sussi y Biribissi*, de Carlo Lorenzini; *Un travieso en el colegio*, de Carlo de Mattia… Me compró la maravillosa enciclopedia *Conocere*… Adoraba estudiar con ella las organizaciones de las abejas y de las hormigas, cantar juntos, hacer collages con recortes de diarios... Mi madre siempre conseguía inventarse algo cuando ese hijo único de cabellos rojizos, rondando a su alrededor, la jalaba de la falda para preguntarle:

—¿Qué hago?

Probablemente esos cuidados maternos, unidos a una voz segura, a la desenvoltura al hablar en público y al hecho de que siempre me vi más grande de lo que era, me valieron el éxito escolar que, a pesar de mi pésima conducta, durante la primaria, todavía en Mesina, incluso llevó al maestro Bellomia —un buen hombre obsesionado con la religión— a recomendar que me saltara el quinto grado. Fue así que comencé el primer grado de la escuela media a los diez años.[5] Pero eso no influyó en forma negativa en mi rendimiento escolar, al menos hasta que llegué a Tarento. Allí, en el primer año del bachillerato Archita, a mis trece años, logré volver a mi generación original, reprobando olímpicamente el año académico.

No me gusta presumir, pero puedo decir con cierta satisfacción que ese año, en el liceo tarentino, fui el peor de sus mil doscientos estudiantes. Varios días regresé a mirar en el vestíbulo de la escuela los pizarrones que mostraban las calificaciones para asegurarme de haber sido el peor. Me acuerdo perfecto de las notas: Italiano, 3 Latín, 2 Griego, 2 Historia, 3 Filosofía, 3 Matemáticas, 2 Inglés, 2 Geografía, 4 Educación Física 5. ¡Ni siquiera en Educación Física logré aprobar!

Estos resultados son más sorprendentes si consideras que el año anterior había presentado los exámenes y me había distinguido entre los primeros cuatro alumnos del instituto. ¿Qué me había pasado? ¿De pronto me había vuelto un cretino? Recuerdo que ese año entregué

---

5   En el sistema escolar italiano hay cinco años de primaria y tres de secundaria, llamados *scuole medie*, y cinco de liceo, que equivalen a la preparatoria.

varias tareas de latín completamente en blanco; en serio, ¡en blanco! Lo cual significaba que en tres horas no había logrado traducir ¡ni una sola palabra! Más que reprobarme, pienso que habrían tenido que mandarme al psicólogo.

Aquel 1969, en Tarento, fue el año de mi crisis religiosa definitiva. Se consumó durante una fría mañana de febrero, arrodillado en los escalones de mármol de una iglesia, delante de la mortificante imagen de un santo.

En realidad, mi fe había comenzado a vacilar un par de años antes, cuando a los once años, en Sicilia, todas esas historias de santos vírgenes milagros demonios paraíso y purgatorio comenzaron a parecerme estupideces inadmisibles. Sin embargo, no tenía el valor de confesármelo ni a mí mismo, temiendo que, si me equivocaba, terminaría en el infierno. "Mejor no arriesgarme —pensé— y quedarme como hacen millones de personas, en la indolencia de no tener el valor de tomar una postura que haga honor a la inteligencia."

Desde hacía algunos años había dejado de ir a la iglesia, pero esa mañana, antes de ir a la escuela, decidí darle otra posibilidad a este Dios que recordaba misericordioso con sus devotos y despiadado con todos los demás. Era uno de esos días en que se decidiría gran parte de mi futuro escolar de aquel año; de hecho, estaba esperando el resultado del examen de Latín, el de Inglés, y tenía que enfrentar una prueba oral de no sé qué materia. Cuando me vi arrodillado sobre los fríos escalones de mármol del altar, delante de la fea imagen de no me acuerdo qué santo, rodeado por la soledad y las veladoras, en una hora en que cualquier adolescente preferiría estar en su cama, dije solemnemente:

—Está bien san-como-te-llames-tú, te doy una última oportunidad: basta con que apruebe sólo una de las tres materias del día para que me haga tu devoto, pero si no me va bien en ninguna, te juro que no vuelvo a pisar una iglesia en mi vida.

No volví a pisar una iglesia en mi vida. Las tres pruebas no salieron simplemente mal, sino tan mal que resultó evidente que debía extender mi promesa hasta las vidas futuras.

Total, Tarento fue un periodo oscuro. La exuberancia transgresora de los años en Mesina se había transformado en una tenebrosa desviación en la que no había encontrado nada mejor que hacer que pasar las tardes en el billar jugando póquer con muchachos más grandes y, además, haciendo peligrosamente trampa junto con mi amigo Augusto.

El día en que nos descubrieron, corrimos el riesgo de terminar mal en serio. Se desató una riña de la que estoy seguro que habría salido muy mal parado no sólo por la superioridad de mis enemigos, sino también por la falta de determinación que da sentirse en la parte equivocada. Por fortuna, algunos adultos que siempre iban a jugar carambola sobre una hermosa mesa Hermelin nos separaron; entre ellos estaba mi profesor de Matemáticas, Scrimieri, aquel que en la calificación final me puso 2.

Nos expulsaron del billar y no hubo posibilidad de apelar. Nos habíamos quemado; nadie iba a querer ya jugar con nosotros. Que te expulsaran de la escuela no habría sido tan grave; es más, habría sido casi un título para presumir en sociedad, pero ¡¡que te expulsaran del billar!! ¡Qué vergüenza! ¿Qué haríamos todas las tardes? ¿Qué hacer mientras esperábamos a cumplir los fatídicos catorce años, que en Italia es la edad en que te dan el derecho de usar la "motoneta"? Quedarnos sin hacer nada prohibido, arriesgado o que valiera la pena de ser contado estaba totalmente fuera de discusión. No teníamos ganas de perder el tiempo.

Es extraño, pero toda mi vida he tenido miedo de perder el tiempo, y no por hacer algo útil, no —eso ni me pasaba por la cabeza—: temía perder el tiempo porque no quería renunciar a ninguna ocasión de hacer algo que me hiciera sentir vivo. Ese miedo de que mi vida transcurriera en forma anónima fue una de las características que me acompañó durante toda la primera mitad de mi vida. Casi hasta los cuarenta años, la idea de pasar una noche tranquilo en mi casa me angustiaba; necesitaba salir, hacer algo, arriesgarme al menos un poco, molestar a alguien… Así, durante ese invierno en Tarento, esperando los fatídicos catorce años, tuve la brillante iniciativa de arruinarme la audición del oído izquierdo con una diabólica pistolita que había conseguido con mis incansables negocios de cómics usados. Aquella pinche pistolita se armaba con un cohete que, con la moderada explosión que detonaba el gatillo, salía disparado como un misil para estallar dos segundos después con escandaloso estruendo a "beneficio" de los habitantes de los pisos más altos. Todo había ido bien hasta esa maldita tarde. Ya había fregado con éxito a los habitantes de la calle De Cesare, de la calle Príncipe Amedeo, del callejón Pupino y de la avenida Pitágoras, pero ese endemoniado día, en la calle Anfiteatro, quién sabe cómo, puse el cohete al revés: cuando oprimí el gatillo, el estruendo destinado para los vecinos de los pisos más altos me estalló con sorpresa a pocos centímetros de la oreja, congelando para siempre mi entusiasmo hacia esa forma de venganza en contra del mundo de los adultos.

No me quedaba más que esperar unos meses para arriesgar la vida y molestar al mundo en motocicleta.

La adolescencia es ese peligrosísimo periodo en que niños inconscientes tienen el poder de los adultos: pueden manejar un vehículo, cometer crímenes, dañarse seriamente a sí mismos y a los demás, embarazar o embarazarse... El destino fue benévolo conmigo. Con todos los desmadres que hice durante esos años y en los años venideros, me siento afortunado por no haber tocado un hospital ni la cárcel.

Es cierto que la muerte me ha acariciado más de una vez, pero siempre ha tenido la gentileza de no plantárseme delante en forma inapelable, prefiriendo limitarse a hacerme sentir de vez en cuando su roce, sólo para asegurarse de que no me olvide de su clemencia; o tal vez ha querido premiar mi innata capacidad de contener los riesgos en el ámbito de la estadística que yo estaba dispuesto a aceptar.

Esta doble naturaleza que hacía que convivieran en mí el loco y el sabio es una característica que me ha acompañado toda la vida y probablemente la que me ha salvado del desastre. Aunque no puedo negar la fascinación que siempre ha suscitado en mí ser uno que vive al margen de la ley, mi comportamiento desviado era —y en los años venideros sería— siempre sólo una forma de protesta en contra de esa sociedad hipócrita y mentirosa de la que no quería ser parte y en la que todos habían tratado de meterme a la fuerza. Tardé en darme cuenta de que para ser feliz no basta combatir una sociedad que no te gusta. Durante mucho tiempo me hice ilusiones de que, para ser libre, es suficiente tener el valor de infringir las reglas, sin percatarme de que entre quienes las siguen y entre quienes las violan no hay una gran diferencia; ambos son esclavos de algo que no eligieron, sino que les ha sido impuesto: la moral común, las ideas preconcebidas, las contradicciones aceptadas, las injusticias dadas por sentadas, los prejuicios, las creencias, las tradiciones... Éstos son el faro que orienta tanto las acciones de unos como las de los otros, sólo que en direcciones opuestas. Los revolucionarios, paradójicamente, son parte de la sociedad que combaten. En aquellos tiempos no tenía idea de que, además de los santos cristianos que con sólo verlos nos causan bostezos, existían místicos que describían la libertad como un estado interior que se alcanza cuando todos los puntos de referencia exteriores caen, todos los pros y los contras desaparecen y el único criterio que permanece está dictado por una conciencia pura e incorrupta por la historia y las ideas. Pero en el umbral de mis catorce años todo esto me valía madres: la única cosa que veía delante de mí era la llegada inexorable de la edad mínima que me permitiría añadir dos ruedas a mis piernas y ser libre para buscar mi lugar en el universo.

Convencer a mis papás de que me compraran una motocicleta parecía una empresa imposible, aunque para mí la moto era cuestión de vida o muerte; era el parteaguas que se crea entre quien va a la guerra a caballo y quien se enrola en la infantería. Por eso, usando una de las trampas lógicas con que desde que era niño atrapaba a mis pobres padres, me jugué la primera carta de la partida: aquella que establece los límites del adversario. Les recordé que ellos tenían el poder de comprarme la moto o no, pero no el de controlar mi libertad de conseguir quién me la prestara o, peor aún, de que me subiera a la moto de uno de mis tantos amigos que "conducían como locos". Al escuchar tan clara e inapelablemente cuáles eran los límites de su poder, se endurecieron. Esto lo tenía previsto. Así que, con la astucia y el cinismo de quien no se puede dar el lujo de perder la partida, me jugué la segunda carta: la de los sentimientos.

—No querrán que sea el único que va a pie —dije con la expresión más desconsolada que pude, evocando la imagen desgarradora de un pobre chico abandonado, solo y triste, en la banqueta, mientras que todos sus amigos se alejan en sus motos en medio de un carnaval de felicidad.

Me regocijé en sus expresiones desorientadas con el cinismo del jugador que sabe que aún tiene en la mano las cartas que noquearán definitivamente al adversario: la carta de la lógica y la carta del miedo. Esperé a que la jugada anterior hiciera su efecto; luego, con la actitud de quien está acostumbrado a ganar ese tipo de partidas, abrí mi juego en la mesa:

—No querrán confiar mi vida al primer imbécil que me invite a subir en su moto, ¿verdad? ¿Es posible que tengan más confianza en un desconocido cualquiera que en mí?

Mis pobres padres cayeron tan miserablemente en la trampa que hasta pena me dieron.

El 20 de junio de 1970, cuatro días antes de cumplir los catorce años, y pagando orgullosamente la mitad del precio con mis ahorros, compramos una mítica Corsarino de la Moto Morini.

Mi padre me miró alejarme encima de la flamante motoneta, encomendando la vida de aquel hijo ingobernable a la clemencia del destino, mientras que yo, con el viento entre los cabellos, le daba definitivamente la espalda a mi infancia.

La primera cosa que hice fue adaptar el asiento de la moto para dos personas, en parte para rescatar a algún amigo del destino de la infantería y en parte... pero quizá, sobre todo, para prepararme a llevar a las chicas. Y sí, querida Inés, porque Tarento no fue sólo la época del billar, de las motonetas y de los fracasos escolares, sino también de los descalabros amorosos.

Confiaba en que pasar del cuerpo de infantería al de la caballería me traería más suerte de la que había tenido cuando transcurría las tardes invernales con mi amigo Mario, recorriendo de arriba abajo la calle D'Aquino para poder al menos rozar, aunque fuera por un momento, a una muchacha de quien jamás habría sabido el nombre y que ni siquiera se habría dado cuenta jamás de mi existencia; o de esas lastimosas tardes bajo el monumento de Plaza de la Victoria cuando Marina, la chica de quien estaba perdidamente enamorado, me hablaba de sus penas de amor con mi amigo Augusto, el del póquer. Yo era un chico de trece años fundamentalmente tímido que no creía ser guapo ni feo, sino simplemente insignificante; tanto así que la primera vez que una chica me dijo que tenía ojos bonitos, pensé seriamente que era un poco tonta o que se estaba burlando de mí.

Pero, efectivamente, apenas mis cabellos comenzaron a ondear en el viento, mi rostro se tornó rojo por el frío y empecé a apestar a gasolina, mi estatus cambió tanto que incluso atraje la atención de una rubiecita un año más grande que yo, Margarita. Ahora se trataba de pasar a la acción. Así, una noche tuve el valor de invitarla a salirnos de una fiesta a la que nos habían invitado para "dar una vuelta en moto". Ella, quien sin duda era más despierta que yo —y no hacía falta mucho—, entendió que "dar una vuelta en moto" significaba "ir a fajar"; y efectivamente, aunque nunca lo había hecho, era justo lo que tenía en mente. Y a pesar de que siempre fingiera ser más seguro de lo que en realidad era, mis experiencias sexuales se limitaban a cuentos inventados por chicos de mi edad, a la lección de beso de mi amigo Riccardo y al religioso ritual que había aprendido en Mesina del granuja del "tabernáculo" —aquel que se exhibía tirándose chaquetas— y que, una vez al día, como recomendaba Tommaso, un experimentado compañero de la escuela, era necesario oficiar en el templo del amor de los adolescentes: el baño; el mismo baño donde, según me habían dicho en la iglesia, a Dios le gustaba pasar el rato y que, a pesar de mi creciente escepticismo, de cuando en cuando, durante las "oraciones" prescritas por Tommaso, me lo imaginaba apoyado en la lavadora mirándome con desprecio.

Sentir el cuerpo cálido de Margarita, quien me abrazaba por atrás en el oscuro frío de aquella maldita noche, me hizo sentir un dios, pero cuando me di cuenta de que después de casi media hora de dar vueltas no me había animado a detener la motocicleta para pasar a la acción, la sensación de exaltación que me daba el contacto con ese joven cuerpo sentado en el asiento que había colocado justo con ese propósito se volvió un terrible tormento. No podía echarme para atrás, mi orgullo me lo impedía, pero tampoco lograba seguir adelante. Estaba paralizado.

Ya me había sucedido el sentirme paralizado por la indecisión. Una vez, tendría unos diez años, pasé toda una tarde agazapado en el borde del balcón de una casa en construcción antes de decidirme a saltar. Se lo había visto hacer a Claudio Trombetta, un amigo un poco más grande que yo quien, entre otras cosas —mezclando carbón, azufre y nitrato de potasio—, me había enseñado nada menos que "la fórmula mágica" para hacer el "polvo negro" y construir unas rudimentales bombas que me habían servido para ganar amigos y espantar enemigos. No podía ser menos que él. Era un primer piso de esos altos, al menos a unos cuatro metros del suelo, y pensaba que el montoncito de tierra en que vi aterrizar ágilmente a Trombetta sería suficiente para amortiguar el golpe. No me podía ir sin saltar: era una cuestión de orgullo. Era como si de vencer ese miedo dependiera mi vida futura. Ese balcón, ese montón de tierra y ese espacio de cuatro metros que los separaba no tenían en sí mismos una especial atracción, como después de todo tampoco lo tenía el cuerpo de Margarita montada en la moto detrás de mí... o, mejor dicho, ese cuerpo, por supuesto, de sensaciones me despertaba muchas, ¡y de qué manera!, aunque en ese momento no era el deseo el que me guiaba, sino una especie de sentido del deber hacia un examen que me había impuesto yo solo. Como en aquel balcón de Mesina, se trataba de una cuestión de orgullo... pero ¿qué digo? ¡De vida o muerte! Jamás habría podido volver a casa sin haber saltado; jamás habría podido volver a la fiesta sin haber al menos besado a Margarita.

No sé cuántas horas pasé en la orilla de ese balcón, dividido entre el valor y el miedo, y no sé durante cuánto tiempo di vueltas inútiles en la moto sin tener el valor de detenerme. El cuerpo de Margarita, sentada detrás de mí con los cabellos al viento y el rostro cada vez más frío, mostraba crecientes signos de hartazgo hacia este pendejo de cabellos rojizos que había parecido tan seguro cuando la había invitado a "dar una vuelta en la moto", pero que ahora parecía un platanazo incapaz de tomar alguna iniciativa. Yo estaba congelado no por el frío, sino por el miedo; no lograba encontrar dentro de mí la determinación que tuve aquella tarde en Mesina cuando, apremiado por el anochecer, y sin aceptar la idea de marcar ese día con el estigma de la derrota, me boté para aterrizar con la nariz sobre mi rodilla y volví a casa sangrando a lo bestia. "Si he de morir en este salto —me había dicho—, ¡que así sea! ¿Qué vale la vida de un hombre que no es capaz de hacer que el valor le gane al miedo?" Pero esa maldita noche, en Tarento, el miedo parecía ganarle al valor. Dudaba, dudaba... Tenía que estar atento. No podía arriesgarme a aterrizar otra vez con la nariz. Esta vez no podía cometer de nuevo el error de ponerle demasiada atención al salto y descuidar el aterrizaje, porque ya no se trataba de caer sobre un montón de tierra, sino entre los brazos de una precoz quinceañera, más suave pero menos piadosa; la torpeza que me había enviado a casa con la nariz sangrando no quedaría como un secreto entre la muda discreción del cúmulo de tierra y yo, sino que sería expuesta a las risitas adolescentes de las despiadadas confidencias entre amigas.

Ya estaba inexorablemente poseído por una paralizante confusión mental. La justificación de "no encontrar el lugar adecuado" trataba todavía de defender inútilmente mi orgullo hecho trizas, peleándose en mi cabeza con los juicios furibundos que apagaban mi lucidez. En cierto momento, esta vez sin ni siquiera el aviso del anochecer, esché la voz de la chica, fría como el viento, que decía:

—¿Volvemos a la fiesta?

Fue el tiro de gracia. La sangre se me fue a los pies… se me hizo un hoyo en el pecho… probablemente me puse pálido… pero, paradójicamente, me sentí invadido por un sentido de liberación. Así como el tiro de gracia es bienvenido cuando se hace esperar demasiado por el condenado, de la misma forma agradecí aquellas palabras despiadadas, casi castigadoras, de esa muchacha. Feliz de haber muerto, sin lograr encontrar las palabras capaces de hacerme sentir un poco menos patético ante mis propios ojos, la llevé de vuelta a la fiesta.

El siguiente año Margarita ascendió a los altares de la crónica por haberse distinguido en una excursión escolar de un par de días, alegrando de forma indecente la noche de un grupito de estudiantes uno o dos años más viejos que ella. En el secreto de ese fracaso en la moto, me avergoncé aún más con el recuerdo de esa voz más fría que el viento: "¿Volvemos a la fiesta?".

DE TARENTO A BARI

El cambio de Tarento a Bari fue un verdadero bálsamo para mi autoestima. En Tarento había sido infeliz. Los kilómetros de asfalto recorridos, el viento frío, el sol caliente, los fracasos sentimentales, la soledad y la confusión me habían alejado definitivamente del capullo familiar, haciendo que extendiera mi campo de acción a las diversas especialidades en que el vandalismo de una banda de jóvenes motociclistas se podía medir. Para nada me sentía orgulloso de mí mismo; en aquellas que ya no se podían llamar más "travesuras" no había encontrado la alegría del chiquillo de la calle que había sido de niño; en mi rostro se había estampado ya la típica y amarga expresión de un adolescente encabronado, siempre apurado por estar a la altura de las circunstancias. Pero, cuando la familia se mudó a Bari, las cosas cambiaron completamente.

Mientras que de Mesina a Tarento sufrí el trauma de mi vida, el cambio de Tarento a Bari fue completamente indoloro, también gracias —y más que todo— a la generosidad de la familia Agostinacchio, con quienes siempre estaré agradecido por haberme hospedado durante tres meses en una pequeñita casa de verano en Santo Spirito, la "Rímini" de los habitantes de Bitonto, en la cual, en sólo dos habitaciones, vivían la tía Michelina, el tío Ciccillo, mis cuatro primos y yo.

Aproveché el encanto del "extranjero" para establecer una diferente personalidad: de vándalo destructor a rebelde creativo. Obviamente mi creatividad seguía expresándose en los campos que me resultaban más familiares: inventar nuevas formas de infringir las reglas y escandalizar al prójimo retando a la "normalidad". Por ejemplo, me divertía desnudarme totalmente y pegar veloces carreras en medio de las familias que disfrutaban del fresco durante los paseos vespertinos, o en las noches, en el malecón, pasear entre la gente con aletas y visor como si nada, o bien ordenar un café mirando al cajero a través de unos binoculares, o disfrazarme de personaje extraño y sembrar miedo, curiosidad o risa, o desarmar el teléfono de casa —adelantándome veinte años al uso del teléfono celular—, sacando el auricular de la bolsa en los locales y callando a todos al fingir que hablaba con alguien, o ir por las calles llevando atada a una correa una pequeña escultura de metal de la loba que amantaba a Rómulo y Remo, que pertenecía a mi abuelo, y a quien me preguntaba qué hacía, responderle:

—Nada, saqué a pasear a la loba…

En fin, no había una sola cosa de la vida cotidiana que no valiera la pena ser trasformada en una ocasión para decir: "Yo no soy como ustedes".

Fue durante ese verano cuando me sentí tan diferente de ese otro yo a quien me había resignado a ser cuando vivía en Tarento que ni siquiera me sorprendí cuando, sin ninguna dificultad, logré seducir a una chica dos años más grande que yo. Con una seguridad totalmente desproporcionada para mi experiencia, me la llevaba a fajar en un túnel abandonado del viejo ferrocarril Bitonto-Santo Spirito, que todos usaban como baño público. Desgraciadamente, la gente no se limitaba a mear ahí, por lo que tenía que convencer a la pobre muchacha a sumergirse en una peste de mierda infernal, asegurándole que se acostumbraría pronto. Y así, envueltos en medio de ese aroma indecente, finalmente viví esas experiencias que hasta ese momento me había visto forzado a fingir que tenía, mientras que ella, de buena gana, recibía mis fogosos besos y mis ardientes caricias.

Su creciente disponibilidad a dejarse tocar en sus partes más íntimas por mis manos —no siempre limpias—, unida a la docilidad con que se ofrecía a manipular las mías hasta el límite de la excitación que estaba acostumbrado a lograr por mi cuenta, me convencieron de que había "llegado el momento". Así, un día, en medio de la basura donde desde que era niño siempre me había gustado hurgar, encontré un colchón abandonado y, sin reparar en las manchas y en los hoyos, me dije: "Es perfecto". Mientras todos estaban en la playa, esperando que ese Dios en quien ya no creía más no se diera cuenta de mis intenciones, con la actitud de quien se está preparando para hacer algo que simplemente "se debe hacer", lo arrastré bajo el sol de agosto hasta un lugar alejado, en el campo, al lado de un huerto, en el límite de la vía de tren abandonada que salía del apestoso túnel. Lo cubrí con una tela que, aunque provenía del mismo lugar que el colchón, parecía limpia, y después de acomodarlo, casi con elegancia, semiescondido bajo un frondoso árbol de ramaje bajo, confirmé: "Es perfecto".

Todo el día sentí en el bajo vientre la inquietud que condena a todos los animales a arriesgar cualquier cosa con tal de dar rienda suelta al impulso irresistible que ese Dios entrometido e incoherente había escondido entre los calzones de todos los seres humanos. La simple idea de ese colchón sucio colocado en el silencio del campo me generaba una inquietud erótica que no me permitía estar quieto. Contando los minutos, esperé a que la ardiente luz de las horas que siguen el mediodía diese paso al momento de la tarde, cuando el calor mitiga su ferocidad, y el sol, con sus rayos oblicuos, ilumina los rostros hinchados de sueño de los paseantes que reemergen de entre las sombras de sus casas, después de la larga siesta. Llegó, como siempre, a las seis al jardín de San Francisco, arreglada para la tarde, con el cabello limpio y una minifalda veraniega, sin poder contener una sensualidad púdica y aldeana que, a pesar de su educación, prorrumpía por sus ojos, su sonrisa, por su piel tostada por el sol, su alegría de estar viva, por su pecho juvenil y esos robustos muslos que tanto me gustaba recorrer hasta llegar a su tesoro.

Tratando de disimular la excitación, le dije:

—Ven, te tengo una sorpresa.

A decir verdad, no la noté muy sorprendida por la novedad: probablemente ya se lo esperaba o quizá incluso se preguntara qué estaría yo esperando para aprovechar la disponibilidad que me había demostrado durante semanas, soportando la peste de mierda.

Cuando vio el escenario, que evidentemente le gustó, fingió no querer, tal como corresponde a todas las chicas buenas que, aunque nunca hayan cultivado la ilusión de llegar vírgenes al matrimonio, al menos tienen que conservar la decencia de decir "buenos días" "buenas tardes" "gracias" y "de nada". Pero mis besos eran demasiado fogosos y mi insistencia, demasiado decidida como para perder mucho tiempo en esa comedia que nadie creía, por lo que se sometió al ritual con la misma actitud con que yo había arrastrado el colchón debajo del sol: era una cosa que "se tenía que hacer" y basta.

Nos tendimos. Era la primera vez que me hallaba acostado en un colchón con una chica: era como ver el mismo panorama desde un ángulo diferente. No me acomodaba. Los movimientos que hasta el día anterior, de pie, tenían la ligereza de una danza, ahora, tendidos, se volvían maniobras complejas en las que no sabía dónde meter los brazos, dónde meter las piernas, si estar arriba, si estar abajo... ¿o de lado? Era imposible usar al mismo tiempo ambas manos; bajarse los pantalones era toda una empresa, y bajarle los calzones fue posible sólo gracias a una extraña pirueta que improvisé. La excitación me hacía temblar. Me habían dicho que no tenía que "ensartárselo de inmediato" sino que, incomprensiblemente, antes se necesitaba perder tiempo tocándola aquí y allá... pero ¿cuánto tiempo? Es decir

¿cuál era el momento de "ensartárselo"? En el interior del aromático túnel del tren sabía más o menos cuáles eran los tiempos para llevar su mano hasta la palanca que abría, al menos para mí, las puertas del paraíso; pero allí, en ese pinche colchón... ¿tenía que hacer todo yo? Parecía que ella se había deslindado no sólo de parte de sus ropas, sino también de cualquier responsabilidad en el asunto, y permanecía con una sonrisa de circunstancias dejándose llevar sin participar demasiado, tal como debe hacer una chica buena. Al final, besos aquí y besos allá, caricias por arriba y caricias por debajo, como en la vida de todos, finalmente llegó también para mí el fatídico momento de sumergirme por primera vez en la misteriosa y codiciadísima lagunita.

Entrar no fue nada fácil. Después de la sorpresa táctil de las primeras veces, mis dedos ya conocían la topografía femenina, pero zambullirse dentro con esta famélica varita vibrante que rugía entre mis piernas fue otra cosa; de hecho, sólo después de haber pegado varias veces con la cabeza en el borde de la laguna, al fin, con gran alivio para ambos, pude finalmente nadar. Pero ¡no pienses que fue una gran nadada! Un par de brazadas fueron suficientes para marcar el final de la "competencia". Me pareció que aquello nos había bastado a los dos. Yo tuve esos pocos segundos que parecen todo antes de que lleguen, pero que te dejan con nada cuando ya han pasado, y ella sintió la satisfacción de adecuarse a esa actitud típicamente femenina con la que las mujeres, durante siglos, se han conformado con hacer "felices" a los hombres.

Mientras nos arreglábamos, nos dimos cuenta del silencio que nos rodeaba, y el murmullo del viento entre los árboles de fruta nos regaló el primer momento de poesía. Después, tomados de la mano, volvimos silenciosos y sonrientes con nuestros amigos al jardín, sabiendo ya cómo habríamos pasado todas nuestras tardes antes de que el curso escolar nos separara para siempre.

EL PERFUME DE LA LIBERTAD

Era 1972, el año en que estalló el feminismo en las plazas y el caso Watergate en Estados Unidos; en las Olimpiadas de Múnich un comando palestino de Septiembre Negro masacró a todos los atletas israelitas y un equipo uruguayo de rugby se estrelló en la cordillera entre Argentina y Chile, dando inicio al mito de los sobrevivientes de los Andes. Pero estos eventos eran para mí fantasías que, sin tocarme, sucedían en el trasfondo de la mucho más importante realidad que me rodeaba.

Mis dieciséis años habían tocado a la puerta y la habían derribado, dejando entrar en mi vida a un montón de gente ruidosa y colorida que dio un sentido a esa revolución que hasta ese momento había llevado a cabo solo y con sentimiento de culpa. Yo, que había roto, quemado, molestado y escandalizado al prójimo, escondiéndome, sintiéndome un criminal y ganándome la desaprobación de la sociedad, descubrí que había un grupo de gente que hacía las mismas cosas que siempre había hecho yo pero que, a diferencia de mí, eran considerados artistas, todos los amaban y además ganaban un montón de dinero. Estoy hablando de Led Zeppelin, de Jimi Hendrix, Janis Joplin, Joe Cocker y toda la banda del rock que desde hacía algunos años había comenzado a inspirar a la generación que haría una verdadera revolución socioespiritual. Es cierto que a algunos los conocí cuando ya habían muerto o ya habían dado lo mejor de sí, pero en aquel entonces las noticias circulaban mucho más lentamente…

y después de todo yo era un muchacho de provincia. Apenas entré en contacto con este mundo, me enamoré perdidamente. ¡Ellos también rompían todo! Jimi Hendrix incendiaba su guitarra, Pete Townshend de The Who hasta la destruía en el escenario, Emerson se lanzaba a apuñalar el primer sintetizador —el mítico Moog—, Alice Cooper se colgaba del escenario con una serpiente pitón y Black Sabbath desgarraba el oído de la "gente bien" con su rock satánico. ¡Cómo me habría gustado ser uno de ellos...! Y luego estaban los que rompían todo con las palabras, como Bob Dylan, quien con su voz antigua buscaba las respuestas en el viento, Joan Baez, Arlo Guthrie, pero sobre todo él, el verdadero profeta de esa generación, el más profundo y el más loco de todos: Jim Morrison, quien era tan radical en romper todo que al final terminó por romperse incluso a sí mismo. Los suyos eran gritos de batalla que sacaban de sus trincheras a una generación entera, lanzándola al asalto del futuro. Yo quedaba encantado con sus palabras: "Es mejor ser odiado por aquello que somos que ser amados por la máscara que llevamos". "Sí, ¡¡sí!!, me decía—: la única forma de sentirse alguien es sentirse uno mismo". Lo sabía, ¡sabía que estaba en la ruta correcta! "No seré jamás nadie, pero nadie será como yo." ¡Era verdad! ¡Era verdad...! Y lágrimas de conmoción escurrían por mis mejillas al no sentirme más solo, por haber tenido el valor de continuar en mi camino y de no haberme traicionado a mí mismo. "Nos aventaron en este mundo como a un perro sin hueso." ¡Era verdad! ¡Era verdad! Así era como siempre me había sentido, ¡un perro sin hueso! Y qué decir de: "¿Por qué es escandaloso hacer el amor a los dieciséis cuando se puede morir a cualquier edad?". O: "No digas que los sueños son inútiles, porque inútil es la vida de quien no tiene sueños." ¡Me recorrían escalofríos por la espalda, porque lo había intuido sin darme cuenta! ¿Qué había sido hasta entonces mi vida sino la reivindicación de mi derecho a soñar, de ir más allá de los límites impuestos, más allá de las expectativas de los demás? Y luego estaba también esa otra frase, que en ese entonces no sabía bien qué significaba, pero que se convertiría en la guía que veinte años después me llevaría a mi renacimiento: "La liberación interior es la única cosa por la que vale la pena morir, la única por la que vale la pena vivir". Pero, de entre todas, la que más me gustaba y que según yo es el himno de una generación era: *We are good for nothing but capable of anything* —"Somos buenos para nada, pero capaces de todo"—. Y esa generación fue verdaderamente capaz de todo, hasta el punto de cambiar al mundo para siempre.

Ese aire de cambio que sopló por todo el Occidente tomó en Italia el color ardiente de la protesta estudiantil, a la que obviamente no podía ser insensible, no tanto por creer que en verdad habíamos hecho la revolución, sino más que nada porque era sumamente divertido ocupar escuelas, hacer asambleas, discutir grandes ideales y golpearse entre bandas. No pertenecer a una banda políticamente comprometida significaba permanecer fuera del juego; por eso, más que elegir a qué grupo pertenecer, elegí al enemigo, y el más obvio eran los fascistas. En parte por el legado familiar y en parte por el sentimiento de justicia social que inspiraba la ideología comunista, tan parecido al cristianismo, alterné mi simpatía entre la Cuarta Internacional y Lucha Continua, aunque en realidad no poseía contenidos tales como para contribuir mínimamente al enriquecimiento de esos movimientos. Envidiaba a mis coetáneos que eran capaces de tomar un micrófono durante las asambleas y sostener tesis, debatir argumentos, proponer mociones... En comparación con ellos, me sentía un imbécil. Entonces me conformaba con dar mi contribución a través de mis actitudes extravagantes, mis largos cabellos y mis eructos, ofreciéndome como mano de obra en cualquier trabajo que no requiriera sofisticaciones ideológicas. Y aparte de haberme ganado un par de agresiones de los fascistas, aunque sin graves consecuencias —para volverse famoso al menos se tenía que terminar en el hospital o ser arrestado por la policía—, el episodio que me dio más popularidad en el ambiente político fue haber atropellado con la moto al famoso capitán Fiore.

En realidad el episodio no tuvo nada que ver con la política, por el hecho de que sucedió dos años más tarde, un 12 de diciembre de 1974, durante la ritual manifestación que cada año, con gran despliegue de banderas y pendones, recordaba el símbolo de la conjura del Estado contra el cambio: el atentado contra las oficinas de la Banca de Agricultura en plaza Fontana, en Milán, ese mismo día, cinco años atrás. Entre la variopinta fauna estudiantil que atiborraba la plaza Umberto, donde el extremismo de izquierda acampaba en forma permanente, nos movíamos como se hace en un día de fiesta; cuando vi a mi amigo Angelo con una bella chopper decorada como la que montaba Dennis Hopper en la película que lo hizo famoso, *Easy Rider,* la tentación de demostrar mi habilidad como motociclista frente a ese público fue irresistible. Hundiendo repetidamente las espuelas del acelerador y del embrague en las carnes de aquel potro de acero, me abrí paso, exhibiéndome imprudentemente en un bullicioso recorrido entre manifestantes, pendones, autos blindados y policías en formación antidisturbios… hasta que me encontré delante del capitán Fiore. Él era para mí tan sólo un nombre sin rostro, porque todos lo conocían, aunque pocos sabían quién era. Se me puso delante con decisión, extendiendo ambos brazos.

Después de haber vivido en Tarento, donde aprovecharse de la agilidad de una moto sin matrícula para huir de la policía era la práctica común, ese señor en uniforme que me bloqueaba el paso sólo era para mí como un pino de boliche para superar. Por eso hice la finta de detenerme y, apenas percibí que bajaba la guardia, aceleré inesperadamente. El capitán Fiore, que no por nada era capitán, se dio inmediatamente cuenta de su error y fue lo suficientemente veloz como para detenerme por el brazo, pero no tanto como para evitar que el jalón de la acelerada lo desbalanceara, haciéndolo caer al suelo. La fuga fue rápida, ágil y elegante.

Sin darme cuenta de la gravedad de lo que había hecho, di un giro para volver a la plaza por la parte opuesta y, escondiéndome con el motor apagado entre la multitud, fui a devolverle la chopper al incauto muchacho que me la había prestado. Justo en el momento en que se la entregaba vi a una selva de policías con cascos que me señalaban, corriendo hacia mí. Puse pies en polvorosa sin volver la vista atrás, y corrí como alma que lleva el diablo hasta esconderme en el saloncito del primer piso de la pastelería Partenopea, en Corso Cavour, donde tu abuela, en lugar de participar en las manifestaciones, prefería fumar Marlboro en compañía de una amiga con quien siempre tenía algo que platicar. Llegué como un héroe. Pero después de presumir mi intrépido acto, me aburrí de inmediato y volví a la calle para disfrutar de esa explosión de vida que eran el desfile, las banderas y las consignas gritadas a voz en cuello. No tuve tiempo de reintegrarme cuando me encontré de frente con un hombre uniformado que ya me parecía haber visto en algún lado: ¡chingados! ¡Era él! Di un acelerón como si estuviera todavía en la moto, pero esta vez el capitán Fiore fue más rápido que yo y me agarró por la chaqueta de mezclilla. No traía conmigo mis documentos y no tuve el valor de mentir cuando me preguntó mis generales y mi domicilio, también porque no sabía qué me ocurriría. Al final no me pasó nada. Tal vez fue una de las tantas veces en que fui salvado por mi naturaleza de chico bueno, la cual emergía a pesar de todos los esfuerzos que hacía por enmascararla, o más probablemente porque el capitán tenía cosas más importantes que hacer que perder el tiempo con un papanatas como yo. El hecho es que, milagrosamente, me dejó ir.

Sin embargo, un mes después, no sé cómo, mi padre se enteró y, mientras yo estaba en la escuela, le encargó a mi madre que revisara entre mis cosas para ver hasta qué punto de delincuencia había llegado. Quién sabe qué sintieron en sus corazones cuando, en un cajón, encontraron la navaja que llevaba en caso de que me viera en la necesidad de defenderme y que, durante años, protegió mis viajes en autostop, sin que por suerte haya tenido jamás la necesidad de usarla en contra de nadie. En eso también he sido afortunado.

Aparte de pocos episodios donde mi tradicional vandalismo encontraba justificación en la política, nunca me sentí un verdadero exponente de ese movimiento. Aunque fingía que conocía a Marx y a Lenin al dedillo —como todos lo hacían—, mi corazón permanecía con esos buenos para nada de los hijos de las flores.

No fueron tanto las banderas rojas, sino los cabellos largos, los pantalones exageradamente acampanados y mis comportamientos extravagantes los que se volvieron el símbolo de mi adhesión a ese movimiento juvenil que rechazaba los ideales que durante siglos habían afligido a las generaciones pasadas. La libertad que evocaban las calles americanas de Jack Kerouac, el espíritu rebelde de *Tommy* e *Easy Rider,* el *Aullido* de Allen Ginsberg, el sentido de la aventura que encontraba en las páginas de Jack London y John Steinbeck fueron mi verdadera inspiración, y la fui a buscar en mis viajes en autostop y en el encuentro con la psicodelia.

Psicodélico

Ni siquiera tenía diecisiete años cuando, en compañía de Nico Girone, uno de esos amigos que aparecen en tu vida sólo para acompañarte un pedacito y luego desaparecen para siempre, intenté por primera vez interpretar el personaje que me habría gustado ser: libre, sucio, duro, impávido, sin metas, sin dinero y sin religión. En la escuela sólo me habían reprobado en cuatro materias —entre ellas Historia y Filosofía, con el profesor Lo Vero, quien era un comunista empedernido que jamás, hasta entonces, había reprobado a nadie, pero que ese año hizo una excepción para mí y un compañero mío de correrías—. Pero eso no fue suficiente para desalentarme para realizar mi primer viaje en autostop.

El hermano de Nico nos llevó con su auto justo hasta las afueras de Bari y, con una felicidad que hasta ese entonces no conocía, alcé el pulgar en la carretera que llevaba hacia Nápoles, como si no hubiera hecho otra cosa en toda mi vida. Estaba dispuesto a pasar días enteros allí, si fuera necesario, bajo la lluvia o la nieve o cualquier cataclismo, porque ésa era la idea que tenía del personaje en quien había decidido convertirme. Sentía que tenía que borrar de mí la suavidad burguesa en que había crecido para probar la rudeza sin la cual, según yo, no podría sumergirme en el jugo de la vida, tal como hacían los héroes de mis cuentos preferidos.

No fue una larga espera: nos levantó un camionero, quien no perdió la ocasión de ser él también parte de esa nueva forma de viajar, sólo que él interpretaba a un personaje secundario en la película en la que yo era protagonista. No dije que era la primera vez que hacía autostop; no soportaba la idea de ser considerado un novato en ningún campo y, por lo tanto, intenté satisfacer la curiosidad del conductor inventándome unas historias.

Pero, después de un rato, en parte por mis exageraciones y en parte porque nos vio con ropas demasiado limpias y morrales demasiado nuevos, se dio cuenta de que yo era sólo un fanfarrón. Ya no hubo preguntas y él volvió a su mutismo cotidiano, apoyado en el volante, probablemente pensando que su vida era mediocre hasta para recoger autostopistas. Lamentaba haberlo desilusionado y me avergoncé. Desde ese momento evité contar pendejadas e hice todo lo posible por maltratar los zapatos, ensuciar los *jeans* y arrastrar el morral en la tierra, tratando de adquirir lo más pronto posible un pasado que aún no tenía.

Pasando de un camionero a otro, finalmente llegamos a Nápoles o, mejor dicho, al campo Kennedy de la colina de Camaldoli, donde un grupo de visionarios había organizado el Be-In: una especie de Woodstock italiano de tres días. Llegamos de noche. Había un tendido de *sleeping bags* por todos lados, fogatas, una que otra tienda de campaña, sonidos amplificados por guitarras y voces que hacían pruebas de sonido… No se entendía nada. Estaba en medio de ese mundo que había imaginado y del que sólo había visto alguna fotografía. ¡Estaba en medio de los "profesionales"! Y aunque me daba cuenta de que era uno de los más jóvenes, yo no podía estar por debajo de ellos. Así que coloqué mi morral, todavía demasiado nuevo, ¡maldición!, junto a un tipo de Barletta, a quien todos llamaban el Matota por sus envidiables rizos que se perfilaban hacia arriba y que rebasaban por mucho el ancho de sus hombros.

Extendí por primera vez el *sleeping bag,* ése del que no me separaría en años, y marqué idealmente mi campamento en medio de esa fauna que me atraía pero que al mismo tiempo me intimidaba. Disimulé mi inexperiencia copiando los gestos de aquellos que a mis ojos parecían veteranos y, con sorpresa, descubrí que los demás me trataban como a un igual. Un par de horas más tarde me sentía ya parte de ese mundo. Se me hacía normal que no lejos de mí hubiera una pareja haciendo el amor delante de todos, tapados solamente por la bolsa de dormir, ¡como en Woodstock! No se me hizo raro que pareciera que todos conocieran a todos, y me resultó natural beber de las botellas de agua y de vino que pasaban de boca en boca como si estuviéramos seguros de ser inmunes a las infecciones, protegidos por una fuerza superior que nos tutelaba a nosotros, jóvenes capaces de amar, esperar, soñar y tener confianza en la vida.

Pronto me di cuenta de que entre esa muchedumbre multicolor no sólo se pasaban cosas de comer y de beber, sino también de fumar, y estaba claro que no se trataba de cigarrillos. Sabía que me toparía con esa faceta del mundo que había elegido, pero cuando me encontré a punto de cruzar aquel umbral tuve un momento de vacilación. Toda la propaganda conservadora que describía las drogas como un monstruo que devoraba a quienes tenían la debilidad de acercárseles me hizo dudar por un momento. Pero ya era demasiado tarde: "Si he de ser devorado por el monstruo, ¡que abra sus fauces!", me dije. Y así, cuando me pasaron el primer churro de mi vida, imitando los gestos de los demás, me lo llevé a los labios como si estuviera acostumbrado a ello. Jalé con moderación, porque mi experiencia en la materia se limitaba a los desagradables cigarrillos Astor que fumaba de niño entre los escombros del terremoto en Mesina: sabía que mis pulmones no reaccionarían bien. Y de hecho reaccionaron mal: se contrajeron en un espasmo feroz que hizo que se me salieran las órbitas de los ojos. No me avergoncé gran cosa porque no era el único que tosía, pero en las siguientes rondas nada más fingí que fumaba, salvando momentáneamente el honor. No recuerdo mucho de esa noche, aparte de que, mientras dormíamos, comenzó a llover… o tal vez hasta a granizar, obligando al campamento a guarecerse bajo la única construcción de mampostería.

Al siguiente día me desperté con un firme propósito: tenía que aprender a fumar. Por lo tanto, así como había aprendido a eructar, cosa que en ese ambiente también me hizo rápidamente famoso y digno de respeto, decidí aprender a fumar. Me compré un paquete de Roy, cigarrillos con una cajetilla suave rojo oscuro, y con la seriedad de quien se prepara para competir en una especialidad, comencé a entrenarme: empecé con bocanadas pequeñitas, pequeñitas, para pasar gradualmente a jalar más intensamente. Para la noche ya estaba listo y, cuando me pasaron el primer churro, sintiendo que estaba a punto de cruzar el umbral donde vivía el "monstruo", aspiré con voluptuosidad. Tosí como perro resfriado, pero esa vez fue diferente; nadie habría podido negar ya que acababa de agregar un nuevo y anhelado título a mi currículum personal: drogado. Me gustó. (Como diría veinte años después, hubo dos grandes momentos en mi vida: cuando comencé a fumar marihuana y cuando dejé de hacerlo.)

¡Era fantástico! Mi cerebro había cambiado de forma, y la realidad de pronto había mutado sus facciones. Lo que hasta entonces era sólo una idea comenzó a tomar la forma de una experiencia con todas sus sensaciones; mi imaginación, generalmente sometida a la correa por la mano firme de la educación, de improviso se había liberado y corría por todas partes con irresistible vitalidad. Esa increíble sustancia, con sólo unas cuantas bocanadas, sin encontrar resistencia alguna, había quebrantado los límites ficticios de "lo que se debe y no se debe" y de "lo que se puede y no se puede", que a pesar de todo aún dominaban mi capacidad de atreverme; ese inocente cigarrillo de tabaco y quién sabe qué cosa, sin eslogan, banderas, ni filosofía, había mandado a volar en pocos minutos el minucioso trabajo de años con que la familia, la escuela y la Iglesia habían tratado de confinar mi libertad dentro del recinto gris de la "normalidad". No sólo era como ser libre de los demás, sino también ¡ser libre de uno mismo!

Ahora que han pasado más de veinticinco años desde que dejé de fumar, me parece absurdo que durante casi dos décadas me haya gustado tanto confundir el funcionamiento natural de mi cerebro con una alteración química. En esos tiempos era una necesidad: no conocía aún otros sistemas; mis referencias espirituales eran tan mediocres que ni siquiera las había tomado en consideración como medios para conquistar la libertad interior, y la única arma que tenía a disposición para mantener a raya mi mente tiránica eran las drogas. Por fortuna me aficioné al hachís y no al alcohol, a la cocaína o, peor aún, a la heroína, que durante esos veinte años causó estragos entre los jóvenes; pero la marihuana, ¿qué quieres que te haga? Lo peor que te puede pasar es que a la larga te embrutezca un poco, pero ¿cuánta gente conoces que no esté al menos un poco embrutecida? ¿Cuánta gente conoces que no se drogue con algo? Hay quien se embrutece con el trabajo, la televisión, el deporte, la política, los fármacos, los hijos, la filosofía, la cocina, la terapia, el poder, la carrera, los conflictos, el sexo, el chismorreo, la pornografía, la religión… y hay quienes se embrutecen con la marihuana. Ciertamente es mucho mejor la marihuana que la religión. Hasta hoy en día no se tienen noticias de fanáticos de la marihuana que se armen para ir a matar a los adoradores de la cocaína o que se atiborren de TNT para hacerse explotar en medio de un grupo de borrachos.

Parece que el ser humano no logra vivir la realidad tal como es sin alterarla con una fantasía, con una pasión ficticia, un ideal, un vicio o una droga. No importa cuál sea la obsesión que se desarrolle, lo importante es que confunda la normal lucidez de la mente para evitar encontrarse, en silencio, delante de la pregunta a la que todos más tememos: "¿Qué chingados estoy haciendo con mi vida?". Pero, desgraciadamente para los aficionados de cualquier tipo de droga, pronto me di cuenta de que no hay sustancia, vicio o dependencia que pueda evitar que uno se encuentre tarde o temprano con la temida pregunta: "¿Qué sentido tiene todo esto?". Y mientras más profunda y larga sea la fuga de la realidad, más feroz e insoportable será darse cuenta de que esos juguetitos de la psique, legales o ilegales, sólo sirven para entretenerse mientras se espera que la muerte finalmente llegue y aleje para siempre de tu vida esa incómoda cuestión. Por mi modesta experiencia, considero que la tan temida dependencia no depende tanto de una calidad intrínseca de la marihuana o de la política o de los programas televisivos, sino del miedo a encontrarse solo, "normalmente" inmerso en la "ausencia de sentido". Pero aún haría falta tiempo, querida Inés, para darme cuenta de que la pregunta "¿qué sentido tiene la vida?" no es una verdadera pregunta, sino sólo un síntoma que indica el estado neurótico de quien no está viviendo la vida que le corresponde. De hecho —lo sé por la experiencia de quien se ha torturado con esta interrogante—, cuando comienzas a vivir de acuerdo con tu naturaleza, con tu índole, con tu unicidad, sin importarte "lo que se debería y no se debería", de pronto la vida adquiere mágicamente un sentido y la fatídica pregunta lo pierde, hasta que te resulta incluso ridícula. Si le preguntas a un filósofo: "¿Qué sentido tiene la vida?", seguramente él te dará una respuesta "inteligente"; si se lo preguntas a un místico, el místico simplemente se echará a reír.

Pero, dado que durante toda la primera parte de mi vida el misticismo siempre tuvo que ver con un insoportable aroma a moho, me consolaba con la filosofía, y con la filosofía hay poco para reírse: "Quién soy yo? ¿Qué sentido tiene la vida? ¿Qué sentido tiene desperdiciarla en cosas que no te gustan o que no tienes ganas de hacer...? Pero yo ¿qué quiero hacer? ¿Y cómo puedo saber qué cosa quiero hacer si no sé quién soy...?". Y así, filosofando, filosofando, regresaba siempre a la primera pregunta: "¿Quién soy yo...?".

En ese entonces no lo sabía, pero hubo un místico en la India que había muerto pocos años atrás, Ramana Maharishi, quien basó todas sus enseñanzas en esta simple pero fatídica pregunta: "¿Quién soy yo?". Para un ojo inexperto puede parecer una puñeta mental, pero Ramana Maharishi no era un filósofo ni un puñetero. Él usaba esta pregunta no para buscar una respuesta lógica, sino como una ganzúa para socavar precisamente esa mente que, jugando con preguntas y respuestas, te entretiene dándote de cuando en cuando la ilusión de comprender, pero que nunca te ofrece una solución satisfactoria y definitiva. Ramana Maharishi usaba esa pregunta como un *koan* que destruye la "lógica" para arrojarte en el ilógico silencio que envuelve el misterio de la existencia y que disuelve el sentido de la famosa pregunta. Pero durante mi juventud no conocía nada de esto, y para desarticular la mente no encontré mejor forma que agarrarla a patadas con las drogas. Funcionarían hasta cierto punto: me ayudarían a desarticular la prisión en que habían querido encerrarme, pero serían impotentes para solucionar el *koan* de Ramana Maharishi. Sólo en forma más extravagante, me encontraré haciendo lo mismo que hacen todos quienes deciden cambiar su vida sin darse cuenta de que el origen de su miseria es lo que son y no lo que hacen. ¿A cuánta gente conoces que piensa que el motivo de su propia infelicidad es el trabajo que hace, la mujer o el marido que tiene, o los hijos o la sociedad o el lugar donde vive o la religión que profesa? ¿Y cuántas veces has visto a alguien que deja el empleo o se vuelve un pequeño empresario, que cambia a la mujer vieja por un modelo más reciente, que deja a la familia en Frosinone para irse a vivir a Milán, que deja de ir a la iglesia y comienza a travestirse de oriental... y después de unos años de ilusión termina irremediablemente en calzoncillos, sentado en el borde de la cama, con los codos apoyados en las rodillas, sintiéndose irremediablemente el mismo pendejo que vivía en Frosinone? El problema no son las cosas externas, sino el pendejo que vive dentro de la cabeza de cada uno de nosotros. Fue justamente para vencer al pendejo que vivía dentro de mí que durante años alteré mi cerebro con la vana esperanza de que, de esa forma, tarde o temprano, el pendejo se iría y me dejaría en paz. Pero fueron necesarios muchos años para darme cuenta de que fumando churros estaba simplemente engañando al tiempo de manera agradable. Pronto saldría el peine. ¡Y vaya que salió el peine!, quitándome la ilusión de que entretenerse con drogas ilegales era suficiente para hacerme sentir más chido de los que, mereciendo mi desprecio, se entretenían con drogas legales como la televisión, el deporte, la religión o la carrera.

Esa noche, en la colina de Camaldoli, con esas primeras bocanadas voluptuosas de humo, empuñé por primera vez la peligrosa arma con que habría podido haber vencido o perdido miserablemente la batalla por la libertad que había librado desde niño. Durante muchos años seguí usándola para combatir en contra de los fantasmas con los que mi inteligencia había sido pacientemente corrompida a través de la culpa y del miedo y que, ululando, me ordenaban que me incorporara de nuevo en las filas del rebaño donde "Dios" viene sacrificado sobre el altar de la "normalidad". El hachís fue el primer recurso rudimentario de mi individual guerra partisana en contra de la esclavitud. Se trataba de una espada sin filo que me habría llevado a la ruina si no hubiera descubierto, muchos años después, un instrumento tremendamente más eficaz y definitivo. Pero, como cuando, gozando de los beneficios que otorga la luz eléctrica, no despreciamos la lámpara de aceite que por milenos ha alumbrado la noche de nuestros ancestros, de la misma forma ahora, cuando miro el hachís como una reliquia de mi museo personal, me inclino, honro y agradezco a esa arma primitiva sin la cual probablemente no me habría salvado.

Esos cuatro días en el Be-In napolitano, a mis recién cumplidos diecisiete años, fueron fantásticos. Me sentía dueño del mundo. Todos me parecían amigos. Mis zapatos finalmente estaban sucios; los pantalones, indecentes; los cabellos, hechos un amasijo; el morral, definitivamente embadurnado de lodo… y mi éxito personal crecía con los eructos con que acompañaba a la comitiva de greñudos por las calles de Nápoles durante los días en que íbamos a "hacer la colecta" —una forma elegante de decir "limosna"— y con la desfachatez con que en el autobús me quitaba los zapatos, colgándolos del pasamanos mientras tocaba el kazoo, un instrumento capaz de transformar la voz humana en trompetilla. Nos habíamos convertido rápidamente en una banda muy solidaria que se distinguía fácilmente en medio de todo ese desmadre gracias a la inconfundible figura del Matota. Un día llegamos hasta la ermita de Camaldoli y, al bajar, nos encontramos amontonados en la carrocería de un Fiat 600 que nunca supe de quién era, aunque ciertamente no era de ninguno de nosotros, el cual bajaba con el motor apagado. Todo parecía posible. Por la tarde comenzaba la música, que duraba toda la noche, aunque para mí era solamente un ruido de fondo para la melodía de esos pequeños gestos hechos con las manos ennegrecidas por la mugre. Esos simples gestos que llenan las jornadas de quien no viaja para ir a alguna parte ni para visitar a nadie ni para ver quién sabe qué cosa, sino del que viaja por el simple gusto de viajar, por el simple gusto de no pertenecer a ningún lugar. Enrollar y desenrollar el *sleeping bag,* pasar el morral de un lado al otro, prepararse un sándwich, meter en el morral las provisiones, arreglar algo que se rompió, empastar la marihuana con el tabaco, enrollarla en el papel, dar la bienvenida a un nuevo desconocido, escuchar la mítica narración de un veterano de la isla White.

Fui uno de los últimos en abandonar la maravillosa extensión de basura que había dejado atrás ese par de decenas de miles de personas que habían acampado allí durante cuatro días. También esa basura para mí era poesía: un mandala de cartas, botellas, plástico y pedazos de tela destinados a desaparecer, llevándose consigo el recuerdo de algo irrepetible.

Continué el viaje a Roma con un grupito de muchachos un poco más grandes que yo. Ya era uno de ellos, un veterano. Nos dividimos en la carretera para hacer autostop. A algunos no los volví a ver y a otros los reencontré en las escaleras de piazza di Spagna —punto de encuentro para aquéllos como yo—. No recuerdo mucho de esas semanas. Sólo recuerdo que dormía en un prado adyacente al Arco de Triunfo desde el cual, en la mañana, cuando abría los ojos, veía el Coliseo. La luz del día me despertaba tempranísimo, completamente bañado por la humedad; me calzaba los zapatos de tela, que estaban congelados, y buscaba una banca dónde extender la bolsa de dormir para que se secara, esperando que saliera el sol… ¡Qué bellos esos rayos de sol! ¡Qué delicia esa tibieza! ¡Qué generosa la vida…! Otras veces estaba demasiado cansado para llegar hasta el Coliseo y me quedaba en el primer parque público que encontraba o detrás de la caseta de algún distribuidor de gasolina, apretando con el puño mi fiel navaja, la misma que escondía rápidamente en el *sleeping bag* en las noches cuando llegaba la policía a despertarme. A veces nada más era para revisar mis documentos, a veces para llevarme a la estación de policía sólo para soltarme después, en medio de la noche. Entonces vagaba esperando el amanecer, intercambiando algunas palabras con la guardia nocturna, que estaba terminando su turno, o hablando con vagabundos y borrachos quienes, en aquel entonces, me parecían maestros de los cuales beber perlas de sabiduría. ¡Qué delicia dejarme engullir en esas horas que no son noche ni día! No me importaban las dificultades, el frío ni el hambre. ¡Al contrario! Me gustaba exponer mi joven cuerpo a esos retos; sentía que estaba construyendo mi historia, estaba escribiendo mi libro, estaba coleccionando las aventuras que les contaría a mis nietos —es decir, lo que estoy haciendo en este momento—… en pocas palabras, era feliz.

Pero muy pronto Roma, con sus borrachos, sus parques y su policía, comenzó a ser rutina; así que decidí ponerle un poco de sabor a mi "aburrida" vida, fijándome otra meta: Sicilia.

Habían pasado cinco años desde aquel día en que dejé al grupo de niños que se despedían desde la acera, mientras mi padre le daba una patada a mi infancia, pisando el acelerador de su nuevo Fiat 125. ¡Tenía tantas ganas de volver a Mesina…! Pero, sobre todo, me di cuenta de que quería buscar a Donatella: la niña escondida detrás de las cortinas del papá celoso. Quién sabe cómo se habría puesto, quién sabe si su perro guardián se habría amansado o si todavía viviría secuestrada por ese padre tan siciliano. Y así, de camión en camión, llegué hasta Regio de Calabria al amanecer. El sol de la mañana, a mis espaldas, iluminaba mi Mesina al otro lado del estrecho. Acercándome a la costa, apoyado en el puente del trasbordador, disfrutaba del viento húmedo y pegajoso, y tomando como punto de referencia la iglesia de Cristo Rey, fácilmente pude seguir a la derecha la línea blanca de la circunvalación hasta reconocer el edificio rosa de via Belvedere: mi reino perdido.

Desembarcado en mi "tierra prometida", tuve la tentación de presentarme inmediatamente en el patio de mi infancia como el hijo pródigo: sucio, harapiento y agotado por la nostalgia de mi verdadera tierra y mi verdadera familia, pero no tuve el valor.

Por ello me puse a dar vueltas por la ciudad, disfrutando de las miradas de curiosidad o de desprecio de los transeúntes. Esas miradas me confirmaban que estaba logrando lo que me había propuesto: no ser ellos. Acampé en una banca, a la sombra de un árbol de hojas grandes, y pronto llamé la atención de un grupito de chicos y chicas. La curiosidad y el respeto con que me rodearon para preguntarme quién era y de dónde venía me revelaron que no era ya el muchachito que había dejado Bari un mes atrás. Ahora sí que tenía un pasado; ya no tenía que inventar historias para ser interesante. ¡Era maravilloso ser yo mismo! Sentía que les habría gustado ser como yo, libres como yo, valientes como yo, sin metas como yo. Disfruté de las miradas enamoradas de quien, entre las dos muchachas, preguntaba más:

—¿Y dónde dormirás esta noche?

—¿¡Quién sabe!? —respondí, con el fatalismo de quien no se preocupa y confía en la vida.

Aún no lo sabía, pero en ese momento descubrí que no preocuparse de uno mismo es una estrategia infalible para descargar sobre los demás, pero sobre todo en las mujeres, el ansia de querer encontrar para ti las respuestas que no te preocupas de buscar; por lo tanto, me sorprendí mucho al ver a todo ese grupo de desconocidos agitarse ante la responsabilidad de encontrarme un lugar donde pasar la noche.

Me colaron clandestinamente en la Casa del Estudiante, donde fui recibido como un héroe. Después de semanas finalmente dormí en una cama, que nunca supe de quién era. A la mañana siguiente, una ducha caliente no me hizo echar de menos las fuentes públicas ni los baños de las cafeterías en que, desde mi partida, atendían mi higiene personal. Me hicieron comer. Un chico me regaló una camiseta con la imagen del Che Guevara: ¡perfecta! Lavé como pude mis *jeans* y me los puse sin tener la paciencia de esperar a que se secaran del todo. Me despedí de todos con aires de quien está acostumbrado a dejar atrás el pasado y, morral al hombro, me encaminé por la subida que, contrariamente a lo que apenas les había hecho creer, me llevaría justo hacia mi pasado: el barrio Trapani.

Para mi gran sorpresa, encontré a todos mis viejos amigos allí: no habían cambiado casi nada, aparte de su apariencia física. Don Toto, el portero al que exasperaba pelando las ramas de los helechos para hacer espaditas, estaba un poco más encorvado y casi conmovido al verme. Estaban todos: Riccardo, Mariuccia, Giovannella, Dino, Salvatore, Claudio, Rita, Milena, Sandra… Cuando Riccardo me ofreció alojamiento, dejé escapar de modo casual la pregunta:

—¿Y Donatella?

La vi dos días más tarde. La promesa de su belleza de niña no había sido traicionada. ¡Al contrario! Parecía que había crecido en mi misma dirección: le gustaba la misma música, tenía los mismos referentes culturales, ya había fumado marihuana y conocía el *I-Ching*. Era un año mayor que yo, pero mi aire de hombre que ha vivido emparejó la diferencia de edades. Estaba de novia con un muchacho que tenía el cabello más largo que el mío y que ya iba a la universidad. Eso hizo que temiera ser inferior a él... No, no por la universidad, sino por el cabello más largo. Pero Donatella desconcertó a todos con un movimiento sorpresivo: sin siquiera pestañear, dejó al novio sin más explicaciones y me ofreció sus labios. Tal vez ella también era una de las que les gusta la idea de tener algo que contar a sus nietos, y esa historia de amor era de novela. Nos besamos, nos amamos, fumamos, soñamos, imaginamos y nos hicimos promesas que ninguno de los dos creía en realidad. No nos disgustaba la idea de que esa historia terminara en poco tiempo. ¡Al contrario! Disfrutábamos sabiendo que la cotidianidad nunca habría borrado la magia de ese encuentro. Al final estábamos más enamorados cada uno de sí mismo que el uno del otro. Así, un buen día tomé de regreso el transbordador y vi a mi Sicilia alejarse de nuevo de mí.

Dormí en Regio de Calabria en un parque público, en compañía de dos vagabundos, apoyando la cabeza en un hormiguero que a la mañana siguiente me procuró no poca comezón. Eché una última mirada a la costa siciliana, tratando de ubicar dónde se estaría despertando en ese momento Donatella, y después, arrastrando los pies, tal como debe hacer uno que carga el peso de la vida, me fui a donde me dijeron que era un buen punto para hacer el autostop que me llevaría hacia el norte, a casa.

A Donatella la vería trece años más tarde, pasando en motocicleta directo hacia Agrigento, donde mi arrogancia hizo que me expulsaran de una compañía teatral que me había llamado como director. Pero esto te lo contaré más adelante.

Dos días de un cansadísimo viaje me llevaron a Tarento, hasta el interior de la ciudad. Al contrario de lo que había pasado en Mesina, Tarento me produjo un sentido de repulsión. Había sufrido en esa maldita ciudad. No sabía a dónde ir. El desprecio de la gente, que en Sicilia me había parecido halagador, en Tarento me fastidiaba. No busqué a ninguno de los viejos amigos. No tenía ganas de hablar con nadie. Así, decidí romper la regla y gastar los últimos centavos que me quedaban en un boleto de tren.

Llegué a Bari una hermosa mañana de agosto, dándome cuenta de pronto de que no sabía a dónde ir porque, en mi ausencia, mis padres se habían cambiado de casa. Llamé por teléfono al banco, donde mi padre había alcanzado el pináculo de su carrera como "codirector vicario": me dijo que me recogería. Para causarle un *shock* que me asegurara debilitar rápidamente sus eventuales esperanzas de convertirme en uno como él, me senté en el suelo, esperándolo fuera de la estación: descalzo y sucio, disfruté una vez más del desprecio y la compasión de los transeúntes. Me divertía sorprenderlos con mi orgulloso aspecto de indigente, sin imaginar que poco después tendría la posibilidad de dejarlos en verdad petrificados. De hecho, la sorpresa fue que mi padre llegó a recogerme sentado en el asiento trasero de un automóvil del banco. La gente se quedó con la boca abierta cuando el conductor recogió mi morral para ponerlo en la cajuela —por sentido de la teatralidad, se lo dejé hacer—, y vieron a esa especie de vagabundo subir en el auto de lujo e irse. Pero quien se quedó con la boca aún más abierta fue mi padre.

Si los hindúes tienen razón, ¡quien sabe qué terrible crimen habrán cometido mis padres en sus vidas pasadas para merecer a un hijo como yo! Me divertía torturándolos. Iba descalzo por la ciudad, vestido como un pordiosero, con un comportamiento claramente antisocial y haciendo todo lo contrario a lo que ellos habrían querido que hiciera. No sé por qué me empeñé tanto en hacerlos infelices. Tal vez quería castigar su miedo, sus obsesivas preocupaciones, el ansia o la miopía con que trataban que adaptara mi vida a su lógica. Tal vez quería castigar su falta de fantasía para concebir un mundo diferente al que conocían, o la cobardía que la incapacidad de soñar le da a los viejos de cualquier edad. Quizá ellos, al final, probablemente nunca habían sido jóvenes, pobrecitos. La juventud es un lujo burgués inaccesible para quienes están obligados a luchar para sobrevivir; la juventud es un privilegio de quien está dotado por la inconsciencia y el egoísmo necesarios para arriesgar la propia vida y la de los demás por ideales extravagantes... Pero ellos eran demasiado buenos o carentes de fantasía para hacerlo. No obstante, y precisamente por esto, ahora me encuentro agradeciéndoles las mismas cosas que les critiqué en mi juventud. Puedo decir, como muchos de mi generación, que me nutrí de su "normalidad" para tratar de pegar un salto hacia lo extraordinario. Al final, toda mi generación ha vampirizado con cinismo a la precedente para poder impulsar ese proceso que trasciende la historia de los individuos en beneficio de un cuadro más grande que se llama "evolución humana".

CAPÍTULO 3
LA NORMALIDAD

De joven, tu abuela era una rubia que robaba el aliento. Era octubre de 1973, en el ocaso de mi adolescencia. Me la había presentado un amigo, Luciano Tavano, a quien le había dicho que necesitaba una nueva novia que sustituyera a la hija del carnicero de Santo Spirito —el lugar de veraneo de mis padres, a unos cuantos kilómetros de Bari—, quien era culpable de "capricho reiterado". En realidad, la pobre muchacha, después de dos meses de relación, simplemente estaba probando la tenacidad de sus garras, ejercitándose en uno de esos juegos de poder donde tanto los hombres como las mujeres arruinan en forma irremediable sus relaciones, arrasando con las suaves curvas de la espontaneidad para sustituirlas con las aristas de la política. De hecho, Mariangela, que así se llamaba, iba a las citas sólo para decirme que no y disfrutaba de mi insistencia concediéndome sólo lo necesario para asegurarse de tenerme toda la tarde y toda la noche rondándola como un perro en celo. Soporté el primer día de tortura, el segundo, pero ya no el tercero, estableciendo así el criterio que para mí distinguía la paciencia de la sumisión. En la tercera cita de esa antigua lucha que hace miserables a los amantes simplemente no acudí, condenándola a replegar su orgullo en el bolsillo húmedo de la humillación. Me felicité por la hábil zancadilla con que la mandé a la lona y pensando, como hacen muchos, que esas escaramuzas son parte del amor, disfruté de mi venganza haciéndola sufrir.

A pesar de la borrachera que provocan los ataques de orgullo, no sabía en verdad cuán dispuesto estaba a renunciar a la hija del carnicero y a esas tardes clandestinas cuando, aprovechando que mi madre y mi hermana veraneaban en Santo Spirito, nos íbamos en moto a la casa de Bari y, en la misma cama donde mi padre se echaba sus siestas vespertinas en el intervalo de la comida, sin ningún sentido del pudor y de la decencia consumábamos ese ritual fogoso, incierto, exultante e inconscientemente poético que es el sexo entre adolescentes. Durante dos meses, con implacable desconsideración, llenamos las sábanas con nuestros humores, nuestros pelos y nuestros sudores estivos. Mi padre siguió echándose sus inocentes siestecitas sin darse cuenta del campo de batalla en que apoyaba su cuerpo de cincuentón, pero mi madre, cuando las vacaciones terminaron, se dio cuenta de inmediato. Obviamente su primera sospecha recayó sobre esa alma buena que era mi padre, porque todavía lo consideraba el único hombre de la familia capaz de tales estragos, pero pronto se percató de que su hijo había crecido y, por pudor, discreción y vergüenza, se limitó a coger con la punta de los dedos aquellas sábanas que durante dos meses habían trabajado tan duramente, para darles su merecida refrescada en la lavadora.

Ése fue un hermoso verano, pero tenía que mirar hacia delante. Así, cuando Luciano Tavano me dijo:

—Hay una chica perfecta para ti —sin mostrar la más mínima emoción, tal como pensaba que tenía que hacer un hombre de verdad, me limité a responder:

—Veámosla.

La cita quedó fijada en piazza Umberto, en una banca un poco alejada del centro de la plaza llamada "el jardín", lugar de encuentro en los años setenta de jóvenes comunistas de diversos bandos, rebeldes de diferentes tipos y de los primeros drogados que aparecían en Bari. Sentado de piernas abiertas en la banca, con mi sólita actitud desenfadada, yo me daba el aire de quien simplemente espera examinar una pieza de catálogo.

Tu abuela

—¡Aquí viene! —me dijo Tavano.

No lo podía creer. Tu abuela era de una clase superior, no sólo por la belleza física, sino también por su desenvoltura. Bajita, rubia platinada, botas negras arriba de la rodilla, vestido negro de cuello alto y blusón hasta las ingles. Tu abuela no llevaba minifalda: tu abuela andaba en calzones. Eran los tiempos de la revolución sexual, donde todos exhibían sus atributos al prójimo: los hombres llevando la cintura de los pantalones lo más abajo posible, y las mujeres con el dobladillo de la falda lo más alto que se pudiera.

Y en ese estrecho margen de pocos centímetros que permanecía cubierto en ambos sexos se jugaba con descaro la partida que desde siempre se había combatido detrás de la tapadera de la represión y de la hipocresía

Las piernas perfectas y la cintura naturalmente estrecha dejaban ver las caderas redondas y un pecho envidiable para una muchachita que aún no había cumplido los diecisiete años. Nos alcanzó con el paso largo y decidido de quien comienza a darse cuenta del efecto que tiene sobre los demás el regalo que la naturaleza le ha dado y disfruta exhibiéndolo con desfachatez.

Al verla llegar, estuve bien atento a no quedarme con la boca físicamente abierta, para no empezar el combate en desventaja. Realmente no me sentía guapo, pero sabía que mi cabello largo, mis *jeans* sucios y ese aire cuidadosamente desaliñado de quien posee ideales demasiado elevados como para perder el tiempo en las formas tenían un efecto infalible en esas ingenuotas de las chicas de esa época.

Se llamaba Ileana, pero yo la llamé Lilli, y tenía un ligero estrabismo venusino que yo llamé "estrabismo venéreo". Cuando estábamos en el autobús que nos llevaba a una fiesta de amigos, nos intercambiamos una menta de una boca a la otra: ambos supimos que las armas que habíamos preparado para las batallas de ese tipo estaban funcionando.

Un par de días más tarde, delante de la tarja de la cocina, mientras le servía un vaso de agua, de pronto la besé y ella se dejó besar, le acaricié la espalda y ella se dejó acariciar… Entonces mis manos lanzaron claras señales de acercamiento a las tetas. Ella no hizo nada para disuadirme, por lo que aproveché la tácita invitación; pero cuando hice la escalada hacia sus ansiados montículos tuve un sobresalto: "¿Qué pedo? ¿Las tendrá de hierro?". Nunca me había enfrentado a un sostén con varillas laterales. Pero fue sólo un instante y no turbó la poesía del momento. El viaje de mis manos duró días antes de llegar a donde estaba su tesoro, y tuve que batallar no poco para convencerla de desenterrar el mío. Al final tu abuela era simplemente una de las tantas traviesillas que durante siglos habían sido condenadas al infierno sólo por haber gozado de los dones que ese mismo

Dios que las condenaba les había dado, o sea: la belleza, la sensualidad, la gracia... Pero en realidad era una muchacha buena, como
todas las demás, quien, a pesar de su fanfarronería, se resistía a infringir la regla que las mujeres de su familia tenían como lema: *"Tirare
la calzetta"*[6] —es decir, "no aflojar"—, que en otras palabras significa no darla de inmediato, sino darse a desear. Y tu abuela no aflojó
de inmediato: tiró la *calzetta*. Pero en un momento dado, tal como la
chica del año anterior que sobre el colchón sucio al borde de la vía
de tren abandonada se había sometido al antiguo ritual, también tu
abuela, un día, decidió que "se tenía que hacer". Y así, en la sórdida
casa del padre viudo de un amigo mío, sobre un catre, bajo la luz de
neón roja y azul del anuncio de Cinzano que parpadeaba desde el
techo de un edificio vecino, consumamos el primer episodio de una
historia que duró muchos años. No sé si habrá sido la primera vez
para ella. Te podrá parecer extraño pero, por discreción... y tal
vez porque preferí no saberlo, nunca se lo pregunté, y pienso que no
se lo preguntaré jamás. Es hermoso que haya cosas que permanezcan
en secreto y desaparezcan con nosotros en el infinito.

Desde ese día tu abuela siguió "tirando la *calzetta*" y, para no traicionar la tradición de las mujeres de su familia, cada vez, antes de comenzar a hacer el amor, me pedía que le pasara un calcetín para tirar.
Yo se lo pasaba, ella lo tiraba, divertida, y luego se dejaba devorar por
lo más bello y natural que hay para una joven muchacha de diecisiete
años, llevándonos a ambos a ese lugar que para unos es el paraíso y
para otros, el infierno.

---

6   Literalmente, "tirar el calcetín".

Al inicio no pensaba en una relación estable y duradera; era demasiado grande mi amor por la libertad, los viajes en autostop, la aventura… Pero esa rubiecita me gustaba a morir… y además, aunque ya había tenido mis experiencias, era la primera vez que tenía la impresión de ser adulto en una relación sexual. Por lo tanto, en esos meses entre el '73 y el '74 mi compromiso estaba únicamente concentrado en buscar lugares donde poder tirarme a tu abuela: en la camilla del consultorio médico del padre de un amigo mío, pero sólo durante los fines de semana; en la helada casa veraniega de mis padres, donde el ardiente deseo era lo único que lograba calentar las frías caricias; en el inmundo departamento de un amigo que tenía demasiados animales en su casa; de cuando en cuando en el teatro del primer encuentro, bajo la luz intermitente de Cinzano; probamos en el viejo túnel del tren, que apestaba a mierda más que antes; en una casa abandonada en el campo; en mi casa, después de acechar largo tiempo, esperando a que mis padres salieran, con el Jesús en la boca, temiendo que volvieran antes de tiempo… y luego, finalmente, cuando el mínimo de la edad me lo permitió —que en Italia es de diecisiete y medio—, en el auto de mi padre, en las mañanas antes de ir a la escuela y en la tarde antes de volver a casa. Era inevitable que tarde o temprano quedara embarazada. Y sucedió más temprano que tarde.

No habíamos cumplido los dieciocho cuando nos enfrentamos con la pesadilla del embarazo. Ella no quería abortar; la propaganda religiosa no le dejaba la menor duda de que se trataba de un asesinato. Yo no sabía si era un asesinato o no, pero sabía que no quería un hijo en lo absoluto. Así que recurrí a todas mis dotes de oratoria para convencerla de pagar sola el precio del descuido de ambos.

En esos años el aborto era todavía un delito perseguido por la ley, por lo que teníamos que encontrar a alguien que lo practicara clandestinamente. El primer doctor que encontré nos pidió cuatrocientas cincuenta mil liras, equivalentes a dos salarios de empleado en aquel tiempo: una fortuna que no podíamos permitirnos. Luego, buscando en el sórdido mundo de las comadronas, encontré una de ciento cincuenta mil liras en Trani, un pueblito a cincuenta kilómetros de donde vivíamos.

Obviamente nuestras familias no tenían ni idea de nada e, ignorantes de nuestros terribles tormentos, nos seguían tratando como a inocentes noviecitos.

Por suerte mis padres estarían fuera, de vacaciones, durante un mes, por lo que fingí irme en autostop un día antes que ellos para volver en forma clandestina a casa el día después. La triste perspectiva era usar el dinero que habría destinado para llegar hasta Ibiza para una especie de "homicidio preventivo": ese viaje era todo un sueño para alguien como yo, perdidamente poseído por la febril curiosidad de los dieciocho años.

El plan de ese viaje era partir con un amigo mío, famoso porque sabía reproducir con su guitarra todas las canciones de Bob Dylan; con los típicos vehículos que la buena suerte nos concedería, habríamos desembarcado en la isla más psicodélica del momento y allí, sin el mínimo sentido de la medida y de la prudencia, nos habríamos lanzado a probar todo lo que los nuevos vientos de libertad ofrecían a los jóvenes de aquellos tiempos en términos de sexo, droga y rock and roll, y cualquier otra cosa que surgiera. Pero no tenía alternativa: debía renunciar a ese carnaval existencial para enfrentar mi responsabilidad.

Es probable que ese aborto, paradójicamente, haya sido mi primer acto adulto responsable. Ni siquiera me di la posibilidad de desesperarme al sentir que me arrebataban un verano de mi vida: simplemente renuncié con dignidad.

En la vida es difícil establecer si las cosas que suceden son afortunadas o desafortunadas; de hecho, viendo cómo volvió de ese viaje mi amigo Bob Dylan bis —quien durante muchos años no pudo reponerse de esa aventura... y no sé si en realidad se haya repuesto alguna vez—, tal vez ese embarazo me haya salvado del desastre.

Éramos demasiado jóvenes y demasiado pendejos para valorar los riesgos y las implicaciones de algunas elecciones, y entre éstas la más peligrosa de aquellos tiempos era la heroína. Aún no se conocían los efectos devastadores de la morbosa experiencia de meterse una aguja en las venas e inyectarse una sustancia que nunca se estaba seguro de qué cosa estaba compuesta. Si no hubiese sido por tu abuela y ese niño no nacido, probablemente también habría abordado, como tantos amigos y jóvenes de esa generación, aquel tren del que uno sólo se puede bajar cuando está en marcha.

Me quedé clandestinamente todo el mes en casa de mis padres preparando el aborto sin gastar una lira, comiendo gracias a la generosidad de los amigos y esperando a reunir la cantidad que me faltaba para alcanzar la fatídica suma de ciento cincuenta mil liras con las que inútilmente trataba de alargar una adolescencia que ya había terminado. Vendí todas las pequeñas cosas que podía vender y recibí la ayuda de quien me podía dar una pequeña contribución, logrando así, al final, que tu abuela hiciera lo que no quería hacer.

Esa mañana, cuando abordamos el autobús para ir a Trani, no teníamos ni idea de en qué cosa nos estábamos metiendo.

Entramos en una casa, una casa cualquiera, sólo que no había nadie aparte de esa señora que se arriesgaba a terminar su vida en prisión y la vida de las pobres mujeres en la camilla. Estaba sola. Nos recibió como a un par que hubiera hecho una pendejada que ella sería capaz de resolver. Nos aseguró que tu abuela no sentiría casi nada porque le suministraría anestesia parcial. Después de un rato llegó un señor mal vestido: el "anestesiólogo". Me quedé afuera, dejando a la pobre Lilli en manos de los dos carniceros. Comencé a oír que gritaba. Me precipité hacia la puerta y, al abrirla, vi algo que no tengo ganas de describirte. La señora trató de sacarme, pero Lilli imploró que dejaran quedarme. Era demasiado tarde como para tomar cualquier decisión alternativa y demasiado lo que estaba sucediendo para que no me quedara paralizado. Permanecí a su lado durante los cuarenta y cinco minutos más largos de mi vida. La pobre Lilli gritaba de dolor y me suplicaba que hiciera que se detuvieran. Separadores, fierros, botes, vasijas, tampones, inyecciones que no hacían efecto —después entendí que no le aplicaron ninguna anestesia, sino que probablemente sólo se trataba de sedantes—. La señora manipulaba con sus instrumentos dentro de la pobre muchacha, tal como lo haría un mecánico con la cara llena de grasa dentro del cofre de un automóvil, tratando de desmontar una pieza que pareciera no tener ninguna intención de separarse del motor al que pertenece. Lilli me mordió una mano tan fuerte que casi me sacó sangre. "Me lo merezco", pensé, y lo acepté sin un solo gesto de dolor: ese día no tenía derecho de sentir dolor. La señora, completamente sorda a los gritos desgarradores, continuaba hurgando en el vientre de su víctima como si nada, sin prisa. Lo único que salía de su boca eran algunos suspiros de resignación ante la crueldad de la vida y una invocación dirigida a ese par de muchachos cuya vida estaba enderezando a su manera:

—¡Ay, san José, san José!

No se refería al papá de Jesús, sino a mí, porque en aquel entonces así me llamaban. Paradójicamente, la ordinariez de esa señora me tranquilizaba. No me habría sorprendido si, mientras aflojaba los tornillos ensangrentados, se hubiera puesto a silbar alguna cancioncilla. En un momento dado, echando hacia atrás un mechón de cabellos con su muñeca, me invitó a ver en la vasija los restos rojos de lo que quedaba de aquella vez que nos habíamos amado con el amor puro de los adolescentes, tropezando con lo que parecía un malvado castigo de Dios. Simplemente pensé que no era justo. No era justo que yo estuviera allí. No era justo que ella estuviera allí, en esa burda posición… No era justo que el amor, la poesía, el deseo, el juego y el gozo tuvieran que terminar en una vasija sucia. No era justo que las aspiraciones más altas de la vida humana tuvieran que sufrir el bofetón de la materia. No era justo que el amor estuviera bajo el dominio de la biología. No sé qué había dentro de esa vasija; lo cierto es que no vi lo que veía esa señora. La que no vio nada fue la única y verdadera protagonista y víctima de esa tragedia; permanecía tendida en la misma posición, sobre la camilla, con la expresión deshecha, pero serena, de quien piensa que la tortura terminó. Pero no había terminado. No sé qué buscaba todavía allí dentro, aunque la señora siguió hurgando. Los gritos de Lilli comenzaban a ser cada vez más roncos y carentes de la vitalidad inicial; sus ojos perdidos invocaban un desvanecimiento que nunca llegó. Yo sentía que me estaba muriendo por dentro; me volví insensible, como si estuviese ya muerto. La miraba a los ojos, sosteniendo su mano, sin tener ya palabras. Sentía que en el fondo de mis ojos había esa luz opaca que se enciende cuando se llega al umbral que lleva más allá de la desesperación y que brinda a los humanos la idea de que hay algo después de la muerte. Y así, clavándola en la eternidad de mi memoria, la acompañé hasta el final.

Después de habernos vaciado el alma, antes de despedirnos, la mujer también nos vació los bolsillos. Estaba satisfecha de su trabajo.

Yo le agradecí por haber asumido sola la responsabilidad que una sociedad hipócrita no tenía el valor de asumir. Lilli estaba demasiado pálida y fría como para decir ni media palabra.

Salimos vacíos de allí. El corazón vacío, la cabeza vacía, las piernas vacías, su vientre vacío.

El viaje en autobús nos pareció extrañamente rápido. No nos dijimos nada. Nos tomamos de la mano. Ante mis ojos corría el paisaje plano de casas, campos y de vidas ajenas al dolor de los demás. Sus ojos estaban inmóviles, anclados en ese lugar profundo donde algo había muerto para siempre.

Regresé a mi casa vacía, me senté en mi cama y lloré. Lloré como nunca antes había llorado. Lloré por horas. No me gustaba lo que había hecho, pero sabía que era lo que tenía que hacerse. Me sentí orgulloso de mí, pero tremendamente infeliz.

La culpa y el deber

Tu abuela y yo nos amábamos… o al menos pensábamos que nos amábamos. Nuestra relación tenía todos los ingredientes que hacen que los novios se ganen el título de "tortolitos". Siempre estábamos juntos, nos besábamos continuamente, aprovechábamos cualquier lugar solitario para echarnos encima, dábamos largos paseos en bicicleta con los perros, soñábamos con una casa en el campo donde nos habría gustado vivir nuestra vida ideal… en resumen: "nos amábamos".

Ahora que lo pienso, no puedo estar seguro de que los adolescentes o los jóvenes… o los adultos sean capaces de amarse. De hecho, tengo muchas dudas de que una relación constituida de apego, dependencias, celos y limitación de la liberta recíproca pueda llamarse amor. Si la sospecha, la manipulación, las estrategias, el control, las amenazas, el chantaje y a veces incluso los insultos y la violencia son parte del amor, entonces, ¿de qué está compuesto el odio?

Nosotros, los humanos, estamos acostumbrados a usar algunas palabras para indicar conceptos que idealmente son una cosa pero en la práctica son otra. Si lo piensas bien, "amor", "libertad", "democracia", "justicia", "educación" son algunas de las palabras más bellas del vocabulario; sin embargo, en la práctica estas mismas palabras frecuentemente se reducen a asumir la mera función de vestidos elegantísimos con los que cubrimos cuerpos deformados por la costumbre de adaptarlos a las debilidades de nuestro egoísmo o al mal uso que de ellos hace la ignorancia. A todos les importan las palabras "justicia" y "democracia", pero ¿las has visto en el mundo? ¿Crees que sea educación eso que enseñamos a nuestros hijos? ¿Puedes llamar "libre" la vida de un individuo afligido por ideas, tradiciones o por su propio y simple egoísmo o por la vanidad o la ambición? ¿A cuántas personas has conocido que vivan libres del miedo y que no estén sujetas de algún tipo de chantaje? ¿Y qué decir del amor? Todos hablan de él, pero ¿lo has encontrado de verdad?

Seguramente el amor es la palabra que en el curso de la historia ha sufrido la mayor cantidad de malos entendidos. Desde siempre las religiones ponen todo su empeño tratando de enseñar el amor, ¡y mira qué lindo resultado han logrado después de miles de años de trabajo! Si observas el mundo, desde que el tiempo es tiempo, desde el individuo en lo singular hasta las familias, los condominios, la sociedad, los Estados... no verás nada que se parezca al amor, sino que te encontrarás perdida en un océano de egoísmo, mentiras, hipocresía, abuso, engaño, cinismo, violencia, insensibilidad, crueldad,

fanatismo… y sólo de vez en cuando podrás vislumbrar a un náufrago aislado quien, por casualidad, durante un momento tiene entre los
brazos los despojos de esa nave fantasma a la que llamamos "amor",
y después, puesto que no cree en los fantasmas, lo confunde con una
ilusión y suelta ese último pedacito de salvación para volver a nadar
tratando desesperadamente de mantenerse a flote, vapuleado por las
olas del conflicto, de las falsas promesas y de las verdades a medias,
que son las únicas cosas que conoce y considera reales.

Apenas alcancé el mínimo de capacidad crítica que me permitiera
no aceptar como una verdad sacrosanta lo que la sociedad trataba de
enseñarme, al igual que muchos de mi generación, comencé a intuir
el uso hipócrita que se le daba a ciertas nobles palabras y empecé
a sentirme engañado —tal vez esto explique la crueldad con que los
jóvenes de aquellos tiempos se ensañaron contra sus pobres padres—.
No obstante, sin importar cuánta claridad se logre alcanzar en estos
temas durante la juventud, al crecer parece casi inevitable abandonar
la pureza de espíritu originaria para adaptarse a las estancadas leyes
de la mediocridad con que cada quien acepta creer en las evidentes mentiras que nos decimos unos a otros, especialmente cuando,
gracias a un paciente trabajo preventivo, el terreno que te rodea se
ha vuelto un campo minado donde la sociedad ha diseminado las
bombas del miedo y de la culpa, que a cada paso te explotan bajo
los pies haciendo más lenta la marcha o disuadiendo completamente
a quienes, como yo, habíamos intentado una fuga de la "normalidad".

Entre las bombas del miedo y la culpa, la primera es de seguro la
más poderosa y capaz de destruir la dignidad humana, pero cuando el
arma principal en las manos del poder no funciona, como en mi caso,
para hacerte entrar en el redil, lo intentan con la culpa: un artefacto
menos incendiario, pero más difícil de identificar y, por lo tanto, más

peligroso. Entre las estrategias que la sociedad usa para controlar y someter a sus súbditos, el sentido de culpa es sin duda el más maligno y más asqueroso, porque toma ventaja de las características más nobles de la naturaleza humana: la lealtad y el sentido de justicia. Con la culpa es muy fácil controlar a un ser inocente y plegarlo a tu voluntad: "¿Con qué valor haces sufrir a tus padres, quienes te han alimentado, educado y han sacrificado la vida por ti? ¡Ingrato!". "¿Acaso tienes la desfachatez de no servir a la Patria que tus ancestros defendieron con sangre? ¡Traidor!" "¿Cómo puedes entregarte a los placeres simples de la vida cuando ese 'pobre Cristo' aceptó el martirio para tu salvación y desde hace dos mil años está colgado en la cruz? ¡Inconsciente!" "¿Cómo te puedes olvidar de tu maestro que ayuna mientras que tú te vas a echar un sándwich con mortadela y una cerveza a la orilla del mar? ¡Criminal!" "¿Cómo puedes quedarte en la cama y disfrutar la vida cuando todos van a trabajar como esclavos? ¡Gandul! ¡Bueno para nada! ¡Vaquetón! ¡Huevón! ¡Haragán!" En otros términos, un sacrificio ajeno que tú no pediste se vuelve el dueño de tu vida.

El sentido de culpa que trataron de inculcarme mis padres no prendió; aquel con el que la Iglesia trató de arruinarme se me resbaló; el que trataron de meterme acerca de la fidelidad a la patria y a la bandera me hacían reír... pero el que sentía por tu abuela me fregó.

Después del aborto, me sentía en deuda con ella. Por lo tanto, el estandarte de mi absoluta libertad, que había enarbolado con orgullo durante todo el primer año de nuestra relación, no encontró un terreno lo suficientemente sólido para sostenerse con la misma firmeza. Así, esa bandera, que sentía que era la única cosa por la que valía la pena vivir y morir, se desinfló de pronto perdiendo toda su gallardía. Con el paso del tiempo se plegó ante los golpes de las pequeñas peticiones, de los pequeños chantajes, de los pequeños miedos, de las pequeñas lágrimas... para terminar miserablemente por los suelos, pisoteada por los pies distraídos de la costumbre.

Igual sucede en la vida: ceder un poco puede llevar a la catástrofe. Los grandes cambios en la historia de la humanidad parecen fenómenos enormes, pero en realidad siempre han sido determinados por episodios insignificantes: una decisión equivocada, una distracción, una lluvia imprevista en Waterloo, dos personas que se encuentran, una cerradura que cede... Y lo mismo le sucedió a mi pequeña vida: un "no" que se convierte en "sí", un "sí" que se convierte en "no", una pequeña concesión, una aclaración postergada, un fingir que no pasa nada... y poco a poco el mundo que estabas acostumbrado a ver comienza a transformarse hasta desaparecer y te encuentras vagando en un territorio que no reconoces, como el personaje desteñido de un sueño que ni siquiera es tuyo.

Durante todo un año seguí cultivando mis sueños de rebelde, de *hippie,* tratando de introducir en ellos a esta rubiecita que me hacía enloquecer, ¡pero que era tan diferente a mí! Comencé a sentir que mis actitudes transgresivas estaban veladas por una ligera capa de insinceridad, de incongruencia. Ya no eran la expresión de un auténtico intento de rescatarme del destino familiar, sino de una actitud: simplemente se habían vuelto una moda que aliviaba, sólo en parte, la sensación de estar deslizándome en el reino del que había huido toda mi vida: el de las "personas normales".

Este aborto me había cambiado. Me torné más serio, más silencioso... y por vez primera me sentí mal por el fracaso escolar. De hecho, en los exámenes de reparación de septiembre —así se usaba entonces en Italia— fui reprobado en Italiano y en Historia del Arte, condenado a repetir el año, a pesar de que mi tío Michele fuera el director del instituto. Todo el colegio de profesores se pronunció unánimemente a favor de hacerme repetir el año escolar; tal vez, en un arranque de orgullo, quisieron demostrarse a sí mismos que eran indiferentes ante la autoridad del director, pero tal vez simplemente quisieron castigar la arrogancia de aquel mocoso que de manera tan descarada ignoraba sus valores y hacía oídos sordos a sus amenazas.

Reaccioné con firmeza ante la afrenta de esa segunda reprobación. No habría prolongado un año más mi permanencia entre las bancas de una escuela que comenzaba a quedarme corta. Entonces decidí hacer dos años en uno, al asistir normalmente al bachillerato clásico, pero preparándome en privado para los exámenes de titulación. Fue el único año en que estudié, y casi me gustó. Me corté el cabello, que en esta misión empezaba a sentir como inadecuado; recorté tiempo a las amistades que podían distraerme de mi propósito y me acostumbré a la vida aburrida de noviecito. Después de tantos años, finalmente mis padres estaban contentos; tu abuela estaba contenta; mis futuros suegros estaban contentos; los profesores estaban contentos… El único que no estaba contento era yo.

No me di cuenta de inmediato, pero con el tiempo comencé a no encontrar dentro de mí ese orgullo de ser yo mismo que me había hecho mantener la espalda recta incluso durante los periodos más difíciles. No podía decir que fuera infeliz: tenía a mi lado a la mujer más hermosa que me habría podido imaginar, y nos divertíamos también… pero ¡como buenos muchachos! Y esto para mí ya era suficiente para no sentirme feliz. Me faltaba la brisa de lo desconocido, de la incertidumbre, de la aventura. Y aunque me decía que la nuestra no sería una pareja como las otras, en lo más profundo sabía que no era verdad. Quería zafarme del guion de la típica película de una vida plana, donde las únicas vueltas de tuerca son sólo los incidentes; sí, esos incidentes que, por más que se quiera ser prudente, inevitablemente les suceden a todos y que, aun cuando se consideren desgracias, al menos regalan por un momento la ilusión de la unicidad a una vida que en realidad permanece anónima y común. Tal como un animal salvaje que poco a poco olvida el espacio infinito de su territorio de caza para adaptarse a la comodidad de una jaula donde el alimento está garantizado, así yo me adecuaba en la somnolienta comodidad del sofá de casa, donde veíamos la televisión cobijados por los conocidos aromas domésticos, mediante los cuales las mamás expresan esa energía que ya no puede dirigirse más a los intereses que una vez habían hecho relucir sus atributos femeninos. Menos y menos me encontraba mezclando el tabaco con la hierba para enrollarla en el papel, y más y más me encontraba mezclando el chocolate con la leche para revolverlo en la olla. Y como si esa trampa familiar no hubiera bastado para destruir mis aspiraciones juveniles, a los diecinueve años tomé una decisión que le dio el golpe de gracia definitivo al proyecto de vida que un día me había hecho feliz: me fui a hacer el servicio militar.

La del servicio miliar era una espada de Damocles que pendía sobre todos los jóvenes del sur y del norte de Italia desde la época en que la fuerza de las armas permitió a los piamonteses uniformar el color de la península en el mapa de Europa, obligando a todos sus habitantes a convertirse en "italianos". Se hacían documentos falsos para evitar ese maldito servicio militar: se fingía estar loco, ser homosexual, y había quien se envenenaba para alterar los análisis de sangre… Pero yo ya estaba resignado a enrolarme.

El último coletazo de rebelión de aquellos años fue mandar al diablo la universidad, cuando me reprobaron por segunda vez en el odioso examen de "instituciones de derecho romano"; por lo demás, ese periodo fue dominado por un triste sentido de resignación.

Por lo tanto, decidí quitarme de encima esa "chingadera" del servicio militar lo antes posible, para después poder ser finalmente libre. Iluso. Aún ignoraba que la libertad no se consigue simplemente quitándose de encima las obligaciones.

Así, en 1976, mientras Martin Scorsese dirigía *Taxi Driver,* los Eagles cantaban *Hotel California,* Steve Jobs fundaba Apple y Bob Marley casi moría en un atentado, sin siquiera darme cuenta me encontré viajando a Trapani, en Sicilia, para ingresar al Centro de Adiestramiento para Reclutas (CAR): la parte del servicio militar donde fingen que te preparan, ilusionándose con que, aprendiendo a marchar —"uno, dos, uno, dos, paso redoblado"—, lanzando una bomba que parece más un cohetón, lavando ollas grasosas y haciendo inutilísimas formaciones será suficiente para hacer de ti un soldado capaz de "defender a la patria".

Al final, la "patria" era para todos nosotros un concepto vacío que apestaba a engaño; por lo tanto, el día del juramento ni siquiera pensé en gritar: "Yo lo juro", sino que hice lo que durante décadas han hecho la mayor parte de los soldados italianos; grité: "¡¡¡Yo lo he duro!!!", que significa: "Lo tengo duro"[7].

En Trapani éramos mil quinientos reclutas, e inmediatamente comprendí que, para sufrir lo menos posible, en ese ambiente tendría que hacer exactamente lo contrario de lo que siempre había hecho, o sea: no tenía que hacerme notar. Éramos muchos como para que se dieran cuenta de que faltaba a las formaciones, a las marchas y a las tareas; así, me limité a concentrar mi puntualidad en los horarios de los alimentos.

---

7 Juego de palabras italiano entre "lo giuro" e "l'ho duro"

Las técnicas de supervivencia aprendidas durante la infancia también se revelaron útiles en estas ocasiones, y para hacerme respetar me bastó golpear solamente a uno.

La única cosa digna de contar de esos meses fue que me endeudé con todos para poder llamar por teléfono todos los días a tu abuela, ganándome el apodo de Larga Distancia. Pero las llamadas no bastaban: también tenía que escribirle una carta diaria. Ella constituía mi único vínculo con mi vida real. La lejanía de esos dos meses en el CAR nos acercó como no lo habían hecho ni las experiencias más íntimas. Durante ese par de meses, sustancialmente, dejé de ser en definitiva yo mismo para convertirme en el novio de tu abuela. Por lo tanto, cuando gracias a una recomendación —de la cual me avergonzaba por el hecho de gozar de un privilegio negado a mis camaradas— volví prácticamente a casa, asignado al comando de la Tercera Región Aérea de Bari, con el misterioso cargo de "auxiliar operador telefonista", y nos encontramos siendo más novios que nunca.

El cargo de "auxiliar operador telefonista" fue para mí una gran fortuna, pero un desastre para el comando de la Tercera Región Aérea. De hecho, a causa de la famosa pistola de cohetones que, en Tarento, me había dañado el oído izquierdo, creo que fui el peor telefonista de la historia de la aeronáutica militar desde el final de la Segunda Guerra Mundial. El problema era que, inexplicablemente, el auricular de telefonista era para zurdos auditivos y estaba constituido por un único audífono que, a través de una varilla de metal, conectaba el oído izquierdo con un micrófono en forma de botón que llegaba justo delante de la boca. Después de empeñarme durante unos días en reclamarle inútilmente a mi pobre oído izquierdo para que cumpliera con su deber, me resigné a usar el auricular al revés, creando un involuntario efecto cómico. De hecho, la cinta negra que debía pasar por detrás de la nuca me ceñía la frente como la aureola mal puesta de la estatua de un santo de provincia, y la varilla del micrófono, volando en parábola hacia el sur, me atravesaba la cara hasta llegar a la boca. Pero eso no bastó para que mejoraran mis prestaciones: el problema era que ¡yo no entendía ni madres de lo que me pedían...!, o no quería entender. Y con tal de no estar preguntando siempre: "¿Cómo dijo?", colocaba las clavijas a lo güey, obligando a mis víctimas a hablar con "Nápoles Capodichino" cuando en realidad querían comunicarse a "Catania Fontanarossa", y conectando con el "comedor de suboficiales" a quien tenía la urgencia de hablar con el "centro de operaciones". Cuando se dieron cuenta de que a ese paso jamás habrían ganado ninguna guerra, decidieron dar un golpe definitivo a la justicia enviándome al Tribunal Militar... no, no para procesarme, como lo merecía, sino para ayudar a los dos operadores ciegos que estaban allí.

El trabajo no habría sido difícil porque se trataba de un pequeño conmutador de cuatro líneas, de las cuales una ni siquiera funcionaba. Pero entre dos que no ven y uno que no oye las cosas terminaron complicándose; y así, los desgraciados que caían en nuestras redes estaban condenados a hablar con la "hostería" en lugar de con la "cancelería", o se resignaban a exponer sus problemas al responsable del archivo en lugar de hacerlo ante el Ministerio Público. Fueron tiempos duros para la justica militar.

La trampa

Durante ese año como militar la relación con tu abuela se tornó tan "totalizadora" que prácticamente ya no me veía con nadie más. El tiempo que no estaba en el servicio miliar lo pasábamos en casa de mis padres, deleitándonos en una intimidad familiar tan acogedora que mi vida *on the road* parecía pertenecer a una vida pasada. Sin ni siquiera darme cuenta, estaba cayendo en la trampa de la cual había tratado de escapar toda la vida. Por lo tanto, pasar del servicio militar al banco, del banco al matrimonio y del matrimonio al hijo fue como deslizarse por esas bandas sin fin donde se fabrican los productos industriales, siguiendo un procedimiento bien estudiado que te toma, te llena, te esteriliza, te tapa, te pega la etiqueta y te coloca al lado de otros semejantes en una caja que, siguiendo por la misma banda, te entrega para ser utilizado tal como se debe en el mercado de la vida.

En esos cuatro años que van del '76 al '79, en Italia, el movimiento estudiantil tuvo su último estallido en Bolonia; las Brigadas Rojas mataron a Aldo Moro y el papa Luciani murió prematuramente, lo cual dejó al Vaticano en la incomodidad de negar el permiso para la autopsia, que habría disipado las dudas sobre la causa de su inesperado deceso. Y mientras *La guerra de las galaxias* debutaba en América, España obtenía su Constitución y la viruela era erradicada de la lista de enfermedades, yo era erradicado de mis sueños de juventud.

Por cierto, no puedo decir que alguien me haya forzado a tomar las decisiones que tomé. ¡Al contrario! Debo confesar que incluso colaboré con la corriente que me estaba arrastrando hacia esa "normalidad" de la cual siempre había tratado de huir. Cultivando la ingenua ilusión de que para mí sería diferente, me obligaba a mantener esa cómoda ceguera que en algunos casos nos quita la molestia de enfrentar las pequeñas dificultades que con el tiempo se vuelven problemas enormes u obstáculos infranqueables. Así, aprovechando la oportunidad de trabajo que ofrecía la anticipada jubilación de mi padre, a los veinte años me pareció natural pasar del uniforme azul de la aeronáutica al saco y la corbata del banco.

Para todos fue un momento de júbilo. Casi, casi lo fue también para mí. Lograr la independencia económica era de alguna forma la cristalización del viejo sueño de libertad de la familia que perseguía desde siempre: finalmente contaba con dinero que podría administrar a placer, sin tener que rendirle cuentas a nadie acerca de mis elecciones. Todavía no tenía idea del precio que debería pagar por ese pedacito de aparente libertad.

Después de haber derrochado los primeros sueldos en compañía de aquellos amigos que estaban sólo un paso atrás en el proceso de inserción social, y con quienes seguía fantaseando sobre la consecución de una vida diferente a la de nuestros padres, decidí utilizar mi poder económico para procurarme un espacio todo mío donde pudiera hacer lo que quisiera, pero sobre todo donde pudiera coger con tu abuela en santa paz. Lilli también había empezado a trabajar, por lo que, acunados por los narcóticos brazos del otro, decidimos rentar un departamento con el propósito de, una vez amueblado, simplemente comunicar a nuestros padres que nos iríamos a vivir juntos. Temíamos que su oposición a ese proyecto de veinteañeros, quienes trataban de brincarse la pomposidad que, generalmente, en aquellos tiempos imponían las familias a dos muchachos que simplemente querían hacer una prueba de vida de adultos, pudiera obstaculizar nuestro propósito. Pero mi orgullo me hizo dar ese paso en falso que normalmente da quien antepone la rigidez de sus propios principios a la practicidad que requieren las cosas de la vida. De hecho, la idea de rebajarme para hacer las cosas a escondidas para mí era humillante. ¿Qué, no tenía el derecho de hacer lo que quisiera? De modo que una noche, a la mesa, ese lugar donde en Italia se ama y se odia, comuniqué mi propósito, mientras tu abuela hacía lo mismo en torno a la mesa de su hogar.

La gran sorpresa fue que, en lugar de toparnos con una oposición, ambas familias abrieron las puertas al proyecto. ¡Y no sólo eso! Tus bisabuelos maternos, es decir, mis futuros suegros, quienes en ese entonces rozaban por primera vez una prosperidad económica que los acompañaría durante mucho tiempo, nos ofrecieron comprarnos el hogar de nuestros sueños: una casa de tres pisos con un gran jardín donde podríamos dar rienda suelta a nuestra obsesiva pasión por los perros. De este modo, el proyecto de una escapada juvenil adquirió las monumentales dimensiones de un matrimonio.

Como te he dicho antes, las pequeñas acciones de un hombre pueden tener enormes implicaciones. Y tal como la caída de unas pocas piedras pueden generar una avalancha desastrosa, me encontré con que no sólo me iba a casar sin siquiera haberlo decidido, sino que además iba a romper el solemne juramento que había hecho ante Dios de no volver a pisar una iglesia en mi vida, aceptando un matrimonio religioso que la mamá de tu abuela, mi futura suegra, logró obtener mediante esa velada forma con que las personas "buenas", a través de frases a medias, tristezas medio escondidas, suspiros y falsas resignaciones, logran manipular al mundo, escondiendo la astucia detrás de la condescendencia.

Se me retorcieron las tripas al aceptar la farsa del matrimonio religioso, pero luego me dije: "Si estuviera en una tribu de salvajes y decidiera casarme con la hija del jefe, ¿me sometería a sus tradiciones y rituales? Obviamente sí. Entonces, ¿por qué no aceptar esta forma primitiva de unir a los jóvenes en matrimonio, que parece hacer tan feliz a los miembros de una sociedad primitiva a la que yo no siento pertenecer?". Así, hice a un lado mi mal humor y afronté el ritual con la actitud de un turista durante la filmación de un documental del Discovery Channel. Vi las tribus de ambas familias, ataviadas con sus trajes ceremoniales, reunirse en el tétrico templo de un Dios eternamente representado en el momento de su suplicio. Aparte de los pobres padres de los pobres novios, todos los demás, más que participar en la emoción del rito, parecían divertirse a espaldas de los dos desafortunados, criticando aquello y al otro. Las mujeres, quienes ni en esa ocasión lograban estarse calladas, se susurraban sabrosos comentarios sobre la vestimenta de otras invitadas, y los hombres, quienes nunca saben qué decirse, se entretenían mirando de reojo los traseros de las mujeres de los demás, esperando el momento de embriagarse en el banquete. El "hechicero" que oficiaba la celebración era sin duda el elemento más singular: decorado como la comparsa de un cortejo histórico de pueblo, con evidente sentido de lo macabro llevaba colgado al cuello el instrumento de tortura en el que crucificaron a su Dios… o, mejor dicho: al hijo único de su Dios. A pesar de que ese oficiante no sabía nada de matrimonio, ya que por contrato estos sujetos no se pueden casar, y no obstante que las únicas cosas que él sabía del sexo, como todos sus colegas, las había aprendido gracias a los secretos del confesionario o mediante esas intimidades "impropias" que hacen entre seminaristas, fue justo él quien se encargó de dar consejos matrimoniales a los novios y de pronunciar la fórmula que ya había hecho infelices a millones de seres humanos antes que nosotros. Al momento del fatídico "sí", las tribus familiares se regocijaron, no se sabe bien por qué, ya que la experiencia enseña que muy seguido todo el dinero gastado en ese tipo de ceremonia crea simplemente las premisas de un igualmente costoso divorcio.

Fingí que me divertía para no exponerme públicamente a la humillación de quien se somete a una cosa que habría preferido evitar, pero no logré esconderme a mí mismo un profundo sentido de vergüenza que durante años he sentido esas pocas veces en que alguien me ha pedido que le muestre las fotografías de la ceremonia y del banquete. Hice de todo para romper el protocolo de aquel ritual primitivo, negándome a ponerme corbata, llegando tarde al altar y exagerando actitudes desarticuladas durante la ceremonia religiosa, pero tuve que esperar hasta la noche para asestar un verdadero golpe a la odiosa "normalidad" cuando, estacionados en una plazuela de descanso de la carretera, profané el rito de la "noche de bodas" durmiendo en el auto con Pantera y Franca, quienes eran nuestros compañeros de un viaje que pareció de todo menos que "viaje de bodas". Después de todo, nuestra noche de bodas ya la habíamos consumado en abundancia durante cuatro años consecutivos en todos los lugares posibles, de acuerdo con las capacidades humanas y la fantasía.

La sociedad es extraña: cuando dos jóvenes imbéciles se quieren casar, extiende sus brazos sin oponer la mínima resistencia e invierte grandes recursos en una ceremonia que probablemente terminará mal. Luego, cuando más tarde alguno de esos mismos imbéciles decide divorciarse, la propia sociedad se desata creando todo tipo de obstáculos para evitarlo, obligando a los dos desgraciados a sufrir el mayor tiempo posible la presencia del otro. Cualquier persona dotada del mínimo sentido común comprende que debería ser al contrario. Cuando dos jóvenes se quieren casar, antes de concederles el permiso se les debería someter a una serie de pruebas: vivir juntos por un periodo, verificar la compatibilidad intelectual, la afinidad emotiva, el acuerdo sexual... y, si todo va bien, entonces sí darles la bendición y el permiso de casarse y reproducirse; en cambio, cuando ya no están de acuerdo, se debería correr inmediatamente en auxilio de los desventurados, de modo que puedan atravesar el doloroso proceso de la separación, ofreciendo un lugar alternativo donde vivir por su propia cuenta, ayudándolos a encontrar nuevos amigos y nuevos amantes. Desgraciadamente, en este mundo dominado por las tradiciones el sentido común y la inteligencia son forasteros, y la consecuencia de ello se puede notar a cada paso en la tristeza que reina en lo profundo de la mirada de casi todos sus habitantes. Entre tantas ideas extravagantes que he tenido en mi vida, había una que me gustaba mucho: crear la "casa del separando", un lugar donde acoger a todos aquellos y aquellas que están en el proceso de separación, para apoyarlos psicológicamente y promover encuentros con otros y otras que están en la misma situación. Un lugar donde quienes se estén separando puedan rápidamente, y de la mejor manera, consolar sus penas y así volver a encontrar el equilibrio interno que permite separarse civilmente, sin traumatizarse a sí mismos ni a los hijos. Una estructura de ese tipo no sólo ayudaría a divorciarse en una forma civil sino, paradójicamente, también daría la posibilidad de salvar el matrimonio. De hecho, no se excluye que sus huéspedes, después de un periodo de separación y de juerga, sientan nostalgia por el viejo compañero y el aburrimiento familiar, y quieran darle una nueva posibilidad a su unión. La sociedad debería enseñar a los jóvenes no sólo a unirse en amor sino, y más que todo, a separarse en amor. Hasta tenía el nombre para esta institución de asistencia social: "Polilla".[8]

---

[8] *Polilla* es el nombre de la mala compañía que lleva a Pinocho al País de los Juguetes.

Obviamente, cuando me casé no pensaba en la separación. Estaba contento de haberme casado, a pesar de que no podía quitarme de encima la impresión de que alguien más se había apropiado de mi vida y que la estaba viviendo en mi lugar. Por lo tanto, cuando dos meses más tarde tu abuela, con aires de quien me estaba dando una buena noticia, me dijo que estaba encinta, tuve que fingir que estaba contento. La pobre Lilli se sintió mal por ese tibio entusiasmo que apestaba a falsedad, pero yo, una vez más, hice de todo para hacerles creer a todos que sentía esa felicidad que todos se esperaban que yo sintiera.

Sé que ahora te escandalizarás al escucharme decir esto, pero las historias no tienen ningún valor si renunciamos a decir la verdad con tal de adaptarnos a lo que al público le gustaría escuchar. Sabía que la reacción "correcta" ante el nacimiento de un hijo era la de "enloquecer de felicidad", aunque para mí ese hijo que venía era una lápida sobre lo poco que quedaba de la vieja ilusión de inventarme una vida a mi modo. Tal vez al matrimonio lo podría disolver; tal vez podría dejar el banco... pero ¿al niño? Ese pobre niño era, inconscientemente, parte de una conjura en mi contra. "¡Probablemente es justamente por esto que la sociedad valora tanto a la familia! —me decía a mí mismo—. Porque, cuando formas una familia, estás jodido y te pueden amarrar al yugo que quieran". Con ese niño sentía que se estaba cerrando la última rendija hacia la libertad, y no lograba comprender cómo era posible que nadie se diera cuenta y que todos me felicitaran. Felicitaciones ¿de qué? ¿Por haber logrado, como todos los animales, derramar esa gota de jugo en el lugar correcto y en el momento "equivocado"? ¿Era posible que nadie se diera cuenta de las enormes consecuencias que hacer un hijo tiene en la vida de una persona? ¿Cómo era posible que nadie se diera cuenta de que ni tu abuela ni yo éramos lo suficientemente maduros para ser padres? ¿Y quién es alguna vez lo suficientemente maduro para serlo? Toda esta retórica en torno a "tener un hijo" me parecía una locura, un producto neurótico de una hipnosis colectiva.

Obviamente, rechazar ese "regalo del Señor" parecía un sacrilegio incluso para mí, por lo que evitaba exponer abiertamente mis dudas, para evitar sentirme completamente equivocado respecto a las leyes de la naturaleza e inadecuado para el papel que en pocos meses había empezado a vivir, pero no podía, al menos de cuando en cuando, dejar de argumentar para mis adentros en contra de aquella contradicción evidente que la sociedad hace pasar por "normalidad":

"Todos quieren hijos, dicen que aman a los niños y hacen una tragedia cuando no llegan —me decía en los momentos de soledad, pegado al volante o mirando la punta de mis pies avanzar sobre la acera, hacia la Casa del Bocadillo o hacia el supermercado—. Y luego, cuando estos hijos que tanto querías vienen a este pinche mundo, te comienzas a quejar de cómo son, los tratas mal, los adiestras como animales de circo, les jalas las orejas, los manipulas o hasta les pegas, les echas en cara los sacrificios que haces por ellos o las cosas a las que has tenido que renunciar para sacarlos adelante, o los abandonas en manos de los abuelos, de los vecinos, de las sirvientas... Total que ¡¿a dónde fue a parar el deseo de tener un hijo?! —me calentaba yo solo—. Y, además, ¿a qué clase de mundo lo estás invitando? ¿Qué mundo has creado para él...? Si querías compañía, ¿no habría sido más honesto comprarte un cachorrito? O si de plano estás obsesionado con la idea de criar a un hijo, ¿no podías mejor adoptar a uno nacido por error...? ¡Ah, pero tú quieres uno que se parezca a ti! —gruñía contra el egoísmo humano—, uno con los ricitos rubios o con el cabello tupido y negro para hacerle la trenza o peinarlo de raya al lado, para vestirlo como a tus muñecas o a tus soldaditos que cumpla con lo que a ti te habría gustado lograr... Pero ¡¡¿se puede ser tan ciego y egoísta?!! —gritaba solo, espantando los viandantes—. ¡Condenar a una criatura al 'valle de lágrimas' para satisfacer una fantasía infantil!"

Si en ese entonces, con un niño en camino, no tenía el valor de compartir abiertamente estas reflexiones, ahora, en cambio, cuando no tengo miedo de resultar antipático, puedo decir con certeza que, según yo, no hay nada "grandioso" en reproducirse. ¡Todos los animales se reproducen! Escribir una poesía es algo grande; crear una computadora, volar un avión, producir una película, preparar la lasaña es "grande". Un hijo lo puede hacer cualquier cabra en celo o cualquier pendejo borracho... Y, para criarlo, ¿qué puedo decir? Una cabra se las arregla mejor que cualquier humano. Tengo la impresión de que toda la cuestión de los hijos está inflada por una redundancia artificial que sólo se justificaría en el caso de un hombre y una mujer maduros que decidan reproducirse para criar a una criatura pura e inocente, envolviéndola en la suavidad de su amor, de su madurez, de su armonía, de su silencio y de su paciencia y aceptación incondicionales. En este caso ¡sí que habría que cantar aleluya! Pero cuando dos imbéciles inmaduros, inconscientes y en calor, drogados de ideas extravagantes, ignorancia, egoísmo y celos deciden tener un hijo, ¡hay muy poco de qué alegrarse...!

Pero, por favor, Inés... no me malinterpretes: desde el primer momento en que vi a tu padre a través del vidrio del hospital, después de los primeros instantes de turbación en que me pregunté: "¡Oh, madre de Dios! Y éste, ¿quién chingado es?", no he podido imaginar mi vida sin él, como no la puedo imaginar sin ti y sin mi otra nieta que tu tío Alejandro, hace poco, me informó que se llamará Stella. Una cosa es la "idea de tener un hijo" y otra es tenerlo entre los brazos. He amado a tu padre con todo mi corazón, como hacen todos los padres, aun cuando sólo se lo haya manifestado en la forma manca, imperfecta y contradictoria con que una persona inmadura y desesperada se tiene que resignar a hacerlo. Una cosa es disertar sobre la oportunidad o sobre el significado de tener hijos, y otra cosa es estar poseído por ese misterioso impulso reptiliano que te hace sentir dispuesto, sin siquiera pensarlo un momento, a dar tu vida por la de ese bultito de pocos kilos que se caga encima, te vomita en el hombro, llora sin motivo aparente y te tiene toda la noche en vela... pero que después, con una simple sonrisa, borra todas tus fatigas y te recuerda algo que no está escrito en los libros de historia ni en los manuales ni en los cuentos de los abuelos, sino en los archivos secretos que contienen el misterio de la vida y del amor.

Total, que ya estaba embarazada. De aborto, después de aquella terrible experiencia, ni siquiera se habló. Por lo tanto, me preparaba para ser padre.

Si no hubiera tenido siempre la sensación de estar adaptándome a una vida que no quería hacer, incluso habría sido agradable ver la panza de tu abuela crecer y sentir las primeras patadas que tu padre, como cualquier niño, daba con entusiasmo, ignaro del desmadre al que se estaba metiendo. Acompañar a tu abuela a la preparación de esa parte de la "casa de Barbie" que, desde niñas, casi todas las mujeres esperan realizar ya no con artículos comprados en la sección de juguetes sino con los de la sección de maternidad, ni siquiera habría sido desagradable si, dando vueltas entre los exhibidores de mameluquitos baberos carriolas platitos y biberones, yo hubiese logrado

quitarme de encima la incómoda sensación de estar jugando un juego que no era el mío. Y aunque para las mujeres el matrimonio se
puede revelar frecuentemente como una cadena incluso más dolorosa
que para los hombres, generalmente montar su casa y tener hijos, al
menos en mi generación, se parecía mucho más al imaginario de las
mujeres que al de los hombres. Los juegos de los hombres suelen ser
más animados por fantasías de aventuras descubrimientos conquistas
invenciones y construcciones que de cacerolas platitos cocinas cu-
nas y muñecas. Lo que sucede cuando dos pobres diablos se casan es
que, aunque estén construyendo su propia tumba, al menos la mujer
realiza en grande su sueño de niña, mientras que él, como animal
en cautiverio, se encuentra sellando documentos, haciendo cuentas
o apretando tornillos para financiar el sueño de ella. Mientras ella se
encuentra jugando con esa casa de Barbie de dimensiones naturales,
que pronto maldecirá, él se encuentra irremediablemente encajonado
entre el refrigerador y la lavadora, sin tener ni idea de cómo llegó
hasta allí.

Así es como me sentía. Y ni siquiera podía culpar a mis padres,
a la sociedad o al destino. Sólo podía enojarme conmigo mismo.
Yo había sido quien, dando "libremente" un paso después del otro,
me había encarrilado en ese camino sin regreso que, para mí, transformaba el jardín de juegos de la vida en la antesala de la muerte. ¡Y
eso era tremendo! Porque ese niño, es decir, tu padre, venía al mundo
con el mismo entusiasmo con que una mañana germina milagrosamente un retoño lleno de vida, mientras el hombre que hubiera
tenido que amarlo, cuidarlo, protegerlo y jugar con él estaba triste…
Pero ¡¿qué digo: triste?! ¡Moribundo!

Mientras que él, pateando y sonriendo, era el emblema de la confianza en la vida, yo lo miraba con mi sonrisa apagada y lo amaba

sin poder ser feliz con su presencia. El gozo de una nueva vida que ilumina a una familia estaba anubarrado entre las mil complicaciones técnicas y la sensación de hallarse perdidos, de dos muchachos que, sin darse siquiera cuenta, son azotados con cinismo en la isla desierta de la paternidad.

Me acuerdo de la primera vez que entramos en la fría casa de Palese —demasiado grande para dos muchachos—, con ese bultito que nos habían entregado en el hospital, donde descansaba la fragilísima criatura que veintiséis años después se convertiría en tu padre. "¿Y ahora qué se hace?" No pronunciamos estas palabras, pero el vacío y la duda en nuestros ojos revelaban aquello que era difícil de confesar y que no teníamos el valor de decirnos: nos habíamos metido en una cosa más grande que nosotros. Así que fingimos que sabíamos lo que se tenía que hacer y, torpemente, pasamos días construyendo una rutina práctica y eficiente que, también en esa ocasión, les gustaba a todos menos a mí. Era como verme viviendo una vida sin ser en verdad parte de ella. Intuía que con el tiempo me acostumbraría y también desaparecería de mí ese débil rayo de conciencia que me hacía darme cuenta de que ese personaje que estaba interpretando no era real y que, como millones de personas antes de mí, terminaría viviendo en una descolorida fotografía de provincia, sin ni siquiera darme cuenta. Sentía que el agarre de mis dedos sobre mi sueño juvenil se aflojaba y poco a poco deslizaba, lenta e inexorablemente, hacia la deriva de esa "vida burguesa" cuya sola idea me daba horror. Estaba jodido.

Y de nada servía seguir escuchando la misma música o, con los mismos amigos, seguir fantaseando acerca de ese mundo que un día nos habíamos creído capaces de crear. De nada me servía haber dado las llaves de casa a un número desproporcionado de personas, violando así el joven templo de la "normalidad" que es la casa de dos jóvenes esposos decorada con los regalos de boda. De nada servía que me esforzara en creer que esa bella y dulce muchacha con quien me había casado era compatible con mis sueños. De nada me servía ver mis rojizos cabellos crecer otra vez, en contra del estilo bancario. ¡Era un empleado del banco! Ésa era la insoportable verdad. ¡Un bancario! Y me afligía horriblemente el sentimiento de haberme traicionado a mí mismo, de no haber sido capaz de dar forma a mis ideales, de haber traicionado a toda una generación. Me perseguía aquella canción de Antonello Venditti que dice: "Compagno di scuola, compagno per sempre, ti sei salvato o sei entrato in banca pure tuuu…"[9]. Tales palabras eran como un puñetazo en el estómago. No, Antonello, yo no me había salvado: había sido abatido por fuego enemigo.

Y para consolarme no me bastaba ir al banco con el absurdo estilo hippie que había sido el símbolo de mi rebelión adolescente; de nada me servía cantar llevando el ritmo mientras el sello iba de la esponja de tinta a los pagarés, o sumar las cantidades de montañas de hasta veinte centímetros de cheques acompañándome con el sonido igualmente rítmico de una vieja calculadora; sólo un ligero alivio me daba llegar hasta mi escritorio no como todos, atravesando el área de los clientes y dando la vuelta a la zona de ventanillas, sino saltando el mostrador como si se tratara de la barra de una cantina, ganándome la simpatía de algunos colegas y la compasión de otros. Y definitivamente no aliviaban mi tristeza los pocos momentos de diversión que me proporcionaban esos días en que una alimentación equivocada, como sólo los jóvenes pueden permitirse cuando los caprichos infantiles no tienen ya el freno de la autoridad de los padres, me causaba una flatulencia pestilente y tan espesa que le tomaba un tiempo antes

---

9 "Compañero de escuela, compañero por siempre, te salvaste o entraste en el banco tú también".

de lograr levantarse del suelo y finalmente diluirse en las esferas más altas de la atmósfera; eran esos los días en que, en la espeluznante soledad que sienten aquellos que se encuentran viviendo en el lugar equivocado, me divertía yendo a las oficinas de los demás, depositando una "bomba de efecto retardado", o sea, un dispositivo biológico que, dada su mortífera pesadez, explotaba cuando yo ya había salido de la oficina elegida como blanco. Pero la satisfacción más grande era la que sentía durante esos diez minutos en que, cada día, dentro del horario de trabajo, me la pasaba sentado en el escusado diciéndome: "Esta cagada me la está pagando el patrón…", aunque luego me ponía a reflexionar que a ese paso jamás conseguiría hacer la brillante carrera que mi familia esperaba que hiciera, siguiendo la horma de mi padre, quien, de simple empleado y "sin la ayuda de nadie", había llegado a ser un respetable funcionario… Pero de inmediato me decía a mí mismo: "¿Y a quién le importa? ¿Quién quiere hacer carrera?"… para enseguida escuchar en mis adentros otra voz que argumentaba: "¿Y qué quieres hacer, quedarte toda la vida como empleado con el sueldo mínimo?". Y ¿por qué no…? Y, ¿por qué sí…? Y, ¿por qué esto y por qué aquello…? Seguía peleándome conmigo mismo durante horas, días, meses… años.

Ya era demasiado tarde. En esos cuatro años que van de los diecinueve a los veintidós, con cuatro movimientos perfectos, me había hecho jaque mate a mí mismo. Un movimiento al año: servicio militar, banco, matrimonio e hijo. ¡Jaque mate! Y, con la expresión atónita de un jugador que contempla el tablero, alelado, sin poder asimilar que ha perdido inexorablemente la partida, posaba mi mirada sin esperanzas en esos barrotes invisibles que a veces, en la vida de las personas "normales", se hacen ver como biberones, pañales, platos para perros, facturas por pagar, rostros de colegas, carriolas plegables, paseos dominicales y almuerzos familiares.

Me sentía como alguien que, en un momento de distracción, en la euforia de la fiesta, se deja bajar los pantalones y se deja hacer lo que no quería, y luego, cuando la fiesta termina y los invitados se van todos felices, se encuentra solo, con los pantalones en las rodillas y la vacía sensación de haber sido el único que no se divirtió.

Las dudas

En la Navidad de 1979, tu papá tenía siete meses. Me da pena decirlo, pero no me acuerdo mucho de él en ese periodo, como tampoco me acuerdo mucho de mi vida cotidiana. ¿Qué hay que recordar de una vida que está hecha siempre de las mismas acciones? Mirando hacia atrás, cualquier vida hecha de costumbres sólo se puede ver como una niebla espesa que ensombrece las pequeñas acciones que se desempeñan río abajo, dejando emerger, como torres y campanarios, sólo esos pocos eventos que te sacan de la duda de haber estado alguna vez vivo: el nacimiento de un hijo, la muerte de un padre, el día de la boda, el día del divorcio, la aventura de un safari organizado por un colega demasiado emprendedor de la oficina, el accidente que te destruyó el auto, la vez en que tu mamá fue atropellada por un carterista y se rompió el fémur, la vez en que casi terminas saliendo en la televisión por el robo que hicieron debajo de tu casa…
O, si eres "muy afortunado", podrás contar de cuando hubo la guerra o cuando te deportaron o cuando el terremoto destruyó tu ciudad o la inundación arrasó tu casa con todos sus triques o cuando tuviste que huir a la montaña por defender la libertad… Pero éstas son cosas "afortunadas" que, por fortuna, no suceden tan seguido.

Pese a que, desde que tengo memoria, hice de todo para complicarme la vida y tener algo que contarte, mis jornadas se sucedieron envueltas en esa niebla narcótica de lo cotidiano, hasta la Navidad de 1979, cuando, mientras Pink Floyd presentaba *The Wall,* Francis Ford Coppola presentaba *Apocalypse Now* y la Sony presentaba el walkman, yo presentaba mis primeros síntomas de intolerancia.

Lo que le dio el tiro de gracia a las dudas que me afligían fue un grupo de simpáticos cabrones y cabronas de Roma, quienes esa Navidad invadieron alegremente nuestra casa —mía y de tu abuela— con gran profusión de guitarras, bolsas de dormir y marihuana.

Eran amigos de amigos de amigos, como se usaba en ese entonces, y nuestra casa era el lugar perfecto para instaurar una comuna temporal, donde cabíamos unos veinte para acampar.

Esta colorida banda de inconformes, filósofos improvisados, "artistas" y revolucionarios encarnaba perfectamente todo lo que yo habría querido ser. Gente libre, abierta a la aventura, que se las ingeniaba, vivía al día, viajaba, podía decidir a dónde ir, cuánto tiempo quedarse, decir que sí a lo que les gustaba y decir que no a lo que no les gustaba… En síntesis, gente viva, que miraba su propia vida como un lienzo blanco donde poder pintar libremente. Por el contrario, yo sentía que el máximo nivel de libertad que se me permitía era poner colores desteñidos en un dibujo que alguien ya había trazado por mí.

Pero esa Navidad, ¡bendita Navidad!, decidí cambiar los contornos de aquel dibujo prefabricado en que se había convertido mi vida y me concedí, al menos por quince días, la ilusión de ser libre otra vez. "¡A la chingada! —me dije—. El banco no me robará este pedazo de vida." Así que me incapacité en el trabajo, alegando una de las muchas excusas que, en los dos años siguientes, me permitieron recibir mi sueldo sin tener que ir a trabajar… y sin siquiera merecerlo, obviamente.

Fueron días maravillosos en los que la tiranía del reloj quedó sustituida por la anarquía del "momento" y la organización, por la improvisación. Cada quién hacía lo que quería, a su tiempo y a su ritmo. Las pequeñas cosas, como prepararse un café a las tres de la tarde o a las tres de la madrugada, se volvían momentos de mágica intimidad con el universo; y era fantástico ponerse a cocinar mientras otro estaba durmiendo y otro salía a pasear al campo con los perros… y era tan tranquilizador, dormitando en el sofá, escuchar la voz de una mujer que, con los únicos cuatro acordes de guitarra que se sabía, se acompañaba cantando *The Circle Game* de Joni Mitchell. Ésa era la vida que quería; ése era el tipo de gente que quería frecuentar. Me sentí feliz como antes… o, mejor dicho, me conformé con sentirme feliz como se puede sentir un fugitivo que disfruta de unos pocos momentos de libertad antes de que lo atrapen y lo devuelvan a la prisión.

A diferencia de mí, tu pobre abuela no era feliz para nada. De hecho, sentía ese ambiente como una amenaza para la vida que intentaba construir. ¡Y tenía razón! La recuerdo bellísima, con un conjunto de cuero negro que la hacía ver ¡tan sexy!, irse a trabajar en las mañanas. Ella no se había incapacitado. Nos miraba, titubeaba… habría podido quedarse, tal vez habría querido… pero no podía hacer compatible la "normalidad" en que nos habíamos encaminado con ese repentino reflujo de mi pasado en el que ella nunca había verdaderamente participado. Y después, cuando por la noche regresaba de trabajar, aún más bella por las huellas del día y las señales del cansancio encima, nos miraba con tristeza, deseo y preocupación, paseándose por esa casa que todavía no había tenido el tiempo se sentir como suya, tratando de volverse parte de un mundo del que no

conocía ni el alfabeto. Me sentía mal por ella. Sentía que la traiciona-
ba, que la había abandonado… pero, por más que me esforzaba, no
lograba encontrar cómo involucrarla en ese caos envolvente que me
estaba devolviendo a la vida.

El final de esas vacaciones de Navidad fue recibido con gran alivio
por parte de la pobre Lilli. Mientras ella retomaba posesión de su
vida, yo volvía a la oficina como un condenado a muerte que, con
resignación, se dirige al patíbulo. Aguanté una semana. Una creciente
angustia que nunca había sentido tan fuerte se apoderó de mí: sentía
mi cuerpo hirviendo por dentro para luego vaciarse de pronto lleván-
dome al límite del desvanecimiento, con mi piel pasar del ardor al
hielo, mi mente ir de una confusión explosiva a un vacío desolador…
Los embrollos que causaba en el trabajo eran tales que el Banco de
Roma incluso extrañaba esos días en que me había ausentado. Y así,
para darles gusto, me incapacité otra vez.

Tal vez la pobre Lilli me vio tan extrañado que, cuando le dije que
me quería ir a Roma durante una semana para reflexionar, ni siquiera
parpadeó, aunque estaba preocupada.

Obviamente, regresé con mi nueva banda de amigos romanos; en
particular Patrizietta, la que cantaba la canción de Joni Mitchell. ¡Qué
alivio! Como un pez que es devuelto al mar después de haber estado
sobre la arena ardiente saciando la curiosidad de un grupo de niños
en traje de baño, me sumergí de nuevo en mi mundo sin tiempo,
hecho de improvisación, sorpresas, soluciones creativas, fiestas, churros, tisanas, cuentos, paseos, canciones, risas… pero nada de sexo.
El sexo era la última cosa en que pensaba. La mía no era la escapada
de un empleado: era una auténtica búsqueda de la libertad.

Sí, querida Inés: a pesar de que la historia que hasta ahora te he contado y que te contaré parece la de un granuja, haragán e irresponsable, en realidad no lo es... o lo es sólo en parte. Viéndola desde donde estoy ahora, puedo decir que, incluso en los momentos en que es casi imposible darse cuenta, la mía es la historia de un hombre joven perdido en busca de sí mismo. Y perdido me sentía. ¡Dios sabe que así me sentía!

Durante aquellos días romanos, mientras más tocaba la felicidad de vivir esos pocos momentos fuera de las reglas y de los convencionalismos, más aumentaba mi tristeza. Y mientras más triste me sentía, más esa atmósfera típica de mis amigos "hippiosos" me envolvía y me hacía feliz.

El último día decidí pasarlo solo: tenía que pensar. Así que dejé a la banda en su desordenado flujo y me dediqué a "pensar".

"¿Qué hacer? ¿Qué hacer?" Desde las primeras horas de la mañana hasta la hora de salida del último tren de la noche hacia Bari no hice otra cosa que caminar de arriba abajo por via Nazionale y via del Corso hasta *piazza* del Popolo para salir a las riberas del río Tevere, y de nuevo por *via* Nazionale hacia arriba y de nuevo abajo hacia via del Corso... No comí ni bebí durante unas diez horas. ¿Cómo habría podido? Estaba demasiado absorto por el dilema en que las diferentes partes de mi mente se confrontaban, riñendo, hasta llevarme al agotamiento físico, moral, psicológico y espiritual: "¿Qué hacer? ¿Qué hacer?". ¿Volver y meterme en ese calzado estrecho que era mi vida, esperando que el tiempo y la costumbre borraran el dolor de vivir una vida equivocada...?

—No, no... ¡Por favor, eso no...! —me decía, discutiendo conmigo mismo—. Entonces, ¿qué? ¿Mandar todo al diablo...? Y mandar todo al diablo ¿para hacer qué cosa...? No lo sé... Ya veremos... Por Dios,

¡qué miedo…! ¿Y Lilli? ¿Y el niño…? Oh, Dios mío, ¡qué dolor…! Siento que me muero… No puedo… ¿Con qué cara me presento y digo: "Perdón, pero me equivoqué, esta vida no es para mí"? No le puedo hacer esto a Lilli. No le puedo hacer esto a la familia… Pero ¡tampoco me puedo hacer esto a mí mismo! —me apasionaba, devorado por el dilema—. ¡En ese pinche banco yo me muero! Ésta es la única vida que tengo. No quiero desperdiciarla viviéndola como en una película que no me gusta y que, además, ya sé cómo va a terminar… ¡¿Entonces?! ¿Qué vida quieres tener? ¡¿La de un *hippie?!* —gritaba otra voz dentro de mí, salpicando baba—. ¿Cómo vivirás? ¿Qué harás para ganar el dinero que necesitas…? Claro que puedo… Claro que puedo… —contestaba—. ¿Y si no puedes? ¡La vida no te dará otra buena oportunidad como la del banco…! Claro que me la da, claro que me la da… ¿Y si no te la da…? No importa: ¡tengo que intentar…! Pero ¿cómo hago con la casa, el niño, los perros…? ¡No puedo dejar todo así…! ¡Qué drama! ¡Qué tragedia…! ¡Qué hacer? ¿Qué hacer…? Lenin escribió un libro que se llama así: *¿Qué hacer?* ¡Quién sabe qué habrá escrito! Seguramente se trata de cosas más importantes que las mías… ¡Qué pena, qué pena me doy! —me desesperaba—. Soy un mediocre, ¡soy un mediocre! Hasta en el dolor soy un mediocre. En lugar de ocuparme de los grandes problemas de la humanidad, en lugar de sufrir por las injusticias y los abusos de los hombres contra otros hombres, yo sufro por una estupidez que para quien ha conocido el verdadero dolor de la vida sólo puede definirse como un "drama burgués". ¡Burgués, burgués! —gritaba, asqueado—. Eso eres: ¡un pinche burgués! Y tu dolor es ¡burgués! Ten huevos, ¡cobarde! Si no te gusta la vida que tienes, ¡cámbiala y deja de dar vueltas!… Pero ¿cómo lo hago? Una decisión así afecta el destino de mucha gente… de mi esposa, de mi hijo, de las familias… ¿Y con esto? ¿Piensas que

Lenin habría hecho una revolución si se hubiera preocupado por no involucrar la vida de su esposa y de sus hijos…? ¿Estaba casado Lenin? ¿Tenía hijos…?

Así, entre argumentos contrastantes y pensamientos a lo güey, pasaron las horas. Estaba despedazado por un tormento sin solución: por un lado, amaba a tu abuela —al menos eso creía—; no quería dejarla, no podía imaginarme vivir sin ella y no quería hacerla sufrir; por otro lado, para hacer la vida que quería hacer —que ni siquiera me quedaba claro qué tipo de vida era—, sabía que con Lilli habría sido imposible, porque estaba claro que tu abuela era totalmente diferente de mí y que la vida en que se había encaminado estaba perfectamente bien para ella.

En realidad, más allá de las dudas y de los miedos, ya había decidido qué quería hacer: yo simplemente quería vivir. A cualquier costo: vivir. Quería retomar esa vida que las circunstancias, la inmadurez, la distracción, el enamoramiento y el calor juvenil me habían hecho perder en el camino. En lo más profundo de mí sabía lo que quería… o mejor aún: sabía lo que no quería, pero no tenía el valor de decírmelo a mí mismo por el miedo que me daba enfrentar las consecuencias.

Parecía haber encallado en un punto muerto de donde no me podía mover: por suerte, al final, un argumento racional vino en mi ayuda:

—No voy a aguantar el banco ni voy a aguantar el matrimonio —me dije—. Antes o después voy a reventar. Así que, mientras más pronto reviente, mejor para todos.

El razonamiento funcionaba: es mucho más fácil rehacerse una vida a los veintitrés años que a los veintiocho o a los treinta y cinco o incluso a los cincuenta; y también para tu padre, es decir, mi hijo Fabio, era mucho mejor que sus padres se separaran cuando tenía siete meses, y no cinco o diez años. La frialdad de este argumento lógico me convenció. Con la triste resolución de quien va por un hacha para cortarse un brazo gangrenado, tomé el tren para Bari y dormí.

La crisis

El 23 de enero de 1980 se tuvo la noticia de que el físico y premio Nobel de la Paz Andréi Dmítrievich Sájarov había sido arrestado por la KGB y recluido en Gorki, demostrando una vez más que el mundo, como en los tiempos de Galileo, no estaba en manos de los mejores, sino de los peores. Pero ese día yo no tenía tiempo para lamentarme por Sájarov ni para reflexiones de ningún tipo: ese día yo daría el primer corte a la "normalidad": comunicaría a Lilli mi decisión de cambiar mi vida... y de quererla cambiar sin ella.

Tu abuela no imaginaba ni por asomo lo que estaba a punto de sucederle. Por mi parte, como ocurre frecuentemente cuando se piensa mucho en una cosa, tenía la idea de que ella imaginaba lo que pasaba por mi mente, pero no era así. De hecho, Lilli llegó a la cita que nos dimos en Corso Cavour, con el aire resuelto de quien ha encontrado una postura satisfactoria para enfrentar esa situación. ¡Quién sabe qué cosa había pensado decirme! Nunca lo sabré, porque lo que le dije yo lo barrió para siempre.

Al principio parecía que comprendía las palabras, pero no el significado; sólo cuando me decidí a bajar del auto Diane 6 que habíamos llenado de mocos, lágrimas, abrazos, caricias, silencios y sollozos durante seis horas fue cuando por vez primera logró darse cuenta de lo que le estaba sucediendo y, con los ojos perdidos, cuyo recuerdo me desgarra aún el corazón, me dijo:

—Pero, entonces... entonces esta noche... ¡no vienes a dormir a casa! —y en este orden preguntó—: ¿Y los perros...? ¿Y el niño...? ¿Y la casa...?

Al día siguiente informé a las familias de la forma más simple que pude:

—Lo siento, pero me he dado cuenta de que ésta no es la vida que quiero.

Los dados estaban echados. Sabía que, al hacer pública mi decisión, habría sido más difícil echarse para atrás y volver a cruzar el Rubicón.

Me refugié en casa de un amigo para ahorrarles a mis padres el tormento y el pánico que me estaba royendo las entrañas. Durante los tres días siguientes prácticamente no pude ni comer. Perdí cuatro kilos en tres días: un récord para alguien que sólo pesaba sesenta y cinco. Incluso llegué a padecer ataques de claustrofobia. Pero no eran sólo los espacios cerrados los que me causaban la sensación de sofocamiento, sino también los cuidados de mis amigos. Los recuerdo amontonados a mi alrededor, dentro el auto de Pantera, inmersos en el humo de los cigarrillos y paralizados por el frío, mientras trataban de consolarme con sus rostros contritos, asomándose entre los pesados abrigos invernales. Sentía que iba a reventar: tenía que hacerme espacio para escapar de ellos, de todos, de mí, de mi vida. En aquellos días no había ningún lugar que me diera paz, porque lo que me atormentaba estaba atrapado dentro de mí. A veces incluso sentía el absurdo impulso de querer salir de los límites de mi propia piel para finalmente poder huir de mí mismo, pero estoy seguro de que, aunque eso hubiera sido posible, no habría funcionado. Estaba enfermo; me había enfermado. Ésa fue una de las poquísimas veces en que mi ausencia al trabajo fue verdaderamente justificada.

Había enloquecido. No reconocía más mi vida. Así que pensé en volver a donde imaginaba que estaban las raíces de mi existencia. No, no a mi familia: a Mesina.

En el frío húmedo de aquel invierno, volví una vez más allí, donde había brillado mi estrella con tanto esplendor. Pero no encontré ya a mis amigos; no encontré a Donatella esperándome con los brazos abiertos, como me había ilusionado mientras iba en el tren que recorría la Calabria: la hallé comprometida. No encontré la hospitalidad en la Casa del Estudiante, que me había recibido como un héroe del *on the road,* sino que simplemente fui tolerado en una casa desnuda, inmunda y sin agua por un grupo de seudoartistas marginales, que era la peor expresión del mundo que soñaba. Veía la imagen de mí mismo reflejada en los ojos de esa Donatella a quien había deseado de niño, amado de adolescente y que ahora, en compañía de ese buen chico de su novio, me acariciaba con aire maternal. ¿A dónde había ido a parar aquel niño vivaz y valiente? ¿A dónde había ido a parar ese muchacho capaz de conquistarla? ¿Ese joven aventurero que, enrollando churros, transmitía confianza y esperanza? Me sentía como un perro callejero mansamente agradecido por la generosidad recibida, pero que, sabiendo que no pertenece a nadie, después de haber lamido la mano de su benefactor, vuelve con la cola entre las patas para echarse sobre esa especie de viejo colchón tirado en medio de la mugre, que era el mejor lugar que había podido conseguir. "Pero ¿qué estoy haciendo? —me decía, languideciendo en mi desfallecimiento—. Dejé todo, dejé a Lilli en la agonía, lancé a mis padres en la desesperación, renuncié a disfrutar de los avances cotidianos de mi hijo… ¿para qué? ¿Para terminar durmiendo en el suelo como un pordiosero en una casa de nadie?". Sabía que era demasiado tarde. Sabía que tenía que quedarme allí, lamiéndome las heridas y nada más.

Tres semanas después venció el certificado médico y volví a enfrentarme con las ruinas que había dejado en Bari.

El tiempo que pasó después de la separación lo bauticé como los "seis meses negros". No puedo imaginar lo que fueron para tu abuela, aunque para mí fueron los más duros de mi vida. Agobiado por el sentimiento de culpa, no sé de dónde saqué las fuerzas para no claudicar en mi decisión, aun cuando ella me lo suplicó. Después de seis años de relación "totalizadora", ya no sabía por dónde comenzar. No sabía más quién era, qué estaba haciendo ni qué quería. Ni siquiera podía frecuentar como antes a los viejos amigos, quienes, agobiados por el fin de esa relación que para muchos era emblema del amor, de la armonía y de la unión, trataban de dividirse entre ella y yo para consolar un poco a una y un poco al otro. Aunque los amaba, ellos también representaban el pasado, por lo que, al final, la mayor parte de las veces prefería estar solo.

El mundo que había rechazado estaba desapareciendo, pero del mundo que deseaba no veía ni sus luces. Me encontraba en una tierra de nadie, donde el pasado estaba a mis espaldas y el futuro tardaba en manifestarse. Parecía que hubiera renunciado a los acogedores brazos de la "normalidad" sin haber recibido a cambio ningún beneficio. Y así rodaba en mi vida por inercia, un día tras otro, haciendo esencialmente las mismas cosas de antes, pero envuelto en una gélida soledad. Me arrastraba hasta el banco, trabajaba como un autómata, no comía para castigarme, salía a las cinco, iba a la cantina de via Melo, bebía al hilo tres o cuatro vasos de vino dulce, reduciéndome a un estado que causaba pena... y esperaba a estar completamente agotado para irme y echarme en la cama en casa del amigo en turno.

De poco me sirvieron las ocasionales intimidades consolatorias con una colega o con Patrizietta, quien de cuando en cuando venía a hacerme compañía: un sexo dulce, pero triste, sin gozo... Caricias amigas, refugios nocturnos de un viaje sin futuro.

Los únicos momentos de esperanza me los brindaban los días en que me incapacitaba para el trabajo para poder perderme con el grupo de amigos en breves viajes o en casas de campo en el sur de Bari, como aquella vez, con la variada banda de romanos que nos visitó para pasar religiosamente las vacaciones de Pascua. ¡Santa Pascua! ¡Pequeñas cosas que nos hacían felices! Cantar una canción de Neil Young acompañada por los mismos cuatro acordes de guitarra, recoger la leña, encender una fogata, preparar un café, ir a hacer las compras al pueblo cercano, beber una cerveza, hacer un churro perdiéndose en "discursos importantes", reír por estupideces, soñar de noche con los ojos clavados en el fuego, tomar de la mano a una amiga, mirar las estrellas, imaginar que identificas unas y ponerles nombre, sentir la intimidad que mitiga la tristeza, dormir al aire libre uno junto al otro, alejarse en medio de la oscuridad a mear, escuchar una risa femenina cerca del fuego, los susurros de dos haciéndose confidencias, otros dos que hacen el amor apenas un poco al lado... Esto era lo que me hacía feliz; esto era lo que quería; era por esta embriagadora sensación de libertad por la que había destruido mi vida burguesa. A pesar de que las tinieblas de la depresión todavía eran espesas y negras, se vislumbraba una tenue luz en el fondo del túnel: estaba en el camino correcto. Ahora nada más tenía que zafarme del banco.

El banco era un hueso duro de roer. Dejar a mujer e hijo había sido "fácil" en comparación, pero renunciar para siempre a la seguridad económica por una nebulosa precariedad me arrojaba al miedo más ancestral: la de no lograr sobrevivir. Mis padres, quienes habían aceptado con mansa resignación mi separación, se enfurecían y se arrancaban los pelos por la desesperación ante mi propósito de dejar el banco. Por eso titubeé un tiempo, devorado por las dudas. Afortunadamente, al final, en este caso también, la lógica aplastante vino en mi ayuda planteándome una pregunta que disolvía cualquier vacilación y cualquier temor: "¿Qué te da más miedo, la idea de quedarte el resto de tus días trabajando en el banco o morir como un perro abandonado bajo el puente de una ciudad desconocida de… Brasil?". Como te podrás imaginar, me daba más miedo la idea de perder mi vida en una oficina de ese maldito banco… pero también perderla debajo de un puente de Brasil me daba miedo. Así que elegí postergar la decisión, conformándome con una astuta solución temporal: la enfermedad. Fingir estar enfermo, no ir a trabajar y seguir recibiendo el sueldo: eso haría. Jalaría de la cuerda hasta que se rompiera. "¿Para qué dejar el banco? —me dije—. Mejor me espero a que ellos me echen."

En aquellos tiempos, en Italia, los sindicatos eran fuertes, y entre los pliegues de los sacrosantos derechos de los trabajadores se escondían pobres diablos como yo, quienes simplemente se aprovechaban de la situación para robar un pedacito de libertad. Pero, mientras que los llamados absentistas disparaban sus municiones con cautela, midiendo los golpes para resistir en una guerra de posiciones que les permitiera mantener el "puesto fijo" hasta el último día de sus vidas, yo, que no quería defender ninguna posición, me lancé al abordaje disparando todos los cartuchos que podía encontrar en el polvorín: certificados médicos, fugas, mentiras piadosas, cartas falsas… Durante los dos años siguientes a la separación fingí todas las enfermedades posibles, aproveché a todos los amigos médicos que conocía, todas las argucias legales que podía usar a mi favor. Pero en cierto punto las municiones comenzaron a escasear. Las cosas empeoraban. No me sentía listo para renunciar; de volver a trabajar, ni hablar... y justo cuando todo parecía perdido la ciencia vino en mi auxilio: estudié las tablas de Rorschach —un suizo que inventó un test sobre personalidad— y fui con un neuropsiquiatra, interpretando al personaje de un ansioso depresivo. Durante unos meses se la tragó, proporcionándome preciosísimos certificados médicos que usé para lanzarme a la feliz locura, pero cuando se dio cuenta de que no mejoraba por sus consejos, los cuales no seguía, ni por sus medicinas, que no tomaba, sino por el simple hecho de no ir a trabajar, me firmó el último mes de incapacidad por enfermedad y, pasando del "usted" al "tú", me dio de alta:

—Éste es el último. De ahora en adelante, si no quieres ir a trabajar, tendrás que encontrar otro sistema.

Al término de ese último mes, al darme cuenta de que dentro de pocos días tendría que volver a la oficina, caí en un estado de paranoia tal que de verdad habría requerido la ayuda de ese neuropsiquiatra. Llegué hasta el punto de organizar un falso suicidio: ingeriría una importante cantidad de fármacos no letales, mi amigo Lello fingiría encontrarme en casa, inconsciente, y me llevaría al hospital; allí me aplicarían un lavado gástrico, salvándome del veneno y del banco. Un plan perfecto. "¡Quiero ver si tienen el valor de mandar a trabajar a alguien que, con tal de no ir, está dispuesto a suicidarse!" Quién sabe si habría funcionado. Para mi suerte, encontré el modo de evitar arriesgar la vida con el veneno, haciéndome abrir un expediente clínico en el Servicio de Salud Mental (SSM), lo cual me hizo conseguir oficialmente otro codiciado título: "paciente psiquiátrico".

CAPÍTULO 4
LA ANORMALIDAD

Mi historia con el ssm comenzó unos meses antes, en septiembre de 1980 —nueve meses después de que dejé a tu abuela—, cuando una falange del Movimiento de Psiquiatría Democrática ocupó el ssm para reclamar las estructuras intermedias, o sea, las "casas hogar" previstas en virtud de la aplicación de la famosa ley 180 o ley Basaglia. Franco Basaglia es el psiquiatra del cual Italia puede sentirse más orgullosa. Dos años antes, inspirándose en la visión de un colega húngaro —quien, como la mayor parte de sus connacionales, tiene un nombre impronunciable: Thomas Szasz—, escribió y logró que se aprobara una ley que, superando la lógica de los manicomios, abolía los hospitales psiquiátricos. Puede parecer extraño, pero todavía hoy en día Italia es el único país del mundo donde los manicomios están cerrados... o, mejor dicho, están abiertos, en el sentido de que nadie te puede obligar a quedarte. Antes de Basaglia, los manicomios eran esencialmente institutos de reclusión donde eran encerrados aquellos sujetos con quienes la sociedad no sabía qué otra cosa hacer más que declararlos "locos".

Yo no sabía todas esas cosas. Ese día de septiembre, en el que me integré al comité de lucha que había ocupado el ssm, no estaba preocupado por resolver el problema de la psiquiatría italiana, sino por solucionar mi problema de a dónde ir a dormir. De hecho, sin dinero ni energías para montar una casa nueva, desde enero, cuando había dejado a tu abuela, no sabía a dónde ir a dormir. Durante algún tiempo traté de volver a casa de mis padres, pero después de un par de semanas no soporté afligir a los pobres con mi tormento, así que decidí que cualquier otra solución sería mejor que ésa. Fue así como, casi durante un año, tuve mi guardarropa en la cajuela del auto que Lilli, piadosamente, me había dejado de manera momentánea, y molesté hasta el cansancio a todos los amigos y los conocidos a mi alcance para que me hospedaran. Cuando supe que el SSM había sido ocupado, aunque era la primera vez que lo oía nombrar, no dudé en colarme. Tenía fresca la memoria de las ocupaciones escolares, donde asistir a las asambleas era sólo un pequeño tributo que se debía pagar para tener derecho a participar en ese carnaval sin reglas en que, con la ilusión de que para hacer la revolución bastaría cantar canciones de lucha y eslóganes de protesta, se jugaba, se reía, se comía, se cogía… y, claro, también se dormía.

Esta historia del SSM que te voy a contar en realidad comenzó tres meses atrás, en junio, cuando, en plena depresión postseparación, Andrés y Silvana me salvaron literalmente del abismo. Fue uno de esos encuentros casuales, en la calle, que te cambian la vida.

No veía a Andrés desde la época de la preparatoria, cuando éramos compañeros de clase. Él era uno de esos comprometidos políticamente que leía, estudiaba, iba siempre con el diario bajo el brazo, tocaba la guitarra, era culto, creativo, componía canciones e increíbles parodias. Pese a que su aire de chico bueno me hacía considerarlo de categoría diferente a la mía, había una parte de mí a la que siempre le habría gustado ser como él.

—¡Hey, cuánto tiempo sin verte…! ¿Cómo estás…? ¿Qué haces…? Te presento a Silvana…

Era evidente que se asombraba de ver a su viejo amigo "greñudo", quien había entretenido a todo el instituto con sus extravagancias, andar por la calle como un perro madreado.

Le conté mis desventuras: la dramática separación, la insoportable vida en el banco, mi soledad… y, con su típica generosidad, Andrés me invitó a formar parte de su vida. En esencia, me adoptaron. Puedo decir que él y Silvana me sanaron, y son dos de las muchas personas con quienes siempre estaré agradecido.

Después de algunos meses que pasé viajando con ellos, conociendo nuevos amigos y participando en las actividades de la cooperativa que hacía poco habían fundado y que se volvería famosa, un día me dijeron:

—Acaban de ocupar el Servicio de Salud Mental.

Los locos

La ocupación era por parte de todos los elementos que componían el Movimiento de Psiquiatría Democrático de Bari; no sólo los psiquiatras, sino también enfermeros, psicólogos, asistentes sociales, trabajadores y, por increíble que parezca, ¡los locos! Sí: los locos, aquellos que hacía poco habían salido del manicomio de Bisceglie, uno de los más grandes de Italia.

En esa atmósfera democráticamente desmadrosa, donde todos son iguales a todos, era difícil distinguir a los locos de los cuerdos. Y los primeros días confundía sistemáticamente a los unos con los otros. Hablando con algún "loco", oyéndolo soltar nombres de síndromes, fármacos y terapias con la precisión y la elocuencia de un experto, me decía: "Éste seguramente es un psiquiatra", y en cambio era un loco. Luego veía a otro todo sudado, peleándose con todos, despotricando y haciendo pendejadas, y no tenía duda alguna de que se tratara de un loco, e invariablemente resultaba que era un psiquiatra. Pero con el paso de los días, cuando me tuve que enlistar en los turnos de guardia para justificar mi presencia, comencé a distinguir a los presuntamente "sanos" de aquellos sujetos que todos amábamos, pero que nadie sabía cómo llamarlos. De hecho, las palabras "loco", "demente", "paciente" o "usuario" eran consideradas ofensivas y sólo se podían usar en plan de broma. La idea entre la base de esa revolución era que los "locos son iguales a nosotros" y que había que tratarlos como a personas normales. Por eso se trataba de manejar las crisis de estos pobres desgraciados a mano limpia, limitando para los casos extremos el tratamiento farmacológico, del cual se solía abusar cuando estaban recluidos en el manicomio. Pero allí también a veces había confusión entre locos y personal.

Me acuerdo de un psiquiatra que, para calmar a uno de esos "innombrables" en crisis, quien se debatía tratando de liberarse de las muchas manos que trataban de inmovilizarlo, trató de ofrecerle un vaso de agua que alguien le había pasado. Ante el rechazo por parte del "innombrable" para beber esa agua, porque pensaba que no se trataba "sólo de agua", el heroico psiquiatra, pensando ingenuamente que era sólo agua, se la tomó de golpe para demostrarle que no lo estaba engañando. Lástima que un enfermero, mucho más familiarizado con el pragmatismo terapéutico, había puesto en ese vaso, junto con el agua, cuarenta gotas de Valium. Lo curioso fue que, a pesar de que había sido el psiquiatra quien se tomó el Valium, el efecto se lo hizo al enfermero. De hecho, cuando este último vio al doctor totalmente fuera de sí, delirando en el sillón, de pronto se calmó y finalmente todos nos pudimos ir a dormir, dejando al traqueteante psiquiatra a su suerte.

Fue entre el caos de esos días cuando conocí a Lello —quien al año siguiente me ayudaría a fingir el suicidio para no ir a trabajar—. Lo había notado en las asambleas: delgado, barba, narigón, más o menos de mi edad, activo, decidido, claro y dispuesto a todo. Una tarde, después de una reunión en que se distinguió entre todos por su obstinada pureza en la interpretación de esa lucha, me le acerqué y le pregunté:

—¿Quieres fumarte un churro?

Nos metimos en el auto de quién sabe quién y fumamos. No sabía que ese encuentro nos cambiaría la vida a ambos.

Lello era de una simpatía exuberante y, aunque fuera un "buen muchacho", era evidente que tenía, como demostró durante los años que siguieron hasta su muerte, un enorme potencial para crearse una vida a su modo y ser feliz sin jamás tener que "ensuciarse las manos con la sociedad 'normal'". Lello aún no lo sabía, pero era un poeta de la vida y su obra ha quedado en el recuerdo de todos aquellos quienes lo conocieron y lo amaron. Cuando me dijo que vivía solo, le pregunté si podría dormir una noche con él para darme una ducha caliente: me quedé en su casa ocho meses.

Lello estaba a un paso de titularse en Psicología. Era un visionario con un fortísimo ideal de justicia que le impedía ser incoherente con sus principios, hasta el fanatismo. Me abrió las puertas del mundo de la psique humana, y puedo decir que fue el primero en cultivar, en forma consciente, esa parte espiritual de mí que florecería muchos años después y que constituiría el faro, el terreno y el elemento en que prosperaría mi segunda vida. Mi contribución a la suya, en cambio, fue menos noble, pero no por eso menos necesaria: lo contagié con la irresistible picardía del muchacho de calle que siempre había cultivado y que era el único vehículo para la afirmación de mi libertad que en aquellos tiempos conociera.

Si hubiéramos sido gays, Lello habría sido el amor de mi vida. Amábamos pasar el tiempo juntos, nos divertíamos a morir y hasta la cosa más pequeña se volvía una ocasión de diversión, un evento creativo, un episodio épico con el que valía la pena entretener a los amigos. Siempre he sido bueno haciendo reír a la gente con mis historias y mis extravagancias, pero él era extraordinario. Era un genio en doblegar la lógica de las cosas, revelando en forma hilarante el aspecto paradójico de cualquier razonamiento o acción humana. Juntos éramos irresistibles.

Hacía poco que él había dejado a la mujer con quien había vivido seis años, tal como yo, y trabajaba con éxito vendiendo álbumes fotográficos para una empresa… más o menos como yo. Aquel viento ligero de libertad que lo envolvió a través de mi forma de ser y mis palabras día tras día inflamó su ardiente espíritu, llevándolo a quererse liberar de cualquier tipo de cadena, rápido y sin compromiso. Siempre me he sentido una persona valiente, pero junto a él parecía un tipo prudente, mesurado, parsimonioso… un cobarde. Pocos meses después del primer churro en el auto, delante del SSM, me rebasaría en pulverizar su vieja vida.

Fueron meses hermosos de una amistad que había comenzado con esa ocupación y que se reforzó en los meses sucesivos, cuando nos encontramos viviendo juntos con nueve pacientes del manicomio de Bisceglie, en la "casa hogar" que las instituciones, a raíz de esa ocupación, tuvieron que reconocer.

Nos las concedieron en S. Fara, en la calle que, saliendo de Bari, va hasta la fábrica de la cerveza Peroni. Habíamos ganado. Habíamos obtenido la primera casa hogar de Bari, y quizá de Italia. Hablo en plural porque, después de dos meses de lucha, esa ocupación se había vuelto también mía: me sentía parte activa del Movimiento de Psiquiatría Democrática. A tal punto que, cuando la cooperativa de Andrés y Silvana logró la gestión, me propusieron entrar a formar parte del heroico cuerpo de seis personas que manejarían en campo ese experimento de vanguardia, con el título de "operador de base".

El "operador de base" era una figura creada para la ocasión, quien respondía a la exigencia de quitarles a los "locos" la etiqueta de "pacientes psiquiátricos". Si querías reintroducir a estas personas en el mundo normal, no se les podía seguir dejando en las manos de enfermeros, psicólogos ni asistentes sociales, porque sus meros títulos académicos eran suficientes para restablecer una relación donde unos eran los "cuerdos" y los otros, los enfermos. Los operadores de base, en cambio, eran cualquier pendejo, tal como yo, cuyas cualidades humanas no habían sido contaminadas por los estudios, la costumbre ni la identificación profesional. En otras palabras, las características que hacían de alguien un operador de base no eran el estudio, la técnica ni el título, sino la compasión, el valor y la inconsciencia. Valor y compasión teníamos para dar y regalar, pero sin duda nuestro punto fuerte era la inconsciencia. Andrés, Silvana, Umberto, Luciana, yo y, obviamente, Lello: tales éramos los seis magníficos.

Donde alguien podía ver en el trabajo en esa casa hogar la posibilidad de un empleo, yo simplemente veía una ocasión imperdible. Para alguien como yo, quien concebía la vida como una colección de experiencias, ir a vivir con nueve "locos certificados" era una ocasión imperdible. "Ésta no la dejo escapar —me dije—. ¿Cuándo me volverá a llegar la posibilidad de ir a vivir con nueve locos fresquecitos, fresquecitos, apenas salidos del manicomio?" Esa curiosidad y ese entusiasmo eran un claro síntoma de que volvía a ser yo mismo, de que me estaban regresando las ganas de vivir.

Total, que de un día para el otro nos vimos entrando en una enorme villa, capaz de hospedar a locos y "cuerdos".

Conforme a las reglas, nos tendríamos que haber turnado en grupos de dos, pero había tanto qué hacer y la emoción era tal que terminábamos por estar siempre todos allí. La casa era un desastre: no había cocina, faltaban muebles, tenía unos vidrios rotos y a duras penas había camas, mesa y sillas. A pesar de nuestras solicitudes, pasamos casi tres meses sin recibir ninguna ayuda ni sueldo alguno. Sólo después descubrimos que se tramaba una conjura por parte de las instituciones para sacar a la cooperativa de Andrés y Silvana —unos *outsiders*— a fin de favorecer una estructura que estaba mucho más metida en los engranajes del poder: el patronato Acli. Además de inconscientes, éramos ingenuos, razón por la que empeñamos alma y cuerpo para encarnar perfectamente el mandato que se nos había encomendado. Era la primera vez que nos sentíamos útiles en nuestras vidas. Y así, con gran entusiasmo, nos pusimos a limpiar, reparar, organizar, programar... y, obviamente, a entretener a los "locos", fingiendo que eran personas normales.

Lo que más impacta cuando uno se relaciona con los locos es que, contrariamente a lo que comúnmente se espera, parecen personas absolutamente normales. Uno se imagina verlos caminando en cuatro patas, babeando, arrancándose los cabellos, lamiendo las paredes, hablando sin ton ni son... Y no, ¡nada de esto! Como máximo hablan solos, cosa que hacemos todos, o tienen repentinos cambios de humor, cosa que también nos sucede a todos, o te piden un cigarrillo, pero, aparte de esto, a primera vista sientes que los "locos" son tal como tú. Luego, ya a segunda vista, viviendo con ellos, te das cuenta de que están locos de atar.

Por ejemplo, había una, Isabella, una flaquísima mujer de cuarenta años que aparentaba setenta, quien tenía una intensa comunicación con la Virgen y que cada quince días fijaba la fecha en que aseguraba que moriría. Tenía una abundante cabellera gris, y cuando te la encontrabas por la noche caminando por la casa sobre sus frágiles piernas, era difícil resistir el impulso de escapar corriendo del miedo. Además del manicomio, tenía una larga historia de indigencia en la estación central del tren de Roma, unos hijos que se los había quitado el Estado, un marido que se lo había volado la hermana... Durante años se había presentado cada mes en la comisaría de Roma para exigir su sueldo por su prestación de servicios... a la estación central del tren, obviamente. Durante los meses que duró esa aventura no pude hacerle entender que yo no era un doctor.

Después estaba Ignacio, el más silencioso, el más misterioso. Diez años de manicomio. Constantemente acurrucado con su inevitable cigarrillo. Se distinguía por la característica de no querer bañarse jamás por miedo a adelgazar. El día en que, con Lello, lo metimos a la fuerza en una tina, nos dimos cuenta de que ya era demasiado tarde para esperar que saliera limpio.

Luego estaba Lucia, una pequeñita bulliciosa con rasgos negroides, quien tenía la constante necesidad de hacer notar su presencia en toda la casa, lamentándose siempre de alguien o de algo, o canturreando obsesivamente una frase que durante algunos días se convertía en su lema y admonición para la humanidad, o desentonando estribillos que originalmente eran bellas canciones. Una de las tantas cosas que nunca logramos comprender fue si se prostituía con otros miembros de la "familia". Llevaba seis años de manicomio y juraba que siempre decía la verdad, pero era la más mentirosa de todos.

Lorenzo igualmente llevaba seis años de manicomio. Era con quien más me identificaba. Pelirrojo, con buena cultura, capaz de agudas reflexiones, de citaciones cultas y pertinentes, razonable, colaborativo... hasta que, de pronto, por los medicamentos que tomaba a escondidas, se tornaba malo, insensible, desconectado, disléxico y cruel. Perdía esa elegancia y fascinación que te habrían dado las ganas de presentárselo a tus padres, para reducirse a una especie de animal embrutecido que, sin poder controlar sus movimientos, balbuceaba palabras cortantes que sólo tenían coherencia respecto a su intención de herirte. Una noche lo encontramos completamente fuera de sí, vagando por la casa, desnudo de la cintura para abajo, tras haberse cagado por todas partes. Tuvimos que limpiar.

También estaban dos chicos de dieciocho años, demasiado jóvenes para ser considerados "locos" pero seguramente destinados a volverse tales a causa de la convivencia forzada con enfermos mentales mayores que ellos, a la cual las instituciones los habían condenado. De ellos sólo recuerdo que Renato se prostituía por las calles y Giovanni era demasiado feo como para hacerlo.

Antonio, en cambio, tenía setenta años, de los cuales diez los había pasado en el manicomio. Habría sido el más tranquilo de todos de no ser porque cada noche teníamos que ir a rescatarlo, borracho de dar risa, del piso de cualquier cantina a la que, en sus últimos momentos de lucidez, daba el número de teléfono de la casa hogar.

Luego estaba Camila, la única que probablemente no estaba loca sino que simplemente era indigente. No sé cómo fue a dar al manicomio, pero desde que había salido pasaba los días pidiendo limosna en la calle. Cuando murió le encontraron una libreta de ahorros con un pequeño tesoro.

Y para rematar estaba Peppino Ippolito. Él era el más loco y el más fascinante de todos. Al contrario de los otros huéspedes de la casa, tenía una buena pensión que le permitía no comer con los demás, sino alimentarse única y exclusivamente de comida de caja: la única libre de la contaminación del "polvo metálico". El delirio de Peppino era cautivador. Al parecer, en Alemania, donde había trabajado, había sufrido una cirugía en las rodillas que lo obligó a regresar a Italia. Como le sucede frecuentemente a quien regresa con su familia después de muchos años de emigrante, en lugar de ser bienvenido fue malamente soportado. El desamor familiar, la sensación de fracaso y el cinismo de la sociedad, que entraron en colisión con su extrema sensibilidad, con su excesivo orgullo y con un carácter difícil, rompieron el dique de la "cordura", desembocando en un síndrome paranoico que le hacía creer que los cirujanos alemanes habían dejado en su cuerpo placas magnéticas que atraían un polvo metálico inocuo para todos, excepto para él. Por lo tanto, siempre estaba a la defensiva, en su miedo de que los otros, es decir, nosotros, le lanzáramos por despecho el tristemente famoso "polvo metálico". Por ejemplo, bastaba que, en el jardín, él estuviera a favor del viento mientras uno de nosotros pasaba para verlo escapar y desaparecer durante algunas horas. Más tarde volvía, pero no entraba a casa; se quedaba en el jardín dando vueltas y, como hacía siempre que quería comunicar algo, con una sonrisa socarrona improvisaba canciones para denunciar lo ocurrido. En un caso como ése habría cantado algo tipo: "Hay uno que… Pasó por encima cuando el viento soplaba… Sacó la mano del bolsillo… Pero el puño lleno de polvo…". Lo amábamos. Peppino era bueno, poético y creativo… pero también era el más peligroso. En un momento dado nos amenazó de muerte a todos, prometiendo que nos mataría de un hachazo en la cabeza mientras dormíamos. Obviamente nosotros, para demostrarle que a pesar de sus amenazas confiábamos en él, dormíamos con la puerta abierta y la cabeza bien expuesta.

Peppino fue el único por quien nos vimos obligados a pedir un tratamiento sanitario obligatorio (TSO). Alguien de la "familia" nos reveló que tenía el propósito de prenderle fuego a la casa. Acostumbrados a las calumnias continuas con que los locos trataban siempre de desacreditarse mutuamente, al principio no lo creímos. Pero cuando nos dimos cuenta de que su actitud era más extraña de lo normal y que su habitación estaba siempre cerrada con llave, un día decidimos violar su privacidad para revisar qué escondía. Desafortunadamente, encontramos un pequeño kit de piromanía: pilas de diarios y alcohol etílico en abundancia. Probablemente no era un auténtico proyecto criminal, sino una de las tantas cosas que animaban su fantasía, distrayéndolo de una vida imposible de vivir. ¿Qué hacer? Esta vez decidimos no arriesgarnos. Advertimos al SSM, sonó la alarma, nos dividimos en grupos y comenzó la cacería.

El director sanitario en persona subió al auto conmigo y con Lello: era un distinguido señor de unos sesenta años, quien se instaló en el asiento posterior con la espalda recta y el cuello erguido, dirigiendo las operaciones en la oscuridad como un cazador de la selva amazónica de noche. A diferencia de nosotros, quienes estábamos haciendo un juego emocionante, él simplemente estaba trabajando, y lo sabía hacer bien.

Ya estaba entrada la noche cuando encontramos a Peppino: caminaba por la calle con su inevitable bolsa de plástico, siguiendo en su cabeza quién sabe cuál de sus muchas fantasías. Se veía tan relajado, tranquilo, inocente… ignaro de la conjura urdida a sus espaldas.

Cuando nos acercamos, nos miró sorprendido, contento de vernos. ¡Parecía tan innocuo! Le pedimos que subiera al auto con nosotros y él, pensando que nada más queríamos darle un aventón, se mostró feliz de subir al coche. No imaginaba que lo llevaríamos a donde nadie quiere ir: a la sala de urgencias psiquiátricas. Cuando entramos con el coche en el hospital y nos dirigimos a la clínica psiquiátrica, se puso pálido. Comenzó a agitarse y nos suplicó que no lo dejáramos allí. Tenía miedo. Lello y yo comenzamos a sentirnos mal. Nos miramos; habríamos querido no estar allí, pero ya era demasiado tarde: la implacable maquinaria legal se había puesto en marcha y ya no se podía parar. Llegamos con el auto hasta la cima de la pequeña subida que daba acceso a la clínica. El director sanitario salió del auto, luego salimos nosotros y, por último, el prisionero. Parecía asunto terminado. Pero Peppino, quien estaba acostumbrado a huir de todo, aprovechó ese instante para escapar como un animal aterrado. Lello y yo nos quedamos embelesados, agobiados por la cruel necesidad de lo que estábamos haciendo, en tanto que el director sanitario, con instinto de predador, se lanzó persiguiéndolo en bajada; sólo alcanzó a dar unos cuantos pasos rápidos antes de tropezar, cayendo de clavado y barriéndose las manos sobre el asfalto en una larga frenada de dos metros. No tuvimos tiempo de reír, porque la voz del distinguido señor nos hizo volver impetuosamente a la realidad:

—¿Qué chingados están haciendo? ¡Pendejos! ¡Deténganlo!

Peppino era bajito y nosotros teníamos las piernas largas. Cazar a un ser humano es una de las experiencias más feas que he tenido en mi vida. Lo detuvimos. Sentimos su esperanza apagarse en nuestras manos… y con su esperanza se apagó también la nuestra.

Cuando, unos días más tarde, Peppino volvió a casa debidamente sedado, fue uno de los pocos momentos de auténtica solidaridad humana. Estábamos todos tan felices que la separación entre operadores y pacientes en serio se desvaneció y disfrutamos, al menos durante un poco, de la ingenua ilusión de estar todos dotados de la misma humanidad.

Pero la realidad era diferente. Por más que nos esforzáramos en sentirnos iguales, era evidente que no lo éramos. Nosotros, por ejemplo, nos preocupábamos por ellos, en tanto que a ellos nosotros les valíamos madres; nosotros respetábamos su privacidad, mientras que ellos no respetaban la nuestra; nosotros éramos generosos con ellos, mientras que ellos no tenían escrúpulos para robarnos las cosas; nosotros éramos solidarios entre nosotros, mientras que ellos no lo eran entre ellos... Por ejemplo, era común que Lucia viniera en secreto a denunciar a Lorenzo por haber robado café; luego venía Camila, quien, con su aire huraño, nos daba a entender que quien había robado el café había sido Lucia; entonces se acercaba Lorenzo para revelar a medias que Camila era la ladrona, y desde el jardín se oía la voz de Peppino quien, cantando, denunciaba a los dos jovencitos, Renato y Giovanni... y al final nos dábamos cuenta de que el café lo habían robado todos juntos, ¡todos!, incluido ese fantasma de Isabella, quien para tal ocasión había olvidado que "dentro de dos días moriría". No tenían piedad de nosotros, sino que se aprovechaban de nuestra ingenuidad, acaparando sin ningún escrúpulo nuestro tiempo, nuestros recursos, nuestra paciencia... nuestra vida. Eran auténticos vampiros que se divertían a espaldas de esa extraña banda de muchachos y muchachas que a sus ojos no resultaban como seres humanos, sino víctimas incautas de quienes aprovecharse para contar sus delirios, manipular según su necesidad, desahogar sus miedos o simplemente pedir el enésimo cigarrillo.

Eran tan despiadados que una vez Lello y yo ¡nos tuvimos que encerrar en el baño! para protegernos de la obsesiva cantaleta con que Isabella se obstinaba en torturarnos sin fin para informarnos sobre las importantes revelaciones que la "Virgen en persona" le acababa de hacer. Pero no fue suficiente. De hecho, la sádica moribunda se quedó en pie sobre sus frágiles piernuchas, detrás de la puerta del baño, aireando, impertérrita, su letanía. Esa voz era un tormento. Así que optamos por la única vía de escape posible: la ventana. Estaba en el primer piso. Sin dificultad, nos deslizamos hacia abajo por el muro y nos encontramos en la oscuridad de la noche en el jardín, finalmente inmersos en el silencio. Nos hicimos un churro, reímos, charlamos y nos perdimos, como siempre, en profundas reflexiones, olvidándonos de todos y de todo. Cuando, después de una media hora, volvimos a casa, todavía encontramos a Isabella detrás de la puerta del baño, salmodiando sus sandeces. Cuando nos vio a sus espaldas, tuvo un momento de perplejidad, pero no duró mucho: inmediatamente comenzó a seguirnos de nuevo para contarnos sobre la Virgen, como si nada.

Era como si en ellos la institucionalización hubiese hecho aflorar todos los defectos que generalmente los seres humanos tratan de ocultar. Tomaba un tiempo descubrirlo, pero las características que los unían como un mínimo común denominador eran las peores de las que están dotados los seres humanos. Todos eran mentirosos, sucios, traidores, manipuladores, crueles, insensibles, egoístas, ladrones, aprovechados, estafadores… Pero la peor cosa de vivir con ellos no era tanto padecer sus defectos, sino darse cuenta de que, al final, nosotros no éramos diferentes de ellos; no estábamos exentos de esas distorsiones del ánimo humano que transforman a un arcángel en Lucifer: sólo habíamos sido más afortunados. Las semillas de nuestra "enfermedad", a diferencia de ellos, no habían encontrado el terreno adecuado dónde florecer en las plantas deformes de la locura. Respecto a ellos, nada más nos había faltado un clima de extrema violencia y degradación familiar, la pobreza, el descuido, la soledad, la emigración… No habíamos sentido en la piel, tan fuertemente, el cinismo de la sociedad, la aridez de la ley, la violencia de las instituciones, la ofensa de la reclusión, la crueldad de los enfermeros… No habíamos sido tan desafortunados como ellos: ésa era la única diferencia. Y viviendo juntos, fundiéndonos con sus vidas, ese germen del "mal" que las injusticias, los abusos y las frustraciones implantan en las vísceras de todas las personas "normales", comenzaba a revelarse dentro de nosotros ya no como algo que se puede controlar, sino como un monstruo que comienza a gobernarte. Bastaba tropezar en la vida equivocada y estabas jodido: haber visto a tu padre golpear a tu madre y a tus hermanos, haberte sentido un cobarde por no haber tenido el valor de defenderlos, haber descargado la frustración ejerciendo la prepotencia sobre algún chico menos afortunado que tú, no encontrar trabajo, ir a trabajar a Alemania, vivir en los márgenes de la sociedad como un ser humano de segunda categoría, llegar al límite de la desesperación, volver a tu país, sentirte apenas soportado por tu familia, comenzar a beber, pelear por las calles, ser detenido por la policía, reaccionar, romper un vidrio, ser inmovilizado y llevado a internar, recibir un sedante como de caballo, ser devuelto a casa, escuchar los murmullos de la familia que hablan de ti a tus espaldas, pelear encarnizadamente con tu padre o tu hermano, amenazarlos con ojos de loco, escuchar murmullos más velados que parecen una conjura… y un día escuchar el timbre de casa, abrir la puerta, descubrir que son los enfermeros del hospital psiquiátrico llamados por tus familiares, sentirte traicionado, reaccionar con violencia, confirmando que encerrarte es la única solución… experimentar la claustrofóbica constricción de la camisa de fuerza, entrar en el manicomio, vivir con los locos, los de verdad, tomar fármacos bajo coacción, sufrir un electroshock, sufrir otro y otro más, recibir la crueldad de los enfermeros, el sarcasmo de los doctores, el olvido de la sociedad… rendirte ante la impotencia, esperar que la familia te saque de allí, esperar el día siguiente y otro día y otro día más, perder la esperanza, acostumbrarse a vivir allí dentro… y un año después del otro resignarte cada vez más a no tener ningún control sobre tu vida ni sobre tu mente, hasta ni siquiera comprender ya si estás vivo o si estás muerto.

En síntesis, nos dimos cuenta de que la locura no es una enfermedad, sino un accidente; un accidente que le puede ocurrir a cualquiera, tal como a cualquiera le puede pasar que lo atropelle un camión. ¡Y no nada más! También nos dimos cuenta de que la locura es contagiosa. De hecho, después de cinco meses de esa convivencia simbiótica que, según la visión de esa frontera extrema de la psiquiatría, debería llevar a los locos a comportarse como personas normales, se podía notar claramente que eran las personas normales quienes comenzábamos a comportarnos como locos. Cada uno de nosotros comenzaba a adoptar actitudes extrañas y extrañas formas de asociar lógicamente las cosas. De pronto, por ejemplo, me descubría hablando usando los mismos tonos que Lorenzo, o me sorprendía lavándome la cara tal como lo hacía él, o notaba que Lello enrollaba los cigarrillos como Ignacio, o veía en Luciana la histeria de Lucia, o en Andrés la vaguedad de Antonio.

Desgraciadamente, la "enfermedad" es casi siempre más contagiosa que la salud. Es por eso que los enfermeros psiquiátricos son famosos por su crueldad. La locura es infecciosa. Una cosa es pasar por ella como un turista, como lo hacíamos nosotros, y otra es vivir con ella toda la vida. Para aquellos que, en lugar de ser esclavos en un banco, como me había pasado a mí, eran esclavos en un hospital psiquiátrico, como los enfermeros, ser insensibles se convertía en una necesidad que les permitía no enloquecer completamente esperando la edad del retiro. En este caso también nos preguntamos si éramos verdaderamente diferentes de esos esbirros tan criticados o si, una vez más, simplemente habíamos sido más afortunados de no encontrarnos atados, como ellos, a ese yugo que pone de relieve las peores cualidades de los individuos.

Fue así como, al final, decidimos abandonar a nuestros loquitos. Nos despedimos entre lágrimas generales y nos zambullimos sin vitalidad en la bacanal de esa Navidad de 1980. Estábamos exhaustos, un poco perdidos, vacíos, sin un centavo… pero ricos por dentro.

Unos años después supimos la noticia de que Peppino Ippolito había muerto. Esperaba el autobús en la parada y un camión que había perdido el control en el asfalto mojado lo atropelló. Alma inocente, así se fue.

LELLO

El año que va entre septiembre de 1980 y agosto de 1981, mientras Lello y yo preparábamos las velas que, aunque en direcciones diferentes, nos llevarían a navegar lejos, en Nueva York un cretino llamado Chapman asesinaba a punta de pistola a John Lennon; en Madrid, un cretino llamado Tejero ocupaba el Parlamento, tratando de restablecer la dictadura; en Washington, otro cretino era elegido presidente, y en la plaza de San Pedro un turco, evidentemente otro cretino, le disparaba al papa Wojtyła en una parte innombrable del cuerpo.

Se comenzaba a intuir que el advenimiento de una humanidad más inteligente era una ilusión destinada a desvanecerse. Lo intuyeron los de Led Zeppelin, quienes justo en ese periodo se separaron, olfateando los primeros síntomas de un sentido de frustración que poco a poco, durante los ochenta, atropellaría a mi generación. Los ideales que habían iluminado las sonrisas de quien había creído en la creación de un mundo mejor se iban apagando poco a poco, bajo los golpes de la hábil conjura con que, desde que el mundo es mundo, las clases dominantes, astuta o brutalmente, logran encauzar los vientos de cambio a su favor. Esa ola que había impulsado las esperanzas de una generación había alcanzado su pico y ahora comenzaba a ser lentamente absorbida por una inexorable resaca que pronto devolvería todo a la calma plana de la "normalidad". Había iniciado *il riflusso*, "el reflujo" —como la prensa italiana bautizó a ese fenómeno—, pero aún no había iniciado para mí: con un pelotón de indomables, decidí recuperar los años perdidos en noviazgo, matrimonio, paternidad y empleo, estirando la colorida atmósfera de libertad de la década anterior hasta que el último minuto de sus tiempos extra hubiera terminado.

Aquel año entre el '80 y el '81 fue, para Lello y para mí, doce meses de renacimiento en los que nos apoyamos y alentamos para dar las últimas estocadas a lo que quedaba de nuestra vieja vida. Alterando el orden de los valores, exaltamos aquellos que generalmente se consideran como subversivos y peligrosos, como la improvisación, el instinto, el azar, la inseguridad y la paradoja, y nos burlamos de aquellos en quienes la sociedad tiene la ilusión de poder construir sus certezas, como el orden, la organización, los programas, las reglas y la lógica. En otras palabras, fue una forma de misticismo anárquico, extremo y paradójico en el que comenzamos a venerar el espíritu y a despreciar fanáticamente la materia; a exaltar todas las expresiones más altas del ánimo humano, como la creatividad, el amor, la amistad, el sentido de justicia, el altruismo y la verdad, y a desdeñar aquellas que se expresan en la competencia, el dinero, el poder, la vanidad, el ahorro y la hipocresía. Sabíamos que era una batalla dura, difícil y dolorosa; sabíamos que habríamos podido caer, y sobre todo sabíamos que era una revolución absolutamente individual y nihilista con la que seguramente no contribuiríamos de ningún modo a crear un mundo mejor. Era más bien un "sálvese quien pueda" animado por un optimismo paradójicamente pesimista, donde la certeza de que la vida carece de sentido, de que el dolor humano no tiene ninguna consolación y de que la humanidad no posee ninguna esperanza se mezclaba en forma contradictoria con su exacto opuesto: una esperanza luminosa, una confianza inquebrantable y un hedonismo simple y casero que nos daban la sensación de capturar en el sol, en las estrellas y en lo profundo de nuestros ojos la esencia de la "verdad". En esta alegría incoherente que brota de la misma conciencia del dolor humano, probablemente, sin siquiera saberlo, seguíamos la llamada que han escuchado esos místicos quienes, a pesar de su infinita compasión por las penas de la gente en torno, comenzaron a bailar embriagados por lo divino que se manifestaba en ellos con los vestidos sucios y andrajosos de quien recientemente ha sido desenterrado de siglos de escombros morales. Es por eso que nuestras carcajadas tenían un tono amargo, las lágrimas eran dulces y la creatividad se expresaba siempre en la destrucción.

El episodio emblemático de este proceso fue la minuciosa destrucción de la casa de via Celentano, donde Lello vivía de soltero y donde yo me hospedaba desde hacía siete meses. Sucedió en abril de 1981 y yo tenía veinticuatro años.

Astrológicamente, Lello era virgo con ascendente virgo. Para quienes entienden de astrología no hay nada que añadir, aunque para los demás podemos decir que se trata de una combinación astral que indica una tendencia maniática en cualquier exceso que se pueda manifestar. Su casa era el templo de la perfección, de la precisión y del orden. Como te he dicho, Lello era una persona impecable tanto en el orden como en el desorden, tanto en la planeación como en la improvisación. Lello era elegante con lo que se pusiera; incluso desnudo era elegante. Su cuerpo delgado estaba cubierto de vellos por todas partes, y su porte era tan desenvuelto que, en la noche cuando, muchos años después, paseó desnudo por el paseo de Taormina, la gente no se escandalizó tanto por su desnudez cuanto por el hecho de que la policía lo levantó sin piedad.

Durante años Lello se financió, transcurriendo sus inviernos en la India, tejiendo los brazaletes de macramé que vendería durante el verano en Taormina. Pero fíjate bien: Lello no era un comerciante; Lello era un artista. Tenía la capacidad de transformar un acto trivial, como vender un brazalete, en una demostración inolvidable que hacía única e irrepetible con sus modos extravagantes y con el río de palabras con que hechizaba a quien se detuviera un momento a escuchar cómo fluían incesantemente de su boca. Con Lello los turistas no compraban un brazalete, sino un trozo de vida, una experiencia que contar a sus amigos, una fotografía de viaje para poner entre las postales del Etna enmarcado por el Teatro Grecorromano y por la plaza de Santo Domingo al anochecer.

Ese año, al finalizar la temporada, Lello decidió realizar un "performance de color"; compró los utensilios para pintar cuadros abstractos en grandes rectángulos de cartón que una tarde, al caer el sol, expuso en la plaza, escribiendo en el suelo con gis: "Esta exposición no está autorizada". Después se fue a tomar un trago al bar, dejando encargada de la "exposición" a su pareja, Dina, quien lo seguía devotamente en todas sus excentricidades y a quien todos llamábamos "la asistente".

Llegó la policía urbana. Miraron los garabatos de Lello, identificaron a Dina y la invitaron a quitar de inmediato esos… "cuadros". Ella respondió secamente:

—No se los recomiendo.

—¿Y por qué?

—El maestro es un tipo irascible y podría tomarlo a mal.

—¿Y quién es este "maestro"?

—El doctor Lello Chiaia.

Los dos vigilantes no se lo esperaban.

—Y… usted, ¿quién es?

—Su asistente…

Lello siempre era capaz de crear situaciones absurdas que obligaban al prójimo a adaptarse a una imprevista alteración del protocolo. De hecho, los dos pobres guardias urbanos no tuvieron el valor de hacer nada y se sintieron bastante incómodos de que su tiempo y sus "decisiones oficiales" dependieran del humor de un misterioso personaje que tardaba en presentarse. Pero al final la inconfundible silueta de Lello apareció en la lejanía, acercándose con su porte real y humilde al mismo tiempo.

—¿Está usted autorizado a hacer esta exposición?

—No —respondió Lello como si fuera la cosa más normal del mundo—. Incluso lo escribí en el suelo: "Esta muestra no está autorizada". ¿Qué no saben leer?

—Escuche: por favor, retire estos cuadros y no nos haga perder tiempo.

—¿Por qué? ¿Qué tienen que hacer?

Los dos guardias, quienes obviamente no tenían nada que hacer, sin saber qué responder, se irritaron y cambiaron de tono.

—Señor… Chiana, retire inmediatamente sus cuadros o nos veremos obligados a hacerlo nosotros mismos.

—No me llamo Chiana: me llamo Chiaia.

—Sí, está bien… Señor Chiaia, ¿quiere quitar estos cuadros o no?

Lello se acercó un poco más, los miró a los ojos y, penetrando en ese lugar del alma donde los nombres y las historias desaparecen, deslizó las palabras, acompañándolas con movimientos rítmicos del dedo:

—Quitaré mis cuadros, guardianes de la ley, pero recuerden que están asumiendo una responsabilidad.

—¿Qué responsabilidad?

—La de ofender un lugar hermoso como Taormina.

—¿Por qué? —empezaron a preocuparse los guardias.

—Porque una ciudad que respeta el arte de los muertos y desprecia el arte de los vivos no merece ser considerada un lugar turístico, sino un cementerio.

Los guardias permanecieron perplejos, pero al final, a pesar de la duda que la seguridad de Lello había sembrado en sus uniformes, hicieron prevalecer la ley sobre la inteligencia.

Los cuadros desaparecieron, pero no desapareció la necesidad creativa de Lello. De hecho, después del trago amargo, se quitó la camisa e hizo que la "asistente" le dibujara en la espalda una "A" de anarquía; luego se desnudó totalmente y comenzó a pasear, como si tal cosa, en medio de los bronceados turistas con sus camisetas floreadas, dirigiéndose a unos y a otros con su impecable elegancia:

—¿De casualidad tiene un cigarrillo...? ¿Me lo enciende, por favor...? Hola, buenas noches... qué bonita camisa, ¿dónde la compró...?

Unos minutos después se vistió nuevamente y entró en su bar favorito, donde fue recibido como un héroe. Mientras brindaban en un jolgorio de alegría a la salud de Lello llegaron los *carabinieri*, quienes habían sido alertados de la presencia de un hombre desnudo en Corso Umberto. Cuando le pidieron que los siguiera, él dejó las cosas bien claras:

—Si me quieren arrestar a mí, la tienen que arrestar también a ella, porque yo, sin ella, no voy a ninguna parte.

Tuvieron que obedecerlo. Lello y Dina subieron a la patrulla como dos estrellas de rock, con el vaso de champaña en la mano y una multitud que les aplaudía.

A esas alturas cualquiera en su lugar se habría sentido satisfecho, pero no Lello. De hecho, apenas llegado al cuartel, comenzó a torturar a los pobres *carabinieri*.

—¿Ven ésta? —decía con una voz quebrada por los excesos, mostrando una foto suya, rapado, de cuando estaba en el Himalaya malaxando charas—.[10] Yo aquí me echaba arponazos psico-flebo-cosmoexistenciales ¡derechitos en la cabeza! ¿Sabe qué son?

—No... no... —respondía el militar, aturdido por la inesperada revelación.

—Significa... —continuaba Lello mirándolo con ojos de loco—. ¡¡¡Significa que me disparo la droga directamente en el cerebro!!! —gritaba, exaltado, imitando el gesto de quien se inyecta algo en el cráneo.

—¡Sargento! —gritaba el *carabiniere*—. ¡Éste se inyecta droga en el cerebro!

---

10 La forma hindú para nombrar el hachís.

Entonces llegaba el sargento,

—¿Tú eres el sargento? —atacaba Lello.

—Sí, yo soy el sargento.

—¡Sargento! Yo me fumo cien gramos de hachís al día ¡antes de despertar!

Ahora era el sargento quien llamaba al superior:

—Teniente, ¡éste se fuma cien gramos de hachís al día!

El teniente intentaba desenmarañar la madeja, tratando de hablar con la "asistente", quien permanecía tranquila y aparte:

—Señora… vimos en los documentos que su marido es una persona de bien, es un psicólogo… ¿Por qué se comporta así?

Y la "asistente", con lógica angelical, respondía:

—Teniente, póngase en su lugar: los guardias le quitaron su exposición de cuadros… cualquiera se habría puesto mal.

—Esto lo puedo comprender, pero ¿por qué andaba desnudo?

—En protesta.

Durante más de una hora, Lello y Dina siguieron con su barullo en la estación de los *carabinieri:* uno autoacusándose de los crímenes más absurdos y la otra explicando angelicalmente la lógica de ello. Cuando la situación pareció alcanzar un punto muerto, llegó a la comandancia un *carabiniere* corpulento que, por su modo de presentarse, reveló inmediatamente una predisposición a usar modos bruscos como de teleserie. Cualquier persona prudente lo habría evitado, pero no Lello. Al contrario, apenas se dio cuenta de la peligrosidad del sujeto, lo enfrentó con bravura:

—¿Y qué carajo viniste a hacer tú? ¿A joder también?

El energúmeno no se dejó confundir con esa bravuconería, pero no contaba con los recursos de Lello. Es más, apenas trató de ponerle las manos encima, gritándole en la cara:

—¡Nosotros no jodemos, nosotros chingamos! —inesperadamente Lello se dejó caer, convulsionándose como un poseído y gritando a todo pulmón:

—¡Auxilio! ¡Auxilio! ¡Me quiere matar...! ¡Me quiere matar...! ¡Llamen a la policía...!

La furiosa determinación del energúmeno también se congeló por la sorpresa de encontrarse ante una situación "fuera de protocolo". En ese punto, después de consultarse, sin saber qué hacer, a pesar de ser entrada la medianoche, los *carabinieri* decidieron llamar al comandante de la estación.

Cuando se encontró frente a frente con el comandante en su oficina, Lello volvió repentinamente a la total normalidad. Explicó su versión de los hechos, hizo notar que en esencia no había cometido ningún delito y concluyó como si nada:

—¿Sabe, comandante? Ya se hizo tarde y tengo sueño. Creo que lo mejor es que todos nos vayamos a dormir.

El comandante, que seguramente era una persona sensata y sagaz, después de pensarlo un poco respondió:

—Está bien, señor Chiaia, lo dejo ir, pero mañana vuelve aquí y les invita el café a todos.

Al día siguiente, obviamente, Lello cumplió su promesa: se presentó en la estación de los *carabinieri,* invitó el café y todos lo trataron como a un viejo amigo. Éste era Lello.

Cuando nos conocimos, no sé cuán consciente era de su belleza y elegancia, pero la cosa más probable es que la reconoció reflejada en mis ojos y en las carcajadas que me provocaba. Movía las manos con la misma gracia de un violinista, tanto cuando picaba finamente el ajo con una rápida sucesión de golpes de navaja sobre la tabla como cuando preparaba su morral antes de partir, o cuando reacomodaba la cocina de una de las tantas casas que nos recibían para el almuerzo o la cena. Con nuestros anfitriones teníamos un acuerdo fijo: ustedes nos dan de comer y nosotros lavamos los platos. Al final, los platos los lavaba él, mientras que yo preparaba churros y me deleitaba viéndolo ir de la mesa al lavadero y de la escoba al estropajo, escuchando aquel ritmo mudo de la existencia que transforma los movimientos cotidianos en una danza. Él siempre se movía como un danzante, pero nunca lo vi bailar al son de la música: eso no era propio de él. No lo vi bailar ni cuando, algunos años después, volvió de una estancia en España ya sin saber hablar más italiano... pero ni siquiera español. En un revoltijo incomprensible de italiano, español y dialecto barese, donde "tío", "hombre", "puta", "colega" y "chocolate" eran los protagonistas indiscutibles, nadie lograba comprender qué quería y por qué al final peleaba con todos. En ese periodo fue responsable de un contagio musical que indujo a todos, durante años, a elegir la salsa como banda sonora. Pero esto sucedió después. Volvamos a la casa de via Celentano.

La casa de via Celentano, además de una pequeña cocina y un baño, estaba conformada por una habitación rectangular que Lello, con su precisión maniaca, había decorado laqueando los muros en color crema y forrando el piso con una suave moqueta verde billar; a pesar de la gran cantidad de pequeñas cosas, el orden extremo y la precisión con que estaban dispuestas, no daba la impresión de una casa retacada de objetos, pero lo era. Las paredes estaban decoradas con cuadros y cuadritos de todo tipo; había dos libreros, dos muebles que custodiaban archiveros que guardaban expedientes que ordenaban documentos, facturas, cartas y quién sabe qué más; repisas que exponían simétricamente recuerdos y suvenires; una vitrina; una mesa sobre la que, con una estética de expositor, se encontraban alineados objetos, objetitos, plumas, plumones, pendejadas y pendejaditas de todo tipo… Y, para completar la decoración, un gran lecho matrimonial yacía en una esquina, rigurosamente sobre el suelo, como se usaba en aquel entonces.

Eran las 10:30 de la mañana. Sobre el plato del tocadiscos Ian Gillan gritaba *Child in Time,* el éxito del célebre Deep Purple in Rock. Esa voz llevada al extremo, esa reiteración lacerante del ritmo, esa guitarra esgarrada por la intensidad de Ritchie Blackmore… Era difícil no contagiarse. Se puede decir que todo el rock de los años setenta, más que música, fue un maravilloso rito catártico que destruía el pasado… o al menos así lo interpretaba yo, y también Lello. Éramos felices: hacía sol, no teníamos nada que hacer, las preocupaciones de los demás nos hacían reír, las nuestras estaban lejanas años luz o hasta ausentes… Pero lo que más nos embriagaba era que éramos los únicos "desquehacerados" en un día y en una hora en que todos los demás estaban trabajando. También nosotros debíamos haber ido, pero no nos importaba nada: ¡ese día habríamos preferido morir con tal de disfrutar la ligera efervescencia del no hacer nada! Sentíamos entrar por la ventana la llamada de la vida, esa vida desligada de los actos de los hombres, de la lógica y de las reglas, la cual se manifestaba en la libertad sin límites de las nubes, en el cielo azul, en los rayos del sol, en la amistad, en el amor y en el aire de mar que entraba por la ventana. Sentíamos nuestro espíritu liberarse de la prisión de la materia; todas las acciones humanas comunes asumían ante nuestros ojos la connotación de una comedia absurda que simplemente nos hacía reír: todo parecía suspendido en la marcha dilatada de una mañana fuera del tiempo.

En cierto momento vi a Lello de pie, delante de una repisa, con un libro en la mano. Lo miraba con curiosidad, como si de pronto ése se hubiese convertido en un objeto desconocido. Ian Gillan gritaba… Un libro. ¿Qué cosa es un libro? ¿Qué cosa es un libro delante de la infinitud del universo, de la transitoriedad de la vida, del misterio de la existencia…? Ian Gillan gritaba más fuerte… Me miró, divertido, sopesando la caducidad de la materia que representaba ese libro… Después, repentinamente, me penetró con una mirada malandrina de lúcida locura. Enarcó el cuerpo hacia atrás para tomar impulso… y con toda la fuerza de su cuerpo, ¡bam!, lo descargó con una violencia inaudita contra la pared de enfrente.

Reímos, escandalizados por el pequeño sacrilegio cometido, nos abrazamos y nos complació ser partícipes de la simbólica inmensidad de ese simple gesto sin pablaras. Volvimos a poner la aguja del tocadiscos en el inicio de *Child in Time*… y poco después fui yo quien tenía un libro en la mano: lo miré, mísero en su presunción de retar la eternidad, impotente respecto a la atención del mundo, pequeño respecto a la inmensidad de ese momento presente… Ian Gillan gritaba… Lello me miraba; sabía lo que estaba a punto de suceder… y con una alegría indecible lo arrojé contra la pared opuesta como si quisiera atravesarla. Reímos de nuevo, nos abrazamos de nuevo… nos concedimos el tiempo de gozar esa sensación de efervescencia en el cerebro —que, extrañamente, ese día aún no había sido alterado por ninguna sustancia— y esperamos… y de repente Lello tomó una repisa entera de libros y, gritando junto con Ian Gillan, la tiró hacia el centro de la habitación como si estuviera rompiendo en el escenario la guitarra eléctrica de Ritchie Blackmore. Mi respuesta fue inmediata: otra repisa de libros de la parte opuesta de la habitación voló, aumentando el número de víctimas que yacían en el suelo. Reímos todavía más, nos abrazamos todavía más e Ian Gillan, a pesar de que era una grabación, gritaba todavía más. Nos tambaleamos durante algunos minutos. Luego Lello posó los ojos en uno de los cuadros; su mirada tuvo un brillo de pillo; yo, riendo, grité:

—¡No! ¡No!

Pero era demasiado tarde. Lello se lanzó sobre el cuadro, lo arrancó de la pared y lo atravesó con el pie, sosteniéndolo por los bordes; el vidrio se estrelló y, gritando más que Ian Gillan, destrozó el marco contra el muro con una violencia asombrosa. Era imposible contener la efervescencia de la risa y la insensatez del entusiasmo. Caímos al suelo rodando y abrazándonos entre los primeros escombros de lo que poco después se tornaría un verdadero campo de batalla. Nos sentíamos como borrachos. Si hubiéramos sido dos estrellas de rock, habríamos sido grandes; en lugar de considerarnos dos cretinos, habríamos sido glorificados por el público; pero no nos interesaba: no necesitábamos de un público en delirio para tener la certeza de estar encarnando ese soplo divino que convierte lo ordinario en extraordinario, inolvidable, eterno. Era como si las mentiras con que la sociedad había intentado reducirnos a la normal infelicidad de pronto hubieran sido desveladas, dejándonos en la estática y desnuda inconsciencia de quien, rompiendo los instrumentos en el escenario u ofendiendo el figurativismo con los "garabatos" o desfigurando la narrativa, privándola de puntación, impulsa sus propias acciones hacia la categoría de "absoluto", sin preocuparse mínimamente por las consecuencias. Fue así como, después de otro par de cuadros y otro par de *Child in Time*, Lello encontró entre sus manos su tesis de licenciatura en Psicología. Eran unas cien páginas escritas con pluma sobre papel de china. Era su única copia. Me miró, sopesando el manuscrito. Me sonrió. Sus ojos adquirieron esa extraña luz de quien mira más allá del más allá, enfocando un punto desenfocado del infinito donde los gestos puros se imprimen en las estrellas. Habría querido gritar: "¡No! ¡No!", pero el gesto era demasiado bello, demasiado grande, demasiado absoluto para detenerlo. Sus manos se alzaron… la tesis de licenciatura, como la baqueta de un director de orquesta antes de que se inicie el concierto, permaneció suspendida en lo alto en un infinito momento fuera del tiempo… Luego un gesto de arriba abajo, elegante, resuelto y sin posibilidad de apelación, desgarró para siempre en dos el manuscrito, dando inicio al concierto. Todos los instrumentos de nuestro corazón y de nuestra mente se inflamaron, mientras las hojas volaban por el aire dejando estupefactos a los dos únicos espectadores: Lello y yo… e Ian Gillan. Nos abrazamos, lloramos y reímos, saltamos, nos tiramos al suelo, rodamos, nos detuvimos… Pero Ian Gillan no se detuvo, y nosotros no nos detuvimos con él.

Durante las dos horas siguientes destruimos toda la casa. Todos los cuadros, todos los muebles, todos los libros, todas las facturas del trabajo, todos los objetos de la mesa… Los cojines desparramados, la puerta plegadiza arrancada de sus goznes y tirada en medio de las ruinas… Solamente se salvó el tocadiscos, para permitir que Ian Gillan siguiera gritando. Nos revolcamos sobre la escombros, que ya habían alcanzado casi medio metro de altura; hicimos maromas; de vez en vez todavía encontrábamos algo digno de ser destruido… Lello se exhibió en un salto mortal de la mesa a la cama… Lástima que, entre todas las cualidades que poseía, la acrobática estaba completamente ausente y no le atinó al colchón por pocos centímetros, permaneciendo durante un larguísimo segundo en equilibrio sobre la cabeza, para terminar cayendo sin pena ni gloria sobre su costado. Pero esto no turbó para nada nuestra incontenible felicidad. ¡Al contrario! Obligamos a Ian Gillan a cantar de nuevo, aunque, a pesar de ser grabado, comenzaba a perder la voz. Lello habría querido pasar al baño y a la cocina, pero por suerte nos dio hambre. Por lo tanto, como en un día cualquiera, cerramos y salimos de casa, dando inicio a una de nuestras "normalísimas" jornadas de holgazanes.

Por la tarde nos encontramos con algunos amigos y los llevamos a ver nuestra "obra de arte". Al entrar en la casa, caminando estupefactos sobre nuestras ruinas, no lograban comprender qué cosa nos había pasado por la cabeza. Si hace falta sólo un poco de fantasía para comprender a un artista que destruye sus propios instrumentos en el escenario, se necesita mucha audacia para atribuir valor a un gesto que, hecho públicamente, puede mandar al público al delirio, pero que, realizado en la pureza del anonimato, se considera comúnmente como una simple estupidez. La acción de un pintor desconocido que se corta en forma deliberada la oreja en su casa es considerada por todo el mundo el gesto de un pendejo, hasta que alguien decide que ese pintor se llama Van Gogh; sólo entonces eso mismos "todo el mundo" se sienten autorizados a concebir y admirar, o al menos a fingir entender, su grandeza autolesiva. Pero ni Lello ni yo éramos Van Gogh: éramos y seguiríamos siendo dos "simples pendejos". De hecho, los amigos nos miraron con dudas y conmiseración, hasta que sucedió algo que los sacudió del sopor que aflige a quienes se conforman con juzgar las cosas desde la perspectiva de la "normalidad": uno de ellos tomó un pedazo de vidrio roto un poco más grande que los demás y, sin ninguna razón, lo estrelló flojamente contra la esquina de lo que quedaba de un mueble que sobresalía entre los escombros. Lello se giró de golpe y lo fulminó:

—¿Qué chingados haces?

—Nada… rompí un vidrio…

—¿Cómo te atreves? Ésta es mi casa.

—Pero… está todo roto…

—¿Y qué chingados importa? Cuando lo destruimos nosotros, tenía un sentido; ahora sólo es una falta de sensibilidad.

Éste era Lello.

Fuimos maestros el uno del otro. Yo le enseñé el atrevimiento de la rebelión; él, la honestidad de la locura. Juntos éramos un místico. Pero entonces no comprendíamos mucho de estos asuntos: nos limitábamos a buscar algo que no sabíamos qué era.

AMORES

Lo que ocurrió entre 1980 y 1981 fue increíblemente divertido, pero decir que fui feliz seguramente sería una exageración. Cierto, en algunos momentos los rayos de la felicidad me iluminaban en rápidas apariciones, revelando por un instante aquel trofeo prometido sólo a los audaces que se llama, justamente, "felicidad"; pero inmediatamente las nubes negras de las dudas y de la culpa cubrían de nuevo el cielo, hasta hacerme dudar de que ese trofeo fuera nada más que una quimera inalcanzable. De hecho, aunque llevaba la alegre vida de un holgazán, por dentro sentía la cobarde sensación de llevar una doble vida. Por ejemplo, todavía no había tenido el valor de formalizar mi divorcio con el banco, cosa que odiaba más que nada en el mundo. Me consolaba a mí mismo diciéndome que los patrones siempre están en deuda con los trabajadores, por lo que habría sido estúpido no aprovechar el sueldo en tanto que la protección sindical no perdiera el último argumento para defender mi posición. La verdad era que hasta cuando no lo hubiera dejado formalmente, no estaría seguro de si tarde o temprano habría tenido en serio el valor de hacerlo, renunciando a ese inmerecido salario que me permitía sumar los privilegios de gandul con los del asalariado. Quienes me rodeaban me advertían sobre la "desconsiderada" elección. No sólo mis padres estaban desesperados con la idea de ver al hijo en quien habían depositado tantas esperanzas perderse quién sabe por qué rutas, sino que también mis amigos apoyaban aquel "sentido común" que, a pesar de todo, habían heredado de sus familias: "El puesto fijo de trabajo nunca se abandona". ¡Había sido más fácil dejar a Lilli! Pero ¿la había dejado de verdad? A pesar de que ya hubiera pasado un año desde aquel fatídico 23 de enero de 1980, cuando le declaré mi intención de sacarla de mi vida, seguía disfrutando con ella aquellos momentos de melancólica felicidad que frecuentemente constituyen la cola agridulce que alarga inútilmente el tormento de una relación en su crepúsculo; y aunque todos me dijeran que estaba equivocado, no tenía el valor de quitar el pie de esa puerta que me consentía, al menos hipotéticamente, mantener abierta una ruta de escape hacia el pasado. Era un cobarde. Me atormentaba la idea de ser un cobarde, de no tener los huevos para cortar definitivamente con mi vieja vida y aceptar los riesgos que implicaba aventurarme en la nueva… Y además ¡el sentimiento de culpa! El sentimiento de culpa respecto a tu pobre abuela, quien batallaba con resignarse a perder a ese muchacho de cabellos largos y rojos, el cual constituía para ella una ventana hacia un mundo que no le pertenecía y la asustaba, pero al que no estaba dispuesta a renunciar. ¿Y qué decir del sentimiento de culpa hacia tu padre, ese inocente e ignaro niño que desde hacía poco, sin mí, había aprendido a caminar, a hablar y a no cagarse encima?

Con cadencia semanal, con un gran sentido del deber, iba por él a casa de tu bisabuela —donde vivía de planta—, aunque no sabía realmente qué hacer con este chingado de niño. ¿Qué hace un muchacho de veinticuatro años que no tiene idea de qué quiere hacer con su vida, deprimido, confundido y distraído, con un niño que a duras penas se mantiene en pie, a duras penas habla y a duras penas lo reconoce? Era dramático sacarlo de la comodidad de casa de abuela Inés —quien es la bisabuela por quien llevas tu nombre— y llevarlo a pasear en coche bajo la lluvia, sin saber a dónde ir. Por suerte este tormento no duró más que un par de años porque, gracias a Dios, los niños crecen de prisa y los adultos sanan rápido. A partir de allí mi relación con tu padre se tornaría hermosa y durante años se tejería en tardes entre semana, transcurridas juntos en "aventuras" campestres.

En todo caso aquel año, entre una duda, una indecisión y un titubeo, poco a poco sané. Apoyado por la amistad de Lello, acunado por el amor de nuevos y viejos amigos, aligerado por la diversión que ofrecía ese nuevo mundo y envuelto por el humo de los churros, mis formas retomaban tímidamente esa seguridad que habían caracterizado algunos periodos de mi vida. Prácticamente estaba renaciendo lentamente.

Después de años en una relación "totalizadora" con tu abuela, me encontraba enfrentando el mundo sin tener la mínima idea de quién era, porque durante todos esos años lo que me había definido había sido mi entorno. Una vez desaparecido ese entorno, me había encontrado como desnudo en medio de una tierra extranjera. Y así, poco a poco, aprendí de nuevo a hablar, a caminar, a relacionarme, a amar…

Lo del amor, y obviamente lo del sexo, era una cuestión delicada. La chisporroteante exuberancia de la adolescencia, sin que siquiera me hubiese dado cuenta, se había diluido gradualmente en el ritmo tranquilo de una relación estable, donde la comodidad que te da saber que todas las preguntas, o casi todas, habían encontrado una respuesta te envuelve en el típico y soñoliento aturdimiento de quien ya no está acostumbrado a recibir los estímulos que te brindan la novedad, los retos y la aventura. Es decir: en este campo tampoco sabía ya quién era. Era como si me hubiera dormido a los diecinueve años y de pronto me hubiera despertado cuatro años más tarde. No era ya el muchacho de entonces, pero no lograba entender, en ningún campo, qué tipo de hombre era. Y así, tal como hacen los niños, comencé a reconocerme mirando mi imagen reflejada en los ojos de Lello, en los de mis nuevos amigos y en los de mis nuevas amantes.

Como ya te he dicho, ese par de encuentros que tuve con las mujeres durante mis seis "meses negros" posteriores a la separación estuvieron marcados por la típica atmosfera sin alegría que se crea cuando los amantes eligen consolarse en la intimidad que da el dolor y la tristeza. Pero después, durante el año de renacimiento, con la llegada de la casa hogar y los alegres meses que siguieron, las cosas mejoraron lentamente… o sería mejor decir que cambiaron. Mis ganas de probarme como hombre y conquistador volvieron a emerger. No puedo decir que siquiera sintiera ganas de tener "historias", sino que era mi orgullo masculino el que me apremiaba a hacer algún "movimiento", esperando inútilmente reproducir en aventuras casuales la cálida pasión que, no obstante todo, aún existía con tu abuela en los encuentros clandestinos que le robábamos a la lógica.

Fue así como, aprovechando esa convivencia promiscua que se había creado en el nuevo grupo de amigos y amigas de paso, comencé a procurarme encuentros nocturnos donde la ausencia del gozo ya no estaba determinada por la tristeza que moraba en mi corazón, sino en el reconocimiento de estar usando al otro o, mejor dicho, a la otra, para demostrarme algo a mí mismo. Sin embargo, saltando de una cama a la otra, finalmente tropecé con el amor. Lástima que se trataba de la mujer equivocada. ¿Por qué equivocada? Porque se trataba de la mujer de otro.

Cuando se habla de amor, en verdad es difícil comprenderse y estar seguros de hablar de la misma cosa. Muchas veces "el amor" se confunde con la posesión o la dependencia o la necesidad... y muchas veces se ensucia con las manchas del miedo, de la mentira y de los celos. No obstante, hasta que no encontremos otro nombre para definir el sentimiento en cuestión, tendremos que seguir usando la palabra "amor" para señalar ese conjunto de pasiones contrastantes que llevan a los amantes a pagar breves primaveras de deseo, pasión y poesía, con largos inviernos hechos de riñas, lágrimas, mentiras, manipulaciones, estrategias, gritos, engaños, celos, ofensas, bofetadas, chantajes, desesperación, abusos... hasta llegar a la paradoja de quien incluso mata al otro "por amor". En fin, si amar significa esto, enamorarse es la cosa más peligrosa que te pueda suceder. Desgraciadamente, parece que los seres humanos no son capaces de regularse a sí mismos nada mejor que esto, y dado que nadie puede renunciar al "amor", todos lo buscamos a pesar de saber que terminará mal.

Silvana era la mujer de Andrés. Habían sido ese par de angelitos que me jalaron de los pelos antes de que me ahogara en el mar denso del dolor y de la soledad. Habíamos hecho un hermoso viaje juntos el verano anterior; habíamos vivido juntos la épica aventura de la casa hogar, y juntos vivíamos de arrimados en la casa del amigo en turno.

Pensándolo ahora, probablemente estaba más enamorado de Andrés que de Silvana, pero como nunca he sentido atracción física por un hombre, mi corazón comenzó a palpitar por esa mujer que debía permanecer siempre como un tabú: la mujer del amigo. Si Andrés hubiera tenido las caderas redondas y las tetas, si hubiera tenido los labios suaves y los ojos dulces que esconden detrás del sarcasmo una fragilidad que los hace irresistibles, habría sido perfecto; pero desgraciadamente éstas eran las cualidades de Silvana.

Frecuentemente dormíamos todos juntos, y a veces no era el cuerpo de Lello, de Andrés o de la amiga en turno el que estaba cerca de mí, sino precisamente el de Silvana. Durante un buen tiempo me escondí incluso a mí mismo esa pasión inconfesable, pero una noche... Andrés se había ido a dormir a casa de su madre, y así...

Si nunca había sentido escrúpulos para ser deshonesto con las instituciones, siempre he tenido un gran respeto por las relaciones humanas; eso siempre me ha llevado en forma inexorable a asumir valientemente las consecuencias de mis acciones. Así que, al día siguiente de la noche del "hecho abominable", fui inmediatamente con Andrés, le pedí que me acompañara al auto y le revelé mi imperdonable culpa, ofreciendo el pecho para el justo castigo. Pero Andrés no me castigó. La suerte de mi vida ha sido encontrar a seres humanos extraordinarios. Cierto que era un trago muy amargo de digerir, pero se limitó a disimular la profunda tristeza de sus ojos: me miró con amor, me dijo que se lo esperaba, que le dolía... pero que también me comprendía... que no podía hacer nada. Probablemente me vio como a un náufrago que se aferraba al mismo despojo que a él le permitía mantenerse a flote, y no tuvo el corazón, como dictaría la ley animal, para darme una patada y abandonarme a mi destino; al contrario, asumió el riesgo de compartir ese pedacito de esperanza a costa de ahogarse junto conmigo. Me abrazó, no me acuerdo si lloramos, y con la humildad de los grandes hombres me dio una inolvidable lección de madurez, valor y amor. Desde ese día comenzamos un *ménage à trois* que duró unos meses, donde el papel más difícil obviamente le tocaba a él. Sin embargo, esa extraña situación no arruinó la armonía de aquel periodo, y con el tiempo, aunque con Silvana quedó siempre la sombra de la vergüenza por haber sido culpables de un crimen que no se debía haber cometido, con Andrés se reforzó una amistad que dura hasta ahora y que constituye una de las grandes riquezas de mi vida.

Total: apropiándome de un sueldo que no merecía, de una mujer que no era la mía y de una casa que le correspondía a un colega, los meses pasaron y el sol volvió a brillar para mí.

Ahora imagino que te estarás preguntando: "¿Cómo que te apropiaste de una casa que no te correspondía?".

El pobre Banco de Roma fue una verdadera víctima de mi familia. No nada más desde hace cuarenta años está pagándole la pensión a mi padre —quien para mí es "mi adorado papá", aunque para el banco y para el Instituto Nacional de la Prevención Social es un "pinche viejo que nomás no se decide a morir"—; no nada más se dejó robar durante casi dos años el sueldo que no merecía, sino que encima se dejó birlar una maravillosa casita en via Ragusa, que pasará a la historia como "el nido de las águilas".

Era un departamentito que el Banco de Roma rentaba a los empleados y que, por tabulación, le correspondía a un colega que estaba sólo un lugar por encima de mí en la lista de asignaciones. Esa casa no la podía perder; era perfecta para mí: de un solo ambiente, con cocina y baño, en el séptimo piso, con una ventana orientada al este desde donde se veía el mar. No podía permitir que la vida me arrebatara aquella oportunidad por culpa de un solo mísero pinche lugar en el pinche tabulador. Así, aprovechándome de la debilidad psicológica de aquel pobre colega, ejercité todo mi carisma para plagiarlo, exponiéndole una simple verdad: yo necesitaba esa casa más que él, por lo cual era justo que me la quedara yo. Funcionó. En mayo de 1981, de nuevo tenía una casa. Lello se divirtió interpretando el papel del "amante abandonado":

—Pero ¿cómo? ¿Te vas así? Después de ocho meses, ¿te vas sin decir media palabra?

Con bromas de este tipo nos hacía reír a mí y a todos los amigos, pero en el fondo ambos sentíamos ya la nostalgia de un periodo que estaba terminando para siempre. La crisálida se estaba convirtiendo en mariposa. Tanto él como yo sabíamos que la envolvente seguridad de ese capullo que nos había ayudado a tener alas, aunque fuera muy cómodo, tenía que ser abandonado; y cuando dos mariposas despliegan sus alas, es bien sabido que pronto comienzan a volar en direcciones diferentes.

On the road again

Estaba claro que Lello y yo no compartiríamos durante mucho más tiempo el mismo cielo. Mientras más aumentaban nuestra seguridad y nuestras ganas de vivir, más la presencia del otro limitaba la visión del horizonte que cada uno quería sólo para sí mismo. Tal como lo demostrarían nuestras vidas, ambos éramos bestias solitarias. Todavía, durante ese verano del '81 que estaba por llegar, disfrutamos inmensamente revoloteando juntos sin separarnos jamás.

La primera migración fue hacia el norte. En mayo nos invitaron a participar en un congreso internacional sobre el *Welfare State*, organizado por Psiquiatría Democrática en Trieste, donde estaba el manicomio más importante de Italia, el de Basaglia.

Paradójicamente él, el gurú de la psiquiatría, estaría ausente: había muerto el año anterior: por ironías de la vida, fue justo un tumor en el cerebro, pradera de sus cabalgatas, lo que se lo llevó al otro mundo.

Habíamos salido dos semanas antes, aprovechando la camioneta de un amigo que se las ingeniaba para llegar a fin de mes transportando ropa robada del sur al norte. El riesgo de viajar con mercancía robada no turbó en nada la serenidad de la migración. ¡Al contrario! Lejos de inmutarnos por el escrúpulo de ser de alguna forma parte de un delito, amamos ese mullido botín que nos regaló un suntuoso lecho donde recostarnos durante el más cómodo de los viajes. Las veces que encontramos a la policía sabíamos que no nos detendrían... y si lo hubieran hecho, ¡bien!, otra aventura para contar.

Visitamos a amigos de amigos de amigos en Bolonia y en Ferrara, llevando por todas partes nuestra contagiosa simpatía y esa despreocupación que hace parecer normales las cosas absurdas. El éxito que encontrábamos dondequiera nos alentaba a pisar más a fondo el pedal de la extravagancia, por lo que llegamos a Trieste bien calientitos.

El hecho de que hubieran invitado a dos tipos como nosotros al congreso sobre el *Welfare* ya era una sorpresa, pero lo que nos dejó de una pieza fue el respeto, la curiosidad y, sobre todo, la admiración con que nos recibieron. No nos habíamos dado cuenta, aunque nosotros éramos los primeros que habíamos experimentado en el campo las ideas innovadoras de la frontera más avanzada de la psiquiatría en el mundo. En pocas palabras, nos habíamos convertido en héroes muy a nuestro pesar. Desgraciadamente, la admiración y el respeto que recibimos a nuestra llegada poco a poco se apagó, hasta transformarse en recelo, cuando a todos les quedó claro que a nosotros el *Welfare* nos importaba un pepino. Para nosotros esas batallas eran ya historia antigua, y en nuestras mentes "reunión internacional" se traducía simplemente en "¡fiesta!", o sea, una ocasión para juergas, conocer a nueva gente, escandalizar y fumar como siempre un montón de churros.

Hicimos fumar a todos. Nuestro modo de ser bullanguero era tan irresistible que la que debía ser una ocasión para intercambiar ideas, opiniones y experiencias se convirtió en un desmadre donde no se entendía nada. Las noches duraban mucho más que los días, tanto que los únicos que lograban mantenerse despiertos durante las conferencias eran aquellos que las impartían. Todos los demás hacían esfuerzos sobrehumanos para mantener los ojos abiertos. Los más listos se ponían los audífonos para la traducción simultánea y, apoyando la frente en las manos, se adormecían, haciendo la finta de reflexionar sobre los argumentos de los expositores. En cambio nosotros, a quienes no nos importaba quedar bien con nadie, dormíamos sin pudor con la boca abierta, desguanzados en las bancas del auditorio. Después del primer día pensamos que no tenía ningún sentido irnos a dormir incómodos al auditorio, cuando podíamos dormir cómodamente hasta las dos de la tarde en la tibieza de los *sleeping bags,* tirados en una de las habitaciones semiabandonadas del manicomio. Así, sustituimos completamente las actividades diurnas con las nocturnas.

Obviamente, la gente comenzó a evitarnos por miedo de ser arrastrada por nuestro delirio, pero nosotros no nos desanimamos: pasábamos las tardes acampando en el histórico Café Tommaseo, esperando que los más resistentes, pero sobre todo las más resistentes, nos alcanzaran para crear juntos una noche inolvidable. Estábamos tan pirados del cerebro que una noche encontramos una hermosísima escalerilla que llevaba a un antiguo portón en la parte posterior de un edificio del siglo XVIII: un lugar perfecto para pasar horas haciendo churros, contando historias y diciendo pendejadas. Cuando nos levantamos de allí, a las tres de la madrugada, al alejarnos del edificio nos dimos cuenta de que, justo sobre el portón donde habíamos pasado la velada, en la oscuridad brillaba un letrero de luz de neón blanca y azul que nadie había notado cuando llegamos: POLICÍA DE ESTADO. ¡Era la entrada posterior de la comisaría! ¡¡¡Nos habíamos fumado una decena de churros apoyados en la puerta de la comisaria!!! Tuvimos que sostenernos unos a otros para no caernos de la risa y poder llegar hasta nuestros anhelados *sleeping bags* en el manicomio, seguros de haber logrado, una vez más, vivir una noche que valía la pena de ser vivida.

Entre muchas de las personas que conocimos en Trieste hubo una llamada Celeste: una bella muchacha proveniente de Brasil quien nos dijo que el famoso Félix Guattari la había invitado a París. Él era un ilustre psicoanalista que vivía en el histórico boulevard Saint-Germain y que era una eminencia de la psiquiatría alternativa de los años setenta. No sólo era famoso por ser alumno de Lacan, sino, sobre todo, porque refugiaba a los líderes de la izquierda más extrema buscados en Italia. En nuestra lógica de aquellos tiempos, donde había espacio para uno, había espacio para cinco. Y así, sin que nos pasara siquiera por la cabeza pedirle permiso a Guattari, decidimos, de acuerdo con Celeste, hacer extensiva la invitación a Lello, Gina, Carla y a mí. Ella viajaría en avión y nosotros la alcanzaríamos de autostop.

La cosa más lógica habría sido dividirnos en dos grupos de un hombre y una mujer, pero Lello y yo no teníamos ningunas ganas de separarnos. Así, mandamos a las muchachas por su cuenta y nosotros dos nos encontramos al borde la carretera con el pulgar levantado. Yo era un experto del autostop; desde los dieciséis años viajaba de esa manera —incluso estando con tu abuela había seguido haciéndolo, conservando esa pasión como último símbolo de la vida que me habría gustado hacer—; por el contrario, Lello ese mundo *on the road* lo estaba conociendo conmigo.

La primera cosa que tienes que tener presente cuando viajas en autostop es que sabes cuándo sales, pero no sabes cuándo, dónde y cómo llegarás… y ni siquiera si llegarás. Lo que me fascinaba de esa forma de viajar era justamente la improvisación, la imposibilidad de hacer programas que el propio medio impone. Ya me había sucedido que partía teniendo en mente un destino para después terminar en otro lugar, y esto era lo que más me gustaba: la sensación de libertad, la libertad hasta de mis propios programas. Para mí, organizar un viaje y luego hacerlo siguiendo un plan no tenía el sabor de un viaje, sino simplemente el de llevar a término una tarea. Habría sido como si al trazado de las cosas previsibles de la rutina cotidiana, cosa que yo aborrecía como la peste negra, se le añadiera un apéndice que se llama "vacación", donde en lugar de moverte por la ruta de hámster, con saco y corbata, te movieras por una ruta de hámster en pantaloncillos cortos y camiseta o con equipo para acampar o de excursionista. Para mí era simplemente inconcebible. Pero al ponerme en viaje sin estar seguro de a dónde ir ni saber cómo, cuándo o si algún día llegaría, sentía que le daba a la vida la posibilidad de regalarme las cosas que no conocía de ésta. Cuando uno se mueve siguiendo la organización, siempre actúa en el ámbito de lo conocido, en tanto que obviamente lo "desconocido" no se puede planear. Por lo tanto, si a la desgracia de ser un tipo perfectamente organizado se le añade la desgracia de no encontrar jamás ningún inconveniente, estarás condenado a nunca conocer nada nuevo y a conformarte con lo que ya conoces. Es por eso que, cuando tus viajes van conforme a un guion, quedas satisfecho por haber logrado cumplir con la tarea que te habías asignado por tu cuenta, pero no tendrás mucho que contar ni que recordar. Por el contrario, las cosas que se vuelven inolvidables son justamente las que suceden cuando las cosas no van conforme a tus planes. No es la visión de la torre Eiffel que se vuelve inolvidable, sino el hecho de que te robaron el pasaporte en Pigalle y te viste obligado a quedarte en París esos dos días más que te permitieron conocer a ese personaje inolvidable que te llevó a una cantina cerca de la gare d'Austerlitz que daba un poco de miedo pero en la cual, después del tercer vaso de pastis, cantaste *O sole mio* a grito pelado parado en la mesa; no es tanto el Buda reclinado en Wat Pho, en Bangkok, lo que enriquece tu vida, sino haber sido víctima de un error de reservación que te obligó a aceptar la hospitalidad modesta pero auténtica de una familia tailandesa con la que después de tantos años te sigues escribiendo en un pésimo inglés; y Machu Picchu seguirá sólo en una postal en tu memoria, pero la elección errada de viajar en autobús por los Andes, aplastado entre esa joven mujer con demasiados hijos y ese viejito con la gallina en el regazo, seguirá siendo parte viva de tu ser hasta el último de tus días… ¿Y qué decir de la inolvidable noche de amor con esa desconocida que conociste en el aeropuerto gracias a aquel día de huelga de las líneas aéreas? En síntesis, yo había hecho de la improvisación mi religión, y el autostop era mi forma de orar.

No recuerdo mucho de ese viaje, aparte de una parada nocturna de interminables horas en el paso de San Bernardo, guarecidos en el interior del camión que nos llevaría a Francia, el cual apestaba tanto a cerveza rancia que, cuando el camionero se pedorreaba, tenías hasta la impresión de poder finalmente respirar.

Pasados dos días de "oración" llegamos a París. Era de noche y Lello estaba emocionadísimo. Probablemente había dudado de que lográramos llegar. Después de haber comido un cuscús en Saint Michel y echado un delicioso té a la menta, nos metimos en el metro… por la parte incorrecta, obviamente, para no pagar. Me preguntarás: "¿A dónde querían ir a las once de la noche?". A ninguna parte, Inés, queríamos dormir. De hecho, después de buscar un poco, pusimos los *sleeping bags* en un corredor ciego de aquel laberinto que es el metro de París. Allí encontramos acampando a otro par como nosotros… o, mejor dicho, a otros dos que eran como terminaríamos nosotros si, en lugar de llevar de viaje un par de semanas, hubiéramos estado girando por algunos años. Eran un danés rubio de envidiar, quien tenía una mano vendada porque lo había mordido un perro, y un francés de unos cuarenta años, con cabello y barba desgreñados, quien provenía de un pueblecillo de los Pirineos y hablaba en un francés incomprensible, no tanto por la voz crónicamente áfona o por el fuerte acento francés, sino porque le faltaban los dos incisivos centrales, cosa que lo enorgullecía demasiado. Ellos sacaron un botellón de vino, nosotros dimos cuenta de los dos últimos churros y nos contamos historias que cada quien entendió a su manera. Cuando nos dormimos en el *sleeping bag,* con la cabeza apoyada en el morral, sabíamos que no había en el mundo un lugar más bello donde pasar la noche.

A las seis nos despertó la policía. ¡El horario perfecto para disfrutar del aire fresco de la mañana e ir a buscar un delicioso *croissant!* Encontramos una barda para sentarnos al sol a secarnos la humedad de la noche y esperamos la hora fijada para la cita con las chicas: a las diez delante de Notre Dame.

Increíblemente, nos encontramos puntuales a la hora y en el lugar establecidos. Ellas también habían llegado sanas y salvas la noche anterior, sin que nadie las hubiera violado y abandonado en un foso.

El único problema era que una de ellas había tenido una diarrea incontenible… y no es necesario ser un experto para comprender que en autostop es mejor tener sífilis que diarrea. El entusiasmo de encontrarnos en la explanada de Notre Dame era tal que no terminábamos de abrazarnos, reír y volver a abrazarnos como si no nos viéramos desde quién sabe cuándo.

Telefoneamos al célebre número del célebre psicoanalista que nos había dado Celeste, y por fortuna fue justo ella quien respondió. Llegamos a casa de Félix Guattari a la hora de la comida, con un hambre de náufragos. Él no estaba, y así pensamos vaciar de inmediato lo poco que había en el refrigerador, pero sobre todo, armados con dos baguetes, Lello y yo nos lanzamos sobre una deliciosa mermelada de arándano —que después supimos que era su desayuno preferido—, dejando el tarro tan limpio como si nunca hubiera habido nada dentro. Masticando a cuatro mandíbulas, notamos una carta autógrafa de Toni Negri, fundador de Autonomia Operaia, un famoso grupo terrorista de extrema izquierda de aquellos tiempos y buscado por terrorismo en Italia; estaba allí, dejada sin cuidado sobre la mesa de la cocina como si fuera la factura del gas o de la luz. ¡Habíamos entrado en la historia a hurtadillas…! Pero eso no fue suficiente para distraernos de la mermelada de arándanos.

Celeste, de quien aún no comprendíamos qué autoridad tenía para decidir sobre las cosas de esa casa, nos acomodó a los cuatro en una gran camota que abarcaba toda la esquina de un salón desordenadamente ocupado por una infinidad de cosas viejas: libros de todo tipo, pilas de diarios y revistas, sillones y sillas de varios estilos, un enorme sofá de terciopelo del año del caldo, estatuas, estatuillas, trofeos, amuletos, mesas, vitrinas, un violín… todo sobre una moqueta de color indefinido que de seguro no aspiraban desde los tiempos de Napoleón. Era tal como te esperas la casa de un intelectual francés.

Amontonadas las mochilas en una esquina, con la panza llena, nada más nos faltaba ir a buscar el chocolate —así llamábamos en aquellos tiempos al hachís en la jerga de las calles—. Salimos y nos adentramos de inmediato en las calles más sórdidas del Barrio Latino, pidiendo información clandestina en ese mundo ilegal donde todos, cuando te hablan, miran continuamente en torno como si estuvieran siempre a punto de escapar. Al principio el idioma fue un problema, porque nos decepcionó descubrir que para hablar francés no bastaba con agregar la erre gutural al italiano. Pero cuando intentamos agregarla al dialecto barese, las cosas mejoraron sensiblemente, y así, después de una extenuante negociación, logramos hacernos de una buena bolita de material prohibido.

¡Aquel pinche chocolate era criminal! Después de los dos primeros churros te reducía a un estado de embrutecimiento tal que, durante esos cinco o seis días que a duras penas nos soportaron en aquella ciudad, ninguno de nosotros logró vagar más allá de las cinco de la tarde. De hecho, más o menos a esa hora volvíamos a casa por el boulevard Saint-Germain, doblados no tanto por esa bolita criminal, sino por la felicidad de poder soltarnos sin recato por la comicidad intrínseca de la vida y las continuas bromas con que Lello y yo acompañábamos cada acción. Apoyándonos uno en el otro, nos empujábamos hacia arriba por las escaleras de la casa hasta llegar fatigosamente a la cama que nos habían asignado, dejándole caer encima nuestros cuerpos exhaustos y nuestras mentes vacías. Allí nos quedábamos hasta el día siguiente como salmones, dispuestos en fila sobre el cubrecama color tabaco, satisfechos por finalmente poder seguir riendo sin siquiera esforzarnos por tenernos en pie. Era en tal estado como todas las tardes nos encontraba el famoso Félix Guattari cuando volvía a su casa.

Probablemente Celeste le había anunciado nuestra llegada, describiéndonos como "compañeros" italianos de Psiquiatría Democrática; por eso imagino que el audaz y célebre psicoanalista pensó que tenía delante a intelectuales apenas salvados de las barricadas de la lucha contra la injusticia y el oscurantismo. Nos imaginamos su desilusión cuando se encontró con aquellos cuatro platanazos más una, Celeste, quienes habían ocupado abusivamente la parte central de su casa... ¡y que además se habían comido toda su mermelada! Hicimos nuestro mejor esfuerzo para comportarnos, pero ese maldito *chocolate* que le habíamos comprado a aquel maldito argelino nos dejaba un limitadísimo margen de acción. Aunque nos habría encantado parecer no digo inteligentes, sino al menos no unos perfectos imbéciles, el máximo que logramos obtener de nosotros mismos fue alzar apenas la cabeza de la almohada. Intentamos comunicarnos arrastrando la erre gutural en dialecto barese, pero esta vez no funcionó; entonces intentamos transferir de regreso la erre afrancesada —nuestro único recurso lingüístico— al italiano, pero cuando también este extremo tentativo falló, nos rendimos: volvimos a dejar caer la cabeza en las almohadas y encomendamos las relaciones externas a nuestra portavoz oficial, Celeste, quien a causa del pinche maldito chocolate también había perdido ese poco de francés que fingía masticar. Esta escena se repitió todos los días en punto de las seis y media de la tarde, hora en que él volvía a casa quién sabe de dónde en compañía de su jovencísima... ¿asistente?, ¿novia...?, ¡quién sabe!, quien detrás de sus anteojos redondos nos despreciaba con sus bellísimos ojos azules. Por fortuna, ese tormento cotidiano duraba unos pocos minutos, porque los dos franceses, después de constatar que el embrutecimiento del primer día no se debía a un hecho accidental, sino a una característica intrínseca de sus huéspedes, se retiraban cada vez más perplejos y derrotados a su habitación.

Sin importar cuánto nos prometiéramos cada noche no fumar al día siguiente, cada "día siguiente" nos olvidábamos de mantener la promesa hecha la noche anterior. La culpa era de Lello, quien todas las mañanas, enrollando el primer churro, advertía:

—¡Hey, muchachos! Hoy no se fuma.

Y así, azotándonos de un bar a un jardín y de un puestucho a una cantina se iniciaba otra maravillosa jornada de turismo, donde las verdaderas atracciones éramos nosotros mismos y nuestra capacidad de transformar cualquier situación en una comedia del absurdo. Si en lugar de estar en París hubiéramos estado en Toluca, para nosotros nada habría cambiado.

Una tarde, después de haber dado vueltas sin rumbo más de lo habitual, exhaustos por el intento fallido de llevar el ritmo de los turistas normales, finalmente nos dirigimos tambaleándonos, pero con determinación, hacia nuestra única y anhelada meta: la camota de Guattari. Pero al entrar en casa unos extraños versos pantanosos provenientes de nuestra habitación nos pusieron en alerta.

—¡No, vamos! —nos dijimos—. Debe de ser la radio del vecino, que chilla...

Pero no: cuando abrimos la puerta de "nuestra habitación", ¡horror!, encontramos el salón invadido por una manada de intelectuales emplumados —en realidad no tenían plumas, pero ésa fue la impresión que nos dieron—. Parecían salidos de una ilustración del mil ochocientos: eran unos veinte, todos con el cabello gris —hasta los jóvenes—, muchos con anteojos de metal, los hombres con el cuello largo y la nariz aguileña, las mujeres con el rostro chato y el cuerpo redondo; algunos en cuclillas por aquí y por allá, otros de pie en equilibrio sobre una sola pierna —al menos así nos pareció—, aglomerados en torno a un pizarrón de hojas móviles donde un señor alto y delgado con el cuello larguísimo, probablemente el macho alfa de la manada, trazaba palabras incomprensibles con un marcador azul que quedó suspendido en el aire a nuestro ingreso. Ante la vista de esos animales peludos y encorvados por el cansancio, sus erres dejaron de croar y todo quedó suspendido en un silencio extremadamente embarazoso. Era como si dos especies diferentes se encontraran por vez primera. A nosotros se nos pusieron los pelos de punta y a ellos, las plumas. Con un rápido movimiento del rabillo del ojo, nos aseguramos de que no hubieran ocupado nuestra amadísima guarida, la cama: eso habría sido imperdonable. Nadie sabía qué decir, pero, más que nada, cómo decirlo. Un sentido de perdición nos invadió a todos. Nos miramos entre nosotros, inciertos sobre qué hacer; ellos hicieron lo mismo… Al final fuimos nosotros quienes tomamos una humillante iniciativa, optando por una retirada estratégica: retrocedimos silenciosamente sin perderlos de vista y cerramos poco a poco la puerta ante sus expresiones anonadadas, con la absurda ilusión de borrar nuestra llegada de la historia.

Desorientados, nos replegamos en la pequeña cocina. Tratamos de consolarnos llenándonos el estómago, pero ese lugar ya era tierra quemada; y así, tres sentados y dos apoyados en los muebles, gruñendo y rascándonos barbas y cabellos, nos consultamos sobre qué hacer.

—Estos cabrones invadieron nuestro territorio —comenzó Lello con amargura.

—¡Se los advertí esta mañana! —se lamentó Gina—. Esta idea del turismo ¡es una pendejada! Si nos hubiéramos quedado tranquilamente en casa…

—Demasiado tarde —suspiró Carla.

—¿Cómo que demasiado tarde? —intervine yo, tratando de reanimar a la tropa—. Los tenemos que correr. ¡Esa habitación es nuestra, nos la dio Guattari!

—No —precisó Celeste con la mirada perdida en el vacío—: a decir verdad, esa habitación se las di yo...

—... que no cuentas ni madres.

—¡No importa! —traté de poner orden—. En esa habitación estábamos nosotros primero que ellos. Ellos han invadido nuestro territorio.

—¡¡¡Es cierto!!! —gritó Lello, inflamándose ante la idea de la batalla—. ¡Muerte a los franceses!

Aunque la idea de combatir nos excitaba, enrolarnos en una batalla con un grupo que, aunque fuera de emplumados, era más numeroso que el nuestro, nos pareció poco prudente. ¿Qué hacer? Las chicas, con el típico sentido común femenino, enfriaron nuestro espíritu combativo proponiendo una solución que nos gustó a todos. Así, como si nada hubiera pasado, abrimos de nuevo la puerta del salón y entonamos a coro un *bonsoir* que dejó a todos sin palabras por la exuberancia de la erre afrancesada. Tambaleando, cruzamos el salón y, sin pudor, nos tumbamos uno sobre el otro en nuestra anheladísima camota, dando inicio a una absurda convivencia.

Los extraños bípedos con anteojos, después de los primeros minutos de desorientación causado por esos sujetos hirsutos de aspecto feroz, pero de comportamiento inocuo, se acostumbraron a nuestra presencia y poco a poco iniciaron de nuevo a croar sus erres, mientras nosotros, arrullados por aquellos extraños versos, nos sentimos como en un bosque lleno de cigarras y nos quedamos dormidos como angelitos. Cuando me levanté para ir a mear, la habitación estaba vacía y ya no había nadie.

Al día siguiente Celeste nos comunicó oficialmente que Félix Guattari nos estaba corriendo de la casa. Sin chistar, recogimos nuestras cosas, revisamos si no quedaba nada en la cocina con qué arrasar, y nos encontramos los cuatro en la calle, felices de no saber a dónde ir. Ése fue el último contacto que tuve con el psicoanálisis.

SANTARCANGELO

Cuando uno en la vida se deja llevar por la intuición y no por la lógica, ciertamente se corre el riesgo de terminar mal y de darles un gran gusto a todos aquellos que te dirán: "¡Te lo dije!", haciéndoles un poco más aceptable convivir con la cobardía de nunca haberlo ni siquiera intentado. Pero dejarse guiar por la intuición conduce también a abrir las puertas de ese misterio que a veces nos hace percibir la vida como "mágica". Aunque desde la perspectiva de la gente "normal" las peripecias que van desde enero del '80 hasta el verano del '81 podrían considerarse simplemente incidentes de un loco a la deriva, mirados con la visión de la perspectiva los eventos de ese año y medio fueron las estaciones del juego en que se convierte la vida cuando la intuición la transforma en una caza del tesoro: la visita navideña de aquellos amigos romanos, el naufragio de mi matrimonio, las falsas enfermedades en el banco, Andrés y Silvana, la casa hogar, Lello, el congreso del *Welfare* en Trieste, Celeste, Félix Guattari... fueron sólo los agentes de una conjura que la vida había acomodado a mis espaldas para hacer que me encontrara en el momento preciso y en el lugar preciso para la cita con mi destino.

Fue justamente volviendo en autostop de París cuando poco antes de Rímini nos encontramos, en una de las pausas entre un aventón y otro, rondando por una gasolinera llamada Rubicón. Sería cerca del mediodía. No teníamos ganas de subirnos inmediatamente en otro auto y decidimos perder un poco de tiempo sentados en el suelo, a la sombra de la tienda de conveniencia, compadeciendo a los "pobres diablos" que iban de vacaciones con el coche lleno de maletas, cubetas, palitas, aletas, máscaras salvavidas, anafre y familia, quienes a su vez compadecían a esos dos "pobres diablos" sentados en el suelo que los estaban mirando.

En un momento dado vimos a un "colega", uno que como nosotros viajaba en autostop. Como se hacía siempre en estos casos, intercambiamos informaciones, mezclando la confianza de quien se conoce de siempre con el recelo de quien nunca se fía de nadie:

—¿De dónde vienes…? ¿A dónde vas…? ¿Traes un churro…?

Sí traía. Nosotros, por suerte, habíamos terminado con esa maldita bolita argelina que había comprometido miserablemente para siempre nuestras relaciones con la inteligencia francesa.

Nos sentamos en una especie de prado, bajo la sombra de un arbolito, y se exhibió ponchando un churro artístico. Era un pintor de Turín y venía de Santarcangelo de Romaña.

—¿Y qué hacías en Santarcangelo?

—Hay un festival de teatro.

—¿Teatro? *Mamma mia,* ¡qué hueva!

—El teatro, sí, es una hueva —precisó, pasándonos el churro y tratando de contener la tos—, pero el ambiente no está mal… un montón de gente… fiesta… chocolate… montón de coños…

¿Fiesta, *chocolate,* coños? Eran justo las tres cosas que nos gustaban a nosotros. Cambio de planes:

—¿Vamos a Santarcangelo de Romaña? —nos dijimos consultándonos con los ojos.

—¡A huevo! —nos contestamos en coro.

Como sucede frecuentemente, la realidad no superó las expectativas. Llegamos imaginando que nos encontraríamos ante una bacanal de drogados risueños y tirados por todos lados, mujeres medio desnudas y disponibles que bailaban alrededor del fuego, guitarras, tambores... pero sobre todo, quién sabe por qué, imaginábamos que nos estarían esperando justo a nosotros. En cambio, cuando llegamos, obviamente nadie nos tiró ni un lazo. Bamboleamos bajo el sol del mediodía sin saber a dónde ir, entre gente en la que no nos reconocíamos. Los que iban a ese festival no eran como nosotros: eran muchachos bien, organizados, quienes habían llegado allí con sus autos, dormían en tiendas de campaña bien pertrechadas, equipados con parrillas, ollas y provisiones, los cuales nutrían intereses culturales y que, encima de todo, nos miraban con cierto recelo cuando les preguntábamos dónde podríamos encontrar todo aquello que nos habían prometido, o sea: churros, fiesta, pero sobre todo coños. Tuvimos que esperar hasta la noche, cuando nos dirigimos al campo deportivo que se había destinado para hospedar a quienes, como nosotros, viajaban con *sleeping bag,* para encontrarnos de nuevo entre gente con la que finalmente nos podíamos entender. Nos unimos a ese grupo multicolor en torno al fuego, sintiéndonos de inmediato parte de una comitiva donde todos se trataban como viejos amigos aunque se hubieran conocido apenas unas horas atrás. Finalmente allí encontramos qué fumar, aunque de fiesta había poca... y de coños ni hablar.

A la mañana siguiente Lello se despertó de malhumor: quería volver a casa. Estábamos cansados, sucios y, sobre todo, sin un centavo. La cosa más sensata habría sido seguir a Lello en su decisión, pero como podrás imaginar, tu abuelo, es decir, yo, no lo hizo. No sé por qué quise quedarme. En realidad no había un motivo, aunque para mí seguir la lógica era como quitarle a la vida su capacidad intrínseca de sorprender. ¡Y tenía razón! Si en lugar de seguir la intuición hubiese seguido la lógica, tal vez no habría encontrado mi destino.

Era más o menos mediodía cuando Lello se vació los bolsillos y me dejó las últimas cinco mil liras —en aquel tiempo te alcanzaban para una comida en una fonda económica—. Nos abrazamos y vi su delgada figura alejarse bajo el sol, como en equilibrio sobre el borde de la carretera, con el morral a los hombros. Lo amaba.

Apenas me quedé solo, fue inevitable preguntarme: "¿Por qué chingados no me fui yo también? ¿Qué hago aquí?", pero luego un tipo con la barba desaliñada y las uñas negras me pasó un churro y ya no pensé más. Tal vez me gustaba la idea de ver qué sucedería cuando esas cinco mil liras se terminaran. Lo descubrí pronto, cuando me encontré buscando entre las sobras del comedor más económico —donde comían los hippies, quienes, como se puede imaginar, están constantemente afligidos por un hambre endémica que no les permite dejar nada comestible detrás de ellos—, o cuando me vi aceptando generosos platos de pasta por parte de los "organizados" que nos había despreciado a nuestra llegada.

Dos días después, en los que no sucedió nada especial y en que las incomodidades no eran compensadas con nada que valiese la pena de ser contado, de pronto sentí mi mente agredirme con la vehemencia de una amante descuidada durante demasiado tiempo. Hacía un mes que entre churros, viajes y fiestas le había impedido masticar cómodamente, y a mis costillas, el dilema que me afligía como una amenaza subterránea y que eructaba todas las veces que la ausencia de diversión dejaba espacio a la duda: "¿Qué harás contigo? ¿A qué trabajo te dedicarás? ¿Qué te inventarás para ganarte la vida? Tu no sabes hacer un carajo —me decía—, morirás de hambre. Si no te mueves, te verás obligado a encontrarte un patrón, tal vez peor del que tenías… ¿Qué chingados haces perdiendo el tiempo en este festival de mierda? ¿No sería mejor que empezaras a apurarte a encontrar las respuestas a tus preguntas? ¡Ándale, muévete, pendejo! Haz algo…". A pesar de todas las argumentaciones lógicas y todos los insultos que me autopropinaba, me quedé allí, en Santarcangelo de Romaña, perdiendo el tiempo rondando sin sentido. No sé por qué lo hice, pero no me moví de allí. Tal vez ya había aprendido que, cuando no sabes a dónde ir, es mejor quedarte donde estás. La vida, querida Inés, es como la pesca: hace falta saber esperar. Si te desesperas, le niegas a la existencia el tiempo de entregarte sus regalos. Y el regalo que estaba en camino para mí llegó puntual, a las seis de la tarde del día siguiente.

Era un gran círculo de gente en medio de la calle, que parecía divertirse mucho viendo lo que sucedía en el interior. Me acerqué sin tener idea de las increíbles implicaciones que ese simple acto tendría para el resto de mi vida. Me asomé y lo vi: vestido de negro, con un bombín como de Chaplin, maravilloso, mágico, hipnótico. Era Hugo Suárez, un mimo peruano. Con movimientos "sencillos", era capaz de crear alrededor de sí un mundo que no existía y hacer soñar y reír a todos. Me quedé con la boca abierta… especialmente cuando, al final del espectáculo, lo vi recoger en su sombrero una increíble cantidad de monedas y billetes; pero lo que me dejó verdaderamente sin palabras fue el número de chicas que se apiñaban en torno a él para conocerlo y felicitarlo.

"¡Este pinche peruano! —pensé—. No sé si encontró la fiesta y el chocolate, pero el coño de seguro no le hace falta." Me quedé fascinado con el personaje. Por eso todos los días volví a la misma hora para admirar sus pantomimas, su dinero… y sobre todo sus coños.

"¡Nada más ve a éste! Yo aquí, torturándome el cerebro sin saber qué haré de mi vida, y él, en cualquier parte del mundo, en cuatro movimientos..."

Estaba tan sorprendido que ni siquiera lograba sentir envidia. Y mientras lo veía rodeado de gente enamorada, reflexionaba para mis adentros: "Pero, a ver, si lo hace él, ¿por qué no lo puedo hacer yo? ¿Qué soy más tonto que él...? ¿Cuánto tiempo hará falta para ser así de bueno...? ¿Cinco años...? ¡¿Cinco años?! ¿Y quién tiene cinco años? Ahora tengo veinticinco... ¿A los treinta empiezo a trabajar? Sí, cómo no. ¿Y cómo hago para comer hasta entonces...? ¡Lástima! ¡Estaría poca madre...! Ni hablar: ¡paciencia! En la próxima vida".

Un par de días más tarde el festival terminó. Me puse en camino para volver a casa y no lo pensé más. Aún no sabía que ése no era el final, sino el inicio de la historia más importante de mi primera vida.

* * *

El 24 de junio de 1981, en Bosnia, la Virgen de Medjugorje decidió escoger el día de mi vigésimo quinto cumpleaños para hacer su aparición, haciendo volar la cabeza a millones de creyentes y haciendo reír a todos los demás, aunque para mí ese día marca un pasaje histórico: el fin de la culpa.

Había regresado a Bari hacía una semana y, como siempre me sucedía cuando tenía aventuras que contar, estaba muy feliz. Lástima que dentro de mí hubiera siempre una sombra que me impedía sentirme "feliz y punto", sino que me hacía conformar con estar "feliz, pero...". Era la culpa. Era el sentimiento de culpa hacia tu abuela el que me anclaba, como por contrato, a un dolor al que parecía que no podía renunciar. Por suerte, mi vida siempre se ha visto enriquecida por amigos inteligentes, y en esa circunstancia el amigo en cuestión fue una amiga, Rosaria, una de ésas con quienes en aquel periodo nos divertíamos haciendo esas cosas que se hacen desnudos en la cama. Pero Rosaria no era sólo esto: era una mujer de una inteligencia escorpiana, fanática de Dostoievski y capaz de una profunda introspección. Probablemente también por eso al año siguiente, cuando ya se había convertido en mi cuñada —ya que había iniciado con su hermana Laura una relación que en tres años nos haría ascender varias veces a los altares de la crónica por extravagancias, excesos y pleitos furibundos—, una noche la encontramos en un llanto inconsolable mientras copiaba su carta de identidad, acusándonos a su hermana y a mí de ser psiquiatras que la controlaban. Inmersos en el desorden de nuestras vidas, a pesar de vivir todos juntos, no nos habíamos dado cuenta de que había exagerado con las anfetaminas y que desde hacía varios días no dormía. Pero esto sucedió después. Aquella noche del 24 de junio del '81 Rosaria estaba lúcida y aguda.

Durante una interminable charla nocturna, apoyados en un auto estacionado en la plaza Madonnella, esperó el momento preciso para taladrarme con un argumento que me desligó mágicamente del compromiso que había adquirido tácitamente con Lilli de serle fiel al menos en el dolor.

—¡Bájale a tu puto drama! —me dijo cuando otra vez intenté hacerle entender que "yo estaba enamorado de Lilli... sin embargo... pero no podía... me habría gustado... aunque si... a menos que..."—. ¡Ya me harté de escuchar tus tonterías! Si estuvieras enamorado de Lilli, no estarías aquí conmigo, hablando de ella, sino que ¡estarías en tu casa, con tu mujer y tu hijo! —el argumento era tan avasallador en su simplicidad que incluso parecía banal—. ¡Me tienes hasta la madre con tu sentimiento de culpa! Esta culpa que dices que sientes es sólo un vínculo que quieres mantener por el miedo de dejarla en serio y ser feliz.

¿Qué podía decir? Tenía razón. Por más resistencias que encontrara, Lilli pertenecía al pasado. Se había deslizado en el pasado desde aquella Navidad en que, con los amigos romanos, entre porros y guitarras, me di cuenta de que era incompatible con mi naturaleza más profunda y con la vida que quería hacer. Esa noche de junio, de pronto, me di cuenta de que, aunque me pareciera cínico y cruel, tu abuela no era ya parte de mi vida. Cierto que lo sería como madre de tu padre y por lo que la quería, pero estaba claro que esa relación era parte de un pasado que ya estaba muerto y enterrado; al obstinarme en mantenerlo con vida a través de la culpa, había creado un fantasma que me poseía y me tiranizaba desde que la había dejado. Esas pocas y despiadadas palabras de Rosaria, dichas en el momento justo, habían sido como una ventana que se abre en la penumbra de una casa, revelando la inexistencia de los espectros que desde hacía año y medio habitaban mis pesadillas.

Fue una revelación repentina que me regresó de golpe al sentido de la realidad y me liberó mágicamente del lastre de mi presunta responsabilidad. Era libre. Finalmente era libre. Tenía todo el derecho de buscar mi vida y ser feliz sin ella. Finalmente podía comenzar a vivir de nuevo.

LA VIRGEN NEGRA

Ese verano del '81 no sólo fue memorable por el congreso del *Welfare*, Félix Guattari y Santarcangelo de Romaña, sino también por un viaje épico. Para tal ocasión decidí comprar un auto. Descarté los criterios de belleza y seguridad para concentrarme en la única característica que ese automóvil debía tener: ser económico. La elección recayó en un Renault 6 al cual se le veía de inmediato que ya le habían sacado el alma, pero la cosa no me preocupó: sabía que lo habría tratado con el mismo desprecio con que trataba a todo lo que pertenecía al reino de la "materia". No es que no amara ese auto, ¡por favor!, pero tenía esa actitud áspera y espartana que reservaba para todas las cosas que, como mi cuerpo, estaban destinadas a la caducidad. Darle demasiada atención a algo que no fuera el espíritu, los ideales y la poesía me parecía repugnante, despreciable y burgués. A ese pobre auto le pasó de todo. Más sufría y más lo amaba, como se ama a un burro al que cargas sin piedad como a... un burro, precisamente, y al que obligas a treparse en la montaña, bajo la lluvia, bajo el sol, cubierto de moscas... y luego, en las pocas pausas debajo de un árbol ralo, a pesar de todo él te sigue mirando, devoto, con sus faros chuecos. El pobre R6 nunca conoció una revisión, y nada de lo que se le rompió se reparó; en la base de la carrocería tenía un agujero que, al levantar el tapete del pasajero, te permitía admirar el asfalto que se escurría a pocos centímetros y en invierno daba la posibilidad de aventar por allí las colillas de los cigarrillos sin tener que abrir las ventanillas; la facia delantera estaba rota y, junto con un faro chueco que miraba al tercer piso de los edificios, le daban la expresión agresiva de una sonrisa desquiciada. Si a esto se le añade el rugido del mofle, eternamente roto, se comprende que bastaba con forzar un poco el motor para tener la preferencia en los cruceros. El mofle se había roto un día, de camino al mar, cuando de repente lo escuchamos arrastrándose en el asfalto. No nos desanimamos: lo colgamos a un lado con un mantel robado del restaurante Provolina, sujetándolo con la portezuela posterior izquierda. Durante años me acordaba de ese mofle sólo cuando algún amigo pacheco, saliendo por la portezuela equivocada, hacía que se cayera. Componerlo no cabía en mi cabeza, así como nunca me pasó por la mente la idea de lavarlo. Durante el par de años que viviría en via Peucetia con Laura —de quien te hablaré más tarde—, en la primavera una colonia de pajarillos cagones iba a vivir en los árboles que crecían en el camellón que dividía la calle en dos. Obviamente, para evitar a esos horribles animales, todos estaban obligados a estacionarse disputándose los pocos lugares disponibles con los habitantes de las calles adyacentes. Todos menos yo, obviamente. En la estación de los pájaros cagones yo me sentía un rey: mientras que mis vecinos, ¡pobrecitos!, maldecían a todos los santos del paraíso para encontrar estacionamiento, yo, cantando, era el único que disfrutaba de todo el espacio. No me importaba que el precio que tuviera que pagar por ese irrenunciable privilegio fuera ser el único del vecindario —y de la ciudad— con un auto completamente cagado por los pájaros. Para el final de la primavera no había un solo milímetro del coche que no estuviera cubierto de un indecente bajorrelieve gris verdoso. El parabrisas era lo único que gozaba de un asomo de decencia, sólo hasta donde los dos infatigables limpiadores llegaban a mezclar la mierda con el agua, formando una pasta homogénea de relativa trasparencia. ¡Ése era mi auto! Me reconocía en él; me gustaba su unicidad. Después de muchos años, supe una cosa que hacen los monjes zen cuando les regalan una taza: la tiran al suelo y la rompen; luego recogen los pedazos y, pegándolos con cuidado, recomponen la taza, transformando un objeto cualquiera en una pieza única. Yo, en sustancia y sin saberlo, era un monje zen. No decidía la unicidad de mis cosas mediante una elección o un cálculo, sino que dejaba que la suerte, la casualidad o Dios… o como diablos quieras llamarlo, decidiese por mí, sorprendiéndome con un encuentro fatídico o una cagada de pájaro.

Nos marchamos cinco: Lello, Gina, Rosaria, Franca —quien era la hermana de Silvana, la de Andrés—. Dando una vuelta larga, nuestra meta era Saintes Maries de la Mer, en Camarga, sobre la costa francesa, donde según nuestros cálculos llegaríamos a tiempo para participar en la fiesta de la Virgen Negra: la Virgen de los gitanos. No sé quién nos había metido en la cabeza aquella idea estrafalaria, pero en esa época meternos ideas estrafalarias era la cosa más fácil del mundo.

Al final llegamos a Camarga, pero con tres meses de retraso. De hecho, la fiesta la habían hecho sin nosotros, en mayo. Las únicas cosas que quedaban eran una población de mosquitos hambrientos y la típica inhospitalidad francesa. Pero no nos dejamos desmoralizar: colocamos nuestra tienda en la playa y, aturdidos de sol y porros, acampamos por una semana viviendo del ingenio.

En honor a la verdad, hay que decir que no hicimos nada para conquistar la simpatía de los franceses, porque teníamos un modo totalmente nuestro de concebir las vacaciones. Ordenar un café, por ejemplo, según nosotros era suficiente para que los cinco tuviéramos derecho de usar el baño, y no sólo para hacer esas necesidades que no se pueden hacer en el mar, sino también para lavarnos con jabón, lavarnos los dientes o hasta darnos un champú. Si nadie necesitaba ir al baño, entonces entrábamos al bar para pedir nada más que un vaso de agua de la llave. Para comer, dado que nuestros recursos eran limitadísimos y nutrir de gasolina al coche venía antes que nutrir nuestras hambreadísimas panzas, nos las arreglábamos comprando el mínimo y robando lo que se podía.

Una vez, con Lello, en una elegante tienda de embutidos para turistas, atisbamos un salami de marca envuelto en un atractivo papel de estaño. Protegido por el cuerpo de Lello, me metí el salami en los pantalones, adquiriendo un aspecto indecente, pero logrando salir del negocio con el aporte proteico necesario para nuestra escueta y forzada dieta.

—Ahora sólo se trata de comprar el pan, ¡y por hoy ya chingamos! —nos alegramos.

Para rebanar el salami le pediríamos el favor al panadero, a quien le compraríamos las imprescindibles baguettes. Por suerte, la sospechosa ligereza de ese salami nos orilló a desenvolverlo antes de ponerlo bajo los ojos del panadero: era un salami de madera, de esos que se usan para exhibición.

En otra ocasión, mirando a la gente "normal" sentada a las mesitas de la heladería, nos dejamos tentar por el *banana split*.

—Uno solo, para dividirlo en cinco —nos prometimos.

Pero bastó sentarnos delante de las fotografías del menú para ordenar tres... y luego otros dos. Cuando tuvimos la panza llena, nos agarraron los escrúpulos. Teníamos el dinero contado, y si hacíamos el más mínimo gasto extra, corríamos el riesgo de no tener lo suficiente para volver a casa. Así, les propuse:

—¡Escapemos!

Todos dijeron "no, no, no...", pero cuando me di cuenta de que yo era quien tenía el dinero de todo el grupo, los miré con ojos de granuja, deleitándome anticipadamente por las caras que pondrían cuando me vieran levantarme y escapar, dejándolos sentados en la heladería sin una lira. Tal como lo previsto, se vieron obligados a escapar también en un tripudio de diversión y excitación general.

El pueblo era pequeño y ya nos habíamos quemado en muchos lugares, por lo que una mañana, bajo el sol feroz, nos hicimos un churro feroz y embocamos la carretera feroz que nos llevaría a Saint-Tropez: un lugar que, cuando no tienes un centavo, sería más sabio evitar.

Por suerte, el buen juicio no hacía verano en nosotros, porque de otro modo nos habríamos perdido el episodio más memorable de ese viaje: "El ladrón de Saint-Tropez…" No, no en el sentido de que nos robaron: en el sentido de que fuimos a robar con él.

Llegamos a las cuatro y media de la mañana: demasiado tarde para encontrar lugar donde tender nuestros *sleeping bags*. Nos estacionamos justo dentro de la marina y, muertos de sueño, nos quedamos amontonados en el Renault 6 esperando que sucediera algo. Y algo sucedió.

Después de un rato notamos a un hombre de unos cuarenta y cinco años, distinguido, en traje de baño y chalequito sobre el torso desnudo, bajito y entrecano, quien, apoyado en el amarradero del muelle con un vaso de whiskey en la mano, entretenía a un grupito de muchachos no sé en qué idioma —luego descubrimos que hablaba nueve—. Daba la impresión de ser uno de esos ricachones que tiene un yate de treinta metros atracado en alguna parte. El gesto de botar al agua el vaso después del último trago no dejó la menor duda: debía ser un ricachón. Decidí salir del auto y acercarme; no podía dejar escapar la posibilidad de un paseo en bote y quién sabe qué otros lujos. Él pareció muy contento con la nueva amistad, tanto que nos invitó a todos a un bar que apenas había abierto… o que tal vez aún no había cerrado. Era holandés, o al menos eso nos dijo, y se llamaba Leonardo… o al menos eso nos dijo. Nos contó que no podía volver a su país porque había matado al amante de su esposa, pero ya era historia.

Nos sentamos a la mesa e insistió en que ordenáramos lo que quisiéramos. Nosotros, para no quemarnos luego, luego revelándole nuestra hambre atávica, por fortuna nos limitamos, porque al momento de pagar la cuenta él, en lugar de sacar la billetiza o la tarjeta de crédito, sacó de los bolsillos del chaleco una cantidad increíble de monedas. Las contamos, pero no alcanzaban para pagar la cuenta. ¡Qué decepción! No era un ricachón, sino un pobre desgraciado peor que nosotros. Teníamos dos opciones: escapar de nuevo o ayudarlo a pagar. No nos pareció abandonarlo. Así, pacientemente, eché mano a la billetera... pero él nos sorprendió con un giro de tuerca: me detuvo con inapelable autoridad, casi ofendido, y se volvió hacia la mesa de al lado, donde estaba sentada una decena de turistas normales. Encontrado el idioma de comunicación, después de haber intentado con varios de los que sabía, con impecable distinción le preguntó al primero de ellos si no tendría no me acuerdo cuántos francos. Al negarse, sin descomponerse, trató con el segundo, y luego con el tercero y el cuarto... hasta terminar con toda la mesa sin mostrar signo alguno de alteración. Pero tras la última negativa sorprendió de nuevo a todos con un cambio repentino de actitud: levantó la voz, su cara se endureció y el tono se volvió seco y autoritario. No pudimos entender las palabras, aunque logramos intuir el sentido:

—Escúchenme bien —intimidó—. ¡Aquí tenemos que pagar la cuenta! Y si falta dinero y llaman a la policía, todos podemos tener problemas con la policía. ¿Queremos tener broncas con la policía? ¡No! Así que saquen ese pinche dinero y no me hagan encabronar.

Mágicamente, todos se metieron las manos en los bolsillos, completando lo que faltaba. No sé cómo lo hizo... los había llenado de un ansia que no era de ellos. Después de recibir lo que le servía, sin ningún signo de gratitud se volvió hacia nosotros y, lanzando sobre la mesa lo que había recaudado, sin contarlo, nos dijo:

—¡Vamos, vamos! Esta gente aquí no valer nada.

Lo seguimos como perritos. ¿Y qué otra cosa habríamos podido hacer? Estaba claro que estábamos bajo su mando. Habríamos podido desentendernos, pero estábamos como hipnotizados por su brillantez. Entramos en el auto, él se sentó delante, entre Lello y yo —que conducía— y, esperando que abrieran los negocios para "hacer la compra" antes de llevarnos a "su casa", nos guió por Saint-Tropez haciendo que recorriéramos todas las calles en sentido contrario:

—Habla yo con policía, habla yo con policía, no preocupen —nos aseguraba en su italiano aproximativo.

Cuando entramos en el lujoso negocio de alimentos que había elegido, quedó claro que para él "hacer la compra" significaba robar.

Ahora, no quisiera que te hicieras de tu abuelo una idea peor de la que ya tienes. No era un ladrón; robar pequeñas cosas era parte de la filosofía de vida con la que me había casado. No eran robos: los llamábamos "expropiaciones proletarias". A pesar de que supiéramos muy bien que nuestras acciones no merecían tal definición. Mi familia no poseía nada, pero tampoco era proletaria: yo era pobre por elección. Por eso aquellos pequeños robos no eran realizados cabalgando con orgullo el corcel del valor y de la audacia, típicos de las expropiaciones proletarias, sino que eran cometidos furtivamente, arrastrándose por la sombra del miedo y de la culpa. Pero al final esos pequeños hurtos eran actos necesarios, sin los cuales no habríamos podido permitirnos las cosas que se les conceden a quienes tiene orígenes más afortunados o a quienes han aceptado pagar un par de semanas de vacaciones con el trabajo de todo el año.

Y así, en esa tienda *delicatessen* de Saint-Tropez, con Leonardo, exactamente como cuando compartes la cuenta con el anfitrión, decidí compartir el robo: no habría sido educado hacerlo robar todo a él. Por lo tanto, me preparé: me puse diligentemente la chaqueta con forro de doble fondo que usaba en esas circunstancias y que me hacía sentir bien listo, pero cuando vi que él se aprestaba a hacer la misma cosa, aunque sólo con los *shorts* y un chalequito de playa, me sentí bien bobo. Si yo me consideraba un experto en el arte de sobrevivir, estaba claro que él era un maestro absoluto. Apenas entró, nada más para comenzar tomó dos botellas de whiskey, salió, las puso en el auto y volvió al negocio. Era capaz de hacerse invisible. Yo me fui por mi lado para hacer mi trabajo. Puse los ojos en unas estupendas barras de chocolate; tomé delicadamente dos con las puntas de los dedos… pero, mientras las hacía deslizarse sabiamente en mi doble fondo, llegó él, regañándome en voz baja:

—¿Qué hace? ¿Qué hace?

Tomó toda la pila de chocolates y me la echó en el forro de la chaqueta. Dándose cuenta de la capacidad del doble fondo, se relamió los bigotes, y desde ese momento me llevó por todo el negocio, usándome prácticamente como un carrito de supermercado, llenándome de todo tipo de productos. Si nos hubieran descubierto, habría sido difícil explicarle a la policía que el ladrón era él. Cuando ya no hubo espacio en el "carrito", se escondió otras cosas en el traje de baño y bajo las axilas, y salió del negocio sin parpadear. No me quedaba más que acelerar el paso y seguirlo en un estado de confusión. No se podía creer: nadie se había dado cuenta de nada. Ahora estábamos repletos de mercancía. Podíamos ir a su casa. Las chicas tenían un poco de miedo, pero no lo suficiente como para renunciar a la curiosidad.

Nos estacionamos donde no había ninguna casa, sino una malla metálica. Se coló por donde la malla había sido cortada y, abriéndonos paso entre una vegetación salvaje y tupida, nos guió hasta una casa que, si hubiese estado terminada, habría sido hermosa. No tenía puertas, no tenía ventanas, no tenía piso y le faltaba toda una pared, pero estaba dotada de todo el confort de cualquier habitación. No hay necesidad de explicarte que esos lujos no los había comprado. Después de haberse lucido mostrándonos las "comodidades" de la casa, nos propuso salir para llevarnos a una bella playa de ricos. Era justo lo que queríamos. Nos subimos de nuevo al auto y, guiándome rigurosamente en sentido contrario por las calles de Saint-Tropez, nos condujo hasta un pequeño paraíso. Se apropió de una sombrilla que no era suya, de dos camastros de alguien más, se valió de una lancha de motor anclada para mantener frescas las botellas de whiskey, empotrándolas en la hélice, y cuando vio pasar a dos distinguidísimos músicos con guitarra y violonchelo, quienes, vestidos como pingüi-nos, se dirigían caminando sobre la arena hacia quién sabe qué lugar de lujo a trabajar, los detuvo y los obligó a sacar sus instrumentos y a tocar *Bésame mucho* en honor "de su enamorada", Gina, bajo un sol de la chingada. Él cantaba, obviamente. Tenía la habilidad de hacer que los otros hicieran lo que él quería. Por eso, cuando me dijo:

—Vamos a ciudad a comprar regalos para chicas —no fue sólo la curiosidad de ver qué sucedería lo que me hizo decir que sí.

Robó de todo, y todo por tres:

—Una cosa para cada chica.

Libros, revistas, trajes de baño, camisetas, lentes de sol, sombri-llas, sandalias, colchones inflables… Andábamos por Saint-Tropez con dos bolsas de mar, también robadas, llenas de botín. Era un maestro. Usaba diferentes técnicas de ilusionista: distraía la atención del encargado, confundía a la cajera con cumplidos galantes, desorde-naba los puestos, creaba confusión mezclando diferentes idiomas… o, simplemente, en los negocios que exhibían la mercancía cerca de la entrada, se limitaba a pescar los artículos que le interesaban y a echarlos a la calle, donde los recogeríamos al salir. Cada vez que nos alejábamos, me decía:

—Vigila trabajo, vigila trabajo —que en otras palabras significaba: "¿Nos están siguiendo?".

Nos siguieron sólo dos veces, y en esas ocasiones también sacó esa actitud arrogante y autoritaria que desorientaba al adversario: tiraba al suelo con desprecio lo que había robado, se volteaba y se iba con el aire ofendido de quien dice: "No me merecen". Yo no podía hacer otra cosa más que seguirlo con los ojos atónitos y admirados del aprendiz.

Desgraciadamente, el alcohol que había bebido por la mañana comenzó a hacerle efecto: comenzaba a errar. Le dije que era hora de volver, y por vez primera fue él quien tuvo que seguirme a mí. Pero cuando alcanzamos a los otros en la playa, hizo algo que fue demasiado hasta para nosotros. Había un turista solitario, un buen chico, rubio, de unos veinticinco años, tal vez demasiado bueno ante sus ojos, que escuchaba música en un lujoso walkman. Primero se lo pidió prestado para que lo usara un poco Gina, pero cuando el "chico bueno" lo quiso de vuelta porque se quería ir, Leonardo comenzó a manipularlo como sabía hacer él, diciendo que se lo devolveríamos al día siguiente. El muchacho, abrumado por el carisma de este Mesmer[11] de la Costa Azul, se resignó a aceptar dejarse robar sin tener la fuerza de reaccionar.

No fue tanto la idea del enésimo robo lo que hizo que nos rebeláramos, sino ver apagarse en la expresión de ese pobre buen chico la poca confianza hacia la humanidad que le quedaba y, aún más, verlo vislumbrar en los ojos y en el pliegue de sus labios ese desprecio hacia

---

11 Franz Anton Mesmer, médico alemán que a finales del siglo XVIII descubrió el "magnetismo animal". Con base en sus estudios James Braid desarrolló la hipnosis.

sí mismo que, en la soledad de su alma, habría sentido el resto de su vida por no haber sido capaz de defenderse de ese abuso.

Sacudiéndonos del embotamiento típico de quien deja su propia vida en poder de quien tiene más iniciativa que tú, le quitamos de las manos el walkman a Leonardo para devolvérselo al "chico bueno", y le dijimos que era hora de volver. Pero a esas alturas fue Leonardo quien nos dio lástima. Se vio por primera vez desorientado; no podía comprender por qué rechazábamos ese enésimo regalo que quería hacernos a costa de ese incauto turista.

Cuando volvimos a Saint-Tropez y comprendió que, a pesar de que estábamos muy agradecidos, queríamos deshacernos de él, de pronto se tornó inseguro como un niño que siente que está a punto de ser abandonado. Ya estábamos listos para partir cuando él, irremediablemente alterado por la jornada alcohólica, antes de que subiéramos al auto nos dijo:

—Espera, por favor, ¡espera! Hacer último regalo a chicas, último regalo, por favor… Espera.

Por última vez hicimos que ganara él: lo vimos entrar en un negocio y salir un minuto más tarde con unas toallas de playa. Pero, mientras nos las entregaba, feliz de hacernos el último regalo, una señora con un cuerpo mucho más grande que el suyo salió del negocio enfurecida, le arrancó de las manos las toallas y, con las mismas, comenzó a golpearlo, gritando con inaudita ferocidad. La escena era cómica y patética al mismo tiempo. No encontramos nada mejor que hacer que meternos rápidamente al auto y escapar cobardemente.

Reflejada en el espejo retrovisor, la última escena que vi fue la imagen de esa corpulenta francesa que gritaba en nuestra dirección:

—Italenne merde.

Pero lo que nos hizo sentir verdaderamente mal fue ver en el fondo la espalda encorvada de Leonardo, quien, derrotado, se alejaba en la soledad de esa despiadada postal para turistas que se llama Saint-Tropez. Lo habíamos traicionado.

¿Quién había sido el peor ese día? ¿Él, quien había robado de todo, o nosotros, que lo habíamos usado para enriquecer con un episodio más nuestro álbum fotográfico para luego deshacernos de él como de un papel sucio?

El viaje de regreso había comenzado, y así pudimos ser echados del casino de Montecarlo antes de siquiera entrar —no sabíamos que fuese necesario tener un aspecto decente, pero sobre todo que se necesitaran zapatos—; en Cannes no nos despertó la policía, como sucedía casi todos los días, sino el sistema de irrigación automática, que a las cinco de la mañana se accionó sobre el hermoso jardincito que habíamos escogido con cuidado para poder dormir sin ser molestados; y en Niza el morral de Lello terminó en el mar a manos de la policía —esta vez sí fue ésta la que nos despertó—, cuando nuestro héroe salió del *sleeping bag* y se acostó encima. Ante la intimidación del policía de levantarse e irse, porque estaba prohibido dormir en la playa, él respondió:

—Antes estaba durmiendo. Ahora estoy tomando el sol —por eso su morral terminó en el mar.

Estábamos cansados y, así, decidimos llegar hasta el castillo de Lerici, donde de ida habíamos pasado una noche que se había convertido en una semana. Allí podríamos pasar un par de días descansando bajo las estrellas. Ese bellísimo castillo, enclavado en las rocas sobre el mar, disputado durante siglos entre Pisa y Génova, estaba dotado de un patio con un pequeño bar y, un poco más arriba, un hostal juvenil. No sé si aún sea así, pero entonces era un lugar perfecto para encontrar viajeros y dormir en *sleeping bag* bajo las estrellas. Fue allí donde Lello nos brindó otra inolvidable página de historia.

Después de pasar el primer día limitándonos a evitar el sol, siguiendo a gatas la sombra de un lado al otro en ese delicioso patio, al día siguiente, tal vez a raíz del entusiasmo generado por el encuentro con un grupito de chicas, Lello estaba insólitamente activo; tanto que decidió capitanear una expedición que, aprovechando un sendero escarbado en la roca que él había descubierto, conduciría a la pequeña comitiva hasta el mar. Franca y yo rechazamos la invitación: demasiado agotador. Y, mientras estábamos cómodamente apoyados a la sombra de un muro, sin que hubiera pasado media hora desde su partida, vimos a contraluz la figura de un hombre con dos pedazos de mascada atados a los pies, que cojeaba de ambos lados. Parecía Lello... pero ¿qué digo? ¡Era Lello!

—Hoy no salió bien —comenzó.

Guiando la pequeña expedición por el sendero rocoso, por hablar con las chicas que lo seguían, no se dio cuenta de un engañoso montón de vidrios de botella. Si se hubiera limitado a pisarlos con un solo pie el daño no habría sido tan grave, pero cuando sintió el dolor bajo la planta del primer pie, saltó como una gacela, aterrizando con el otro justo en la base de la botella, la cual yacía apenas un poco más allá.

Pasó todo el día cojeando en forma penosa, pero a la mañana siguiente ni siquiera podía dar un paso. Así, lo cargué en hombros y, recorriendo las callecitas medievales, lo llevé abajo, hasta el estacionamiento. Allí lo dejamos sentado en el cofre del auto, que afortunadamente estaba a la sombra de un arbolito, y fuimos a buscar un lugar donde darnos una enjuagada. Él dijo:

—Vayan con calma. No se preocupen por mí. Yo aquí estoy comodísimo.

Siguiendo las indicaciones de un señor, nos alejamos más de lo previsto, pero el lugar que encontramos estaba perfecto: una hermosa fuente de agua dulce con un chorro generoso. Las chicas, para variar, aprovecharon para darse un champú; yo aproveché para enrollar un churro; luego me di un buen baño de mar… luego ellas me siguieron al agua; después se volvieron a dar el champú y yo fui a comprar una cerveza… Cuando nos acordamos de Lello habían pasado más de dos horas. Nos apresuramos a volver, pero ya era demasiado tarde: lo encontramos totalmente cocido por el sol, que en ese lapso había dado la vuelta a la sombra del arbolito, sentado en el cofre ardiente del auto, que con el calor se había vuelto una parrilla donde podías freír un huevo. Había tratado de pedir ayuda a los pocos viandantes para que lo mudaran al cofre de un auto bajo la sombra, pero todos habían tenido miedo de acercársele; había sido hasta atacado por un enjambre de abejas con las que había luchado valientemente, agitando uno de los trapos de colores que le habíamos atado a los pies… Total, estaba rendido. Muertos de la risa, lo llevamos a la sombra, nos hicimos otro churro y, un par de días después, llegamos a Bari sin siquiera el dinero para pagar el último tramo de la carretera.

CAPÍTULO 5
EL SALTO

Aquel verano de 1981 había sido mi renacimiento. Las heridas, los miedos y las dudas que me habían acompañado durante casi dos años se habían disuelto. Lilli era el pasado, el banco también —aunque formalmente presentaría mi renuncia algunos meses después—. Sólo quedaba comprender qué lugar ocuparía tu padre, Fabio, en mi vida, y cómo enfrentaría la economía cuando los últimos salarios robados se terminaran y, con ellos, también la liquidación. Pero no me preocupaba. La luz de ese verano, los nuevos amores, las nuevas amistades, los viajes… Había reencontrado esa original audacia existencial que había caracterizado los años de mi infancia en Mesina, cuando por primera vez saqué la cabeza fuera del caparazón de mi familia y me asomé al mundo para reclamar el derecho de conocerme a mí mismo sin intermediarios, midiéndome en la vida con el criterio de mi carácter y no de mi "educación". Era como si eso estuviese sucediendo de nuevo. Me sentía como alguien que ha logrado liberarse de las miles de ventosas con que los tentáculos de la sociedad habían tratado de ahogarlo en el mar anónimo de la "normalidad" y que, una vez a salvo, en la orilla, mirando a ese monstruo impotente que se agita en las

aguas, se sacude de encima su energía viscosa y, alzando el dedo medio, le dice: "¡Vete a la chingada!". Conforme me alejaba de esa orilla,
adentrándome en la tierra firme de la individualidad, sentía que el sol
secaba en mí el miedo de ahogarme.

Tal como había hecho de niño y después de adolescente, me estaba
reapropiando de mi espíritu anárquico y rebelde; estaba aprendiendo
de nuevo cuáles eran mis puntos de fuerza y cuáles mis debilidades,
cuándo era el momento de hablar y cuándo era mejor estar calla-
do, cuándo ser sincero y cuándo mentir, cuándo combatir y cuándo
huir, cuándo seducir y cuándo espantar. Las palabras y los modos
fluían de nuevo sin la mediación de lo que se considera correcto o
incorrecto, sino como expresión natural de mí mismo. La simpatía
innata y la natural extravagancia envolvían mi paso por la vida, pro-
curándome un éxito que parecía destinado a crecer. Comenzaba de
nuevo a gustarme a mí mismo.

Mimo

Estaba entrado septiembre. Fue durante una de esas mañanas tardías
en que el sol se esfuerza por regalar aún los últimos rayos del verano. Recuerdo que estaba caminando alegremente con alguien, yendo
quién sabe a dónde, cuando, en la cuadra de via Sparano, que lleva
de la estación a plaza Umberto, lo vi. No era difícil de reconocer. Lo
detuve inmediatamente con gran entusiasmo:

—¡Hey, yo te conozco! ¡Te vi en Santarcangelo! ¡Eres buenísimo!
¿Qué haces en Bari?

Me respondió con acento peruano y esa sonrisa dulce y triste típica de los pueblos que han aprendido la humildad a palazos:

—Mi han invitato a hacer un corso de mimo... —dijo, mezclando el italiano con el español.

—¿Das un curso de mimo? ¡No mames! ¡A huevo que vengo!

Y así, embarcándome a una media docena de amigos, me inscribí al curso de mimo. En realidad no tenía ninguna aspiración de convertirme en mimo, artista o nada por el estilo; dije que "sí" sólo porque, cuando dices que "no", en la vida nunca sucede nada. Como siempre, había seguido la intuición, pero no tenía ni idea de las extraordinarias consecuencias que ese "sí" implicaría.

Unos días más tarde, mezclado con un gran número de aspirantes a artistas, me encontré en una estructura de la Bari Vieja, llamada Santa Scolastica, aprendiendo a cómo fingir subir, bajar, caminar, empujar, jalar... y todas esas cosas con que el arte del mimo permite crear una realidad ilusoria usando sólo el cuerpo. Hugo enseñaba la pantomima clásica y su curso duraba sólo una hora al día durante diez días. Eso era todo. Los participantes eran tantos que tuvieron que hacer cuatro grupos de quince.

Fueron los otros quienes me lo hicieron notar, y después de algunos días comencé a notarlo yo también: sin duda era más bueno que el resto. Me di cuenta de que lo que para todos era tremendamente complicado, a mí me salía sin ninguna dificultad. Se llama inteligencia corpórea, y descubrí que yo la poseía. No presumí por esto, pero fue agradable darme cuenta. Sin embargo, cuando al final del curso se me acercó Renato Curci, un actor lleno de iniciativa que frecuentaba el mismo curso, comencé a sentirme en una trampa.

La idea era reunir a los mejores de entre los sesenta estudiantes de Hugo y preparar un espectáculo de mimo para presentarlo al público.

—¡Ni de chiste! —repuse, como si me estuviera haciendo una propuesta indecente—. Una cosa es hacer unos cuantos movimientos entre amigos, otra subir al escenario delante de un público. Olvídalo. ¡Ni siquiera de niño se la arreglaron para sacarme una poesía de Navidad delante de los parientes! Imagínate si me pongo ahorita…

Era cierto. Por más que siempre me hubiera gustado estar en el centro de la atención, siempre había odiado la idea de exhibirme en público. Me parecía humillante. Probablemente era una idiosincrasia que había desarrollado de niño, cuando mis padres trataban sin éxito de exhibirme como un monito amaestrado: "A ver, enséñales cómo dices las tablas de multiplicar. ¡Enséñales qué bonito cantas! ¡Enséñales cómo hacen los caballitos". Los odiaba. Así que nunca les di la satisfacción de mostrar a los parientes las dotes poéticas o canoras del primogénito del que estaban tan orgullosos. Me quedaba enfurruñado y con la cabeza gacha, empecinado como una mula de pésimo carácter, resistiendo sin remedio a las insistencias, a las seducciones y a las amenazas. Nadie tomó jamás esos rechazos por lo que eran, es decir, una defensa de mi dignidad, sino que todos los interpretaron como una forma patológica de timidez, insociabilidad, arrogancia y mal carácter.

Pero mis padres y mis parientes eran unos novatos en comparación con Renato. Renato Curci —quien luego se convertiría en un amigo de toda la vida— tenía una diabólica capacidad de insistir, típica de quien posee un temperamento fanático. Y, como si eso no bastara, estaban también todos mis amigos para echarme porras: me alentaban, me empujaban, trataban de entusiasmarme… Pero fue de nuevo Curci quien tuvo la pérfida intuición de hacer la pregunta correcta:

—¿Qué? ¿Tienes miedo?

Estaba jodido. No podía hacer el papel del cobarde. Así, la vida me arrancó otro importantísimo "sí".

"Puta madre —me dije—. ¿En qué pinche historia me fui a meter? ¡Qué puta mierda…! ¡Qué pinche madre…!" Así, entre un "pinche" y una "puta", los días pasaron, los ensayos prosiguieron, las ideas llegaron, las habilidades aumentaron y las escenas comenzaron a tomar forma… Las visitas de Hugo nos enriquecían con nuevos estímulos, y puedo decir que él fue el primero en introducirme al "arte". No sólo me enseñó la técnica, sino que, bajo sus sabias manos, mi innato talento para el cuento y mi sentido del ritmo tomaron forma. A través de él podía respirar la poesía de Charlie Chaplin, el genio de Buster Keaton, la inocencia del Gordo y el Flaco, la elegancia de Marcel Marceau… y respiré profundo hasta hacerlos penetrar en mi carne.

Al final estaba contento de que ese pinche Renato Curci hubiera insistido. Aquel mes de ensayos me confirmó que no sólo tenía madera para la técnica corporal y la interpretación, sino también para la concepción del ritmo y de la construcción dramatúrgica. Preparaba con cura mis escenas y también metía la nariz en las escenas de los demás, dando consejos e indicaciones que a mí me parecían absolutamente obvios. Eran las primeras señales de un talento que no tenía idea de poseer y que pronto se revelaría. Sin embargo, todo esto fue nada comparado con la sorpresa que tuve la primera vez que me encontré en el escenario delante del público.

Había disfrutado todo ese mes, aunque por dentro me sentía atormentado por el inconfesable miedo que me daba la idea de exhibirme delante de espectadores de verdad. El hecho de que no me pudiera permitir pasar por un cobarde no significaba que no lo fuera. De cualquier forma el personaje que estaba creando no dejaba espacio para ningún tipo de debilidades; por lo tanto, el día del estreno, en perfecta inconsciencia, casi sin darme cuenta, me encontré saliendo al escenario delante de una sala llena de conocidos y desconocidos.

La cosa sorprendente fue que, apenas el público me vio, no sé por qué razón, se echó a reír. No había hecho nada aún. Y más se me pintaba la sorpresa en el rostro, más el público reía. Con un instinto teatral que aún no sabía que poseía, esperé el momento preciso para comenzar mi performance: no tan pronto como para detener las risas ni tan tarde como para no dejar la impresión de que habrían continuado.

Hice mi primera pantomima solo. Bien, imagino, para ser un principiante. Luego hice otra donde un ángel y un diablo se disputaban la atención de una muchachilla: yo hacía de diablo, obviamente. Pero la escena que mejor recuerdo era una en la que me divertía descargando toda mi violencia, apuntando mi mano en forma de pistola sobre la cabeza del pobre Renato. Total que fue un éxito. Pero no me creí la gran cosa. De hecho, la segunda representación salió bien, aunque sin la magia de la precedente: estaba mucho más emocionado, y durante la primera pantomima sentí tal miedo que me costó trabajo evitar que las piernas se pusieran a temblar en serio. A pesar de la tembladera de aquella segunda tarde, el público apreció el espectáculo y mi audacia creció. Se me estaba abriendo un mundo delante, una oportunidad que jamás habría imaginado ni remotamente. Mi pecho se hinchó de una esperanza que no podía confesarme ni a mí mismo.

Al día siguiente fui a buscar a Hugo y le pregunté:

—Oye, Hugo, ¿tú crees que… estudiando y entrenándome… yo podría también un día… como tú… ponerme en la calle… cuatro movimientos… aplausos… sombrero… dinero y coños?

—¡Certo que sí! ¡Claro que sí! —me dijo en su itañol—. Tú eres buono, tú tienis talento, tú la ce la puede hacer.

Quise que me lo repitiera para asegurarme de haber oído bien… y también porque era demasiado divertido escucharlo hablar, pero no me lo hice repetir una tercera vez.

Me despedí, me di la vuelta, fui a comprar un espejo de dos metros veinte por uno sesenta, lo colgué horizontalmente en la única pared libre del "nido de las águilas" —es decir, mi pequeñito departamento en el séptimo piso— y me puse a entrenar frenéticamente por horas y horas todos los días. Pensando en el recorrido de mi vida puedo sólo decir que fui simplemente afortunado; el único mérito que siento por reconocerme es la capacidad de entregarme a una disciplina. La fortuna no depende de nosotros, mientras que la disciplina sí. Por cuanto el talento o la belleza física estén a la merced del destino, la disciplina, al contrario, al destino puede incluso doblarlo. Así como cuando me enamoraré de la meditación, estaba como enloquecido: con mi típica actitud monomaniática, cuando no estaba enfrente del espejo ejercitándome, me la pasaba todo el tiempo mirando los movimientos de la gente y estudiando la forma de reproducirlos en el lenguaje del mimo toda ocasión era buena para entrenar las piernas o las manos o los músculos de la cara… y a menudo notaba que, en la calle, la gente me miraba con sospecha por los gestos y las expresiones que hacía. No sabía si lograría mi propósito, aunque era una posibilidad que no podía dejar de intentar: era una cuestión de vida o muerte. "En un año ya estoy", me dije. Pero me equivocaba. En marzo del siguiente año, sólo cinco meses después de haber dado mis primeros pasos en el arte del mimo, llegué a Barcelona para comenzar mi nueva vida: artista callejero.

* * *

Pero antes de llegar a Barcelona había sucedido otra cosa importante: había presentado mi renuncia al banco… o, mejor dicho: me obligaron a presentarla, para no perder la liquidación.

Lo que ocurrió fue que el espectáculo que había hecho con los estudiantes de Hugo había sido mencionado en el diario, y se supone que alguien que está en incapacidad no se va a exhibir a un teatro. Y fue así que mi padre recibió unas de las peores llamadas telefónicas de su vida: su hijo tenía que renunciar. Ya era demasiado tarde para salvarlo.

En esa época no tenía teléfono en casa, y los celulares ni siquiera existían en las películas de ciencia ficción, por lo que el pobre hombre, o sea, mi padre, tu bisabuelo, tuvo que ir a buscar ese departamento donde sabía que yo vivía, pero a donde nunca había ido, tocar la puerta, pedir permiso y entrar en la única estancia de la casa de ese hijo que ya no conocía... o a quien nunca había conocido.

Serían como las once de la mañana, por lo que obviamente todavía estaba durmiendo. Laura estaba conmigo, una mujer a quien él nunca había visto y que ni siquiera tenía idea de que existiera en mi vida. Aunque su cabello fuera todavía negro, lo recuerdo gris, sentado incómodo en una silla en medio del desorden. Con la espalda gacha del hombre derrotado, desde detrás de los anteojos miraba a su alrededor tratando de entender cómo era posible que se encontrara tan lejos de mí. ¿Quién era el joven hombre que le había abierto la puerta? ¿Quién era esa mujer que lo miraba avergonzada desde la cama?

Me explicó la situación y, con la determinación de quien ya no espera la gracia y coloca dignamente la cabeza en la guillotina, me extendió una carta y me dijo:

—Debes firmar: es tu renuncia.

A pesar de que mi comportamiento nunca lo haya revelado, como todos los hijos amaba a mi padre. Ahora puedo verlo en toda su simplicidad de hombre dulce, alegre, optimista... con un inquebrantable buen humor que lo acompañó hasta su extrema vejez, cuando, ya prácticamente ciego y con el cerebro que comenzaba a fallar, todas las veces que le preguntaba:

—Papá, ¿eres feliz?

Él respondía cantando:

—¡Claro! No podría ser más feliz.

Pero de niño y adolescente, edad en la que las garras de los padres se clavan más fácilmente en la suave carne de los hijos, nuestra relación fue frustrante para ambos. Cuando era un niño pequeño, como ya te he adelantado, odiaba que me tratara como un juguete, forzándome a que me gustara lo que le habría gustado a él; luego, en torno a mis diez o doce años y durante toda mi adolescencia, recuerdo que no soportaba ninguna demostración de afecto de su parte, y todavía hoy en día me siento mal al recordar cómo lo maltrataba cuando, antes de irme a dormir, venía a cobijarme. Ese gesto me hacía enfurecer. No sabía que ésa era la única forma concreta que él conocía para decirme "te amo". Pero se sabe que los hijos esperan tener padres perfectos; por lo tanto, no lograba comprender cómo era posible que por un lado ignorara completamente los enormes retos que tenía que enfrentar cada día para afirmarme en el mundo de la escuela y de la calle, mientras que por el otro se preocupaba de una cosa tan irrelevante como que no me enfriara por la noche. Por eso lo castigaba con mi crueldad. Me sentía a disgusto con él, porque el ideal de hombre en quien yo buscaba convertirme era una especie de *cowboy*, duro, fuerte, cínico, oscuro, valiente, con botas vaqueras, *jeans* sucios y la expresión amarga de quien conoce la aspereza de la vida... mientras que él era un hombre bueno, alegre, jubiloso, vivaracho, optimista y sonriente, que llevaba gruesos anteojos de miope y, cuando hacía calor, salía de casa todo feliz con pantaloncillos cortos y sandalias. Por eso lo castigaba provocándolo y haciéndolo sentir inadecuado.

Fui muy malo, y en mi corazón aún siento el dolor inextinguible que persigue silenciosamente a todos aquellos que han maltratado a las personas que aman. Nunca olvidaré esa vez que, en Tarento, intentó por última vez imponer su poder sobre ese hijo ingobernable, quien se parecía tanto a su propio padre, usando la fuerza física. Tenía catorce años, suficientes para que alguien como yo reaccionara. Se resbaló con el tapete del pie de cama y cayó de rodillas frente a mí. Vi en sus ojos la sorpresa de quien se siente perdido y no sabe qué más hacer. La sensación de impotencia en los ojos de un padre es el puñal más profundo que se puede clavar en el corazón de un hijo. Si creyese en Dios, lo maldeciría por haberme hecho asistir a ese espectáculo y por haber ido yo a provocarlo.

Lo amaba, no hay necesidad de decirte que lo amaba. Pero ni en esa ocasión demostré ninguna sensibilidad hacia el drama de ese padre que definitivamente estaba renunciando a lo que siempre había soñado para su hijo: le arrebaté de las manos esa carta de renuncia y la firmé como si estuviera firmando la cancelación a la suscripción del periódico. Ni siquiera en esa ocasión tuve la delicadeza de comprender que esa firma era para él el fin de la esperanza. Si pedir perdón sirviera, lo haría, pero ¿quién debería pedirle perdón a quién? El hombre que ofendió ya no existe y la persona ofendida tampoco. Sólo queda, sacro e indeleble, el dolor de sentirse víctima de sí mismo por pertenecer a una humanidad que no ha encontrado una mejor manera de desenvolverse que no sea la de herirse mutuamente.

Más allá de las apariencias, mi padre era un hombre tenaz, quien ya en otras ocasiones me había demostrado la fuerza que no se manifiesta tanto en las acciones de todos los días, sino que se yergue, insospechable, en los momentos difíciles. Dobló con calma la renuncia que había firmado, la metió en el sobre y me miró con la expresión de quien dice: "No te preocupes, vamos adelante". Me sonrió, me besó y, alejándose con dignidad, cerró la puerta detrás de él mandándome su silencioso "buena suerte".

BARCELONA

Llegué a Barcelona en marzo de 1982, justo el día en que, en aquel entonces, era mi santo. Había llegado, solo como siempre, a una ciudad que no conocía, donde se hablaba una lengua que no hablaba, para hacer un trabajo que nunca había hecho. "¿A poco será para tanto? —me decía—. Se trata simplemente de ponerse en la calle, llamar la atención de las personas que van a su oficina o a hacer la compra, entretenerlas durante diez minutos con unos cuantos movimientos y después recolectar dinero, aplausos y coños. ¡Fácil!". Si hubiera imaginado cuán difícil sería hacer algo así, probablemente ni siquiera habría gastado el dinero para comprar el espejo con el que me había entrenado.

Había elegido esa ciudad por varias razones: el clima favorable de la primavera, la costumbre de los habitantes de asistir a espectáculos callejeros, la presencia de Hugo Suárez —quien en ese periodo debía de estar en Madrid llenándose los bolsillos—, y finalmente la elegí porque allí nadie me conocía. "Si me va mal —pensé—, pongo un tache en Barcelona y no vuelvo nunca más".

Apenas llegar, arrastré mi morral en la famosa Rambla, y antes de que oscureciera, dirigiéndome a unos de esos tipos que, como yo, se veía que pasaban mucho más tiempo en la calle que en la casa, les pregunté casualmente:

—¿Dónde puedo encontrar una habitación barata para dormir?

—Plaza Real —me respondieron.

—¿Y dónde puedo comprar un buen chocolate?

—Plaza Real —repitieron.

Estaba claro que plaza Real era mi lugar.

Dando vueltas por las callejuelas de la parte baja del Barrio Gótico, que en ese tiempo era el de peor fama en la ciudad, en primer lugar busqué el hachís, el famoso "chocolate marroquí", apreciando las primeras diferencias culturales. De hecho, el hachís en Barcelona era más económico, más bueno y los trocitos estaban cortadas de manera diferente de como lo hacíamos en mi barrio: eran bastoncitos en forma de paralepípedos alargados y delgaditos. "Es hermoso viajar y conocer otras culturas!", me dije con satisfacción. Después me puse a buscar una habitación.

Al ser mis recursos económicos, como de costumbre, muy limitados, y sin saber cómo me iría con los espectáculos, me dejé guiar por el criterio con que siempre he viajado: "Mientras menos gastes, más tiempo podrás estar lejos de casa", por lo que elegí la habitación más económica que encontré: doscientas pesetas. Era verdaderamente económica, pero créeme que no valía ni eso. El mejor de los escenógrafos no habría logrado crear un set más miserable. Y no pienses que el lugar sólo era usado por prostitutas y clientes de ínfimo nivel, porque también era frecuentado por criminales sin talento, por drogadictos constantemente al borde de una crisis de abstinencia, por sujetos que estaban bajando en la escala social agarrándose a ese último escalón antes de terminar en la indigencia, o por quienes, como yo, veían esa escala al contrario y con optimismo ponían el pie en el primero de todos esos escalones que llevan a la cima; al menos así la veía yo aunque, en realidad, durante los diez días en que viví allí, prostitutas, clientes y desesperados encontré a muchos, pero a gente como yo, ninguna. Una vez más era un *outsider,* un animal extraño.

Mi habitación estaba ocupada casi completamente por una cama individual arrinconada en una esquina, que si hubiera podido hablar nos habría entretenido por generaciones. La ventana no era una ventana, sino una puerta mitad de vidrio, mitad de madera y mitad rota, que daba a un balconcito estrecho, estrecho que unía todas las habitaciones que se asomaban a un diminuto patio interior que el sol jamás había tomado en cuenta. Noté que a esa especie de puerta-ventana le faltaban al menos cinco centímetros para llegar al piso; me pregunté qué habría pasado si lloviera. Lo supe al día siguiente, cuando llovió: se inundó la habitación. En una esquina había un lavabo pequeñito, pequeñito que, cuando abrías la llave, se quedaba mudo e inmóvil, pero cuando acercabas la cara para ver por qué no funcionaba, de golpe te disparaba encima unos escupitajos gélidos de agua café que te pringaban la camiseta y todo en torno. Con el paso de los días aprendí a domar a esa pequeña bestia de agua en la esquina de la habitación, logrando incluso lavarme las axilas.

Me senté en la cama, miré a mi alrededor y me sentí feliz. Ese lugar era perfecto. Enrollé un porro, me lo fumé con gran deleite, deshice el morral, me desvestí, me metí entre las sábanas y abrí *Viaje a Ixtlán* de Carlos Castaneda. Lo bueno de ese lugar es que era silencioso; lo que no era bueno era que ese silencio me permitía escuchar claramente los versos de dos que estaban cogiendo en la habitación de la derecha, y las voces de otros dos que estaban haciendo la misma cosa en la habitación de la izquierda. Con el paso de los días me di cuenta de que en esa especie de pensión el único que no cogía era yo. Pero no importaba. En las páginas de mi libro, don Juan lanzaba sus desafíos y yo sentía que poco a poco me poseía el sueño. Sólo tenía que apagar la luz… Vaya, ésta era una buena pregunta: ¿dónde estaba el apagador? Es difícil de creer, pero el interruptor estaba fuera de la puerta, en el corredor, por lo que cada noche, después de haber leído ese par de páginas que los churros me permitían aguantar, me tenía que levantar y salir en calzones al pasillo a apagar la luz… sin hablar de las noches en que, mientras dormía, algún borracho la encendía a su paso, por error.

Pero a mí no me importaba nada; yo simplemente era feliz de tener mi vieja vida a mis espaldas, por lo que esa primera noche, igual que las siguientes, abracé la almohada con una gran sonrisa en el rostro y me dormí escuchando la voz del colchón que me contaba sus historias.

Los días que siguieron me sirvieron para orientarme en la ciudad, elegir el lugar de la Rambla donde debutaría y aprender el mínimo de palabras en español que me servirían para la idea de espectáculo que tenía en mente. Cuando vi que comenzaba a perder tiempo posponiendo de un día al otro el momento del debut, con resolución me dije: "Mañana".

Y así, al otro día me desperté a buena hora, domé los escupitajos cafés del lavamanos y metí en una bolsa de celofán blanca el "equipo de teatro": un bombín de cartón, guantes blancos, un espejo y un lápiz para delinear los ojos —pintarme la cara de blanco ni lo tomaba en cuenta: era una pinche hueva a la que no estaba dispuesto a someterme—. Luego me senté en la cama, enrollé un churro, me lo fumé mirando hacia un horizonte lejano que sólo yo veía y salí de ese tugurio para ir a enfrentar mi destino.

El teatro que había elegido para mi primer *performance* fue ese tramo de la Rambla que llaman Canaleta en honor a una histórica fuente que en el siglo XIX proveía agua en las zonas de las Ramblas y de Raval. Y así, después de un café cortado, me dirigí, con más in-consciencia que valor, hacia mi debut.

Sabía que sería difícil, pero no podía imaginar cuánto. Cuando me encontré de pie en el lugar seleccionado, me quedé petrificado por el miedo. ¡Cierto! Que fuera miedo puedo decirlo ahora; en aquel enton-ces lo máximo que me concedí fue considerarlo "titubeo". La verdad es que me estaba cagando de miedo. Un poco de indecisión inicial la había tomado en cuenta, pero allí el problema era que ese pinche "titubeo" no daba ninguna señal de querer dejarme en paz. Llevaba ya algunos minutos como un tonto, con la bolsa de celofán en la mano, sin decidirme a comenzar. Tenía la sensación de que alguien se hubie-ra percatado ya de mi presencia y me estuviese mirando... "No puedo empezar el espectáculo mostrando este 'titubeo' —me dije—. Sería como iniciar con el pie equivocado". Y así, fingiendo que no pasaba nada, me puse a caminar esperando que nadie se hubiera dado cuenta del conflicto que se agitaba dentro de mí. Volví unos minutos des-pués, pero la escena se repitió... y se repitió de nuevo. "Estoy dema-siado pacheco —me dije—. No debí fumarme ese maldito churro." Así, me fui a tomar un café, me fumé un cigarrillo y volví a intentarlo. ¡Nada! El mismo "titubeo". "Tal vez esté demasiado nervioso... Mejor me hago otro canuto." Pero las cosas no mejoraron. Y entonces otro café, otro cigarrillo, otro churro... La patética escena de aquel joven melenudo y pelirrojo que iba de arriba abajo con la bolsa de plástico blanca en la mano se repetía una y otra vez. ¡No me decidía, chinga-do! ¡No me decidía! Ahora había demasiado viento, ahora había poca gente, ahora demasiado ruido, ahora demasiado oscuro... La jornada trascurrió así, sin que sucediera nada. "¡La culpa fue toda de ese mal-dito primer pinche churro!", me dije sin creérmelo de verdad. Con doscientas veinticinco pesetas, fui tristemente a comer una paella en una fonda que se llamaba El Siglo y volví sin gloria a mi morada, la cual vi por primera vez en su real fealdad.

Al día siguiente no tuve dudas: nada de churros. Aun así, no dejé de prepararme un par de ellos, *just in case*. Salí del arrabal fresco como lechuga y me dirigí a Canaleta. Conforme me acercaba, mi ansia aumentaba; me faltaba el aire… encontré mil excusas para retrasar mi llegada al punto X, doblando el número de cafés cortados y cigarrillos, deteniéndome a hablar con alguien que vendía pulseritas en la calle, fingiendo que me interesaba en las portadas de las revistas expuestas en el puesto de periódicos… Pero es sabido que no te puedes engañar a ti mismo mucho tiempo; y así, al final me encontré de nuevo e irremediablemente paralizado frente a la famosa fuente de Canaleta, sin lograr dominar eso que me obstinaba en llamar "titubeo". "No, no… estoy demasiado nervioso. Mejor me fumo un churro." Y luego un café… y luego un cigarrillo… ¿y luego…? Y luego, de nuevo petrificado delante de esa "maldita fuente…" Pero ahora hay demasiado aire… otro cigarrillo… ahora demasiado sol… otro café… luego petrificado de nuevo… nada ¡el mismo "titubeo!"… un cigarrillo… pero ahora de verdad hay demasiado ruido… otro churro… poca gente… otro cigarrillo… lo intento otra vez, ¡pero nada…! mejor comer algo… otra vez plantado frente a Canaleta como un pendejo… mejor digerir antes… otro café… el mismo "titubeo"… me relajo un poco en una banca… otro churro… otra vez petrificado… mejor caminar un poco… petrificado de nuevo… y luego otra vez demasiado ruido… demasiado viento… demasiado sol… demasiado oscuro… demasiado café… demasiados cigarrillos… demasiados churros… demasiado churros… ¡¡¡demasiados churros!!! También ese día pasó.

Comencé a inquietarme. Aquella maldita Rambla se estaba volviendo un lugar odioso, y esa pinchurrienta habitación me parecía cada vez más fea. "Está bien —me dije—. Me puedo permitir un poco de… 'titubeo'. Mañana será el día bueno."

Después de una noche de pesadillas en las que soñé que Simone de Beauvoir[12] me corría de su casa de París, en mi terrorífica soledad me preparé por tercera vez. Ya no era una cuestión de churro o no churro, era una cuestión de vida o de muerte.

Cuando vi que la mañana tomaba el mismo rumbo que los días precedentes, comencé a enfurecerme conmigo mismo. Recuerdo que caminé varias veces de arriba abajo por la Rambla como un loco, insultándome de las formas más horribles.

—Eres un pendejo —me gritaba con desprecio—. ¡Eres un cobarde! ¡Eres un cobarde! ¡Eso eres! Quieres hacer el artista, pero ¡sólo eres un pinche empleado de un pinche banco! Ésta es la verdad: ¡eres un bancario! ¿Quién te crees que eres? ¿Alguien especial? ¡No! Tú eres un pendejo como los demás… Es más, ¡más pendejo que los demás! Los demás al menos tienen la humildad de estar donde están, pero, ¡tú no! Dejas el empleo, dejas a la familia, dejas a tu hijo… ¿Y para qué cosa? Para irte a vivir a un cuarto de mierda en medio de putas y fracasados. ¡Bien! El lugar perfecto para ti. ¡Fracasado! ¡Fracasado! Dejas todo, vienes a Barcelona… ¡y luego no tienes los huevos! ¡No tienes huevos! ¡¡¡No tienes huevos…!!!

Y maltratándome, como a veces hacen los padres cuando pierden la paciencia por los defectos de los hijos, con violencia me arrastré a mí mismo a Canaleta, al mismo punto que había sido mudo testigo de todos esos intentos fallidos, y, como si alguien me hubiese obligado físicamente a hacerlo, aventé con exasperación la bolsa blanca al suelo, me arrodillé, saqué el espejo y el lápiz negro, me tracé dos líneas

---

12 Escritora y filósofa francesa, pareja del famoso filósofo Jean-Paul Sartre. La obra que la hizo famosa se titula *El segundo sexo*.

en los ojos que más que líneas parecían heridas, me puse en la cabeza ese maldito bombín que todavía no lograba ponerme y me levanté. Para mi gran sorpresa ya se había detenido algo de público, probablemente intrigado por la furia con que había hecho mis preparativos. No podía echarme para atrás. Demasiado tarde para acobardarme y decir con una sonrisa amilanada: "No, no… estaba bromeando", meter todo de nuevo en la bolsa y huir. Me habría suicidado. Y así, no sé de dónde lo pesqué, saqué el insospechado orgullo gladiatorio de quien está listo para enfrentar la muerte y me expuse explícitamente a los ojos del público.

Lo que me dejó inmediatamente perplejo fue que el público no se había dispuesto ordenadamente en círculo, como había visto en los espectáculos de Hugo: había cuatro por aquí, seis por allá, dos detrás, un grupito en el fondo… algunos demasiado cerca, otros demasiado lejos… gente que seguía pasando entre mis potenciales espectadores y yo… Éstas no eran ciertamente unas condiciones favorables para realizar aquel rudimentario espectáculo que había preparado. "¿Por qué chingado motivo no se ponen en círculo?", me preguntaba sin traicionar para nada la perplejidad. Esta cosa del círculo nunca la había pensado, la daba por segura. Además, el público no era suficiente. Tenía que inventar algo para atraer a más gente. Y así, hice la primera cosa que me vino a la cabeza:

—¡Espectáculo de mimo! ¡Espectáculo de mimo! —comencé a gritar como si estuviera vendiendo tamales.

Algunos de los que se habían detenido se fueron, otros llegaron… pero siempre en forma desordenada. Probé, pues, a hacer una atracción: una caminata, un apoyo… Algunos espectadores se unieron; otros me abandonaron.

—¡Espectáculo de mimo! ¡Espectáculo de mimo!

Otros se fueron. Más gente se detuvo aquí y allá. En ese momento tuve la sensación de que debía comenzar antes de que se fueran todos. Por lo tanto, fingiendo un entusiasmo inquebrantable, presenté.

—El primer número de este espectáculo se llama *La Pulga Roja* —dije en el poco español que había colectado aquí y allá.

Con los mínimos rudimentos de mimo que poseía, conduje con dignidad esa simplísima pantomima de escuela. Alguno sonrió, otros me demostraron simpatía, otros se fueron durante el número, otros simplemente pasaron de largo, uno estuvo todo el tiempo demasiado cerca, invadiendo el espacio escénico, otros dos se me quedaron detrás viéndome el trasero... Después, ya hacia el final... uno me arrojó una moneda. Como siempre pasa en estas situaciones, otros lo imitaron, aumentando el tintineo de las monedas en el suelo, y yo apenas tuve tiempo de terminar la pantomima para encontrarme solo, recogiéndolas por el piso.

Era cierto que me esperaba un epílogo más edificante, ¡¡¡pero lo había logrado!!! Doscientas cuarenta pesetas. Suficientes para una paella en El Siglo. Me sentía un león. Iba con la cabeza en alto, arriba y abajo por la misma Rambla donde poco antes había vivido mi vía crucis, mirando a todos directamente a los ojos. Mi pecho estaba henchido de orgullo y de bravuconería: ¡lo había logrado! ¡Lo había logrado! ¡¡¡Lo había logrado...!!! No obstante el entusiasmo que había restablecido la relación conmigo mismo en el plano del respeto, la idea de ganarme la vida recogiendo moneditas del suelo no me seducía para nada. ¡Al contrario! Me parecía humillante. ¿Dónde estaban los aplausos? ¿Dónde estaba el dinero en el sombrero? Y, sobre todo: ¿dónde estaba el coño? Ciertamente estaba lleno de orgullo, pero irremediablemente solo, incierto ante el futuro y durmiendo en un lugar de mierda donde la gente cogía por todas partes. Algo se tenía que hacer.

Durante los días de exploración en el Barrio Gótico noté que también la Puerta del Ángel era un lugar frecuentado por los artistas callejeros. ¡Y no sólo eso! Era el lugar donde se presentaba Hugo Valdez, otro mimo, él también peruano. (Luego me enteré de que Hugo no es el único nombre que les ponen a los niños en Perú, y que tampoco es requisito para volverse mimo.) El lugar era más pequeño, un poco más íntimo... Tal vez habría sido más fácil formar ese maldito círculo, a cuya ausencia justamente le echaba la culpa de mi parcial fracaso.

Al día siguiente, sin perder el ánimo, me fui a la Puerta del Ángel. Sin más "titubeos", puse la bolsa blanca en el suelo, me maquillé, me encasqueté el bombín de cartón y comencé a vender mis tamales:

—¡Espectáculo de mimo! ¡Espectáculo de mimo! ¡Espectáculo de mimo...!

Pero, por más que me esforzaba, el fatídico círculo no se formó. En cierto sentido fue incluso peor que el día anterior, aunque hice un pequeño progreso. De hecho, no recogí ni una peseta, pero al menos recogí un aplauso... y un coño.

La historia fue así: comencé el espectáculo y había un poco de gente, pero en la confusión de los transeúntes que atravesaban la escena, al final todos se fueron menos una chica con cabellos negros apoyada en una señal de tráfico. Se quedó a verme hasta el final y me aplaudió. A esas alturas no sabía qué hacer, porque el guion que tenía en mente requería que me acercara al público y, haciendo un juego con el sombrero, como lo había visto hacer a Hugo, pidiera simpáticamente el dinero. Ahora me parecía raro ir a pedirle dinero a la única persona que había tenido la bondad de no abandonarme. Por otro lado, también me parecía extraño irme así, sin pedir nada. No había forma de encontrar una solución que no resultara embarazosa. Al final opté por la sugerida por el guion: me acerqué a la chica, creando la ilusión mímica con el sombrero que se resiste a mis intenciones, y le arranqué otra sonrisa, pero cuando nos encontramos de tú a tú, yo con el sombrero tendido hacia ella y ella con las manos en los bolsillos, la chica, alzando los hombros, sacó... no, no dinero, ¡ojalá! Sacó una simpática expresión en su rostro, que significaba: "Lo siento, no tengo un centavo". Fue así como yo también le sonreí, le pregunté cómo se llamaba y la invité al bar. Me gustaría contarte que después también me la cogí, pero desgraciadamente no fue así: por cuanto me esforzara por aparentar resolución, dentro de mí me sentía demasiado inseguro para poder interpretar el personaje de película que me hubiera gustado ser.

¿Qué pasaba? ¿Por qué no funcionaba? Aunque estaba consciente de que mis capacidades sólo alcanzaban el mínimo de decencia para ser presentadas al público y de que mi repertorio era escasísimo, me sentía seguro de lo que hacía; conducía el espectáculo en forma más que decente y, encima, cosa más importante, lograba suscitar en el público ese ingrediente indispensable sin el cual es casi imposible tener éxito exhibiéndose en las calles: la simpatía.

Reflexionaba así, solo, meneando la cabeza, sin saber que lo que estaba por sucederme era tan increíble que todas las veces de mi vida en que lo he contado he tenido miedo de que no me creyeran.

Regresando a Canaleta, justo allí, delante de la famosa fuente, precisamente en el lugar que había elegido, había un enorme círculo de gente que estaba mirando algo muy divertido que sucedía en su interior. No lo podía creer. ¿Quién era ese genio que había logrado hacer lo que yo sólo podía soñar con hacer? Me asomé en el círculo y lo que vi lo creerás a duras penas: era Hugo Suárez. No sé por cual motivo había decidido volver a Italia y, de paso, viniendo de Madrid, se había detenido en Barcelona. "Ésta es la diferencia entre el maestro y el alumno —me dije—: este círculo."

Nos abrazamos con el calor típico de dos amigos que comparten la misma suerte y que se encuentran cuando no se lo esperan. Nos apoyamos en un auto estacionado a la sombra e inmediatamente me preguntó cómo me estaba yendo con el espectáculo. Le respondí que me sentía seguro de lo que hacía, pero que tenía dificultad para formar el círculo de gente, a lo que me preguntó:

—Pero ¿tú qué cosa haces para *formare il circolo?*

—Nada —le contesté, bajando de las nubes—. ¿Se tiene que hacer algo?

Cuando le conté de mis tamales —"¡Espectáculo de mimo! ¡Espectáculo de mimo!"—, se echó a reír con ganas:

—¡No, no, no, no! *Il circolo* lo debes *formare tú! Tú non ti preoccuppare* de la gente, tú haz lo que sabes hacer mejor: el muro, la caminada, la cuerda... y *non ti preoccuppare* que la gente se vaya, tú *preoccuppati* de la gente que viene. Si terminas tus atracciones, comienza *altra vuelta,* la caminada, la cuerda... hasta que te parezca que hay *abbastante gente. A questo punto* eres tú quien *tieni que dire al pubblico* que se acerque, y *lo tieni que accomodare en forma de circolo.*

Me quedé con la boca abierta no sólo por como hablaba, sino sobre todo por cuanto fuese fácil formar el círculo: bastaba decírselo al público.

Con la misma rapidez de unos meses antes, cuando me dijo: *"¡Certo* que sí! Tú la puedes hacer", me di la vuelta y fui a comprar el espejo; de la misma forma, esta vez le agradecí, me di la vuelta y fui a poner de inmediato en práctica sus consejos.

Hay quien dice que las coincidencias no existen; yo no sé si existan o no, pero una cosa es cierta: ésa era la tercera vez que Hugo se cruzaba en mi camino en momentos cruciales, dando una dirección a mi vida. La primera vez, por "casualidad", en Santarcangelo; la segunda vez, por "casualidad", en Bari, y la tercera vez, por "casualidad", en Barcelona, justo el día en que probablemente, sin su intervención, me habría rendido pensando que ese trabajo no era para mí.

Regresé a la Puerta del Ángel, porque presentarme en Canaleta después de él me parecía como profanar un lugar sagrado, y, dirigiéndome hacia el lugar establecido, me pregunté en qué modo y qué palabras debería usar para acercar al público. No quería improvisar. Así, me vino una idea. Sólo me faltaba una palabra en español para llevarla a cabo. Por lo tanto, detuve a un chico con una bella cara inteligente y le pregunté:

—¿*Cómo se dice troppo* en español? —puso cara de no entender, pero no me di por vencido e intenté con el inglés: *too much.*

—¡Ah! —se le iluminó la cara—. *Too much* se dice "demasiado". Perfecto.

Me ubiqué en un ángulo adecuado, me puse el bombín en la cabeza y seguí al pie de la letra las indicaciones de mi maestro: caminata, muro, apoyo, cuerda… de nuevo muro, caminata al contrario, otro apoyo… y cuando vi que el público era suficiente para formar un pequeño círculo, hice el gesto mímico de quien, protegiéndose los ojos del sol con una mano, mira a lo lejos de un lado al otro y comencé:

—Pienso que este teatro es demasiado grande para un artista modesto como yo. Yo pienso que un teatro más pequeño es mejor.

La gente se acercó y se colocó en círculo sin grandes dificultades; otros espectadores se unieron ordenadamente, rellenando el círculo. Yo finalmente pude comenzar el espectáculo en un espacio escénico delimitado y… ¡magia! ¡¡¡Funcionó!!! No sólo la gente reía, no sólo recibí aplausos, no sólo el sombrero se llenó de monedas, sino que, encima, ¡pude percibir el olor del coño! ¡Había ganado ochocientas pesetas en quince minutos de trabajo! No podía creerlo. Era más de que lo gastaba en un día.

Inmediatamente regresé a la Rambla... No, no a la de Canaleta, sino a la de Los Capuchinos, para tratar de hacer otro espectáculo y estar seguro de que el éxito no había sido casual. Fue aún mejor: gané mil pesetas. Lleno de entusiasmo, volví a Canaleta: ¡otras mil! Estaba aturdido. ¿Qué estaba pasando en mi vida? ¡Había ganado casi tres mil pesetas en menos de una hora!

Los días sucesivos fueron de una excitación incontenible. Durante varias noches no pude dormir por la felicidad. ¡Era mejor que haber ganado la lotería! Era como si hubiera encontrado una inagotable cornucopia, ¡una gallina de los huevos de oro! En cualquier parte del mundo habría podido ponerme en la calle y ganar lo que necesitaba para vivir, sin estar sujeto a horarios, contratos ni patrones. Lo que siempre había soñado se había realizado, y de una forma mejor a lo que ni en sueños habría podido imaginar. ¡Era libre! ¡Era libre! ¡Era libre!

* * *

Barcelona, como toda España, en ese tiempo estaba viviendo un renacimiento. Habían pasado pocos años desde aquel 20 de noviembre de 1975, cuando Francisco Franco liberó al mundo de su presencia, metiendo fin a una larga y sanguinaria dictadura que había anclado al país en el pasado. Aunque se tendría que esperar hasta 2008 para que pasara oficialmente a la historia como un criminal, su cuerpo todavía estaba caliente cuando en toda España se descorchaban más botellas de champaña que en Año Nuevo. Esa atmósfera efervescente era el marco perfecto para los primeros éxitos de la revolución personal que había iniciado dos años atrás. Finalmente podía alzarme sobre las barricadas detrás de las cuales había defendido mi derecho a autodeterminarme y, rugiendo, exponer mi pecho triunfador a ese enemigo hecho de escrúpulos, dudas, culpa y miedo que se debatía penosamente en retirada.

La primera decisión que tomó el gobierno revolucionario que había ocupado el palacio de mi vida fue cambiar de hotel. Como siempre he hecho en los innumerables lugares que me han hospedado a lo largo de mi existencia, me despedí con respeto y agradecí a esa mazmorra que me había acogido durante esos importantísimos e inolvidables días. Agradecí a la cama que soportó mis penas y mis entusiasmos, y ella de regreso me agradeció por haberle brindado nuevas historias que contar a los próximos huéspedes; me despedí de ese pequeño animal de agua que, agazapado en el mismo rincón, parecía casi triste por no poder ya regalarme sus escupitajos cafés; pasando por el corredor, le guiñé el ojo al interruptor de la luz, lancé un adiós al portero, quien me respondió sin levantar los ojos de un cómic, y me dirigí hacia el futuro.

Mi nuevo cuartel general se plantó en Plaza del Pi, en un hotelito que ya había notado y que, aunque costaba el triple, valía al menos diez veces más que el otro. Un buen cambio de estatus. A pesar de que se encontraba un poco más arriba, en el mismo Barrio Gótico, a diferencia de plaza Real, que hospedaba a quienes pagaban caro el precio por su "rechazo de la normalidad", Plaza del Pi era frecuentada por gente más afortunada, o tal vez sólo más astuta que, mientras podía, disfrutaba del privilegio y la aparente libertad que da sentirse un artista.

Me compré ropa nueva, comencé a visitar otros restaurantes que no fueran El Siglo, fumaba hachís de mejor calidad… Por la mañana desayunaba en una hermosa cafetería que estaba justo bajo mi pensión, iba a la Rambla, hacía un promedio de tres o cuatro espectáculos al día —una vez, llevado por el entusiasmo, llegué a hacer ocho—, me detenía a charlar un poco con uno, un poco con otro, unas tapas por aquí, un traguito por allá... Pero el lugar que más me gustaba visitar, por las tardes o por las noches, era un local histórico en calle Hospital —en catalán *carrer de l'Hospital*—, justo detrás del mercado de Boquería. Allí servían absenta, un licor alucinógeno a base de ajenjo, que llaman "el hada verde" o "el diablo verde", según el efecto que te hace. Era el licor de Baudelaire, Rimbaud, Van Gogh, Toulouse-Lautrec, Oscar Wilde... Era hermoso sentarse a esas mesitas de mármol, en las viejas sillas Thonet, poner un terroncito de azúcar en un tenedorcito en equilibrio sobre el vaso y verlo deshacerse vertiéndole lentamente encima el agua de una botellita, hasta que la mágica poción estuviese lista y el "hada verde" te mirara desde atrás del vidrio con sus ojos de esmeralda... dejarla escurrirse a traguitos por la garganta y sentir sus tentáculos insinuarse en los espacios libre del cerebro hasta enredarlo con su hechizo... y tomar otra... y otra... y luego salir y perderse por las calles del Raval, encontrarse con desconocidos, fantasear sueños inconexos con los borrachos, meterme en los peores lugares con gente que apenas conocía, charlar con ladrones y prostitutas no como un cliente o víctima, sino como uno de ellos, y evaporarme en la noche, envuelto por el silencio de alguna plazuela o por el ruido de un local público o de una fiesta privada. Me gustaba a morir esa sensación de marginalidad en que me ganaba la vida de manera tan poco convencional, sin depender de nadie, frecuentando a esos que, menos afortunados que yo, para huir de las garras de la "normalidad" estaban condenados a vivir constantemente en el miedo de tropezar con la represalia de la justicia.

Me gustaría, querida Inés, darte la imagen romántica de un abuelo que había encontrado su vocación de artista y que, comenzando desde el último escalón, daba inicio a esa escalera que en pocos años lo llevaría a entrar en los teatros más importantes por la puerta principal, pero desgraciadamente no es así. Más que sentirme un "artista callejero", en aquella época yo me sentía un "artista de la calle", o sea, un artista del arte de sobrevivir en la calle. Mis espectáculos no eran la expresión burguesa de una exigencia creativa, sino simplemente un arma en mi lucha por la supervivencia. No me sentía un artista para nada, sino uno que había encontrado una astuta estratagema que simplemente le permitía no ir a trabajar como esclavo. Ser un artista, al final, no es sólo una oportunidad para expresar un talento o alimentar el propio narcisismo, sino también una forma astuta de intentar disfrutar del privilegio de la libertad, concedido a quien tiene nacimientos más afortunados, sin tener que exponerse a los riesgos que implica ser un criminal.

Simplemente había sido, una vez más, afortunado. Entre los últimos recursos que podía encontrar para huir de la "normalidad", había encontrado aquello que, en esa fase de mi vida, me quedaba como anillo al dedo.

No obstante, aunque mis espectáculos eran más que suficientes para mis exigencias, y generaban respeto y admiración en el hormiguero de los habitantes de la calle, no despreciaba cultivar el encanto de pertenecer al bajo mundo, traficando con "gentuza" o llevando con mi *dealer* de confianza a todos los turistas que me interpelaban al respecto. Esos benditos espectáculos no sólo me hacían ganar dinero, no sólo me hacían conocer a un montón de gente, sino que hacían que me sintiera socialmente útil, desempeñando un importante servicio turístico, completamente descuidado por el municipio de Barcelona.

De hecho, en aquellos meses nunca me pasó que alguien me preguntara por Gaudí o la Sagrada Familia, pero no hubo un solo turista que no me preguntara en voz baja:

—Hey, ¿sabes dónde puedo comprar algo para fumar?

Entonces los llevaba a plaza Real con Basilio, un nombre incompatible con su profesión, y redondeaba abundantemente mi economía, recibiendo en especie lo que, considerando lo que fumaba, me habría costado demasiado.

Es curioso, pero me sentía más culpable por hacer los espectáculos que por prestarme a esos pequeños trueques. De hecho, todas las veces que en mis espectáculos pasaba con mi sombrero, siempre tenía la impresión de estarles robando aquellas monedas, porque pensaba que esa gente sonriente y generosa merecía ver a mi maestro Hugo en acción y no a alguien como yo que, compensando la inexperiencia con la simpatía, sólo cubría el mínimo de decencia que le permitía ganarse el sustento. Por el contrario, como guía turístico de los lugares más sórdidos de la ciudad me sentía totalmente calificado y a mis anchas.

Pero tampoco pienses que mi sociabilidad se limitaba a ese ámbito marginal. Para nada. Como había sido siempre desde niño, mi alma de bribón se fundía con la del buen chico y, a pesar de mi modo descarriado, ese barniz de cultura clásica que me había dejado el liceo, unido a una actitud naturalmente introspectiva de concebir la vida, también me permitía frecuentaciones normales e intelectualmente apreciables. Así fue como me gané la hospitalidad del amigo de un amigo de un amigo en una hermosa casa en el barrio de Poblenou. Era un joven doctor simpático y soltero, quien se llamaba Lluis Trabal. Fue él quien me hizo conocer la famosa canción de Rubén Blades, interpretada por la Orquestra Plateria, que se volvió mi banda sonora en aquellos tiempos: *Pedro Navajas.*

Por la esquina del viejo barrio lo vi pasar
Con el tumbao que tienen los guapos al caminar
Las manos siempre en los bolsillos de su gabán
Pa' que no sepan en cuál de ellas lleva el puñal…

Pero la cosa más sensacional, que me hacía reír tan sólo de pensarla, fue que menos de un mes después de haber llegado sin arte ni parte a esa inolvidable ciudad no sólo mi dinero aumentaba en lugar de disminuir, no sólo tenía un montón de amigos, un trabajo fantástico y una hermosa casa, sino que, además, ¡tenía un auto! No, no lo compré: me lo prestó una de mis… digamos… "novias". Se llamaba Monserrat y trabajaba en Vich, un hermoso poblado de origen prerrománico, ochenta kilómetros al norte de Barcelona. Dado que ella iba en tren a Vich, su comodísimo Diane 6 permanecía toda la semana a mi disposición.

La había conocido a través de un amigo napolitano quien, haciendo honor a sus orígenes, holgazaneaba por aquellos lares sin un proyecto. Era su ex. Me gustó, pero me pareció inoportuno cortejarla delante del simpático napolitano; por lo tanto, cuando el domingo se despidió para regresar a Vich, sólo tuve el valor de decirle:

—Buen viaje.

Sin embargo, unos días después el napolitano se fue y yo me encontré pensando en Monserrat. Entonces, un poco por las ganas de verla de nuevo, lo cual me creaba turbulencia en las vísceras, y un poco por la curiosidad de ver si lograría encontrarla, tomé el tren y fui a Vich. Sólo sabía que se llamaba Monserrat y que, por lo que había entendido, era maestra en una escuela primaria. No tenía más información, ni siquiera el apellido.

Llegué casi al mediodía y, aprovechando que era justo la hora de salida de las escuelas, pregunté dónde estaba la más cercana, esperando tener la suerte de verla salir llevada por un bullicioso jolgorio de niños. No tuve suerte. Y así comencé a dar vueltas por las cafeterías y los negocios de comida de la zona, preguntando si conocían a una chica llamada Monserrat: joven... con el cabello corto... castaño... que era de Barcelona... que enseñaba en la escuela primaria... Después de varios intentos, fue un carnicero —quien por lo flaco que estaba habría lucido mejor como verdulero— el que me dio el primer indicio útil. En realidad, quien me lo dio fue su esposa, la cual, habiendo entendido que se trataba de un asunto de amor, salió de la bodega de atrás con gran entusiasmo. Ella también era maestra y enseñaba justo en esa escuela cercana, aunque la única Monserrat que trabajaba allí pesaba ciento veinte kilos y tenía cuatro hijos: no podía ser ella. Pero su amabilidad de metiche no se detuvo allí. Emocionadísima por la idea de ofrecerle una connacional a un italiano, que no sé por qué en el imaginario de las mujeres de todo el mundo es el sueño más anhelado, salió del negocio y, caminando rápidamente, me indicó que la siguiera. Después de una cuadra, se paró delante de una casa de dos pisos donde vivía una compañera de trabajo y tocó el timbre. Del balcón del primer piso salió un mujerón con voz masculina. Las dos intercambiaron información incomprensible en catalán. Rieron. Luego, la que estaba en el balcón se dirigió a mí con una gran sonrisa, y para demostrarme que también hablaba italiano, me dijo:

—*Bello ragazzo, arrivederci, cappuccino, Marcello Mastroianni.*

Yo respondí a la sonrisa esforzándome por no dejar escapar a mis ojos debajo de su falda, que por la posición donde yo estaba ofrecía un espectáculo "irresistible". Pensando que hablaba italiano, se esforzó por darme a entender que ella tampoco conocía a ninguna Monserrat que correspondiera a mi descripción, pero que, "con tal de hacer feliz a un italiano", telefonearía a una amiga suya que trabajaba en otra escuela.

Cuando volvió al balcón, tenía buenas noticias: una Monserrat, joven y bella, trabajaba desde hacía dos años en una escuela primaria en la parte nueva de la ciudad. Era ella. Agradecí de todo corazón a ambas mujeres, no logré evitar enviar un ojo de reconocimiento debajo de la falda de la mujer del balcón, y con optimismo me dirigí a ese nuevo barrio donde los edificios modernos condenaban al anonimato a ese pueblito tan característico.

La escuela estaba cerrada, así que tuve que comenzar de nuevo con los negocios. En una hora ya tenía un domicilio hipotético. Al no conocer el apellido, el interfón no me fue de ayuda, por lo cual toqué en una puerta y pregunté. Eran todavía esos tiempos en que los seres humanos no estaban tan dominados por el miedo al otro. Salió un hombre en calzoncillos y me indicó la primera puerta a la derecha, en el segundo piso.

No estaba, y entonces le dejé una nota: la esperaría en una famosa cafetería de plaza Mayor.

Ya estaba oscuro cuando la vi llegar. No podía creer que me estuviera viendo sentado a esa mesa… y yo tampoco lo podía creer. Volvimos a su casa… y aquí lo siento, tengo que cerrar la puerta de su cuarto y dejarte afuera. Basta que sepas que esa noche traté de hacer honor a la fama de los italianos… y tal vez lo logré. Aprendí que calzoncillos se dice "bragas", *brasier,* "sujetador", mientras que tetas, culo y preservativo se dicen igual. Fue un amor dulce, y las dificultades lingüísticas enriquecieron esos largos momentos de cómodo silencio en que las caricias y las sonrisas hablan por los amantes.

Sabíamos que era una magia que duraría poco; por lo tanto, aprovechamos todos los fines de semana en que ella me alcanzaba en Barcelona. Entonces interrumpía mis aventuras ocasionales de días festivos y me dedicaba a ella. En esos tiempos alimentaba un amor de coleccionista por las mujeres, y aunque nunca llegué al embrutecimiento de dejarme llevar por máximas como: "Para un viaje corto cualquier bicicleta es buena" o "En tiempos de guerra cualquier agujero es trinchera", es cierto que conocí de todos colores, sabores, tallas y formas. Ella lo sabía, aunque no tenía el valor de apagar en mi rostro la felicidad inocente de un niño embriagado de entusiasmo que descubre un nuevo parque de diversiones. Se hacía tonta: sabía que no era su hombre, sabía que pronto me habría ido.

Una gran promiscuidad

Volví a Bari como héroe. Lo había logrado. Obviamente, había quienes me admiraban por el valor o que incluso me imitaron, dejando el puesto fijo de trabajo con la esperanza de tener mi misma suerte; había también quien, por envidia o por recelo, no me perdonaba por haberme brincado de golpe el tramite académico que da el derecho a tener el título de artista, mirándome por años como un intruso en esa categoría... y en realidad tenían razón. Yo no me sentía un artista, sino simplemente un hijo de mis tiempos: un hippie tardío de los años setenta que había encontrado el modo de ganarse la vida haciendo algo que le gustaba y que poco a poco aprendería a hacer cada vez mejor. Nunca me han interesado las modas ni las tendencias, sino que siempre he pescado mi cuento entre los arquetipos que trascienden a ambas, filtrándolos por el indeleble imaginario creado en la época en que me había formado. Nada más. Y aunque no puedo negar que sufriera un poco las miradas de suficiencia de quien se sentía un artista o las críticas de quien me ha considerado inadecuado o hasta un embustero, siempre me he consolado citando en mi cabeza una frase de Albert Einstein que recuerdo que dice más o menos así: "Todos los espíritus libres sufren los ataques de las mentes mediocres". Y así, sin hacer caso a nada que pudiera enfriar ni siquiera mínimamente mi entusiasmo, aquel verano del '82 me sumergí definitivamente en la atmósfera de alegre disolución que caracterizaría los años siguientes.

Mi nuevo estatus de "artista callejero" había disipado la bruma de la duda y del miedo que habían ofuscado mi pasado reciente, dejando espacio a un optimismo y a una seguridad en mí mismo que me permitieron aprovechar en forma perfecta esa última ola tardía que los años setenta habían lanzado a la siguiente década, antes que la inevitable resaca los borrara para siempre, transformándolos en una bella foto de familia.

Los que siguieron fueron años de gran promiscuidad. La separación entre mi generación y la anterior era tan abismal que los jóvenes que habían logrado escabullirse del recinto de la "normalidad" habían recreado una especie de familia extensa donde los títulos de "padre", "madre", "hermano", "tía", "primo", etcétera, eran sustituidos por un único grado de parentesco: los amigos. Ser amigo significaba que tu casa era la casa de todos y que las casas de todos eran la tuya; lo que se tenía se dividía en partes iguales; si tenías un trabajo que hacer, todos los amigos se prodigaban en ayudarte; si necesitabas algo, siempre había alguien dispuesto a prestártelo... y si alguien sufría un accidente, ¡era maravilloso!: empezaba a correrse la voz, se preparaban los sándwiches, se compraban las cervezas, se liaban un par de churros y ¡listo!, todos salían al auxilio. Los problemas individuales se diluían gracias al bullicioso interés de la colectividad; los pequeños malestares de la vida, como enfermarse, mudarse, pintar la casa, llevar el auto al mecánico y cosas por el estilo, se convertían en una ocasión para estar todos juntos y echar desmadre. Era una especie de tácito comunismo que nos envolvía en una intimidad emotiva, afectiva, psicológica y física, la cual nos llevaba a comer juntos, salir juntos, dormir juntos... Y no pienses en un grupito de unos cuantos amigos. En aquellos años la bola de amigos crecía desmesuradamente, ofreciendo una extraordinaria variedad zoológica que se ramificaba en diferentes modos de entretenerse, de sorprenderse y de escandalizarse mutuamente.

La higiene personal era por encimita —pero nadie hacía mucho caso... especialmente los hombres—, y las medidas contraceptivas y protectoras eran nulas. No sé cómo le hacíamos para no enfermarnos... más bien, para ser honestos, nos contagiábamos y también nos intercambiábamos los parásitos. Nos dividíamos todo: la casa, el auto, el hachís, la comida, el dinero... hasta las mujeres y los hombres. ¡Sí! Aparte de las parejas formalizadas desde hacía tiempo —animales raros en esos años—, el valor de la libertad era tan dominante que la idea de la traición no era tan escandalosa. Los celos eran considerados un sentimiento infame y vergonzoso, y aunque era imposible no sentirlos, se disimulaban heroicamente hasta cuando alguien perdía la paciencia estallando en pleitos furibundos, gritos, bofetones y trancazos, que daban una nota de contraste a esos días planos donde nadie había hecho una pendejada monumental, nadie había salido herido ni arrestado, nadie había enloquecido o nadie había regresado de un viaje ni había organizado una fiesta.

Pero las noches eran los momentos mejores. Era en la noche cuando el éxtasis y el tormento danzaban entrelazados uno al otro. Era la noche el momento en que los vampiros escondidos en el ánimo humano comenzaban a manifestarse, dejando aparecer esa fachada cruda sin la cual la humanidad sólo quedaría como la falsa representación de una idea. Era la noche que desnudaba la realidad en toda su trágica verdad: sin ficciones, sin política, sin representaciones, sin vanidad... sólo la auténtica desesperación que se manifiesta en todos los excesos que se esconden en la oscuridad. Es durante la noche cuando, a través de bailes, drogas, sexo, lágrimas y violencia, una humanidad perdida en sí misma, disfrazándose detrás de una alegría artificial, lanza al cielo ese grito de dolor que en todas las lenguas significa: "¡¡¡Auxilio!!!". Es durante las noches en que he participado en ese rito colectivo en el cual se abandona el sentido común, se desprecia el miedo, se arriesga la vida, se reta a la ley, se pierde el decoro, se turba la paz, se esconde el botín, se invade el territorio, se revela lo prohibido, se abraza al amigo, se amenaza al enemigo, se llora, se ríe, se corre, se exagera, se pasa el alto... Durante unos quince años viví de noche. El día era demasiado respetable para que valiese la pena despertarse a tiempo para verlo.

Estaba tan acostumbrado a despertarme entre el mediodía y las dos de la tarde que, en una ocasión que tenía que ir a hacerme análisis al hospital, me pareció que me despertaba al amanecer. Cuando, todo desvelado, a las ocho de la mañana bajé del quinto piso donde vivía con Laura, me quedé atónito por la increíble cantidad de gente que justo ese día "había decidido irse a hacer análisis". No tenía idea —en realidad sólo se me había olvidado— de que cada mañana, mientras yo me disolvía en una mágica fusión con el colchón, la gente normal ya había comenzado a mentar madres, a tocar el claxon, a pelear con los hijos y a pelear por un lugar de estacionamiento. Después de algunos años, envuelto en la bruma multicolor de una vida sin reglas, había perdido totalmente la noción de la vida "normal".

Ya era un *outsider,* un personaje aparte que vivía con un grupo de gente que, más que comitiva, es más correcto llamar manada. Pero tal vez incluso una manada de animales era más ordenada que nosotros. Nos movíamos sin criterio, transportados por la pacífica o impetuosa corriente de la intuición, del capricho o de la necesidad del momento, fundiéndonos uno con el otro buscando procurar el menor roce posible.

Todos se las arreglaban procurando vivir a través de recursos que ondeaban en el filo de la legalidad. Cualquier cosa, incluso correr el riesgo de terminar en la cárcel, nos parecía más aceptable que dejarnos tragar por la "normalidad".

Fumar hachís, más que un vicio, era un estilo de vida. Sólo más tarde tomaría las características de una "tradición generacional"; una cosa que se sigue haciendo sólo porque no se sabe qué más hacer. Pero entonces era todavía parte de nuestra rebelión, de nuestro modo de vivir y de nuestro rechazo a un mundo que despreciábamos, a pesar de que era evidente que no éramos capaces de crear uno mejor.

El arte

Aquel verano del '82, mientras la selección italiana de Bearzot, en España, para sorpresa de todo el mundo, vencía a la Argentina de Maradona con un inapelable dos a uno, hechizaba al Brasil de Zico y Falcao con tres golazos de Paolo Rossi, arrasaba con Polonia como se hace cuando quitas de una mesa las cosas inútiles, y finalmente metía un hermoso tres a uno a su víctima preferida, Alemania, yo decidí dedicarme al estudio: fui a Alcatraz. No, no te asustes, Inés, no se trata de la famosa prisión, sino de un bellísimo lugar en Umbría, donde Jacopo

Fo, hijo de ese Dario que muchos años después se haría acreedor al Premio Nobel de Literatura, había creado un centro cultural al que llamó Libera Università di Alcatraz. Quien vaya ahora no puede ni remotamente imaginar qué era ese lugar en sus albores: poco más que una comuna de pocos amigos, la cual hospedaba por vez primera un curso de teatro del gran Dario Fo[13]. Yo fui justo por eso. Quería aprender.

Fui con mi hijo Fabio, tu padre, quien había cumplido tres años. Pensé que había llegado el momento de compartir con él mi vida, a pesar de que ésta fuera lo opuesto de lo que se le puede desear a un niño, especialmente cuando la familia sólo está conformada por un padre-muchacho. Mi idea de educación se basaba en un principio básico: se necesita saber arreglárselas. Y él había aprendido a arreglárselas de inmediato. De hecho, en las mañanas, por ejemplo, dejaba en la tienda de campaña al padre en coma e iba a la cocina, esperando que alguien le preparara el desayuno. Recuerdo que un día, apenas salió, volvió a la tienda diciéndome que no podía ir, porque estaba "el pájaro que vuela". En el aturdimiento del sueño, yo le dije:

—Anda, Fabio, ¿qué tanto es un pajarito?

Pero él insistía, haciendo con sus manitas el gesto de las alas: "el pájaro que vuela, el pájaro que vuela".

"Chingados —me dije—, tendré que enfrentarme a los rayos del sol." Así, saqué la cabeza de la tienda y, deslumbrado por la luz, vi al "pájaro que vuela": era un pinche guajolote de un metro y medio que hasta a mí me daba miedo.

Después de una semana, por suerte, el niño fue salvado por su madre, tu abuela, que estando por esos rumbos a la búsqueda de

---

13 Dario Fo (1926 – 2016) fue un importante dramaturgo italiano, ganador del Premio Nobel de Literatura. Sus obras se caracterizaron por la feroz sátira política y el retrato magistral que recreó de la sociedad del siglo XX con sus comedias y sus inolvidables monólogos. Hoy día, su legado sigue gestando nuevos frutos en la dramaturgia novel.

sí misma, fue a recogerlo para llevarlo de vuelta a casa de sus padres.

Me pagué el primer curso de quince días, pero las otras dos semanas las costeé lavando los platos. En honor a la verdad, debo decir que casi nunca tuve que hacerlo solo, porque verme lavando platos les rompía el corazón a las muchachas que asistían al curso.

La humildad de este greñudo pelirrojo, con una historia tan interesante, quien con orgullo se pagaba el curso trabajando; quien, en la terraza, cosía con cuidado la cremallera del *sleeping bag;* quien trataba de ser padre aunque fuera evidente que no sabía por dónde comenzar, y quien indudablemente tenía talento como mimo, conquistó la simpatía de Darío. Recuerdo que le gustaba mucho el juego de ilusionista que hacía con el sombrero, el mismo que había aprendido con Hugo y con el cual recogía el dinero durante los espectáculos en la calle, y que he usado toda la vida para atraer la atención del público: repentinamente, el bombín parecía animarse con vida propia, saltaba de mi cabeza, se detenía en el aire a pesar de mis esfuerzos por empujarlo o jalarlo, no se movía ni un centímetro, me ponía encima, trataba de levantarlo, bajarlo... y de pronto era el bombín el que me empujaba y me jalaba de una parte a otra y me daba vueltas. Era un número hermoso. Un día, cuando vino un equipo de la BBC para entrevistarlo, hizo que me filmaran mientras me exhibía con esta atracción. Noté que me miraba con ternura, probablemente tocado por la desesperación con la cual luchaba en contra de esa misma "normalidad" de la que él había logrado escapar con tanto esplendor, sin que nadie me ayudara.

—¡Franca, mira qué bueno es! —le decía a su esposa.

Franca era la famosa Franca Rame, una hermosísima mujer que volcaba su instinto materno sobre cualquier pobre desgraciado que estuviera en su radio de influencia. Si es cierto que detrás de todo gran hombre hay una gran mujer, no hace falta que lo confirme en forma más evidente. Franca me miraba por detrás desde sus grandes anteojos, y estaba claro que le habría gustado ayudar a ese talento inconsciente que con toda probabilidad estaba condenado a perderse entre la dificultad, el cansancio, las dudas y la droga. Ella sabía bien que, entre cien mil soldados que salen de la trinchera para lanzarse al ataque, sólo uno se convierte en héroe. Quería ayudarme, pero ¿cómo?

Sólo tres años más tarde la casualidad le dio a su marido, Dario, la posibilidad de ofrecerme una prestigiosa oportunidad.

Durante ese verano no sólo aprendí mucho sobre el arte del juglar, sino que me abrí a un mundo inaccesible para los chicos de provincia como yo. Pasé ese mes en compañía de gente de mi generación que se había distinguido en el ámbito del arte y de la sátira política. Había algunos artífices del *Male* —fantástica revista de sátira de esos tiempos—, entre ellos el inolvidable Andrea Pazienza, genial caricaturista que causó al mundo la imperdonable afrenta de morir demasiado pronto. Nos caímos bien de inmediato y nos divertíamos mucho fumando churros, bebiendo Campari, diciendo tonterías y tirando con el arco. Y luego estaba Jacopo, el dulce Jacopo, hijo de Franca y Dario. Un joven esquizoide de mi edad, quien me gustaba mucho por su volcánica y desordenada inteligencia, pero a quien nunca logré envidiar porque, mientras que a mí nadie me pelaba y nadie esperaba nada de mí, él siempre tenía encima todos los ojos y todos esperaban mucho de él. "¡Una tortura! —pensé—. Si fuera él, me haría una identidad falsa y me iría a vivir a otra parte del mundo." Y, pensándolo ahora, es justo lo que, a pesar de que mis padres fueran unos perfectos desconocidos, después de diez años habría hecho: renunciar al nombre civil, al apellido familiar e irme a vivir a otros continentes.

* * *

No había pasado mucho tiempo desde mis tormentos matrimoniales y bancarios, pero a mí me parecía que había pasado un siglo. Ahora viajaba completamente en otro mundo; un mundo que nunca me habría imaginado que exploraría: el arte.

Si Hugo había sido el iniciador, Dario fue el inspirador; pero lo que dio un verdadero giro a mi historia de artista de teatro fue el encuentro con Armando Pugliese.

Eran finales de septiembre y yo estaba impaciente por partir de nuevo para ir a probar mis flamantes capacidades en el teatro de calle más importante de Europa y tal vez del mundo: el Beaubourg de París, donde los mejores artistas de calle se exhibían en las calles aledañas ante el perpetuo flujo de turistas. Además, lo que aumentaba mi prisa por irme era también la relación con Laura, que sentía estar deslizando en las arenas que transforman la orgullosa independencia en una dependencia vergonzosa. Pero evidentemente mi destino no era por esos derroteros. De hecho, una tarde en que habíamos ido al Instituto de Bellas Artes a ver una exhibición de artes plásticas y danza, Pino Schiavulli, un actor de esos que había conocido en el curso de mimo de Hugo, me dijo con increíble entusiasmo:

—¡Armando Pugliese busca a un actor!

—¿Armando Pugliese? ¿Y quién chingados es ése?

—¿Cómo que quién es? —insistió Schiavulli, de quien después descubriría que era una excelente persona a pesar de su insoportable cuidado maniático que tenía con sus cosas—. Es el director de *Masaniello!*[14] Pugliese es un director romano ¡famosísimo!

---

14 Famoso espectáculo teatral de Armando Pugliese, que cuenta la epopeya de un colorido héroe popular del 1600 napolitano.

En realidad, como pronto descubriría, Armando era Pugliese de nombre[15], napolitano por nacimiento y romano por adopción.

—Anda —insistió Schiavulli—. Es una ocasión imperdible. ¡Piensa qué suerte! ¡Uno de sus actores se rompió la pierna! Las audiciones son mañana en Mola di Bari.

—¿Mola di Bari? ¡Nooo! ¡Qué hueva!

Mola es una pequeñita ciudad de mar, unos veinte kilómetros al sur de Bari —la misma de la famosa sesión espiritista—. No tenía nada de ganas de ir, ¡pero el buen Schiavulli insistió tanto...! Era la segunda vez que la insistencia de un amigo me salvaría la vida.

El teatro Van Westerhout de Mola di Bari es una joya que te sorprende encontrar en un pueblecito de pescadores, famoso no tanto por su teatro, sino por la Feria del Pulpo. Es una miniatura clásica recubierta de terciopelo rojo, con trescientas butacas distribuidas entre platea, tres niveles de palcos y una galería. Cuando entré, quedé encantado. Era la primera vez que estaba en un teatro fuera del horario del público. Me enamoré: ese aire de suspensión... su silencio amortiguado que conecta naturalmente con la extraña sensación que hace grandes las cosas inútiles... el escrúpulo que instintivamente te impide hablar en voz alta... esos pocos ruidos que, en su soledad, se tornan eternos ... y esa boca llamada escenario, donde sólo la sinceridad de los actores será capaz de invocar al divino, de modo que los use cada vez para crear algo único e irrepetible. Un teatro vacío es como un templo. ¡Mejor que un templo! Si las iglesias desde siempre se han visto afligidas por un ritual que cada día se torna más y más mecánico, el

---

15 Juego de palabras entre el apellido del director y el gentilicio de los nacidos en la región de Apulia, en italiano Puglia.

teatro nunca se repite. Si es verdad que Dios es el creador, es mucho más fácil encontrarlo en un teatro que en una iglesia, porque sólo lo que pertenece a los hombres se repite siempre, mientras que lo que pertenece al "divino" no se repite nunca.

Había una decena de personas en platea, las cuales parecían normalísimas personas de bien. Luego supe que se trataba de los actores de la compañía. Yo, con el habitual aire de quien está constantemente de viaje, me senté en la primera fila con las piernas abiertas, dando más la impresión de un cliente de un club de *striptease* para camioneros que un actor. Todos esperaban que el Maestro llegara de Roma. Después de media hora, el Maestro llegó. No sé si en la vida de Armando Pugliese haya habido un solo momento en que aparentara tener menos de sesenta años. Dicen que Lao-Tsé, desde su nacimiento, ya tenía ochenta años; Armando tenía que ser uno de esos casos, porque ese día, cuando entró en el teatro, sólo tenía treinta y seis, aunque aparentaba muchos más. Como sucede con muchos artistas, Armando tenía dificultad para contener el conflicto entre el genio que lo habitaba y los límites mortificantes de la lógica; y sin conocer otros sistemas para derribar el recinto que le impide a todos cabalgar libremente en el horizonte infinito de la imaginación, desde la mañana disparaba cañonazos de Johnnie Walker contra ese recinto, con la intención de derribarlo, y lo hacía con tanta insistencia que, cuando finalmente abría un boquete, aun cuando finalmente podía correr libre en la pradera de la fantasía, caía continuamente en los agujeros que él mismo había hecho con el cañón. Si todos podemos ser asociados con un animal, seguramente él era un lobo.

Ahora me preguntarás: "Pero, si era un famoso director, ¿qué hacía en Mola di Bari?". Probablemente fuera lo que él mismo se preguntaba cada mañana cuando abría los ojos.

Armando era un verdadero artista, y como tal se adaptaba malamente a los límites impuestos por las grandes producciones; por lo tanto, cayendo en uno de los tantos hoyos que se creaba él solito, para fortuna mía aceptó la propuesta de una compañía teatral amateur de provincia que tenía la ambición de convertirse en una compañía profesional.

Entró por la puerta lateral izquierda del teatro y de inmediato fue evidente que no se trataba de un lobo de manada, sino de un "lobo de la estepa": espalda encorvada de quien simplemente no tiene ganas de tenerla derecha, escondido entre cabellos, barba y ojos miopes, y paso pesado, lento pero implacable, no tanto de quien se dirige hacia una victoria segura, sino de quien sabe que perderá, aunque con gran dignidad. Ahora, después de tanto tiempo, me gustaría decirle: "No te preocupes, Armando, conmigo ganaste desde el primer momento".

Entró por la puerta lateral, bordeando el escenario: *bum, bum, bum*... Atravesó la mitad de la sala. Me rebasó por unos pasos cuando de pronto se detuvo y, tal como hacen en las caricaturas, dio dos pasos hacia atrás para volver hasta mi lugar, se volteó hacia mí y me observó como si fuera un error de la realidad. Efectivamente, en ese teatro yo no tenía nada que ver. Me dejé observar como si el tiempo no tuviera límites, tal como en el zoológico hace un animal consciente de su propia rareza, cuando desde detrás de las barras observa con curiosidad a un visitante quien, a su vez, lo observa con curiosidad. Luego se sentó a mi lado en la platea y con su voz de lobo me preguntó:

—Y tú, ¿quién eres?

Sólo después comprendí que su sorpresa no fue tanto por encontrarse en el teatro con un tipo como yo, sino porque el actor que él estaba buscando debía interpretar el papel de Wild Bill Hickok:

un malandrín que Buffalo Bill llevaba en su circo, junto con Toro Sentado y Calamity Jane, y al que el "par de ases con ocho" debe el nombre de "mano del muerto", ya que era el juego que el viejo Bill tenía en la mano cuando le dispararon a las espaldas durante una partida de póquer. A juzgar por la foto, yo era una copia de Wild Bill Hickok: cabellos largos, nariz aguileña, la misma mirada, bigotes... A él sólo le faltaba la barba.

Le expliqué a Armando mi breve historia y mi currículo inexistente. Él se mostró interesado y divertido, y me dijo:

—Está bien, prepara algo y mañana vienes y me lo haces ver.

—Armando —le contesté—, hoy estoy aquí, mañana ¡quién sabe! Lo que sé hacer hoy lo sabré hacer mañana. Si quieres verme, éste es el momento.

Armando no se lo esperaba. Aún más intrigado, se acomodó en la silla, me señaló el escenario y cruzó las piernas, esperando ver qué cosa era capaz de hacer. No fui capaz de mucho: no era un actor, simplemente era alguien que se las arreglaba entreteniendo al público el mínimo suficiente para convencerlo de dejarle alguna moneda en el sombrero. Eso era todo. No obstante, cuando terminé mi breve audición, comprendí que me había elegido. No contrataría al actor: contrataría al hombre.

De niño, mi ideal era el *cowboy*. Siempre jugaba con mis solda-ditos, y el único disfraz de carnaval que concebía era el del *cowboy*; lástima que esos pinches anteojos negros que mi padre me había impuesto por un exceso de preocupación arruinaran el disfraz del que estaba tan orgulloso. Pero cuando salí por primera vez al escenario, con sombrero, cinturón y pistolas, ya no tenía los anteojos. Todavía recuerdo la carcajada de Armando, que retumbó en el teatro, la primera vez que aparecí en el escenario durante los ensayos.

Acostumbrado a exhibirme solo por la calle, donde para sobrevivir tienes que ser capaz de hacerte tan visible e hipnótico como para atrapar la atención de la gente que no salió de casa para verte a ti, presentarme acompañado en el escenario me pareció un juego. Mi presencia escénica era desbordante, excesiva y contagiosa, aunque cuando abría la boca no se entendía una chingada. Iba demasiado rápido, no me acordaba del texto, me comía las palabras... pero al final la exuberancia del personaje hacía que las palabras fueran secundarias; y así, a pesar de todo, funcionó.

Lo que para cualquiera habría sido un gran momento, es decir, pasar de la calle al teatro, y además bajo la dirección de un famoso director, para mí no fue nada especial: yo sólo estaba esperando que esos dos meses de presentaciones terminaran para poder embolsarme el dinero y volver finalmente a mi vida de vagabundo. Pero cuando las representaciones terminaron y estaba listo para dar las gracias, despedirme e irme, Armando me detuvo:

—Espera. ¿Quieres dar clases de mimo para mi compañía?

¡Eso sí que me tomó por sorpresa! Apenas había pasado un año desde que había participado en aquel curso de mimo de diez días.

—Armando, tú lo sabes: yo apenas acabo de aprender el mimo y nunca lo he enseñado a nadie.

Armando acercó su cara a la mía con un nocturno aire de reto, me miró desde detrás de sus ojos "loberos" y, con su crónico acento napolitano, me dijo:

—¿Te la avientas o se te encoge?

—¿Me pagan? —le respondí, regresándole la pelota a su mitad de ese campo donde los hombres adoran retarse.

—Te pagan —confirmó, meneando perezosamente la cabeza.

—Entonces, ¡claro que me la aviento!

Fue así como me encontré, apenas un año después del encuentro con Hugo, enseñando lo que aún no había aprendido, confirmando la veracidad del dicho: "Si quieres aprender algo, enséñalo". Si mi prueba como actor no tuvo nada digno de ser mencionado, como maestro de mimo me las ingenié magníficamente, dejando una excelente impresión tanto en mí como en los demás.

Pero la Navidad se acercaba, y París estaba allí con su Beaubourg esperándome: esto era lo único que me interesaba. Así que, cuando cobré, una vez más di las gracias, me despedí... y una vez más Armando me detuvo:

—Espera. El próximo espectáculo que tenemos que hacer es un cuento, *Fiaboplast,* que requiere mucho trabajo de imagen. ¿Te gustaría hacer las coreografías mímicas?

Si la primera propuesta me había sorprendido, la segunda me dejó que no podía creerlo. Yo ni siquiera sabía que existiese la figura del "coreógrafo mímico".

—Armando... tú bien sabes que nunca he hecho de...

—¿Te la avientas o se te encoge? —cortó de golpe, penetrándome con los ojos justo hasta el punto donde un hombre que se considere como tal no puede echarse para atrás.

—¿Me pagan? —apremié para defender orgullosamente mi identidad de mercenario.

—¡Te pagan!

—¡Claro que me la aviento! Lo peor que me puede pasar es no ser capaz, pero entonces será más un problema tuyo que mío.

Encontrarme poco después de un año haciendo de coreógrafo en el teatro hizo que incluso me olvidara de Beaubourg.

Fiaboplast era, por más de la mitad, coreografía. Contaba la odisea de un niño que, para salvar a sus padres de una condena a la que él mismo, sin querer, los había destinado, pasaba a través de los mundos del viento, del fuego y del agua, donde personajes fantásticos lo ponían a prueba. ¡Carne de primera para un coreógrafo mímico! Durante ese mes de ensayos, por primera vez comencé a ver el teatro no sólo como una cómoda escapatoria para ganarme la vida "sin trabajar", sino como una oportunidad expresiva. No sólo me descubría creativo, sino que también tenía un innato sentido del ritmo teatral y era capaz de transmitir a los actores las imágenes de mi fantasía, con la certeza del efecto que tendrían en el público. Lo poco, o mucho, que había aprendido de Hugo en la calle, de Dario en Alcatraz, pero sobre todo de Armando al verlo trabajar, había florecido mágicamente para darle vida a un nuevo tipo de flor. El siguiente año, en el '84, durante una gira en que participaría también como actor, con este espectáculo ganamos el Premio Stregatto, un reconocimiento nacional que nadie pela. Pero yo nunca he sido sensible a los premios: con la suficiencia típica de las personas arrogantes, el único juicio que contaba para mí era el mío, y a pesar de la inflexible rigidez con que me trataría hasta el 18 de enero de 1993, cuando esta historia terminará, para la ocasión de este espectáculo me sentí verdaderamente satisfecho con mi trabajo. Y lo mismo sucedió con el espectáculo siguiente: *La guerra dei topi e delle Rane*, es decir, *La guerra de los ratones y de las ranas*.

Cuando, a finales de marzo de 1983, agradecí a todos y me despedí de Armando, pensando que la historia ahora sí terminaba verdaderamente allí, la escena se repitió. Armando me explicó que tenía en mente un espectáculo importante: dieciocho actores con máscara, un espacio escénico no convencional, tres meses de ensayos, gran trabajo coreográfico. Otra vez me preguntó si estaría interesado en acompañarlo en esa aventura. El guion ya nos los sabíamos:

—¿Te la avientas o se te encoge?

—¿Me pagan?

—Te pagan.

—¡Claro que me la aviento!

Durante esos increíbles tres meses me olvidé completamente de que era un principiante y sin darme cuenta me convertí en un profesional. Armando me confió la compañía para que creara las coreografías para el espectáculo que él tenía en mente y que me había ilustrado durante largas noches de churros y Johnnie Walker. A lo largo de tres meses, ocho horas al día, torturé a los pobres diecisiete actores más uno —yo mismo—, pretendiendo y obteniendo cosas que ni siquiera el Living Theatre se habría atrevido a pedir.

El espacio escénico era abierto y estaba constituido por un gran recinto cubierto de un material que parecía tierra, orujo de olivas —que en realidad es el hueso de la oliva desmenuzado—. El público se ubicaba en dos escalinatas en los lados largos del rectángulo. Como el nombre del espectáculo induce a pensar, *La guerra de los ratones y de las ranas* trataba de batallas, marchas, emboscadas, ataques y golpes, por lo que parte de los ensayos consistía en agarrarnos a trancazos, y las únicas pausas que concedía a los actores eran cuando alguno se lastimaba. Animado como estaba por la idea de que la vida es breve y no hay que perder ocasión para exprimirla como un limón, tomé a los pobres actores como los limones que quería exprimir, empujándolos a lograr una condición atlética que nos permitía saltar uno sobre el otro, aventarnos y rodar por el suelo, hacer saltos mortales en el aire, interpretar heridas y asesinatos espectaculares... En pocas palabras, ¡una satisfacción! Aunque durante meses íbamos por allí todos llenos de moretones, escoriaciones y heridas lacerantes, nos sentíamos realizados. Al final, dos se rompieron una pierna:

—¡Qué chingados importa! —nos dijimos—. Lo importante es el arte.

Lo que te he contado hasta ahora no es nada comparado con lo que sucedió en agosto de ese mismo año, cuando, al término de las representaciones de *La guerra...*, como de costumbre agradecí y me despedí, pensando que finalmente esta vez lograría, después de un año de postergarlo, llegar a París. Agosto era un momento perfecto para presentarse en ese pinche Beaubourg. Pero otra vez Armando me sorprendió con un "espera".

Para completar la estación, la compañía tenía que producir un último espectáculo, pero él no tenía ganas de hacerlo; por lo tanto, me propuso que lo dirigiera yo.

¿Director? ¿Director yo? No podía creerlo. De nuevo tuve que recordarle que nunca había asistido a ninguna academia y que sólo dos años atrás al teatro no habría ido ni con boletos regalados.

Esta vez el diálogo, que se repetía ya por cuarta vez, tuvo sólo dos renglones:

—¿Te la avientas o se te encoge?

—¡Claro que me la aviento!

Ni siquiera pregunté si me pagarían. ¡Habría pagado yo por tener una ocasión de ese tipo...! Pero... pero ¿qué espectáculo haría? Yo no había leído nada de teatro, y para mí Shakespeare, Ionesco, Molière y Pirandello eran sólo nombres para citar cuando quieres lucirte en sociedad. Por lo tanto, pregunté:

—Ok, Armando, pero ¿qué pongo en escena?

Él me miró, disfrutando ese cinismo que es bello sólo cuando no eres la víctima y, como cuando lanzas a un niño al mar a fin de que aprenda a nadar a sus costillas, se acercó un poco más y me espetó en la cara:

—No es mi pedo.

Se dio la vuelta y, esperando que no me ahogara, se fue, dejándome solo ante la vida. Armando era un verdadero maestro. Cuando, muchos años después, se dejó arrastrar a la India, donde habría querido compartir con él un tesoro que había encontrado pero que él rechazó —estaba muy encariñado con ese dolor en que hurgaba para encontrar su inspiración como para poder aceptarlo—, encontró una definición perfecta para sí mismo: "Buda cariado". Haberme desafiado con ese tan varonil "no es mi pedo", dejándome con la papa caliente de encontrar yo solo lo que habría puesto en escena, fue una de las más grandes enseñanzas que he recibido, además de una extraordinaria oportunidad.

Aun cuando, ante los ojos del profano, el cinismo de los maestros pueda parecer crueldad, ante los ojos de un iniciado no escapa que en realidad sólo se trata de compasión, esa compasión que se necesita para tener el valor de dejar solo, delante de su destino, a alguien a quien se ama, incluso a costa de perderlo para siempre. Hay una gran diferencia, querida Inés, entre "crecer" y "madurar". Para crecer basta aprender lo que se te enseña, aunque para madurar es necesario erigirse en soledad delante de la vida y encontrar las propias respuestas.

"¿Qué hago? ¿Qué hago? —me pregunté durante días, caminando como loco de arriba abajo por la ciudad—. Pero ¡mira en qué chingada situación me metió este 'cabrón'! ¡No puedo dejar escapar una oportunidad así! Pero ¿qué hago? ¿Me pongo ahorita a leer teatro con este calor? ¡No! ¡Qué hueva! ¿Qué hago? ¿Qué hago?"

Tenía un mes, máximo dos, para decidir qué hacer y otro para llevarlo a cabo. Necesitaba una historia, una historia, una historia... y la historia llegó.

Recordé que una noche, una de las tantas en que diversas formas de transgresión nos envolvían en la habitual nube de felicidad tóxica, en equilibro entre el éxtasis y la desesperación, Marcello, una excelente persona que nunca se habría mezclado con gentuza como nosotros de no haber sido porque era un colega mío de la compañía de teatro, insistió en contarme una historia. No era precisamente el momento para contar "una historia": ¡la historia la estábamos haciendo nosotros! Pero él insistía e insistía. Si hubiera sido otro, lo habría mandado simpáticamente "a la chingada", pero sentía gran simpatía y estima por ese chico inteligente de cabellos rizados y voz impostada de locutor radiofónico; y así, a pesar del desmadre alrededor, intenté darle la atención que me pedía.

Me acordaba de esa noche, me acordaba de su insistencia, pero no me acordaba de la historia. "Marcello es una persona inteligente —me dije—. Si insistió tanto para contarme esa pinche historia, significa que tenía que valer la pena."

No lo pensé dos veces: me monté en mi motocicleta blanca, una V7 especial de 1970 que le había comprado ese año a mi amigo Pantera —aquél de los muslotes inquietos quien, mientras tanto, había hecho una fortuna con las discotecas en la región de la Romaña—, y devorando el asfalto candente que, siguiendo la costa adriática lleva hacia el sur, a toda velocidad lo alcancé en su casa en el mar.

Estaba sumamente contento de verme y de poder tener mi plena atención. Fue por un libro de Hans Christian Andersen y allí, en el estacionamiento de la casa, con su hermosa voz, me leyó un bellísimo cuento: *Claus el pequeño y Claus el grande*. Era una historia de una crueldad sublime. Era la historia para mí.

El buen Marcelo se quedó con el libro en la mano mientras veía a su extraño amigo montar de nuevo en su motocicleta, sin perder tiempo, y partir como rayo hacia el futuro. Me conocía lo suficiente como para saber que, con ese simple "gracias" que le lancé pensando desde ya en cómo realizar en teatro esa historia, inmediatamente él había saltado en ese pasado donde la gratitud se vuelve eterna.

Ahora simplemente se trataba de transformar ese cuento en un espectáculo teatral. Me vino inmediatamente a la mente Michele Serio, el escritor de *Fiaboplast*. Él aceptó la invitación, aunque comenzaría a escribir después de sus vacaciones en esa tierra que sólo durante algunos años más se seguiría llamando Yugoslavia. Nada más se trataba de esperar tres semanas.

Pedirle a un joven que espere significa someterlo a la más insoportable de las torturas. La vida corre, ¡no hay que esperar! Por lo tanto, como me sucedía todas las veces en que me veía abrumado por un problema que no sabía cómo resolver, comencé a caminar por la ciudad, imaginando varios escenarios donde esa bellísima historia pudiera ser contada. Pero un día mis piernas se cansaron de llevar por todas partes esa cabeza que remolineaba en una tormenta de imágenes, escenas, palabras, efectos escénicos y soluciones técnicas. Por lo tanto, me detuve y me dije: "¡Chingada madre! ¡¿Qué chingados hace falta para escribir esta mierda de espectáculo?!". Y así, tomé un cuaderno de esos grandes y una pluma, y en una bella habitación de la casa de via Peucezia, donde con Laura habíamos llevado la alegre comitiva de via Abbrescia, me senté a la mesa y me pregunté: "¿Cómo es el espectáculo que quiero hacer? ¿Cómo empieza? ¿Cuál es la primera escena?". Y comencé a escribir.

Patio mediterráneo. Día.

GRAN CLAUS: *[Entra por la izquierda, con aire jactancioso y prepotente.]* Y entonces, Claus, ¿quieres estos caballos o no?

PEQUEÑO CLAUS: Sí, sí... aquí estoy, Claus...

GRAN CLAUS: ¿Estás contento porque hoy te toca?

PEQUEÑO CLAUS: Sí, sí... de hecho yo había...

GRAN CLAUS: Durante seis días he usado yo tu caballo, y ahora es justo que por el día de hoy uses tú a mis seis caballos.

PEQUEÑO CLAUS: Sí, sí... de hecho yo...

GRAN CLAUS: Cuídalos, pero, sobre todo, ¡no te olvides de que ésos son mis caballos!

PEQUEÑO CLAUS: Sí, sí... de hecho...

GRAN CLAUS: Sabes bien que yo soy el gran Claus porque tengo seis caballos y tú eres el pequeño Claus porque tienes sólo uno.

PEQUEÑO CLAUS: Sí, sí...

GRAN CLAUS: Si confundimos los caballos, podrían pensar que tú eres el gran Claus.

PEQUEÑO CLAUS: Sí...

GRAN CLAUS: ¿Eres acaso tú el gran Claus?

PEQUEÑO CLAUS: N... no.

GRAN CLAUS: *[Pausa]* Bueno. Entonces, cuidado, Claus. Mucho cuidado.

Veinte días después había escrito mi primera obra teatral. La había dotado de un título largo pero explícito: *El Gran Claus y el Pequeño Claus, historia de enredos y de maldades*. Había transportado mi mundo a aquella historia del siglo XIX ambientada en Dinamarca, animándola con ladrones, *dealers*, prostitutas, mercados, motocicletas, policías, imbéciles, víctimas, desposeídos... aderezándola con un hilarante humor negro hecho de asesinatos, sangre, vísceras, cuchilladas y sierras eléctricas.

Escribir es hermoso. Todas las mañanas me despertaba tempranísimo: a eso de las once, once y media, preparaba el primero de una larga serie de cafés, me sentaba ante el escritorio y enrollaba el primero de una larga serie de churros, dando una ojeada a lo que había escrito la noche precedente. Así comenzaba otro día de viaje, en este mundo y en estas vidas de las que el autor es el primer espectador. Me moría de la risa solo, hasta las lágrimas, por las tonterías que me venían a la mente y por las situaciones que inventaba para avanzar con la trama. Frecuentemente llamaba a la banda de perturbados que holgazaneaba en las otras habitaciones no sólo para leerles lo que había escrito, sino también para representar la escena, interpretando a todos los personajes.

En los primeros días de septiembre presenté mi trabajo para el análisis de Armando. Le gustó todo, menos una escena: la única en que había dejado la ambientación original del cuento. ¡Qué suerte!, porque ese nuevo problema que tenía que resolver me dio la posibilidad de crear la escena más apreciada del espectáculo. De hecho, caminando por la noche en Corso Cavour buscando una solución, fui iluminado por una idea que, combinando ritmo, paradoja, equívoco, repetición y *clown*, creaba un mecanismo hilarante. Riendo solo, la repetí en mi cabeza llenándola de detalles, hasta cuando llegué a mi cuaderno para transformarla en esa escena que, en un espectáculo, entre todas es la más delicada: la que antecede al final. Era increíble, pero había escrito una obra teatral con veinticuatro personajes que serían interpretados por ocho de los actores de la numerosa compañía de Armando.

En realidad, la compañía Teatro Sud no era de Armando, sino de Vittorio Capotorto: un cuarentón, pelirrojo como yo, quien como yo había dejado la banca y quien, librando tal como yo su personal batalla contra la "normalidad", había arrastrado en su "locura" a numerosos parientes y paisanos, arruinándoles la vida y destruyendo a numerosas familias. Vittorio era quien proveía el dinero, los espacios, los créditos y los apoyos necesarios para satisfacer cualquier capricho artístico del Maestro; para agradecerle, Armando no perdía la ocasión de maltratarlo para castigarlo por ser quien era. En realidad Armando trataba mal a todos, y era un misterio el hecho de que, entre más maltrataba a la gente, más lo amaba la gente. Era suficiente darle el más mínimo pretexto para merecer sus despiadadas estocadas. Las cenas con él siempre eran en riesgo de transformarse en una "última cena"; eran una tortura. Todos tenían miedo de exponerse y nadie sabía nunca contra quién se descargaría esa crueldad alcohólica detrás de la cual amaba esconderse. Bastaba una mínima señal de debilidad "moral", como la vanidad, el miedo, la soberbia, la avaricia, el servilismo, la duplicidad... o una simple palabra fuera de lugar, para que el desafortunado terminara expuesto en el centro de la arena, para mostrar al público cómo y por cuánto tiempo sería capaz de soportar sus cornadas. Pero todos sabíamos que la lógica de esa corrida era inversa a las que se presentan en la plaza de toros; de hecho, mientras que en las corridas tradicionales muchos toros terminan delante de un solo torero, en las nuestras muchos toreros terminaban cornados por un solo toro: Armando. Fue en esa arena donde aprendí a estar atento a no decir tonterías.

Cuando comencé los ensayos, el "toro" pastaba en la campaña romana corneando a algún actor desafortunado que había ido a buscarlo pidiendo un consejo o un favor, y me había dejado capitaneando una nave compleja de guiar. El Teatro Sud no era un simple grupo de actores tambaleantes, sino una compañía profesional dotada de un teatro, el Van Westerhout, de una sastrería que producía vestuario, de una carpintería que construía la escenografía y de un laboratorio que confeccionaba máscaras y utilería de látex. Entre actores, técnicos, escenógrafos, vestuaristas, músicos y administrativos, estamos hablando de casi treinta personas, quienes esperaban que les dijera lo que cada uno tenía que hacer. Y lo querían saber por mí.

Como había visto hacer a Armando, de quien no sólo había adoptado la impostación técnica, sino también el estilo de maltratar a todos —cosa que unos años más tarde me costaría prácticamente la carrera—, puse en movimiento ese hormiguero que comenzaba a bullir temprano por la mañana en los laboratorios de escenografía y sastrería, para luego serpentear durante el día entre reuniones técnicas, pruebas de canto, sala de grabación, churros y bar, hasta terminar, entrada la noche, en el teatro con los ensayos.

La cosa que no dejaba de sorprenderme era la absoluta ausencia de dudas con que lograba imponer mis ideas como única ley, contagiando a todos con mi visión e imprimiendo sin dificultad el funcionamiento y el ritmo de trabajo. Pero era durante los ensayos, escuchando mi propia voz dando indicaciones a los actores en la boca vacía del teatro, cuando mi asombro lograba dividirme entre la inteligencia del que hablaba y ese pendejo que siempre había pensado que era. De hecho, este último, "ese pendejo que siempre había pensado que era", se quedaba desorientado al encontrarse a merced de otro "yo" que no conocía, pero que por fortuna había tomado el control de la situación. ¿Quién hablaba en mi lugar? ¿Cómo lograba saber lo que decía? ¿Cómo lograba no tener dudas e hipnotizar a todos con mi certeza…? Pero no tenía ciertamente tiempo que perder detrás de la filosofía; era necesario seguir adelante: el teatro es siempre una carrera contra el tiempo, especialmente cuando los golpes del destino, o la mezquindad humana, como sucedió en este caso, obstaculizan los proyectos que inflaman el corazón del artista. No hay nada que pueda enfurecer más a un artista que un estúpido obstáculo en su proyecto. Concuerdo plenamente con Oscar Wilde cuando dice: "Un poeta puede perdonar todo, menos un error de edición". Quien nunca ha escrito un poema no puede entender y dirá: "¡Vamos, no es para tanto! ¡Al final es una coma fuera de lugar!". No se trata de una estúpida coma, sino de una oportunidad perdida de regalarle al universo algo que, por pequeño que sea, con esa "estúpida coma" en el lugar correcto habría contribuido a realizar ese ideal que se llama "belleza", ese sentimiento que se llama "amor" y ese viaje que se llama "evolución", al cual los artistas inmolan desconsideradamente sus vidas. No se trata ya de una coma: es una cuestión de vida o muerte.

La diferencia entre alguien que trabaja y alguien que crea se traza fácilmente. Si, por ejemplo, vas con alguien que simplemente debe construir un edificio y le dices: "Mira, yo te pago de todas formas, pero, por favor, ya no construyas el edificio", él va a estar contentísimo de embolsarse inmediatamente el dinero antes de que te arrepientas y retires la oferta. Pero si tú eres alguien que tiene una idea arquitectónica completamente nueva, estéticamente bella y llena de soluciones innovadoras, nunca aceptarías una propuesta de ese tipo. Al contrario, estarías dispuesto a trabajar gratis o incluso a pagar para poder realizarla, porque no se trata más de un simple trabajo, sino de un compromiso que tienes con "Dios". No me malinterpretes: no soy uno de esos simplones que cree en un Dios que espera algo de nosotros; cuando uso esta palabra sólo me refiero al mismo misterio que lleva a los animales a sentirse realizados al brindar su contribución en la continuación de la vida. Lo que distingue a los humanos de los animales es que, para nosotros, a diferencia de ellos, procurarnos comida, reproducirnos y criar a los cachorros no basta para quitarnos la impresión de estar desperdiciando la vida. Para nosotros, los humanos, la realización no pasa a través de la satisfacción del legado biológico, sino a través de la creatividad. Un hombre que se limita a trabajar, reproducirse y cuidar de los hijos no es muy diferente de cualquier animal de la granja. Por eso es tan importante saber cantar una canción o dibujar un paisaje o bailar o tocar el tambor. Impedir a un ser humano el acceso a su propia creatividad equivale a humillarlo con el rango de un animal. Reprimir un acto creativo es como matar a "Dios". Por eso un artista que no encuentra el espacio ni las condiciones para realizar su obra puede enloquecer o hasta matarse. Pero no pienses que estoy hablando sólo de los "artistas". Sé bien que no todos podemos ser Picasso o Pavarotti. La creatividad no es patrimonio exclusivo de los "artistas" ni está confinada a un tipo particular de actividad, sino que es una actitud del espíritu accesible para todos. Cualquier actividad puede y debería ser creativa. Ésta es la verdadera contribución de cada ser humano al mundo: añadir algo.

En este caso, el obstáculo que amenazaba mi creación fue un conflicto interno en esa compañía de pueblo, donde los intereses, las envidias y los resentimientos familiares la habían escindido en dos facciones que se obstaculizaban mutuamente. Fui yo quien pagó las consecuencias cuando, a dos semanas del estreno, la escenógrafa abandonó su lugar, dejando un boquete que amenazaba con hacer naufragar a toda la nave. Momento de pánico... pero luego una idea extravagante: Grizzly.

Grizzly era el amigo que todos quisieran tener; ese amigo al cual dirigirse cuando no sabes algo o cuando necesitas un consejo o ayuda. Habíamos sido compañeros de escuela, luego en la misma comitiva capitaneada por ese dinamo humano de muslotes inquietos que era Pantera... y luego tantas otras historias —hasta hoy nunca he dejado de aprovechar su inteligencia y su generosidad—. En la escuela era el más alto de todos y, como le sucede frecuentemente a quien tiene un desarrollo prematuro, se le dificultaba reconocer su propio cuerpo como suyo, lo cual le dejó para toda la vida ese aire de quien siempre se sorprendía de ocupar un espacio físico y se sentía huésped de paso en esos miembros robustos que contribuyeron a hacerle ganar su apodo. Grizzly no sabía bailar ni cantar, pero tenía un gran talento para dibujar, una cualidad que usaba abundantemente para divertir a la banda de bribones que éramos, esmerándose en las representaciones obscenas que hacen reír a los adolescentes, como cuando los niños se ríen al atreverse a decir la palabra "caca" cuando no viene al caso.

"Si era capaz de dibujar pitos y coños en los muros —me dije—, seguramente será capaz de hacer una escenografía."

Lo llamé y lo obligué a levantarse del sillón de la casa de la novia, donde se estacionaba desde hacía seis años... no porque le gustara, sino simplemente porque era flojo. Que quede claro: pocas personas he conocido capaces de trabajar como Grizzly, pero había siempre una condición: tenía que servirle a otro que no fuera él mismo.

Le expliqué el espectáculo que tenía en mente y él, al día siguiente, con ese aire socarrón de quien sabe que es más inteligente que los demás, llegó con el proyecto ejecutivo de la escenografía. ¡Qué nada de pitos y coños! La escenografía que había ideado era una obra titánica hecha de muros giratorios y periactos —palabra que hasta entonces no conocía, pero con la que me divierto hasta ahora para brillar en sociedad: el periacto es una estructura triangular capaz de girar sobre sí misma, y le permitía al teatro griego cambiar rápidamente de ambiente escenográfico.

Dado que el tiempo apremiaba, y dado que Grizzly no sólo era bueno dibujando, sino también haciendo materialmente las cosas, dejó a la novia en el sofá, diciendo:

—Vuelvo enseguida —y se mudó a los laboratorios de Mola di Bari, de tiempo completo.

Obviamente, no podía saber que jamás volvería a ese sofá y que su vida pasaría a las manos de Irene, una chica de Merano con un turbio pasado a quien había contratado en la carpintería y que enriquecería, como una perla más, la variada guirnalda de mis amigos. Sucios de aserrín, viruta, pegamento y pintura, entre clavos, sierras, cepillos y martillos, se enamoraron, desencadenando ese mecanismo que los llevaría, unos años más tarde, a pasar los días más miserables de sus vidas.

Se quedó noche y día en esos laboratorios, satisfaciendo todos mis caprichos. Un día le pedí que me construyera en látex el conjunto de todos los órganos internos de un cuerpo humano: esófago, pulmones, bazo, riñones, hígado e intestinos. Tenía un problema: en una de las escenas había un *carabiniere* cómicamente estúpido y brutal quien detenía al Pequeño Claus en una motoneta mientras transportaba el cuerpo muerto de la abuela, que el Gran Claus precedentemente había matado por error. El cuerpo de la abuela muerta era un maniquí, con todo y casco, sentado en una carriola remolcada por la motoneta. Después de interrogar con vehemencia al nieto, el *carabiniere* comenzaba con la abuela: "¡Habla! ¡Habla! ¡Habla!". Obviamente la pobre vieja no podía responder; por lo tanto, recibía un bofetón que hacía que saliera volando el casco con todo y cabeza. La escena en sí misma era hilarante, aunque presentaba un problema técnico: la cabeza-casco terminaba irremediablemente en la platea. ¡Caray!, otro obstáculo. Pero, como ya me había enseñado la historia de la escenografía, los obstáculos no son problemas, sino sólo retos a tu creatividad. Fue entonces cuando tuve la idea genial: el *carabiniere* no decapitaría a la abuela, sino que la "vaciaría". Se trataba sólo de cambiar una frase del guion: en lugar de decir: "Me mataste a la abuela", el Pequeño Claus, recogiendo lentamente el casco-cabeza del suelo, miraría con pasmo las vísceras y le diría al *carabiniere*: "Me vaciaste a la abuela".

Llegamos al estreno todos deshechos: Grizzly, Irene, los técnicos, los actores y yo. Hicimos el ensayo general el mismo día del estreno; luego, con el público ya casi afuera de la puerta, me despedí de todos y, como todos los directores teatrales, me retiré a la sombra vacía de quien sabe que nacer y morir son la misma cosa. El destino del director teatral se puede comparar al de una mujer que, después de haber tenido durante nueve meses al niño en el vientre, se resigna a ver a alguien más parir en su lugar y después, criarlo. Pero tal vez el encanto de esta extraña profesión consista justamente en la humildad de desaparecer. Mientras que la obra del director cinematográfico o del pintor, una vez completada, muere, y justo por eso permanece en la "eternidad", la del director teatral sigue viviendo por cuenta propia, y justo por eso desaparece en la nada.

El mecanismo que Grizzly y yo habíamos creado funcionaba sin nosotros. Vimos a los actores ir a prepararse en los camerinos, a los técnicos controlar las últimas cosas, a las máscaras apropiarse de la platea… Nadie nos hacía caso ya. Nos miramos. No nos quedaba nada más que irnos a echar un churro. Y así, caminando en sentido inverso respecto al público que comenzaba a llegar, salimos anónimamente del teatro y nos refugiamos en los laboratorios de escenografía. Allí encontramos a los carpinteros, cansados y satisfechos, y en la maravillosa desolación que deja el desorden de un trabajo terminado deprisa, nos hicimos el más merecido de los canutos.

Cuando volvimos al teatro, desentonados como peras cocidas, el espectáculo ya se había iniciado. ¡En verdad habían parido sin mí! Pero esto es normal cuando la madre es una pacheca, como lo era yo. Nos metimos en la galería. Quedé encantado viendo ese teatro lleno y ese pedazo de eternidad que involucraba tantas vidas en ese momento, que había tomado forma sólo a través de mi voluntad. El público se divertía, se sorprendía y reía, reía... ¡Y reía justo donde yo sabía que debía reír! Francamente, ni siquiera me sorprendí. No me sentí orgulloso, tal como no se siente orgulloso el sol cuando sale por la mañana. Las cosas iban como tenían que ir y yo, paradójicamente, no era parte de ello.

Laura

Estos grandes cambios en mi vida profesional fueron acompañados en paralelo por mi historia con Laura. Cuando la conocí, no había comenzado aún mi aventura con el "mimo". Tenía dos años menos que yo, estudiaba Medicina y era muy simpática. Ciertamente no era una de esas mujeres que volteas a ver por la calle, pero tenía un encanto que le gustaba a los hombres. La encontraba sumamente sexy. La primera vez que la vi fue por la mañana, en esa casa de via Abbrescia donde vivía con la hermana Rosaria y otro par de personas, y que durante años fue puerto de mar para vagos, holgazanes y buenos para nada de todas las razas. Estaba sentada en una camota, rodeada de una fauna de insensatos que, fumando churros, haciendo discursos inconexos y esperando a que alguien les diera de comer, trataban de sobrevivir a la luz del día, acomodados como podían en la cama, en torno a ella. Laura, con la espalda apoyada en la pared, estaba ponchando un churro; sus piernas cruzadas descubrían sin pudor ni ostentación los calzoncitos blancos que, en la parte que cubre la pudenda, dejaba asomar dos mechoncitos de pelos, uno a la derecha y otro a la izquierda, que parecían querer participar también en la reunión. Divertido, me detuve justo de frente y le señalé a los dos invitados peludos que se asomaban de sus calzones; lamiendo el papelito del churro, ella me sonrió con una expresión como diciendo: "Me vale madres". Me gustó su desfachatez... y también sus pelos. En esos tiempos no se usaba la depilación, y para lograr llegar a las partes íntimas de una mujer tenías que aprender a abrirte paso como un explorador en la selva.

Mi historia con Laura comenzó discretamente. Por un año fuimos simplemente amigos-amantes, no sólo porque me había jurado a mí mismo que no volvería a tener una relación estable en mi vida —nunca una promesa fue tan incumplida—, sino también porque ella tenía un novio toscano que venía a buscarla dos veces al mes desde Florencia: Stefano. Era un excelente chico lleno de aretes, anillos, pulseras y collares, con el cual mantenía una cordialísima relación de amistad. Laura siempre me había dicho que Stefano sabía de nosotros, y yo, francamente, nunca me esforcé por indagar si era verdad o no.

Para mí esa relación con Laura era la onda: yo hacía mis cosas todo el día y luego, a las dos o a las tres de la madrugada, entraba en su casa con las llaves que me había dado, me colaba en su cama y me la cogía. A la mañana siguiente, a eso de las doce y media o una, trastornados de sueño, desayunábamos y nos hacíamos el primer churro; después me iba y tal vez no me dejaba ver un par de días. Y de pronto, una noche, ¡pluf!, me colaba en su cama. Si a ella le gustaba así,

¡imagínate a mí! En cambio, cuando debía llegar Stefano de Florencia, su "novio", ella cambiaba las sábanas y yo desaparecía... o, si quería, pasaba a la habitación de al lado, entreteniéndome con la alegre banda de via Abbrescia, de la que por unos días el florentino era huésped más que bienvenido. Luego Stefano volvía a la Toscana, ella no cambiaba las sábanas —se sabe: los amantes tienen menos derechos— y yo retomaba mis visitas nocturnas sin chistar.

Durante un año nos negamos a nosotros mismos que nos gustaba estar juntos, pero al final nos rendimos ante el hecho de que entre una risa, una noche y un churro nos habíamos enamorado: fue así como terminó el periodo más bello de nuestra relación. De hecho, cuando nos acostumbramos a ser considerados como una pareja, llegaron los conflictos, los pleitos, los celos... Sobre todo los celos, de los que había sido tan fácil burlarse en los otros y evitarlos hasta ese momento, asumieron las dimensiones de un monstruo de carnaval con el que, desahogando nuestro sentido teatral, entretuvimos a los amigos y al vecindario. Obviamente, al principio, cuando Stefano se cansó de bajar hasta Bari y nosotros comenzamos a ser una pareja de hecho, buscamos controlar ese horrible sentimiento ante el cual es difícil conseguir no inmolar la propia dignidad, y durante un tiempo, fingiendo ante nosotros mismos, toleramos las escapadas del uno y de la otra.

Me acuerdo de una vez en que Laura se enojó conmigo porque había desaparecido durante demasiados días; para castigarme, me quitó las llaves de su casa que le daban acceso a mis incursiones nocturnas y se dejó ver por ahí con un ex. Esa noche, mientras me hacía mi último churro en mi casa con mi amigo Pallarito —fue en ese periodo cuando entró en mi vida—, tuve la certeza que Laura estaba en la cama con su ex. Pero ¡qué chingados importaba! No me sentía amenazado por aquel chico, de quien sabía que era un pasado que no regresa, pero tampoco quería dormir solo esa noche. "No me va a detener un capricho suyo", me dije. Y así, aprovechando que Pallarito tenía las llaves de la casa de via Abbrescia —donde en ese periodo dormía, conformándose con el primer colchón o sofá disponible—, ponché un hermoso churrote artístico, compré un par de *croissants* en el laboratorio de via Dalmazia y me presenté en plena noche en la habitación de Laura.

Tal como imaginaba, estaba en la cama con su ex: estaban despiertos, pero sin hacer nada vergonzoso: tal vez las cosas vergonzosas las había hecho ya o las harían más tarde. Como si nada, me senté en el borde la cama, saludé educadamente al ex, ofrecí los *croissants,* encendí el churro y se lo pasé alegremente. Yo mismo me sorprendí de mi audacia. Mi primera intención era colarme yo también en la cama entre ellos dos, pero luego, viendo el cuerpo semidesnudo del ex, pensé: "¡Qué asco! Mejor me la llevo a mi casa". El pobre ex, cubriéndose con las sábanas hasta la barbilla, estaba congelado: probablemente se estaba preguntando cómo era posible que hubiera terminado en esa horrible historia. Ella, a pesar de que evidentemente la divertía esa estrafalaria situación, y extasiada por mi atrevimiento, se esmeraba en demostrar hostilidad; reclamaba respeto y se mostraba indignada por esa "inaceptable invasión" de su "preciosísima privacidad", que en general era violada en forma sistemática por cualquier imbécil que decidiera entrar en su habitación a cualquier hora del día o de la noche para pedirle un cigarrillo, un churro o simplemente para tener un poco de compañía y contarle sus asuntos. Obviamente no podía evitar reírse por dentro, por lo absurdo de la situación y por las ocurrencias con que, durante más de una hora, traté de convencerla de venir conmigo... y ni siquiera se sustrajo a mi mano cuando, aprovechando la penumbra, se coló clandestinamente bajo las sábanas para tocarla donde le gustaba. Pero al final me cansé de hacer bromas. Su resistencia era demasiado fingida para tomarse en serio. Y así, sin esperar que la paciencia se agotase y me congelase la sonrisa en el rostro, con un único y elegante movimiento la saqué de la cama y la cargué en mi espalda. Excepto por las bragas rojas, estaba completamente desnuda. Los ojos desorbitados del ex me vieron llevármela mientras se agitaba inútilmente y gritaba.

Salí de la casa y bajé del quinto piso en el elevador mientras, cargada como un cordero de sacrificio, me maldecía y me golpeaba con la única mano libre. Cuando me vio salir por el portón a las cuatro de la madrugada con ella sobre mis hombros, prácticamente desnuda, decidido a recorrer esas cuatro cuadras que nos separaban de mi casa, se rindió:

—¡Está bien, está bien, hijo de puta! Ganaste. Regrésame a mi casa para que me vista y voy contigo.

Pero Laura no era común. Cuando estuvimos de nuevo en el portón, se tragó sin vergüenza sus palabras, obligándome de nuevo a agarrarla como un bulto para salir de nuevo a la calle. Justo en ese momento el ascensor llegó a la planta baja y salió su ex, vestido y humillado, quien al encontrarse solo en la habitación de Laura se habrá preguntado: "Pero yo ¿qué chingados hago aquí?". Ella se disculpó, diciendo que lo sentía… yo lo saludé cordialmente con un:

—Regresa pronto a vernos.

Lástima que tal desenvoltura para enfrentar situaciones de ese tipo no duró mucho tiempo. Habernos provocado por los celos, fingiendo que ese infame sentimiento no nos tocaba, fue un error.

Sucede comúnmente que la gente se comporta fingiendo ser alguien que no es, y es inevitable que tarde o temprano salga el peine. Les sucede a los moralistas… y nosotros, a fin de cuentas, éramos moralistas. Claro, ¡éramos moralistas al contrario! Para nosotros era inmoral sentir el sentimiento de los celos y nos comportábamos siguiendo nuestra "moral", que consideraba los celos como un pecado, sin enfrentar lo que en realidad éramos: personas frágiles, confundidas, inseguras y dependientes. Les pasa así a todos los que, con tal de adornarse con el título de "personas justas y respetables", en lugar de buscar crecer, esperando que florezcan naturalmente en su vida las virtudes del amor, de la honestidad, de la compasión y de la generosidad, se imponen un modo de vida que no corresponde a lo que son, terminando por asistir, impotentes, a la explosión de los purulentos exabruptos de la hipocresía, de la mentira, de la crueldad, de la traición y de las obsesiones sexuales. Pero entonces no sabía nada de esto. Tendría que esperar muchos años antes de descubrir que la fórmula para transformar lo diabólico en divino no es patrimonio del esfuerzo y de la negación, sino, paradójicamente, de la aceptación. Y así, trastabillando en la oscuridad, maduramos un rencor y una desconfianza recíprocos en que el odio devoró lentamente al amor. Como les ocurre a todos los moralistas, cada ocasión de normal conflicto ofrecía la oportunidad para desahogar la crueldad y la violencia que habita en quien ha elegido esconder sus propias debilidades, incluso a sí mismo, detrás de una fachada respetable de aceptable moralidad.

Ciertamente no me siento orgulloso de mi pasado, pero, así como no se puede condenar a alguien que hace tonterías en estado de sonambulismo, tampoco me avergüenzo por esas veces en que Laura se refugió con la vecina, o por aquella ocasión en que involucramos a todo el condominio en nuestro pleito, o cuando ella redujo a guiñapos todo mi guardarropa, o por esa vez que, en la calle, la arrastré a la casa jalándola por los largos cabellos negros delante de los ojos estupefactos de padres y niños de una escuela que estaba a pocos pasos de nuestra casa, mientras ella me gritaba:

—¡Bastardo, hijo de puta! ¡Te mataré mientras duermes!

Laura era fantástica... y yo también era "fantástico": lástima que ambos fuéramos una carta de tarot invertida.

* * *

Era agosto de 1982, un mes después del encuentro con Darío Fo y un mes antes del encuentro con Armando y la compañía Teatro Sud. Había ya transcurrido el primer año de nuestra relación de amigos-amantes. A pesar de que Stefano, el novio toscano, hubiese ya desaparecido desde hacía varios meses en la turbulenta estela de nuestro pasado, Laura y yo nos obstinábamos en no considerarnos pareja, rechazando la idea de que estuviéramos enamorados, y nos esforzábamos en ver nuestras vidas como un proyecto independiente uno del otro. Pero también en esta ocasión, como en el caso de tu abuela Lilli, lo que consolidó nuestra relación dentro de los límites de una "institucionalización" fue un aborto. Sí, otro aborto. Tú me dirás: "¡Abuelo! ¡Entonces eres un pendejo!". Sí, mi querida Inés, en síntesis yo era un pendejo. Hay pocas cosas de las que me avergüenzo verdaderamente, y una de ellas es haberme encontrado más de una vez enfrentando este horrible incidente. No obstante, la atmósfera en que sucedió fue tan diferente de la primera que vale la pena ser contada.

Tenía veintiséis años y, para variar, estaba haciendo lo que más me gustaba hacer, o sea, el vagabundo. Rigurosamente en autostop, me deleitaba dejarme llevar por el destino como una hoja al viento, revoloteando de una estación de servicio en la autopista al asiento del auto o del camión de turno; de la plaza de una ciudad de paso, con el sombrero en la mano, a un sofá de fortuna en la casa de alguien, o colándome como intruso en la fiesta de un desconocido o en la cama de una señorita de paso...

En fin, era justo la vida que me gustaba. Decididamente, la fórmula de Hugo Suárez "éxito-dinero-coño" estaba funcionado en los tres aspectos.

Mi meta era el famoso Beaubourg de París. Aún no sabía que, para llegar, tendría que esperar hasta 1986.

Desde que había partido, el mes anterior, no tenía noticias de Laura. Una tarde decidí telefonear a Gemma, una amiga que vivía en el mismo edificio, ya que en su casa no había teléfono. Yo estaba en Milán y, no recuerdo cómo, me había acomodado en una casa grande y desordenadísima que tenía que ser de un artista, un pintor probablemente, o tal vez un fotógrafo, donde parecía que la única ocupación del tumultuoso número de personas que la visitaba a cualquier hora del día y de la noche era drogarse, coger y hablar de cosas "demasiado inteligentes". El único teléfono de la casa tenía forma de plátano y era la única cosa con un aspecto comestible en ese desmadre. Ese "plátano" era constantemente usado por una chica filiforme de cabellos negros, que le susurraba dentro palabras incomprensibles mientras se frotaba continuamente la nariz. Tenía los ojos maquillados de negro, como si la hubieran agarrado a golpes; los labios hinchados y morados; un vestido de raso gris que parecía un fondo, el cual dejaba completamente descubiertas las piernas; descalza y acurrucada en el piso, de forma que habría entrado sin dificultad en una maleta. Cuando se levantaba, era una gran chica hermosa, tal vez una modelo; acurrucada en esa posición ¡era tan sexy! No era pan para mis dientes, y además era evidente que se metía heroína. No intercambiamos siquiera una palabra, pero se me quedó grabada por el dolor que toda su persona emanaba y por la forma en que sus ojos me atravesaron, como si yo fuera transparente, cuando me dejó el teléfono.

—Gemma, ¿tienes noticias de Laura?

—Sí. Está embarazada. Pasado mañana aborta. Se refugió en casa de Lilli.

¿Embarazada? ¿Aborto...? Y, más que todo, ¿qué chingado hacía en casa de Lilli, o sea, tu abuela?

Aunque mi vida y mi cabeza fueran un caos, no había perdido ese mínimo de decencia que me permitían no quedar consagrado aún en la categoría de los irresponsables totales. De hecho, si desde el punto de vista de la sociedad no tenía ningún escrúpulo para infringir cualquier regla, como te he dicho, desde el punto de vista humano mi vida se basaba en un personal pero inflexible sentido de responsabilidad. Si no tenía ningún miedo de subir al banco de los acusados en el tribunal de los hombres, me causaba horror la idea de ser señalado por el dedo de "Dios" con la acusación de cobardía o traición. Y nótese que uso la palabra "horror" y no "miedo", porque nunca he tenido miedo de las cosas que no existen, aunque siempre he tenido horror de las cosas que hacen perder el respeto por uno mismo.

No había tiempo que perder. Tomé inmediatamente un tren que me descargó en Bari al amanecer de la mañana siguiente.

Laura, con su habitual sentido del absurdo, había decidido esperar el día del aborto en casa de tu abuela, que para mí era mi ex. Tal vez era su forma de implicarme indirectamente en su tragedia, dado que oficialmente había sido declarado "desaparecido". Cuando me abrieron la puerta, tu abuela me recibió con su acostumbrada dulzura y Laura, con su habitual insolencia. Estaba claramente feliz de verme, pero, tal como había hecho la noche en que la encontré con su ex, no me lo demostró para nada. Al contrario, me trató pésimo. Decía que era un "cabrón, hijo de puta, irresponsable, egoísta, bastardo y pedazo de mierda". Yo obviamente no reaccioné; sabía que esas "expresiones de cariño" eran parte de un tributo que, justo o no, estaba nuevamente destinado a padecer para equilibrar la injusticia que la condenaba, a ella sola, a pagar las consecuencias de una estupidez que habíamos hecho entre los dos. Me disculpé. No sabía que estaba embarazada: era la verdad. Le dije que apenas lo supe me había apresurado para poder acompañarla al hospital al día siguiente. (El aborto en ese entonces ya no era clandestino.) Pero ella permanencia inamovible:

—No te necesito. Puedo hacerlo sola.

Me chuté una hora de improperios, pero al final logré convencerla al menos de ir a mi casa.

—Está bien —me dijo, sin lograr esconder completamente la felicidad—. Pero te alcanzaré esta noche… y quítate de la cabeza que mañana me acompañarás a abortar. No te necesito, puedo hacerlo sola.

Para mí ya era una victoria. "Esta noche me la cojo —pensé—, y luego la convenzo de que me deje acompañarla." Pero las cosas no salieron precisamente así.

Cuando, en la noche, llegó a mi casa, Laura mantenía la misma actitud de desprecio que en la mañana. A pesar de todos los esfuerzos que hiciera por ser lindo, por hacer las paces y por hacerla reír, seguía insultándome, impertérrita, rechazando absolutamente aceptar mi compañía al día siguiente en el hospital, repitiendo una y otra vez:

—No te necesito. Puedo hacerlo sola. No te necesito. Puedo hacerlo sola.

En otras ocasiones no habría soportado esa prepotencia, pero, dadas las circunstancias, me aguanté.

Desgraciadamente, si la paciencia de los santos tiene un límite, imagínate la de un pecador como yo.

Era evidente que Laura ya estaba relajada y contenta de estar de nuevo con aquel muchacho de los cabellos rojizos que, a pesar de todo, consideraba como su hombre y que a su modo amaba; pero todavía no lograba evitar aprovechar esa ocasión que le ofrecía el destino para poder desahogar todo el resentimiento que desde la noche de los tiempos todas las mujeres del mundo nutren contra el sexo opuesto. ¡Y quería desahogarlo todo contra mí! Tenía una saña tal que parecía que hubiese decidido vengar de una vez por todas a la estirpe femenina entera, por la culpa de ese Dios "cabrón y machista" que les había ahorrado a los hombres todas las penas del embarazo, del parto y de la lactancia. Y hasta aquí se la habría podido pasar. Pero cuando vi que ella, con sus autocomplacientes: "No te necesito. Puedo hacerlo sola", comenzó a aprovecharse de esa inesperada posición de ventaja para sentar las bases estratégicas que podría usar en un futuro durante las escaramuzas de la política "matrimonial", esa sonrisa que no había tenido tiempo de congelarse la noche en que la encontré en la cama con su ex se me petrificó en el rostro. No fueron las injurias las que me ofendieron, sino sentirme manipulado. Si me hubiese maltratado por un real sentimiento de rabia o de odio hacia mí, la habría perdonado, pero la calculada manipulación de quien aprovecha la situación para nutrir su propio narcisismo, hincando el diente en el dolor de quien se encuentra en una posición de desventaja, me resultó imperdonable. No se trataba ya de una disputa entre amantes, sino que estaba en juego la "Verdad", esa "verdad" con la "V" mayúscula a la que, costara lo que costara, había inmolado mi vida. Mis ojos se tornaron fríos; mi expresión, de piedra; el silencio se hizo abismal y largo. De frente a la firmeza de mi mirada, su seguridad comenzó a vacilar. Tal vez se preguntó si no habría exagerado. Pero no fue lo suficientemente lista como para aflojar la cuerda... y yo no fui lo bastante flexible como para no hacer que reventara. Sólo recuerdo un extraño zumbido en la cabeza que borró mis pensamientos durante un tiempo que pareció larguísimo, y tal vez lo haya sido. Después, de improviso, brinqué sobre mis pies: apenas tuve el tiempo de elegir la mano izquierda para romper el vidrio de la ventana que estaba justo detrás de ella y lancé el golpe. Pero cuando no eres zurdo y quieres romper algo, para estar seguro de que las cosas vayan de acuerdo con lo planeado, es mejor resignarse a usar la derecha, a costa de dañar mejor la mano: de hecho, el vidrio no se rompió. En mi mente sucedieron, en rápida progresión: primero, la sorpresa por la dureza del vidrio, y luego, la rabia por haber fallado el efecto teatral, corriendo el riesgo de transformar el drama en farsa. No me lo podía permitir; al final yo también, como ella, estaba jugando una lucha de poder en la cual sólo uno vence. Y luego, ¡qué mezquino fui! Para proteger los tendones de la mano más importante había contaminado con un cálculo miserable la pureza de una acción que, paradójicamente, estaba inspirada en la "Verdad". ¡A Lello no le habría importado...! Pero esto sólo duró un instante. Mirándola a los ojos con la expresión asesina de quien está a punto de transformar un acto absurdo y relativo en una acción absoluta y eterna, mi puño derecho se disparó haciendo añicos la primera ventana. Luego, con calma, siempre mirándola a los ojos, pasé a la segunda, y con la misma determinación quebré otro vidrio. La sangre ya salía a borbotones, aunque yo, con la firmeza de quien, tensando las riendas, da una última sacudida para afirmar de una vez el dominio sobre un caballo que ha hecho rabietas, lentamente pasé a la tercera ventana y, mirándola todavía con la misma expresión, lancé otro golpe que aumentó más el ruido, los vidrios y la sangre. Laura se había puesto de pie de un salto después del primer vidrio. Si la hubiera abofeteado, probablemente lo habría preferido: habría podido meterse más a fondo y con más derecho en su papel de parte ofendida, pero mi gesto la había desorientado completamente.

—¿Querías una ofrenda de sangre? Ya te la di —le dije.

Fui al baño a limpiarme, dejándola enmudecida. Las heridas eran profundas y no dejaban de sangrar. Por eso arranqué un pedazo de camisa que estaba en el cesto de la ropa sucia, para usarla como torniquete.

—Deja que te ayude —apuró Laura, pálida como la cera.

La miré a los ojos con intención y respondí con la misma moneda:

—"No te necesito, puedo hacerlo solo".

El guion ahora sí estaba funcionando. Ayudándome con los dientes, logré fijar sin ayuda la tira de camisa un poco más arriba del codo, y cuando ella apremió, diciendo:

—Tenemos que ir al hospital —yo ni siquiera me sorprendí por la frialdad con que sonreí y negocié:

—Está bien, bonita: tú me acompañas al hospital esta noche y yo te acompaño al hospital mañana.

Me miró buscando un contraataque, comprendió que había perdido la posición de ventaja y que ahora combatíamos en igualdad de armas; habría podido ceder... pero Laura no era una mujer común; necia como una mula, mantuvo su posición:

—No.

Por lo tanto, ignorándola, me dirigí al ascensor, y así como había hecho ella cuando, a pesar de su negativa, había aceptado la invitación a casa, de la misma forma yo, a pesar de haberle negado el permiso de ayudarme, consentí que me siguiera al hospital. Los siete pisos del ascensor fueron suficientes para que la herida tuviera el tiempo de gotear hasta crear un charco que, cuando caminé hacia el auto, disfruté convirtiéndolo en una estela de sangre. Aquélla era una noche de sangre, aquélla era una historia de sangre. Tenía un aspecto espantoso: sólo usaba un par de *jeans* y un chaleco indio sobre el torso desnudo, y estaba cubierto de sangre como si hubiera desollado un becerro. Rechacé su ayuda, pero le permití subir al auto. Conduje yo. Recorrimos un par de kilómetros de la ciudad en perfecto silencio; luego, al llegar a emergencias, me estacioné y apagué el motor. Nos quedamos inmóviles, sin hablar. Después nos miramos… y rompimos en una carcajada que no pudimos detener. La situación era tan absurda que tuvimos un despertar: era imposible tomar en serio a personas como nosotros, incluso y más que todo para nosotros mismos. Y así, a medianoche entramos en urgencias, todos sucios de sangre y de magnifico humor. Reíamos, reíamos como borrachos. Cuando los enfermeros y luego los doctores se apresuraron a socorrerme y preguntaron qué había sucedido, reíamos por su preocupación, por el escándalo que provocaba nuestro comportamiento, por las caras que ponían cuando oían nuestra historia y por las preguntas acaloradas con que pedían aclaración sobre lo ocurrido.

—¡Nada…! —decía mientras me limpiaban la sangre para ver las heridas—. Las cosas de siempre: ella está embarazada… yo no volvía a casa desde hace un mes… ella luego tenía que abortar… yo no lo sabía… ella se refugió en casa de mi esposa… yo estaba en Milán…

telefoneé a una amiga… volví… no quería que la acompañara al hospital… peleamos… rompí tres vidrios en mi casa…

¡Qué increíble ocasión para infringir los esquemas de la "normalidad"! Los pobres empleados de urgencias no sabían en verdad qué pensar. En cierto punto, mientras estaba sentado en la camilla, tal vez por la sangre que había perdido o por el olor a desinfectante tuve un claro síntoma de desvanecimiento. Hicieron que me acostara, aunque no perdí el sentido. Por un instante pareció que todo estaba volviendo a una deprimente "normalidad", pero, por suerte, Laura pensó en aumentar la paradoja de aquellas situaciones: un poco por ver la sangre, un poco por el olor a desinfectante… o porque estaba embarazada y al día siguiente abortaría en ese mismo hospital, sintió que también ella se desvanecía y apenas tuvo tiempo de tenderse en otra camilla al lado de la mía. Cuando nos miramos, ambos tendidos en las camillas, uno al lado del otro, pálidos como la muerte, nos rendimos definitivamente a las carcajadas. Mientras los médicos, cada vez más perplejos, pero a fin de cuentas también divertidos, me cosían el brazo derecho en diversas partes y la mano izquierda con un par de puntos, nosotros seguíamos riendo felices, convencidos de que estábamos hechos el uno para el otro.

Aquella calurosa noche de fin de verano, que por sí sola ya habría dado bastante material para marcar el carácter todo el año, sin embargo no había terminado aún. De hecho, cuando volvimos del hospital, encontramos debajo de mi casa a dos patrullas de *carabinieri* y a un gran número de personas. La rotura de esos vidrios, que para nosotros había sido un asunto totalmente privado, en el silencio de la noche había provocado un gran escándalo en la pequeña via Ragusa.

Los vecinos, alertados por los vidrios, habían llamado a las fuerzas del orden, y las fuerzas del orden, alertadas por la sangre, pensaron que se encontraban en la escena de un crimen. Siguiendo los rastros habían encontrado el charco de sangre que había dejado en el ascensor y, revisando todos los pisos, habían llegado hasta detrás de la puerta de mi casa. Luego supe que sospechaban que había un muerto dentro y que estaban esperando instrucciones de la central para poder derribar la puerta.

Yo seguí derecho con el auto, dejé a Laura en su casa y, con los pantalones todos sucios de sangre, prácticamente desnudo del torso y con el brazo derecho y la mano izquierda vendados, enfrenté a los *carabinieri* con mi acostumbrada bravuconería:

—¿Qué pasó?

—No se mueva —me intimidó el sargento, abriendo los brazos como si tratara de detener a una multitud.

—¿¡Y quién se mueve!?

Como ya te he dicho, en Italia eran los tiempos del terrorismo y de la lucha contra la droga, y yo tenía el típico aspecto de alguien que podía ser el autor de los dos crímenes más de moda. En fin, un plato apetitoso para un sargento de *carabiniere* a las dos de la madrugada. Si a esto se le suma que habría podido también ser un asesino sorprendido en flagrancia... ¡Material para la primera plana!

Me solicitó mis generales, dónde vivía y otras preguntas de sondeo. También en esa ocasión no resistí a la tentación de desorientar al adversario sacando, como siempre he hecho en ocasiones similares, un perfecto acento italiano, un lenguaje elegante y una amable personalidad, que invariablemente mezclaba con una actitud totalmente familiar y el uso del "tú". Esos modos señoriales contrastaban de una forma tal con el aspecto físico, la sangre y la semidesnudez que los ojos del pobre *carabiniere* fueron recorridos por un corto circuito.

—Nada, sargento, es muy simple… una cosa de nada: me tropecé en casa y, para no caer, me apoyé en una ventana y rompí el vidrio. Me corté, fui al hospital, me cosieron y ahora estoy volviendo a mi casa para irme a dormir. Nada más. Lamento haberte causado todas estas molestias.

El sargento no lograba comprender qué tipo de animal era yo, pero no quería renunciar a la idea que se había hecho de haber encontrado algo gordo que diese un sentido al uniforme que portaba.

—¡Ah! ¿Así que usted se tropezó y rompió un vidrio? ¡Bravo! Vamos a ver arriba —me retó con acento siciliano, ostentando la seguridad de quien da a entender: "¿Qué piensas, que soy un pendejo?".

Efectivamente eso fue lo que pensé a primera vista. Lo que siguió me confirmó que la primera impresión es siempre la correcta.

—¡Claro que sí, sargento! ¡Vamos arriba! —dije como alguien que no tiene nada que esconder.

En realidad tenía mucho que esconder; de hecho, como en casa siempre tenía suficiente hierba como para terminar en prisión, y sobre todo los vidrios que había roto eran tres, ¿cómo lo justificaría? Caminando hacia el portón, abriéndonos paso en la banqueta entre la pequeña multitud de curiosos que habían asistido a mi primer interrogatorio, mi mente se puso en acción: si era admisible tropezar y romper un vidrio, para defender la tesis de que al tropezar había roto tres no necesitaba la ayuda de un buen abogado, sino de un príncipe de la corte. Me dirigí hacia el ascensor.

—¡No, no, no! —me detuvo él—. Tenemos que subir por las escaleras. El ascensor está todo lleno de sangre —recalcó solemnemente para hacerme entender: "¿Qué crees que no me había dado cuenta?".

—¿Y a quién le importa? —dije—. Es mi sangre. Perdí un litro. Yo siete pisos de escalera no los voy a subir ni aunque me lleves cargando.

Se dio cuenta de que no tenía caso discutir: recuperó el personaje que había decidido interpretar y, siguiéndome hacia el ascensor, con un chasquido de dedos ordenó a un pobre asistente que subiera por las escaleras, cerrando así toda vía de fuga para un posible cómplice. El pobre güey ya vivía en una película americana de los años cincuenta, aunque la película que yo veía era la de la Pantera Rosa con el inspector Clouseau.

Nos encontramos solos en el viejo ascensor de mi casa, él y yo. Siete pisos son largos, especialmente si se recorren en silencio. Sentí su incomodidad, tal vez un velo de temor: probablemente sólo entonces se dio cuenta de la imprudencia de encontrarse a solas con alguien que parecía justamente el psicópata de una película de David Lynch. Aproveché esa pequeña ventaja para tomar la iniciativa. Mirándolo derecho a los ojos, a modo de hacerlo sentir lo más pequeño posible, ataqué:

—Ahora te digo la verdad, sargento. De hombre a hombre. Esta noche peleé con mi mujer. Me hizo enojar como bestia y rompí tres vidrios —continué mirándolo sin expresión.

Después de una pausa, demasiado larga para él, añadí, frío:

—¿Nunca te ha pasado que tu mujer jode y jode al punto de hacerte perder la paciencia? Hoy me sucedió a mí.

El velo de temor que había notado en su rostro al inicio comenzó a transformarse, adquiriendo los rasgos del miedo; luego, el sobresalto del ascensor al llegar al séptimo piso: un evidente rayo de alivio se le dibujó en la cara, y a la vista del *carabiniere* sin aliento le devolvió su espíritu combativo:

—Abra la puerta.

Como ya te he contado, mi casa tenía poco más de treinta metros cuadrados, constituidos de una habitación con un baño a la izquierda y una cocinita en "ele" a la derecha. Normalmente ya es fácil llenar de cosas un espacio así de pequeño, pero en mi caso la acumulación de tonterías de todo tipo y el continuo paso de vidas alocadas había transformado ese cuarto en algo difícil de nombrar. Era una cosa entre un museo del *pop art* de la costa adriática y la bodega de un ropavejero. En las paredes, además de escritos y grafitis, había colgadas postales y fotografías de todo tipo... pero también recortes de periódico, recuerdos, dibujos a pluma hechos por amigos alterados durante tardes sin fin, poesías trastornadas compuestas por los mismos amigos en el mismo estado... Y hasta aquí estaba más o menos, pero a ese collage de psicodelia extemporánea se añadía una serie de cosas que desde el primer momento habría merecido ser tirada en el cubo de basura naranja que había arrancado de una señal de tránsito bajo casa y que, con cierto orgullo, se había adueñado de una buena colocación en la cocina, entre el refrigerador y la tarja. Si me encontraba, por ejemplo, un pedazo de cuerda o un cable eléctrico o un objeto dejado allí por alguien, en lugar de tirarlo pegaba un clavo y lo colgaba de la pared; cualquier boleto del cine o multa no pagada terminaban inmortalizados de la misma forma, o usando cinta adhesiva. Si en tiempos normales esa casita ya era un desorden y de una suciedad tal que más de una vez, por piedad, algún amigo o amiga se sometía al rito misericordioso de darle una pasadita, podrás imaginarte cómo se veía esa noche. Mi mochila —acuérdate de que había llegado ese mismo día de Milán— estaba medio deshecha en el piso, el *sleeping bag* medio desenrollado, ventanas rotas, sangre por todos lados, mesa y repisas llenas de cosas... El pobre *carabiniere*, quien tardaba en reponerse de los siete pisos a pie, parecía una Alicia en el País de las Maravillas con uniforme, mientras que el sargento, quien ostentaba familiaridad con "escenas del crimen", exploraba el ambiente con ojo atento y "astuto", sin cuidarse de los vidrios rotos que gemían a cada paso bajo sus pies… Convencido de tener entre manos algo gordo, con calma, comenzó su interrogatorio:

—¿Usted qué hace aquí?

—¿Cómo que qué hago aquí? Sargento… vivo… yo vivo aquí.

—Ah, ¡bravo! ¡Así que usted vive aquí! ¡Bravo!

Larga pausa, dando pasos lentos e inútiles de arriba abajo sobre los vidrios rotos, con el andar del inspector Clouseau.

—¿En qué trabaja?

—Actor.

—Ah, ¡bravo! Así que usted es actor, ¡bravo!

Cualquier cosa que yo dijera él respondía siempre como si fuera una absurda mentira. Comenzó a hurgar entre las cosas amontonadas en la mesa. Habría bastado que levantara la tela que la cubría para que descubriera el cajón donde tenía dinero, hierba y balanza, pero estaba demasiado enamorado del personaje que interpretaba delante de los ojos admirados de su asistente como para tener la lucidez de conducir una inspección que tuviera un mínimo de sentido. Yo, por mi parte, con la sangre fría que siempre he mostrado en las situaciones delicadas, desafiaba sus sospechas sentado con las piernas abiertas y un aire totalmente relajado.

—¿Qué diario lee?

Había comenzado a indagar respecto de mis simpatías políticas.

—*La Repubblica*.

—Sí, sí, ¡seguro! ¡Republicano convencido! —no sé, querida Inés, si cuando leas estas narraciones el diario *La Repubblica* existirá todavía, pero en mis tiempos era un diario independiente que nada tenía que ver con el Partido Republicano—. ¿Y de qué tendencia política es usted?

—Nunca he militado en ningún grupo político.

Justo en ese momento sus ojos cayeron sobre un libro que se asomaba en medio de la confusión de la mesa. Era un homenaje a Stanley Kubrick. Tenía la portada blanca y, escrito en grandes letras: "KubricK", con las dos "K" bien marcadas. Esas dos *kas,* a sus ojos, fueron indicio suficiente para justificar un aumento decidido en su tono intimidatorio.

—¡Ah! "Nunca he militado en ningún grupo político" —gritó, pensando que me había puesto con la espalda contra la pared; luego aferró el libro incriminatorio y lo sacudió delante de mis ojos, gritando—: entonces, ¿quién es este Kubrick?

Me gustaría poder decirte, querida Inés, que esta historia me la inventé yo, ahorrándole así al cuerpo de *carabinieri* la enésima ocasión de burla, pero, desgraciadamente para ellos, la escena se desarrolló exactamente como te la estoy narrando.

—Es un famoso director de cine, sargento —sonreí, con un indicio de pena por él; no es bonito ensañarse con un hombre ya derrotado, pero no pude resistir la tentación de añadir con intención—: es el que dirigió *La naranja mecánica.*

El pobre hombre estaba demasiado alterado por el papelón como para entender la sutileza de esta última ironía. Vi en su expresión la conciencia de la dramática transición de su estado: de protagonista de una película policiaca a protagonista de un chiste. Pero no perdió el ánimo. Reordenó rápidamente las pocas ideas confusas que le quedaban y, dado que la "pista política " se había estancado miserablemente entre esas dos malditas *kas* traidoras, intentó por el lado del tráfico de drogas.

—¿Usted usa sustancias estupefacientes?

—No.

Su mirada se alzó sobre la repisa.

—¿Y eso qué es? —preguntó con vigor, tratando de recuperar la autoridad.

—Un narguilé. Es un suvenir que compré en Turquía.

—¿Y para qué sirve? —preguntó, empujando la insinuación en la interrogación.

—Sirve para consumir sustancias estupefacientes —respondí con moderada arrogancia.

Me miró con odio. Ése era un verdadero indicio, ¡no como aquellas dos malditas *kas*! Pero no era suficiente para constituir una prueba. Luego bajó la mirada y vio un *chilom* —una especie de pipa india, típica para fumar el hachís.

—¿Y esto?

—Es otro suvenir... de la India. Y también sirve para consumir sustancias estupefacientes —repliqué con el tono de quien se rinde al uso descarado del sarcasmo.

"¡Otro indicio, pero ninguna prueba, ninguna prueba!", probablemente farfulló en su cabeza el pobre sargento. Quién sabe qué habría dado para tener el derecho de despellejar vivo a ese maldito *hippie*. Pero, visto ya que el reconocimiento de esa habitación no ofrecía más pistas a su elocuencia investigadora, pasó a la cocina. En ese nuevo escenario trató de recomenzar con su guión, pero sin lograr darle la gallardía que había inflamado su pecho en la primera parte del "interrogatorio":

—¿Y ésta qué es?

—Es una cocina sargento, ¿no la ve?

—¿Y usted qué hace aquí?

—¿Cómo que qué hago? —suspiré, dejando caer los brazos—. Cocino, sargento, cocino.

—Ah, ¡bravo! Así que usted cocina. ¡Bravo!

Lo había intentado de nuevo. Sin embargo, ahora ni él mismo se creía su tono inquisitorio, pero cuando notó en una silla una mochila "sospechosa" que había dejado allí desde la mañana, se reanimó. La tomó, metió las manos dentro, palpándola con los dedos y vigilándome con los ojos para pescar cualquier posible emoción que me pudiera traicionar. Entre tantas cosas que sacó con ritmo de suspenso, una bolsita llamó su atención: era un estuche de tela para lentes. Si hubiera habido música de fondo, la tensión del momento se habría vuelto eléctrica; con los dedos palpó algo duro y sospechoso dentro de la bolsita; su espalda se enderezó, sus ojos brillaron, metió el índice y el medio en el estuche, sin lograr esconder una sonrisa maligna. Esperaba ver aparecer en mi rostro la expresión de la derrota... y finalmente, lentamente, sacó una manopla de gamuza, de esas que sirven para limpiar los anteojos, doblada sobre sí misma y endurecida por el tiempo. Su entusiasmo se congeló miserablemente, junto con la seguridad en sí mismo. Fue su rendición. También el asistente, quien hasta ese momento había apoyado a su "maestro" incluso en los momentos más difíciles, parecía definitivamente desconsolado. Mansamente, me pidieron que bajara para registrar mis generales de modo que pudieran justificar en la central esa pérdida de tiempo. Cumplida la última formalidad, me despedí educadamente y los dos autos negros se desvanecieron melancólicamente en la noche, sin sirena ni torretas.

Al día siguiente Laura y yo, felices de estar juntos, nos dirigimos al hospital para abortar. Yo no fui de gran ayuda, dado que tenía ambas manos vendadas, pero nos divertimos mucho contando la historia de la noche anterior a otras pobres mujeres que estaban allí por el mismo motivo. Era paradójico, pero era evidente que nos envidiaban.

FABIO

Ahora imagino que me preguntarás: "¿Y mi padre...? O sea, ¿tu hijo?". Es difícil de creer, pero, a pesar del desmadre de mi vida, conseguía también cumplir con mi función de padre. Para facilitarme la tarea contribuía la excelente relación que mantuve con la familia de tu abuela, es decir mis suegros, quienes no sólo me aligeraron las cargas económicas del mantenimiento, sino que también se ocupaban de todas las exigencias del niño, ya que vivía con ellos. Para variar, fui afortunado: me beneficié del fantástico privilegio de deshacerme de todas esas pequeñas jodas cotidianas que inevitablemente crean óxido en la relación entre padres e hijos, para gozar únicamente de una relación espiritual-existencial que se desarrolló, durante muchos años, en esa tarde a la semana que le dedicaba a él. Obviamente tenía una manera toda mía de entender la paternidad. Lo mejor que tenía para compartir con él eran las cosas que me habían hecho crecer, y esas cosas las había encontrado en lo que los humanos dejan tras de sí. No, no estoy hablando de la historia, sino de la basura. Por eso evitábamos rigurosamente parques, columpios, resbaladillas y otros juegos para niños e íbamos siempre a lugares de campo donde había casas abandonas o en ruinas o vertederos. Él había aprendido a identificar siempre los lugares bonitos donde detenernos; me decía:

—Papá, éste es un bonito lugar donde podemos hacernos un buen churrito.

Obviamente el que fumaba era yo, pero a él le gustaba mucho verme hacerlos. Piensa que, muchos años después, en Roma, tendría unos catorce años, estacionados en el auto esperando para entrar al teatro Argentina para ver *Ubú rey,* de donde yo era coreógrafo, mientras calentaba el hachís de uno de los últimos churros que haría en mi vida me dijo:

—Papá, este olor me recuerda a cuando era niño.

Hay quien de su infancia recuerda el olor del ragú y hay quien recuerda el olor de los churros: depende del destino.

Y así, en esas tardes nos sentábamos en alguna piedra o bardita, o bajo un árbol, y me preparaba el bendito churrito: él sabía que era un ritual que nos llevaría a pasar una hermosa tarde. De hecho, no había terminado de fumarla cuando ya me encontraba junto a él en un lugar mágico de mi mente, donde la lógica se atenuaba en favor de la realidad.

Aquellos que se quedan atrapados en las garras de la mente racional pierden completamente la capacidad de jugar, amar, crear y hacer todas esas cosas que dan a los seres humanos el privilegio de ser los más afortunados de la creación. Era por eso que había emprendido mi revolución personal en contra de la "normalidad"; no quería perder esa capacidad. Como ya te he dicho, aún no conocía otros sistemas; por eso usaba la marihuana. Mejor eso a nada; de hecho, como sustituto funcionó a la perfección durante ese periodo.

Piensa que tu padre, ya grande, un día me dijo que las únicas cosas que recordaba de su infancia eran esas tardes, y las recuerda como momentos bellísimos. Si reflexionas un instante, esto es verdaderamente paradójico. Ponte en los zapatos de sus pobres abuelos, o sea, mis suegros. ¡Piensa en la injusticia! Ellos se dedicaron todos los malditos días de todos los malditos años a darle de comer, de beber, bañarlo, vestirlo, llevarlo a la escuela, soportar sus berrinches, curarle el sarampión, los resfriados y todas las otras molestias, y luego este pinche niño de la única cosa que se acuerda es de cuando el drogado del padre se lo llevaba a hurgar en la basura. Pero al final ni siquiera me sorprende que eso haya sucedido, porque el modo en que los padres crían a sus propios hijos es tan aburrido y lleno de preocupaciones que los niños, no importa cuánto los amen, pasan frecuentemente su infancia esperando sólo el momento de poder liberarse de ellos; y no importa cuánto la sociedad y las "sagradas" escrituras insistan en marcarlos con el estigma de la ingratitud: alejarse de los padres es una necesidad dictada por las aspiraciones más altas del individuo, o sea, la búsqueda de la felicidad. Y esto sucede porque en el interior de una familia "normal" puedes encontrar la seguridad, el calor, la protección, pero no la felicidad; porque los padres, "normalmente", como pasa en todas las especies animales, no se interesan tanto en que los hijos sean felices, sino que concentran sus preocupaciones en darles los instrumentos necesarios para la supervivencia. Esta característica es una parte intrínseca de la biología, de la naturaleza. ¿Has visto alguna vez a una vaca transmitirle a su becerro la euforia de sonar un instrumento o bailar bajo las estrellas? ¿O a un jabalí que revele a sus hijos el éxtasis misterioso que regala el canto o la poesía? Obviamente no: ellos se limitan a enseñar a sus crías lo que necesitan para sobrevivir: cuáles son los animales de los que se deben defender, a cuáles se pueden comer, dónde guarecerse… ¿A quién le importa si son felices? Lo importante es que sobrevivan. Preocuparse de que los hijos sean felices es un privilegio concedido sólo a los seres humanos, no a los animales. Pero, desgraciadamente, es evidente que la gran mayoría de las personas no educan a los hijos conforme a las prerrogativas humanas, sino en función de las necesidades animales. De hecho, se preocupan por que estudien, que aprendan un oficio, que tengan un comportamiento respetable, que sepan defenderse, que aprendan a ser "astutos" para poder chingarse a los demás… Y se los enseñan a cualquier costo: incluso a costa de su felicidad. El problema es que, si un animal puede vivir perfectamente sin ser feliz, para un ser humano es una tortura. Y es doloroso constatar que la humanidad, en su complejo, vive en un tormento del que, creyendo en un Dios misericordioso, no sabe explicarse el sentido y se obstina en mirar con fatalismo ese cielo vacío donde imagina que esté Su residencia, esperando una respuesta que no llegará, porque la miseria humana obviamente no depende de este Dios de fantasía, sino del hecho de que nos olvidamos de ser "humanos" y educamos a nuestros hijos como los animales, preocupándonos por crear los presupuestos que garanticen su supervivencia, pero descuidando casi completamente aquellos que aseguran la felicidad.

Por fortuna para tu padre, yo estaba tan "fuera de mí" que hacía lo opuesto a lo que todos hacen. Mientras que los padres "normales", para acostumbrar a los hijos a la dureza de la vida adulta, los cargan con problemas y responsabilidades, yo le enseñaba cuán bello era ser niño, sin inquietudes ni preocupaciones. Y así, una casa en ruinas se convertía mágicamente en un castillo; un arbusto de juncos, en un bosque impenetrable; el túnel abandonado de un refugio de los tiempos de la guerra se convertía en el camino que lleva al centro de la tierra… Amábamos imaginar en las cosas abandonas las vidas que las habían usado, las manos que las habían tocado, las historias de las que habían sido testigos o de las que habían sido protagonistas; y, reacomodándolas con un nuevo orden, reposicionábamos esos muebles rotos, los objetos tirados y los desechos industriales, creando mensajes para las vidas venideras.

Para hacer carrera y tener éxito en la vida la marihuana puede ser ciertamente un gran hándicap, y lo sé por experiencia; pero si los padres, al menos aquellos afligidos por un modelo educativo tradicional, en lugar de torturar a los hijos con sus obsesiones y sus miedos de cuando en cuando se hicieran un buen churro y se pusieran verdaderamente a jugar con sus hijos, tal vez el mundo sería mejor. En lugar de estabilizar la relación sobre parámetros exclusivamente "educativos", podrían disfrutar también ellos de esa magia que se revela cuando el misterio de la vida no es ofuscado por los principios, los deberes y las preocupaciones.

Obviamente no es un consejo el que te estoy dando, sino una provocación, porque también debo admitir que con Fabio fui una vez más afortunado, habiendo gozado de una situación que me concedió tratarlo no como a un hijo, sino como a un ser humano. El único lunar de nuestra relación fue mi hábito de empujarlo siempre un poco más allá de sus límites, retándolo en pequeñas pruebas de valor o de resistencia, tal como había aprendido que es necesario hacer en el manual de entrenamiento del pastor alemán con el que había entrenado a mis perros. Pero Fabio, explorando conmigo los márgenes de la periferia urbana, era tan feliz que aceptaba de buena gana esas pequeñas torturas; porque él, como yo, amaba el sabor de esas tardes "aventureras". Y si no es así, espero que me mate en terapia y me perdone.

Las cosas se complicaron cuando llegó la edad de la escuela. No, no porque tuviera problemas de aprendizaje, sino porque me pedía que le leyera todas las pintas que encontrábamos en los muros de nuestras casas abandonadas, y dado que esas casas eran usadas como refugios de paso de bribones y marginados de todo tipo, puedes imaginarte qué clase de porquerías se podían encontrar ahí. Puedo decir que tu padre aprendió el alfabeto leyendo palabrotas en los muros.

Una vez, habrá tenido unos seis años, me pidió que le leyera un poema que estaba escrito en un poste de la luz en el campo de Palese. Era una poesía oscura y triste, que hablaba de la soledad y de los secretos. Le pregunté si había comprendido, pero obviamente era demasiado difícil para un niño, por lo que se la expliqué:

—Habla de los pensamientos que tienes a solas... de las cosas que no le cuentas a nadie... ¿Tú piensas?

—Sí.

—¿En qué piensas?

—En la escuela... en mi amigo...

—¿Y nunca piensas en mí?

—Sí.

En ese momento no supe resistir. Sabía que era una pregunta que no debía hacer, pero sabía también que no podía ser nada más que el padre que era; por lo tanto, con dudas, me aventuré:

—¿Y qué piensas de mí?

Él me miró con una expresión que jamás podré olvidar. Era como si en ese pequeño cuerpo de pronto no hubiera un niño, sino un maestro, un mago, un poeta. Me apuntó directo a los ojos y, como si quisiera penetrar en la zona más escondida de mi alma, dijo:

—Liso y suave.

Un escalofrío me recorrió la espalda. No podía creer que me hubiese respondido así. Para asegurarme de que había comprendido bien, le pedí que lo repitiera y él, con idéntica entonación, me penetró con las dos mismas palabras:

—Liso y suave —luego se giró hacia la calle, vio una lata de cerveza y comenzó a agarrarla a patadas, regresando al niño de siempre.

Todos los niños son especiales, y para cada padre sus propios hijos son más especiales que los de los demás. La especialidad de Fabio, aparte de tener un extraordinario talento para el dibujo, era la marcada atracción por los fenómenos paranormales: no era difícil encontrarlo concentrado observando fijamente un cenicero, esperando ver que se moviera con la fuerza del pensamiento. Luego se alejaba, completamente exhausto, y decía:

—Debo intentar con algo más ligero —y acometía con el paquete de cigarrillos.

Yo no lo detenía porque pensaba: "Pon tú que en una de ésas logra moverlo. ¡Nos volvemos ricos!".

La otra cosa que lo distinguía era un marcadísimo sentido del humor. Una vez vino a comer a casa de mis padres, y cuando mi madre, refiriéndose a los perros que habían quedado huérfanos desde los tiempos de la separación y que habían sido abandonados a los cuidados de la abuela materna, le preguntó:

—Oye, Fabio, ¿cómo están los perros?

Él respondió:

—Muy bien, siempre preguntan por ustedes.

Pero donde las cosas se complicaban definitivamente era durante esas noches en que, quién sabe por qué, decidía que el niño tenía que dormir conmigo. Obviamente las cosas se complicaban para él, porque, fiel a mi idea de que "cada uno tiene el padre que se merece", integraba al pequeño a mi ritmo nocturno, seguro de que era parte de su karma comer lo que cayera, cuando cayera y donde cayera... y en caso de que cayera; dormir en cualquier lugar o permanecer despierto hasta entrada la noche, entreteniendo a una banda de trastornados haciendo maromas en la cama de la casa de un desconocido, o despertarse en el auto mientras llevábamos al hospital a un amigo lleno de sangre a quien le habían roto la cabeza con una botella en una pelea durante un concierto.

Una vez, con un grupo de amigos, nos trasladamos unos cuantos cientos de kilómetros al sur de Bari para pasar unos días en el mar Jónico, en Castellaneta Marina, en la casa de playa de los padres de uno de nosotros. Yo me lo llevé en mi Guzzi V7 y partimos alegremente acompañados de un pequeño cortejo de autos y motocicletas. Si ahora a los niños sin casco no los dejan ir ni siquiera en carriola, en esos tiempos nadie se escandalizaba si te llevabas al hijito de siete años prensado detrás de ti, como un koala sin pelos.

En aquellos días se disputaba la fase final del Mundial de Futbol de 1986 en México, y justo la tarde en que la Argentina de Maradona vencería tres a dos a la Alemania de Rummenigge noté que el niño no estaba bien. Tal vez había tomado demasiado sol. Sí, había tomado demasiado sol. Probablemente en la moto, porque tenía el ojo vidrioso y parecía como borracho. Por eso, con gran sentido del sacrificio, dejé a la alegre comitiva que esperaba el inicio del partido en la maxipantalla de una playa, cargué al niño en la motocicleta y regresé a la casa donde nos hospedábamos. El niño ardía. ¿Qué se hacía en estos casos? ¿Se le metía al refrigerador...? Traté de hurgar en mi memoria para encontrar una información útil para el caso y salió a flote la imagen de alguien tendido en la cama con algo frío en la cabeza. No perdí tiempo: acosté a Fabio en una cama, tomé una botella del refrigerador, la vacié en una palangana, y con un traje de baño comencé a aplicarle compresas frías en la frente. Sus ojos inmediatamente recobraron la vitalidad. "Estamos en el camino correcto", me dije. Pero había algo que me seguía preocupando: el niño no dejaba de decir que olía a vino. "Madre mía —pensaba—, el niño está verdaderamente mal: ¡hasta tiene alucinaciones!" Después de un rato también yo comencé a percibir el olor a vino. Olfateé el traje de baño y, efectivamente, apestaba a vino: fue entonces cuando me di cuenta de que en la palangana había vaciado media botella de vino blanco que había quedado de la noche anterior. Poco mal: el remedio estaba funcionando igualmente, y nadie habría podido tener dudas de que yo estaba cumpliendo con mi deber como padre ni de que él estaba pasando una "bellísima infancia".

UN ÉXITO PELIGROSO

El año de 1984 comenzó con dos buenas noticias: la primera fue que el 24 de enero Steve Jobs presentó al primogénito de la larga genealogía de Mac: la Macintosh 128k; la segunda fue que la profecía de George Orwell no se había cumplido tal cual, aunque sí, al menos ante los ojos más atentos, era evidente que el mundo estaba yendo hacia una peligrosa globalización, donde los individuos eran condenados cada vez más a convertirse en una masa de consumidores, y esto no sólo a nivel local, sino planetario. Los vientos de libertad que habían soplado fuerte en los años setenta y que habían dado la ilusión de exorcizar para siempre la amenaza del Gran Hermano poco a poco estaban cayendo para ceder su lugar a una forma de rebelión oscura e introvertida, donde un desprecio general por la vida hacía cada vez más de protagonista. Los colores de los hijos de las flores se estaban contrayendo en la sequedad del blanco y del negro, donde el blanco sólo servía para hacer resaltar al verdadero patrón de los años que vendrían: el negro. Ya estaba desapareciendo la alegría de las contestaciones, las luchas, las marchas y las ocupaciones. Esas barricadas erigidas contra los padres y los patrones, contra la moral y las tradiciones, contra el pasado y la ignorancia, ni siquiera habían sido destruidas por el enemigo, sino que simplemente habían sido eludidas, permaneciendo vacías y privadas de significado. Algunos se habían rendido por el cansancio; otros habían sido seducidos por el canto de las sirenas que resonaba en los lujos de los más vacíos ideales burgueses; otros se habían retirado como niños buenos que dejan los juegos a la hora de la cena, y otros, como yo, se obstinaban en permanecer firmes en contra de un enemigo que ya no era identificable.

Este escuadrón de irreductibles, que no se resignaba a aceptar la derrota y a entrar en los rangos, fingiendo no darse cuenta de que la esperanza de redención colectiva se había transformado en un "sálvese quien pueda", se demoraba en lo que quedaba de esa inútil trinchera donde aún se celebraban los ritos que un día habían inflamado las esperanzas, pero que ahora reducían a cenizas lo que de esas esperanzas había quedado. De hecho, el "amor libre" se había vuelto lujuria; las acciones de protesta, actos vandálicos o criminales, y el uso de las drogas también había cambiado de significado: en tanto que en los años setenta fumar churros o meterse ácidos —o incluso heroína— era símbolo de un psicodélico renacimiento "espiritual", en los años ochenta adquiría cada vez más la connotación de un refugio sórdido para escapar de una realidad que ya no le gustaba a nadie y a la que nadie sabía cómo poner remedio.

Busqué desesperadamente resistir nadando a contracorriente. Ayudado por la gran ola de éxitos que, casi a mi pesar, había obtenido en los años precedentes, fui uno de los últimos en rendirme a la resaca que arrastraba todo en el oscuro mundo donde, desde siempre, la restauración entierra las esperanzas de una generación.

Durante otro par de años seguí manteniéndome firme. Mi batalla personal contra la "normalidad" ya parecía ganada, y mientras más grave y profunda era la desesperación de mis pobres padres, más claro y exaltante era el éxito de mi revolución.

En sólo cuatro años pasé de ser un pobre desgraciado agonizante, listo para quedar definitivamente tragado por ese magma pegajoso donde quien quiere defender su propia individualidad tiene como única arma la de competir y someter a los demás, a ser un hombre libre e independiente que vive fuera de cualquier lógica. Pero no pienses que eso bastaba para hacerme feliz. No, Inés, para nada. Para ser feliz no basta la brutalidad con que uno se libera de las cadenas y conquista la libertad: se necesita mucho más. Si eres un imbécil, escapar de la cárcel no te lo quita. Si no eres inteligente, incluso la misma libertad puede resultar una maldición. Y éste fue mi caso. De hecho, cada vez me encontraba más seguido sentado en el muelle del puerto de Bari con un churro entre los dedos, fumándome el atardecer —que en esa ciudad decidió encenderse a sus espaldas— y preguntarme: "¿Y ahora?". ¿Por qué no lograba ser feliz? ¿Por qué aquella alegría superficial no penetraba en las fibras más profundas de mi ser? Habría podido atribuirlo a mi relación con Laura, que se hundía inexorablemente en las arenas movedizas de los engaños y la prepotencia, pero no era tan estúpido como para conformarme con una respuesta tan superficial, por lo que me quedé sin respuesta. Aún harían falta un par de años para que me encontrara definitivamente solo, perdido, desesperado y sin siquiera tener un enemigo contra el cual combatir. Los enemigos los había derrotado ya a todos, al menos eso pensaba, pero no había tomado en cuenta que, entre todos, el enemigo más sutil era yo mismo. Esto se revelaría poco a poco; no me di cuenta de inmediato. Continué mi vida alegre, rebelde y divertida, yendo de arriba abajo por Italia con mi adorada motocicleta y sumando éxitos en los tres escenarios que más me interesaban: el teatro, la calle y las mujeres.

También mi *look* ese año sufrió un cambio drástico. Un día, pasando delante de una peluquería, sentí el repentino impulso de cortarme la barba roja que llevaba desde siempre. Con la diversión de quien ama sorprenderse a sí mismo, entré y dije:

—Corta.

Después de ocho años de sepultura, mi rostro salió a la luz. Nunca lo había visto. Aunque tenía la blancura de una cabeza apenas rapada, me gustó. Tenía ángulos que estaban de moda y, la cosa que más me gustaba: era un rostro malo, y para alguien como yo, quien había vivido toda su vida en la calle, tener un rostro malo era como fingir esconder una pistola en los pantalones.

Al año siguiente mis largos cabellos acabaron de la misma forma. No, no con el peluquero. Fue una noche en casa de Laura. También en esa ocasión fue repentino: sentí la necesidad de cortarme el cabello. Y así, en el baño, rodeado de una manada de amigos pachecos, entre las risas y la sorpresa general, con las mismas tijeras de cocina con que Laura abría los mejillones me corté esos cabellos que habían sido el emblema de mi rebelión. No me servían ya. Si hasta entonces esos cabellos habían sido el signo distintivo que me señalaba a mí mismo y a los demás mi rechazo a la "normalidad", ahora no había acción de mi vida que no lo gritase a los cuatro vientos. Ese símbolo podía ser abandonado, como en tiempo de paz se abandona un puesto bélico que contribuyó a la victoria. Sólo conservé un mechón que, como un memorial de gesta heroica, caía, melancólico y solitario, sobre el hombro izquierdo.

* * *

Después de la prueba positiva del Claus, Armando me consagró al título de dramaturgo, encomendándome la adaptación de una obra de Plauto, *Miles Gloriosus,* que él quería ambientar en una gasolinera

abandonada en la costa adriática, entre desgraciados de la peor cala-
ña. Era pan para mis dientes. Nunca había ido a ver una función de
teatro. De Shakespeare sabía "ser o no ser" y de Molière sólo sabía que
usaba peluca, pero me sentía absolutamente seguro de poder traducir
una historia vieja y, ¡Dios me perdone!, un poco aburrida, a un mecanismo escénico actual y divertido. ¡Era un escritor de teatro! Cosa
de locos.

Y así, entre los churros, las fiestas y las continuas interrupciones
del pacheco en turno, me puse a estudiar el texto en latín para darle
una nueva vida; y con mi habitual irreverencia hacia los clásicos y las
tradiciones, me valió madres el texto en latín: me limité a tomar la
historia y los nombres de los personajes, añadí una escena que resol-
vía una incongruencia del texto original —probablemente debida a la
mescolanza entre dos o incluso tres obras diferentes— y modifiqué
un pedazo de la trama para aumentar el carácter paradójico de la
historia. Debutamos en el Festival de Asti. Entre las tantas críticas
que decretaron el éxito de la obra, hubo una, no me acuerdo de cuál
diario, que verdaderamente me enorgulleció: decía que Plauto se estaba revolcando en su tumba. Hacer enojar a los cretinos siempre ha
sido mi pasión.

Me parecía increíble trabajar como director y dramaturgo sin jamás
haber estudiado nada. Y así, decidí estudiar. No, no te preocupes, no
cogí los libros: yo, para aprender, tenía que sentir la peste de la vida.
Por lo tanto, aunque debo confesar que, a escondidas, leí varios libros,
me dediqué a participar en cursos y seminarios de todo tipo. Fue
así como entraron en mi vida mundos hasta entonces desconocidos:
Stanislavski, Artaud, Grotowski, Boal, The Living Theatre, Peter
Brook, Strasberg, Eugenio Barba y todos los chamanes del teatro
que, más que enseñarte a actuar, te arrancaban de las vísceras los

humores, las pulsiones ancestrales y la locura que le permiten a la expresión artística tocar, mejor dicho retorcer, el alma del espectador. Fue en esos cursos que, mezclando gritos, sudor, lágrimas… y a veces hasta sangre, se plantó la semilla de esa búsqueda interior que comenzó a germinar pocos años después.

Pero también mi naturaleza de intelectual disfrazado, por más que la escondiera como una enfermedad de la cual avergonzarse, reclamaba su parte. Y así, cuando supe de un curso de dramaturgia con un famoso guionista de Hollywood, tomé mi fiel motocicleta, me fui a Roma y conocí a Robert Mckee, una celebridad para los iniciados. Fue un encuentro determinante que me hizo tomar conciencia de los mecanismos de la narración que hasta entonces había abordado por puro instinto.

No puedo decir lo mismo del curso de escritura que hice en el verano en Umbría, en Alcatraz, con Dacia Maraini y Stefano Benni… Pero ¡por favor! No fue culpa de ellos, quienes, al contrario, se prodigaron buscando transmitir un arte difícil de enseñar, sino mía. De hecho, mi verdadero interés no era aprender a escribir historias, sino recogerlas… o, mejor dicho, sentirlas en mi piel; y allí, en Alcatraz, era una ocasión extraordinaria para probar mi nuevo "ser yo mismo" y vivir las aventuras de este personaje en quien me había convertido.

De pie en mis veintiocho años, ya no me sentía el muchacho que se rebela ante las reglas de la sociedad luchando por la supervivencia, sino un hombre que ya estaba fuera de las reglas y que, de una forma o de otra, se las arreglaba para llegar a fin de mes viviendo al día. Veía mi nueva imagen tomar forma en las reacciones de la gente: a algunos les daba miedo —esto me gustaba—, otros no me soportaban —esto me divertía—, otros estaban fascinados —era sobre todo para ellos que actuaba mi personaje— y otros me envidiaban —éstos me hacían sentir incómodo—. Pero era, sobre todo, el efecto que este nuevo "ser yo mismo" suscitaba en el género femenino lo que me provocaba mayor sorpresa. De pronto me daba cuenta de que me había convertido en otro. Así como cuando las primeras veces, como director, me sorprendía al sentir actuar en mi lugar a un yo mismo que no conocía, de la misma forma mi modo de hacer durante ese verano parecía determinado por un personaje que no era yo y del cual yo, en primer lugar, comencé a enamorarme.

Por vez primera mi actitud hacia el mundo femenino no era la del muchacho, sino la del "hombre". (Lamentar la juventud significa no haber tenido la fortuna de conocer los tesoros de la madurez.) Hasta entonces mi historia con las mujeres, oscilando entre éxitos y fracasos, había sido la de un joven que había construido su personalidad aprendiendo a cubrir con astucia las inseguridades que desde niño había madurado por la incomprensible vergüenza que me daba sentir atracción por el otro sexo.

Recuerdo que, a la edad de ocho años, durante varios meses, todos los domingos seguí a una niña de quien estaba secretamente enamorado —aquella Giovannella que después se convertiría en mi primera noviecita—, mientras iba con la hermanita de la casa a la iglesia y de la iglesia a la casa. Para esconderme incluso a mí mismo esa pasión "culpable", me convencí de que la verdadera razón de ese acecho era mi preocupación de protegerla de eventuales agresores. Pero, cuando un día las dos hermanitas, obsesionadas por este pinche niño de pelo rojo y anteojos que las seguía por todas partes, se dirigieron al párroco señalándome escondido detrás de una columna, me avergoncé a morir y me puse más rojo que mis cabellos.

No sé si fue por eso o por culpa de las malditas enseñanzas "religiosas", o por qué diablo de motivo, pero, por más que profesara el amor libre, la idea de que mi interés sexual ofendiera a quien fuese objeto de él vivió como un ratón bajo la superficie de mi fanfarronería durante muchos años. Esto me obligó varias veces a desviar hacia el plan amistoso esa energía que, de hacerla explícita, tal vez me habría llevado a despertar la pasión en las chicas que más deseaba, pero de quienes más sufrí el rechazo.

Pero ese verano también me sentía diferente en ese campo: me sentía audaz... Es más: descarado. Y también las mujeres que participaban en ese curso de escritura eran diferentes de las que yo estaba acostumbrado a frecuentar. Eran "jóvenes señoras", intelectuales, o "seudotales", en su mayoría del norte de Italia, que hablaban con ese acento que a un hombre del sur le despierta inmediatamente las ganas de remacharlas con caricias meridionales —supongo que a los septentrionales las mujeres del sur les causan el mismo efecto—. Entonces no me daba cuenta, aunque ahora puedo imaginar la fascinación que debía ejercer en ellas este joven hombre, solo, en motocicleta, rudo, balanceándose entre el arte y la desviación, que hacía fumar a todos hachís y que nunca desdeñaba venderte un poquito para completar la incierta economía; misterioso, sin escrúpulos, que no escondía su propia ignorancia, sino que, al contario, incluso la exponía con orgullo. De hecho, mientras todos fingían saber más de lo que sabían, yo siempre fingía saber menos de lo que en realidad sabía. Una vez más, era mi forma de decir: yo no les pertenezco, soy un intruso, no soy un intelectual y tampoco soy un artista. Muchos años más tarde, cuando mis tormentos terminen y mi historia no sea más parte de esta narración, me felicitaré a mí mismo por la intuición de siempre haber buscado huir a cualquier definición. De hecho, desde el punto de vista espiritual, definirse como algo es la fórmula segura para perder a "Dios", porque definirse como "algo" o como "alguien" obliga en un ámbito limitado aquello que no es limitado. El ser humano, desde el punto de vista de la conciencia, no tiene límites y es absolutamente libre. Como ya he escrito en otro lado, decir "yo soy espiritual", "yo soy materialista", "yo soy católico, judío, comunista, freudiano o del Toluca", simplemente significa cortarse solito los huevos. Alguien que es sólo materialista o sólo espiritual es más una caricatura que un ser humano. En aquellos tiempos no sabía todo esto, sino que sólo seguía el instinto de un animal salvaje que siente el olor de la trampa y huye sin saber por qué.

Tú, en este punto, me podrás decir: "Pero, abuelo, tú también, cuando te definías como hippie o desviado o vagabundo, ¡pertenecías a una categoría!". Correcto, Inés. Yo también, sin darme cuenta, era una caricatura. No me daba cuenta aún, pero comenzaba ya a sentir la mordida de esa desesperación que, desde detrás del telón, muerde el alma de quien tiene éxito interpretando a un personaje que sabe que no es él. Era una mordida que en los años siguientes me arrastraría poco a poco hacia el desprecio de mí mismo.

Pero, al menos ese verano del '84, esa caricatura humana que yo era funcionó muy bien. Esa especie de animal extraño, sucio y arrogante al parecer resultaba irresistible para el público femenino que frecuentaba ese curso: un sujeto perfecto con quien tener una aventura veraniega, aunque fuera de una sola noche, para poder contárselo a las amigas y escondérselo al marido. En los ojos de esas mujeres vi el reflejo de un "hijo de puta", y me gustó. Me enamoré peligrosamente de esa "caricatura".

Manteniéndome en equilibrio entre los modos criminales y la naturaleza noble, que por fortuna nunca me ha abandonado, usé la fascinación que eso me confería para nutrir de formas variadas mi neonato narcisismo. Pisé el acelerador para ver hasta qué punto llegaba mi poder, tanto en la intimidad que las "jóvenes señoras" me concedían como en la gestión del enredo de relaciones que había rápidamente tejido. Y así hurgué en las manías de una, en la morbosidad de otra y en aquellas fantasías y caprichos que toman formas extrañas cuando una naturaleza bizarra se cruza con una educación represiva o normalmente religiosa. Pero no te imagines ahora que sucedían cosas al estilo del Marqués de Sade. Se trataba más de sutiles aspectos psicológicos que transmutaban las características naturales de cada especie de hombre y de mujer en la actitud desviada de esos dos tipos opuestos de ego que forman un perfecto matrimonio: el ego que disfruta del poder que da dominar al otro y el ego que disfruta del poder que da sobre el otro dejarse dominar. Mi actitud privada de escrúpulos y de moral las liberaba de la culpa de ser quienes eran, y las lanzaba con una lascivia impúdica y exagerada, justificada sólo por saber que el peor de los dos, de cualquier forma, siempre era yo; y mientras más empujaba adelante los límites de mi audacia, más me seguían, felices de poder perder, al menos por un rato, la responsabilidad de sí mismas. Sin embargo, como en el absurdo juego entre víctima y verdugo no se sabe quién de los dos comienza el juego y define al otro, también allí era difícil establecer si yo era un "simpático bastardo que aprovechaba la situación" o simplemente un objeto veraniego para usar, sobre quien ninguna de ellas soñaría jamás establecer alguna presunta propiedad. Tal vez era por esto que me concedían el arbitrio de elegir según mis caprichos, o perdonaban incluso la desfachatez de pedirles el auto descapotable de una para poder llevarme de juerga a otra.

Sabía que jugaba con fuego; sabía que, como un jugador de póquer que blofea, ante la mínima fisura de mi seguridad perdería toda la apuesta de mi orgullo y de mi arrogancia, hasta arriesgar incluso la joya de la familia que se llama dignidad. Sabía que en cualquier momento habría podido perder el dominio sobre mi imperio y terminar en el polvo, pisoteado sin piedad por el desprecio de quien está dispuesto a adular al paladín sólo hasta que no sea vencido por la duda y la incertidumbre, pero que, ante el primer síntoma de humana debilidad, no duda en tomar la ocasión para hacer pagar con la crueldad, la afrenta de haber sido, aunque conscientemente, sometido. La soledad es el precio que paga quien quiere dominar; su reino se rige sobre la frágil resistencia de sus mentiras. Pero ese verano jugar póquer me salía muy bien: continué mirando sin expresión a los otros jugadores sin descubrir mis cartas. Que tuviera un punto en la mano o que no lo tuviera se había vuelto totalmente irrelevante: mis miedos y mis inseguridades habían desparecido mágicamente incluso ante mis ojos... tal vez porque sabía que esa partida duraría poco. Y entre más embriagaban los éxitos mi ego, más sentía abrirse dentro de mí un vacío que antes o después sabía que me devoraría; entre más las "jóvenes señoras" abrían paso al carruaje de mi vanidad, más a fondo pisaba el acelerador para ver si —y hasta cuándo— terminaría fuera del camino. Me concedía y me negaba, asustaba y tranquilizaba; era de todos y de nadie; alternaba soberbia y humildad, flexibilidad y rudeza, rigidez y dulzura... Era como alguien que está aprendiendo a guiar un nuevo vehículo y que, entre aceleraciones repentinas y bruscas frenadas, alborota el tráfico orillando a todos a un estado de confusión y de alerta. Como si no tuviera nada que perder —y, efectivamente, ¿qué tenía que perder?—, me dejaba guiar completamente por el instinto, llegando a sorprenderme de mis propias acciones.

Recuerdo la última noche con Marisa, una de las "jóvenes señoras", estudiando el mapa sobre la mesa de la cocina de su casa antigua de Perugia, para elegir una ruta que me permitiera descender hacia el sur atravesando de largo todos los Apeninos. Había decidido no concederme esa última noche, no porque no la deseara, sino para disfrutar de la exaltación, tan femenina, que me daba poder negarme. Era la forma en que había decidido poseerla por última vez. Ella no estaba molesta, sino excitada por el dominio que me atribuía mi rechazo. Inteligentemente, no reclamó los derechos de una amante en su última noche, porque sabía que no tenía derechos y que no habría funcionado, pero buscó hasta el último la forma más sutil de ganar, dejándome la impresión de que yo era el vencedor.

Me preparó la cena. Luego se sentó a un lado de la mesa, buena, dulce, receptiva, sin ningún signo de seducción, pero consciente del poder de su pasividad. La parte posterior de su muslo derecho, que la falda veraniega dejaba ver por las piernas cruzadas, fue una llamada silenciosa, inconsciente y, por ello, irresistible. Con la lentitud implacable de quien sabe que llegará hasta el extremo, alargué la mano y, de pronto, cambiaron la forma, la intensidad y el ritmo de mi imperio. Atávicamente debilitada por un deseo inextinguible, su fortaleza abrió las puertas a la horda usurpadora, feliz de ser sacudida y saqueada. A la mañana siguiente, lánguida, mirando a su frágil invasor apuntando hacia el sur sobre su caballo de hierro, permaneció un momento disfrutando el aire fresco de ese nuevo día, consciente de haber ganado una vez más.

No creas que para mí eran escapadas que tenía que esconderle a mi compañera de ese tiempo, quien era, aunque por poco tiempo aún, Laura. A mis ojos, la idea de mentir era mezquina y humillante, incompatible para el personaje que había decidido interpretar. "¿Qué dignidad puede tener un hombre que se avergüenza de sus propias

acciones? —me decía—. Esconderse detrás de la mentira sólo significa no tener huevos." Escuchándola así, ésta es una afirmación que
llena de orgullo a quien la dice. Pero no te emociones, Inés: tu abuelo tenía ideales superiores a su capacidad de encarnarlos. De hecho,
aunque efectivamente tenía el valor de decir la verdad a los demás,
no siempre tenía el valor de decírmela a mí mismo. De hecho, más de
una vez en mi vida me había encontrado, y me encontraría, siendo fiel
no por elección, sino por cobardía. Era demasiado joven para resignarme a la idea de desear a una sola mujer, pero, sin estar dispuesto
a mentir ni a enfrentar las represalias que generan las traiciones, en
tantas ocasiones preferí cobardemente fingir conmigo mismo que las
demás mujeres no me interesaban y que yo estaba bien sólo con una.

Pero en ese periodo, con Laura, tenía tal delirio de omnipotencia
que me sentía capaz de enfrentar cualquier situación. Por lo tanto,
cuando una semana después, por su iniciativa, Marisa me alcanzó en
Bari, no me sorprendí al escuchar mi voz diciendo:

—Ven, te presento a Laura.

Lo que, al contrario, me sorprendió fue que, sentados los tres a
la mesa de un bar que daba a la plaza de la estación, me sentí casi
un intruso entre aquellas dos mujeres que conversaban como viejas
amigas. Y cuando Marisa, quien estaba casada, le propuso un intercambio de hombres, Laura incluso se dejó tentar por la propuesta, a
pesar de no saber qué recibiría a cambio.

Mientras más se alejaba mi libre arbitrio de los límites impuestos por
la moral común, más me parecía relativo el valor de la vida humana.
Mis acciones y mis pensamientos, al no encontrar los diques de lo
"correcto y lo incorrecto", se desbordaban arrollando hasta al mínimo

sentido común que permite orientarse en los territorios desconocidos. Había entrado en esa tierra de nadie donde la ausencia de límites regala la euforia del poder al precio de un constante terror latente. Estaba jugando con fuego. Percibía que bastaría un paso más para caer en esa área del cerebro fuera de control donde anida la locura en cada ser humano. Pero no era la locura de esos loquitos con quienes había vivido en la casa hogar. Era diferente. Su locura era social; la mía era una locura burguesa. La suya era el fruto marchito de un cinismo sufrido a manos de otros, mientras que la locura que veía anidada dentro de mí era el fruto jugoso y excitante del cinismo narcisista que desafía las leyes de Dios. Era probablemente el borde de esa peligrosa esquizofrenia que hizo al mismo tiempo grande y miserable a mi generación.

No pienses que estaba mal. Al contrario, sentía una especie de exaltación. Este tipo de locura es sólo la otra cara de la moneda de un fenómeno misterioso que los místicos llaman "iluminación". El fenómeno en sí mismo no es doloroso… al menos hasta cuando la moneda gira. El dolor o la beatitud dependen únicamente de en cuál de las caras de la moneda nos detenemos… y a juzgar por cómo va el mundo, es evidente que todos se detienen en la parte equivocada. Pero en ambos casos se trata de una fuga de la "normalidad" en busca de lo extraordinario. Piensa en los dictadores, en los grandes bandidos o en los genios criminales de las finanzas; al final ellos no son otra cosa que gente que ha desafiado a la "normalidad". Para hacerlo, debes estar un poco loco. Pero también Sócrates, Buda, Jesús o Lao-Tsé tenían que ser un poco locos: ellos, igualmente, desafiaron la "normalidad". Es interesante descubrir que el nombre "Buda" —en hindú *Buddha*—, viene de la palabra hindú *buddhu,* que significa "loco" o "idiota". En fin, entre ser estúpido como un dictador o un gran criminal y ser

sabio como un Buda o un Kabir existe sólo la diferencia de una vocal. Una vez más era mi instinto animal el que me llevaba a explorar
esa parte del cerebro que hace a los hombres capaces de crear y de
destruir. Aún no sabía que allí se escondían tanto Dios como el Diablo, abrazados juntos; aún no sabía que el odio y el amor surgen de
la misma fuente; aún no sabía que lo diabólico no es la victoria del
mal sobre el bien, sino el conflicto entre uno y otro; aún no sabía que
lo divino no es la victoria del bien sobre el mal, sino la aceptación
de ambos. Por eso el fácil moralismo que condena a estos grandes
esquizofrénicos que logran someter a una entera nación a una idea
loca, o que son capaces de organizar grandes planes criminales, o que
no tiene escrúpulos en destruir el planeta siguiendo los números del
mercado de acciones, lleva a una conclusión demasiado obvia y demasiado superficial. Cierto: sus acciones son condenables sin piedad
en el tribunal de los hombres, pero no se puede hacer lo mismo en
el tribunal de "Dios". Sus crímenes ciertamente son abyectos, pero lo
que los ha llevado a cometerlos contiene, paradójicamente, la semilla
de la búsqueda de la "Verdad"; esa semilla que, a pesar de la vida y
del trabajo que se hace, está contenida en todos aquellos que, de una
forma o de otra, han tenido el valor de salir del rebaño para enriquecer o empobrecer con una huella el panorama gris del anonimato. Un
giro más de la moneda tal vez habría bastado para que se detuviera
en la parte correcta, y el pecador se habría convertido en un santo.

Estaba obsesionado por lo que en aquellos tiempos llamaba el "acto
loco": el acto que lanza al aire esa moneda en cuyas caras están re-
presentadas la vida y la muerte; esa acción que simplemente se realiza para desafiar a la lógica, la moral y la prudencia y que, cayendo
siempre del lado equivocado, produce consecuencias desastrosas en la
vida de quien la comete y de quien la padece, pero que en todo caso

constituye el extremo y desesperado intento de afirmar una "verdad" que se percibe, pero que se ha perdido la esperanza de poder encarnar. El "acto loco" es lo contrario del acto creativo, pero, como te decía hace poco, tiene el mismo origen: fuera de la "normalidad". Decidí escribir una obra teatral sobre este tema: *El misterio de la dañadísima binidad*. Un cuento de dolor y de locura donde la "dañadisima binidad" era el principio antagónico del concepto cristiano de la Santísima Trinidad: la armonía del tres era estropeada por la esquizofrenia del dos.

Aparte de las numerosas cartas y las canciones, todo lo que he escrito en mi vida no ha sido inspirado por una exigencia creativa; no por el corazón ni por la mente, sino por la barriga. Siempre he escrito para procurarme vivir. Demasiado esfuerzo hacerlo por puro placer. Que quede claro: no es que no disfrutara al hacerlo; el trabajo del artista es como el de médico: no lo puedes hacer sin tener ganas. Pero, aquella vez, escribir *El misterio de la dañadísima binidad* fue una verdadera necesidad… Y se sabe: el lugar correcto para las necesidades es el baño y no el escenario ni el papel impreso ni una tela. Si escribes por la necesidad de expresar algo, sería más justo pagar al lector que tiene la paciencia de chuparse tu necesidad, exactamente como haces con el psicoanalista. Pero yo no pagué espectadores ni psicoanalista, y mi "necesidad" terminó más económicamente en el escusado, junto con la única obra no lograda a la que no me he dedicado hasta ahora en mi vida.

Esa obra padecía demasiado de mi placer narcisista de ser atraído por el mal; leer a Dostoievski y *El monje* de Matthew Lewis en ese periodo no ayudó a distraerme de mi obsesión. Daba vueltas en torno a la obra como un pintor que está tan obsesionado por el deseo de expresar "significados" que, corrigiendo continuamente el cuadro, al final ya no se acuerda de qué cosa quería pintar. Por primera vez, las interrupciones psicodélicas de quienes vivían en torno mío comenzaron a molestarme, y así decidí retirarme al aislamiento en el campo de Locorotondo, en el trullo de Titti, una querida amiga que no tuvo la paciencia de envejecer. La hora precisa para salir de viaje fue a las cuatro de la mañana. No, no me desperté temprano, no te preocupes: esperé para ser el último en salir de una discoteca que en esa época estaba de moda en Bari: el Neo.

Después de una semana que pasé fumando y escribiendo en perfecta soledad, puse la palabra "Fin" a mi obra, sabiendo que no funcionaría. No fui feliz, pero al menos me sentí aliviado, como cuando vas al baño.

Por si ese primer fracaso artístico no hubiese bastado para diluir mi prosopopeya, quien se ocupó de echar un balde de agua fría al exaltante delirio de poder que había caracterizado ese año fue Laura, al enamorarse de un artista joven y genial que dictaba la tendencia de la moda y de los modos de un trozo de la juventud barese. No podía creerlo. ¿Cómo era posible que existiera en el mundo alguien capaz de arrebatarme el reino donde pensaba tener absoluto e indiscutible dominio? No era la primera vez que terminaba con la cara en el suelo, tropezando por la ceguera que procura la arrogancia, y desgraciadamente no sería la última.

Obviamente mi orgullo ni siquiera me permitió admitir ante mí mismo la derrota. Abandoné ese territorio que ya había perdido con la actitud de desprecio de quien ya no está interesado. Volví al "nido de las águilas", que ese año le había prestado a Grizzly y a Irene, los del teatro. Para no sentirme huésped en mi casa, la mandé a ella al sofá y compartí la cama matrimonial con él. Entre churros, fiestas y aventuras nocturnas, esperé a que pasara el invierno.

CAPÍTULO 6
EL VUELO

En la primavera de 1985 volvió a brillar el sol.

En realidad, el día en que volvió a brillar estaba nublado. Nos encontrábamos en mi casa Lello, Pallarito y yo, un trío que se mantuvo unido y solidario durante muchos años, hasta que Lello cometió la imperdonable afrenta de disolverlo, dejando al mundo huérfano de su presencia. Cuando muere un amigo como Lello, una parte de ti también muere: aquella que vibraba sólo con él. Pero en marzo de ese año, mientras salía la megacanción *We Are The World* —demasiado melosa para nuestros paladares, para entonces contaminados por un pesimismo cada vez más amargo y enraizado—, los tres gozábamos de óptima salud y solidarios en vivir de la improvisación.

Era una de las tantas mañanas en que no le habíamos dado aún una dirección a nuestro vagabundeo. Al abrir una carta recibida de un amigo que vivía en Ámsterdam, del sobre cayeron cuatro "panteritas rosas": LSD. Nos miramos sin hablar, dejamos caer la carta sobre la mesa, cada uno tomó una panterita y, sin ningún titubeo, nos las metimos en la boca. De todos los ácidos que he probado, ése fue seguramente el más bello y revelador. Recuerdo que fuimos al campo. Era una jornada ventosa; el grano, aún no lo suficientemente maduro para resistir los embates del viento, ondeaba verde en torno a nosotros. Otra vez la sensación de libertad que se había adormecido durante el letargo invernal inflamó mi pecho. El pasado, incluida Laura, ya había desaparecido del todo: delante de mí solamente el futuro. El aire fresco que me entraba en los pulmones disolvía la sensación de ser un cuerpo separado de ese grano, de esas nubes en movimiento, del olor de la lluvia que llegaría dentro de poco. Comprendí qué le había sucedido a quienes, bajo el efecto del LSD, se han arrojado desde un rascacielos pensando ser un ave. Como cuando, soñando que vuelas, sientes en el pecho una sensación de ligereza que te lleva a separarte de la tierra venciendo la gravedad, con un par de saltos me encontré en el techo de una casa abandonada: desde allí se extendía el horizonte, ese horizonte amplio que me estaba esperando. Mi cuerpo ya no era mi cuerpo; mi vida ya no era mi vida. No quedaba más que abandonarse sin límites al misterio, y descubrir mi destino.

EL VIENTO ENTRE LOS CABELLOS

Aprovechando el clima agradable y los días más largos que anunciaban la proximidad del verano, cargué mi blanco "corcel de hierro" y apunté al norte con el propósito de volver en septiembre, cuando Armando me esperaría para un proyecto importante: haría las coreografías de *Ubú rey,* de Alfred Jarry, para presentarla en la Bienal de Venecia.

Fue un periodo bellísimo de libertad. Estaba a punto de cumplir veintinueve años, solo, como tanto me gustaba, y me encontraba de nuevo con los cabellos al viento. ¡Eran tiempos hermosos! Estaba permitido viajar sin casco y cualquiera podía gozar del indecible gozo de exponer su propio rostro a la aventura sin protecciones y sin intermediarios.

Hacía paradas en ciudades y pueblitos de Italia central, donde imaginaba que habría plazas o calles ideales para hacer mi espectáculo de mimo y financiarme el viaje, o donde conocía a algún amigo de un amigo de un amigo de un amigo que me pudiera hospedar: Campobasso, Sulmona, L'Aquila... Pero no fueron tanto las paradas las que fueron indelebles, sino el viaje en sí mismo. Sentirme solo y sin meta, libre, a caballo sobre ese motor poderoso con cilindros en V que con su voz masculina avanzaba sin prisa, danzando entre colinas, llanuras y montañas... A veces tenía la sensación de verme desde lo alto como un puntito que se movía en esta esfera enorme y misteriosa llamada Tierra, que es una pelotita pequeña respecto del Sol y que a su vez se convierte en un puntito insignificante respecto a todo el resto. El tiempo estaba dilatado. No tenía a nadie que me esperara y no existían, ¡gracias a Dios!, los celulares: si hubiera caído en un barranco, habrían comenzado a buscarme un mes después. Estaba enamorado de esa dimensión. Alcanzar la cima de una colina y echarme un cañonazo de marihuana observando el panorama... comerme un sándwich de mortadela bajo la sombra de un árbol... detenerme dos horas a tomar cerveza con un camionero... ser invitado a comer por tres viejitos abandonados en la parte vieja de Pietravairano que nunca habían visto el mar... llegar a una iglesita o a una casa derrumbada que se veía en lo alto de una loma desde la carretera, hacerme otro churro, decidir desenrollar el *sleeping bag* y dormir allí... sentir el aire fresco de la mañana, el calor de la tarde, el frío de la noche... complacerme en el cansancio y en los dolores del cuerpo... y luego llegar a otro pueblecito: Spoleto, Orvieto, Todi... formar el círculo de gente, hacer reír al público, conocer nuevos amigos… encontrarme por la noche en la casa de un desconocido o en un hotelito, enrollando las monedas que ganaba en hojas de periódico… después de algunos días, cargar la moto, pasar al banco a convertir en billetes los precioso rollitos… capuchino… *croissant*… ¡Y vamos a otra nueva aventura!

El único problema de ese estilo de vida, aparte de la lluvia, era la policía. Durante toda mi "primera vida" jugué al gato y al ratón, y no te será difícil comprender que mi papel no era el del gato. No era tanto por saber que en el bolsillo siempre tenía lo suficiente para ir a la cárcel, sino por el hecho de que exhibirse en la calle no siempre era tolerado. En algunos lugares sí; en otros tenía que aprovechar ese cuarto de hora entre el paso de una patrulla y la otra para hacer mi espectáculo. Una vez incluso terminé arrestado.

EN ROMA, UNO DE ESOS AÑOS— Ya me había vuelto bueno. Aún si nunca llegaré a alcanzar la habilidad de Hugo Suárez, esa noche, en piazza Navona, tenía un círculo de gente que nada tenía que envidiarle a los suyos. Apenas terminé mi *performance* y, todo sudado, estaba a punto de pasar con el sombrero para recoger lo que ahora sentía que me merecía, cuando, justo en ese momento, dos hombres de paso firme se colaron entre el público y entraron en el círculo.

—Lárgate —advirtieron.

Eran dos policías vestidos de civil. Les pedí que me dieran la posibilidad de pasar con el sombrero a recoger el dinero y que luego me iría. Ellos repitieron con aire amenazante:

—Te largas ahorita.

Pero apenas los dos salieron del círculo, la gente, quien entretanto había comprendido lo que estaba sucediendo, no apreció esa prepotencia y se me acercó, llenándome el sombrero de monedas y billetes. ¡Y no nada más! Cuando el auto de la policía poco a poco se abrió paso entre la multitud, los más feroces entre mis partidarios comenzaron a lanzar ruidosos manotazos sobre el techo del auto. Eran tiempos difíciles en Italia: el terrorismo secuestraba y mataba, la policía golpeaba y disparaba… y cualquier signo de desorden encendía los ánimos de una parte y de la otra. En un instante los policías salieron armados con ametralladoras, e inmediatamente otro par de patrullas aparecieron de la nada. La gente no tuvo el valor de continuar con sus quejas, pero no renunció a gritar:

—¡Buuu! ¡Buuu!

Así que los policías no encontraron nada mejor que hacer y se volvieron en mi contra: me agarraron de mal modo y, acompañado del apoyo del público —tal como le sucedería a Lello en Taormina unos años después—, fui empujado dentro del auto. Sentado en el asiento posterior, mientras la multitud incrementaba su clamor y obstaculizaba el paso de la unidad, con aires de quien se las sabe todas, dije:

—Están haciendo una pendejada.

El policía que iba sentado a mi lado no pudo hacer otra cosa que callar, porque era evidente que tenía razón, pero cuando repetí:

—Por mí están haciendo una gran pendejada —el orgullo del uniforme se impuso: me agarró del cuello y, usando la que parecía una fórmula en uso en todas las fuerzas del orden, me gritó en la cara:

—Nosotros no hacemos pendejadas, ¡nosotros, si queremos, te partimos la madre!

Si hubiese sido Lello, me habría inventado algo, pero me limité a hacer una mueca, reservándome para cuando hubiéramos llegado a la comisaría la posibilidad de caerle mal a todos. De hecho, una vez ahí, durante la identificación, hice de todo por manifestar mi desprecio contra quien "en lugar de combatir a los verdaderos criminales y ene-migos del pueblo, se la agarraban contra uno como yo, que se ganaba la vida honestamente". Pero noté que la cosa que más los molestaba era que cada cinco minutos pidiera un cigarrillo —los míos los había hecho desaparecer sabiamente en la calle, junto con un pedazo de hachís, antes de que me hicieran subir al auto—. Por lo tanto, hundí a fondo el pedal de mi arrogancia sobre su paciencia, reiterando mi petición cada cinco minutos:

—¿Me dan un cigarrillo, por favor?

—¡No! —me respondían sistemáticamente.

Pero cuando a la arrogancia añadí la impaciencia, el resultado fue diferente:

—En fin, ¿me quieren dar ese pinche cigarrillo? ¿Sí o no?

El sargento que estaba mecanografiando la declaración de mi arresto me miró, feroz, y se puso a gritar:

—¿Te parece que éste es el modo de dirigirte a un oficial público?

—Disculpe, sargento —respondí, haciéndome el tonto, retoman-do mi aire señorial—. Durante más de media hora he tratado de pe-dirlo con gentileza y ustedes me han contestado de mal modo, así que pensé en pedirlo de mal modo, a ver si ustedes me respondían con gentileza.

En ese momento el sargento cayó preso de un ataque de histeria: gesticulando como si quisiera matarme, ordenó a los dos policías que estaban allí que me sacaran de su vista antes de que fuera demasiado tarde. Era evidente que el pobre hombre tenía problemas mucho más pesados que un "pinche mimo" arrestado por error.

Me encerraron en un cuarto con barrotes que antes tenía que ha-ber estado dedicado a otro uso, porque estaba completamente cu-bierto de mármol. Me tendí en una banca, también de mármol, y me puse a dormir: "Me sacarán", pensé. En cambio, después de un par de horas me dijeron que me quitara el cinturón y las agujetas de los zapatos. Mala señal. De hecho, me llevaron a una celda de aislamiento. Se habían vengado.

Cuando terminas en manos de la policía, aunque teóricamente la ley te concede derechos, en la práctica estás completamente en sus manos... al menos un rato. Terminé en una celda de metro y medio por dos metros y medio —tuve todo el tiempo para medirla—, cerrada por una vieja y pesada puerta. El único signo de clemencia: una mirilla dejada misericordiosamente abierta, desde donde se veía un pedazo de corredor y se intuía, en el fondo de éste, el clásico jardín interno de los edificios antiguos del centro de Roma. "Poco mal —me dije—. Dormiré y mañana me dejarán salir." En la mañana, al alba, me desperté con la necesidad imperiosa de ir al baño. Traté de llamar:

—¡Guardia, guardia! —pero, cuando nadie me respondió, me di cuenta de que tenía todo el derecho de hacer algo cuya simple idea me divertía muchísimo; comencé a gritar a voz en cuello—: ¡Tengo que cagar! ¡Tengo que cagar! —era maravilloso. Mi voz retumbaba en el silencio de la mañana en ese edificio público, violando la pomposidad institucional a la que estaba dedicado—. ¡Tengo que cagar! ¡Tengo que cagar!

Al final alguien me oyó. Dos agentes de civil me llevaron al baño y hasta me dieron un cigarrillo. A las once de la mañana, sólo porque habían llamado de Cinecittà, donde estaba interpretando un papelito en una película sin éxito, fui libertado y me devolvieron el dinero que me habían confiscado. El sentido de claustrofobia de esa injusta detención, la prepotencia sufrida y la complacencia con que era castigado quien, como yo, trataba de huir de las garras del sacrificio y del dolor, añadieron una pizca de maldad a mi relación con el mundo "normal".

* * *

Pero volvamos a esa primavera-verano de 1985 en mi moto Guzzi. Al final de junio llegué a Perugia para esperar el inicio de lo que para mí se había convertido en un ritual veraniego: el festival de jazz de Umbría.

Esa bellísima ciudad, que normalmente es acariciada por el alegre ambiente universitario, durante el verano era la reunión de los nuevos y viejos hippies que venían de toda Italia y del extranjero. El lugar perfecto para exhibirse por la calle. Estaba tan seguro de mí mismo que, para formar el círculo de gente, en lugar de vender tamales gritando: "¡Espectáculo de mimo! ¡Espectáculo de mimo!" como había hecho piadosamente en mis primeros intentos en Barcelona, me bastaba meter el bombín en la cabeza y proyectar mi presencia alrededor, sólo con la fuerza de voluntad... y de la desesperación. Sí, desesperación. Para trabajar en la calle o hacer la vida que yo hacía la "desesperación" era un ingrediente fundamental para tener éxito... o al menos para sobrevivir. Muchos, muchos años después, cuando esa desesperación ya había desaparecido completamente de mi vida, en el Festival de Edimburgo, Escocia, intenté exhibirme no porque tuviera necesidad, sino sólo por la curiosidad de probar otra vez: no funcionó. Al inicio no lograba comprender por qué, ya que era mucho más experto y maduro respecto a mis primeros años... pero luego me di cuenta: me faltaba la desesperación; esa "cuestión de vida o muerte" que te hace capaz de clavar en el suelo al espectador e hipnotizarlo allí, de pie, en el frío o en el calor, mientras está yendo a hacer sus cosas.

El verano en Perugia no sólo era un pozo de san Patricio para trabajar en la calle, sino, sobre todo, para divertirse, intercambiar informaciones *underground,* recibir nuevos estímulos, encontrarse en la cama con una desconocida y... sí, adivinaste: hacerse un montón de churros. Una tarde estaba tan trastornado que, durante un espectáculo, me di cuenta de que ya no lograba hablar: se me había acabado la salivación. Y tú me dirás: "Pero, si eras un mimo, ¿qué necesidad tenías de hablar?". Cierto, Inés, pero a mí hablar con el público siempre me ha gustado muchísimo —de hecho, apenas pude abandoné el mimo para dedicarme al monólogo—, y una parte importante de mi *performance* era la presentación de mis números. Total, la boca se me secó de tal modo que no era capaz de articular palabra; era como si me hubiera metido a la boca una cuchara de cemento. Si eso hubiera sido penoso delante de un par de personas, podrás imaginarte al centro de un círculo de doscientos espectadores. La gente probablemente pensó que estaba muriendo. Pero yo no perdí el ánimo y, sobre todo, no quería perder a ese gran público que había reunido y que traducía rápidamente en "restaurante", "gasolina" y "vicios varios". Por eso le hice una señal a mi fiel amigo Giancarlo para que me llevara algo de beber, aunque él, como frecuentemente sucedía, no comprendía. Esta vez no fue culpa suya: fue el cemento que se me había materializado misteriosamente en la boca y me impedía mover la lengua hasta para pronunciar la palabra Coca-Cola. Al final entendió y, mientras corría al bar a comprar la mágica bebida, el público se quedó milagrosamente allí, esperando hipnotizado mi presencia... o más probablemente para ver si al final moriría de verdad.

Había encontrado hospedaje a pocos kilómetros de Perugia, en Casa del Diablo, que no es un lugar metafórico, sino real: se encuentra cerca de la famosa Libera Università di Alcatraz, donde el año anterior había sido un sinvergüenza con las "jóvenes señoras" y donde tres años atrás había conocido a Dario Fo. Ese año también fui, pero sólo para saludar. Como todos los veranos, Dario impartiría un curso de teatro que empezaría unos diez días más tarde.

Trepando por las curvas, esperaba que él se acordara de mí, pero al llegar allí me sorprendió muchísimo que no sólo se acordara de mi nombre, sino también de mi historia. Estaba sentado en la terraza, sobre unos escalones que, con él sentado encima, momentáneamente habían sido promovidos al rango de trono. Llevaba una simple camiseta amarilla y movía ampliamente los brazos, hablando con algunas personas que, sentadas aquí y allá, tenían la prudencia de no estar demasiado cerca, no sólo para evitar sus manotazos, sino también para disfrutar del espectáculo de esa especie de ave tropical que trinaba manteniendo a todos con la boca abierta. En torno a Dario siempre había esa atmósfera chispeante de un día especial. Durante el año que viví con él me di cuenta de que en la vida de Dario no existían "días normales"; siempre había algo que contar, algo que enseñar, y nunca desdeñaba dispensar una auténtica atención para quien fuera.

—¡Giuseppe! —cantó.

Me presentó como si fuese una persona importante. Contó que había trabajado en la banca, que había vivido con los locos, que tenía un hijo, que era un "excelente artista callejero"... Era increíble: ¡se acordaba de todo! Todavía no sabía que también me había convertido en director y en dramaturgo, pero lo supo tan pronto me pidió que lo pusiera al corriente de mi vida. Como siempre hacía, me puso toda su atención, pero cuando, después de un rato, llegaron unas chicas —es bien sabido que, donde manda capitán, no gobierna marinero—, se reapropió del centro de la escena, sin por esto excluirme. ¡Al contrario!, me presentó contando las últimas novedades de mi historia y haciendo de ello una especie de espectáculo. El ave tropical había comenzado su danza de cortejo. ¡Era maravilloso! Te habrían dado ganas de llamar al Discovery Channel. Hizo un cumplido a una; a otra la hizo reír; recitó un poema; nos llevó a enseñarnos un fresco suyo que había realizado en una pared trasera de la casa; cantó una canción; nos convidó jamón; nos contó la historia de los embutidos; nos reveló una antigua receta sobre su preparación; nos contó la historia de un noble lucano de la familia Filangeri, citando "textualmente" las palabras que había usado para seducir a su prima... Cuando Dario hablaba, no se podía comprender si sabía verdaderamente lo que decía o si se lo estaba inventando al momento. Entre ambas opciones, me gusta más pensar que se lo inventaba. Era tan fascinante escucharlo que cualquiera que no padeciera la enfermedad de la erudición no podía más que desear que continuara hablando, fuera verdad o no. Con él aprendí que, desde el punto de vista del arte, la verdad histórica es absolutamente irrelevante. Y, después de todo, ¿qué es la verdad histórica? ¿Existe? Si es tan normal ver a marido y mujer discutir porque tienen diferentes recuerdos de un mismo hecho, ¡imagínate lo que nos llega de la historia!

Me habría gustado mucho quedarme con él y calentarme con sus rayos, pero no era mi momento para participar en un curso de teatro ni de lavar los platos para pagármelo como lo había hecho la primera vez. Así, me despedí y le prometí que volvería a buscarlo.

Casa del Diablo estaba justamente a pocos kilómetros, descendiendo por las colinas que llevan de Alcatraz a Perugia. Allí había encontrado a un grupo de *hippies* que habían ocupado una casa en el campo. Más que una casa, parecía una vieja escuela de dos pisos o un edificio público abandonado. Había lugar para todos... y si no había lugar se compartían las camas. Como todas las casas de *hippies*, era un desmadre, pero las habitaciones de las chicas, como siempre, eran las mejor cuidadas. En particular, había una donde parecía que entrabas en la India: la de Ambrosia. De cabello y ojos negros, tendría unos años menos que yo y la sensualidad exótica de quien ha pasado mucho tiempo en Oriente. Rigurosamente descalza, elegantemente descuidada, discretamente adornada con collares, brazaletes, tobilleras y anillos en pies y manos, y un OM tatuado en la parte externa del muslo. Se movía en ausencia de gravedad, dando a sus gestos la cadencia de una danza suspendida en el tiempo. Me intimidaba un poco su silenciosa seguridad y esa mirada que, cuando te miraba, parecía enfocar un horizonte lejano que tenía que estar en alguna parte detrás de ti... Un poco como la heroinómana de Milán con el teléfono en forma de plátano, sólo que la milanesa miraba la nada, mientras que Ambrosia parecía que miraba el todo.

Una noche, atraído por el aroma del incienso, un clásico Nag Champa, le pregunté si podía dormir con ella. No sólo me concedió la cama. Había algo impersonal en su forma de hacer el amor. La noche siguiente intenté de nuevo, pero la encontré en la cama con otro: envuelta en sus brazos, me dispensó una dulce sonrisa, como diciendo: "Así es la vida". Fue la primera vez que sentí que sus ojos se enfocaban en mí y no en el horizonte.

El festival estaba terminando, el verano avanzaba y yo quería seguir mi viaje hacia Francia y luego a España. "Mañana me voy." Un mes en Perugia comenzaba a ser rutina.

Pero en la noche me encontré con un personaje interesante: un barbero de Udine, con cuerpo exageradamente grande y manos de leñador, con quien fue muy agradable pasar la velada entre cantinas y charlas bajo las estrellas; por eso, al alba estaba más listo para irme a dormir que para irme de viaje.

"¿Y a quién chingados le importa? Parto mañana." Pero a la mañana siguiente ya había puesto el equipaje en la moto cuando, tomando el capuchino y el *croissant* en el bar que está justo en el cruce de Casa del Diablo, pasaron dos de las "jóvenes señoras" del año anterior.

—Venga, echémonos un churro... —y ese día también pasó.

Fue a la mañana del tercer día cuando, en ese mismo cruce, la existencia, sin decirme nada, había concertado para mí otra importantísima cita con el destino.

Si hubiese sido uno de esos que siguen "normalmente" los programas, me habría perdido otra ocasión única en mi vida, aunque por suerte tenía la filosofía de pensar que la existencia hacía programas mejores que los míos. De hecho, si el primer día no hubiese retrasado mi partida, arrastrado por el barbero de Udine, y el segundo no me hubiese demorado con mis "jóvenes señoras", no me habría encontrado al tercer día con el equipaje sobre la moto, siempre en el mismo bar, en el crucero de Casa del Diablo, cuando pasó Jacopo, el hijo de Dario, quien me gritó desde la ventanilla del *Jeep*:

—Mi padre te quiere hablar.

Era como si hubiese dicho: "El Rey te llama". Una vez más la improvisación había ganado sobre la organización.

Dario estaba sentado en la terraza, como la vez anterior, y me recibió cantando:

—¿Quieres ayudarme a enseñar el mimo?

Me explicó que esperaban a más de setenta alumnos y eran demasiados para un solo maestro.

—Dividamos el grupo en dos... ¡y listo!, asunto resuelto.

Esto en verdad no me lo esperaba. Dario aún no recibía el Premio Nobel, pero ya era el gurú indiscutible del teatro mundial, en particular de la Comedia del Arte.

—Pero ¡desde luego! —canté yo también—. Nos divertiremos muchísimo.

Y así pasé de mi *sleeping bag* en la casa de los *hippies* a una habitación privada en las instalaciones de ese bellísimo centro cultural que aún hoy en día continúa creciendo y floreciendo. De ser un plebeyo desheredado, me encontraba entrando en la "nobleza" con el inesperado título de "asistente de Dario Fo". Esta investidura, unida al encanto del vagabundo y al descaro con que no disimulaba en lo más mínimo que me la vivía pacheco, despertó mucha curiosidad entre los setenta alumnos, de los cuales setenta por ciento eran chicas.

Dario tenía que sentir una gran simpatía por mí. No sólo toleraba mi vicio —aunque sí me pidieron amablemente que no fumara en público para no dañar la buena imagen del lugar—, sino que me perdonaba mis puntuales retardos con los que llegaba en la mañana y sonreía al verme aparecer siempre con una muchacha diferente. Pero donde me dio verdaderamente una prueba de gran estima fue cuando, después de verme enseñando el mimo, me puso a prueba con la actuación:

—Esta noche te pongo a dirigir a ti.

El amable reto no me atemorizó para nada. ¡Al contrario, me excitó! Y así, a la siguiente noche, después de la cena, nos sentamos todos a lo largo de la larguísima mesota que ocupaba completamente la terraza que daba hacia el valle para hacer una prueba de lectura. Dario anunció:

—Esta noche dirige él.

No tuve ningún titubeo: sabía hacerlo. Había aprendido de Armando y ya lo había hecho. Todos quedaron sorprendidos, incluso Dario. A partir del día siguiente dividimos al grupo en partes iguales, que nos intercambiábamos en horas alternadas.

Él, con la infinita brillantez del genio, y yo, con el instinto natural de un animal de teatro, entreteníamos egregiamente a la multitud hambrienta de estudiantes. Si Darío era un Miguel Ángel que enseñaba el Arte creando de la nada formas y colores, dejando con la boca abierta a los estudiantes e inspirándolos a descubrir las formas ocultas en la materia bruta, yo era el chico del taller que se dedicaba humildemente a enseñar con paciencia a mezclar los colores sobre la paleta, a darles la justa densidad o cuál cincel elegir, cómo golpear con el martillo, cómo dar luz a la pieza… Y dado que había aprendido todo de Armando a golpes de Johnnie Walker, me divertía mucho torturando a los aprendices, como siempre se ha hecho en los talleres de los artesanos.

La sorpresa fue descubrir que a la gente le gustaba ser maltratada. Para mí era una invitación a la fiesta. Para un ego narcisista no hay nada más delicioso que alimentarse de la pulpa del orgullo ajeno. Si eres bastante inteligente para no tener la avidez de hincar el diente en el hueso de su dignidad, tus alumnos canibalizados amarán entregarse como alimento a tu carisma. Y yo, animado por un sincero deseo de transmitir lo que hasta entonces había entendido de ese arte, era capaz de comerme la pulpa sin jamás dañar el hueso. De hecho, un poco como sucedía con Armando, más los maltrataba, más me amaban. Llegaban al punto de pedírmelo:

—Por favor, no tengas piedad. Enséñame a actuar.

"Ven aquí, preciosa —pensaba para mis adentros—, ahora te maltrato yo."

Entre las alumnas, había una que noté después de un par de días. Era la clásica niña buena. Hasta el nombre era de niña buena: Beatrice.

Venía de Venecia, tenía veintitrés años, rubia, ojos azules, cabello largo, cuerpo y vestido de bailarina, cuaderno para tomar apuntes, ordenados como cuando iba a la escuela... Tenía un novio desde hacía cinco años y era la primera vez que se encontraba sola en un ambiente de ese tipo. No era tímida, pero tampoco descarada... a pesar de que fue ella, en la comida, quien extendió el brazo para detener mi paso e indicarme el lugar que había guardado para mí a su lado en la larga mesa. Hasta un ciego habría comprendido que nos gustábamos..., pero ¡éramos tan diferentes uno del otro! Entendí que, para conquistarla, los rudos modos que había usado con las señoras del año pasado no me funcionarían; habría tenido que ir lento, muy lento, por lo que durante un par de días la cortejé, aunque jamás me pasé de la raya. Ella me seguía en las noches; me veía haciendo churros; estaba fascinada; quería tocar el hachís; lo olfateaba como una niña que está cometiendo la mayor trasgresión... pero no fumaba. Te lo dije: era una muchacha "bien". Cuando, por casualidad, le tocaba la espalda o la cintura, o la tomaba amistosamente de la mano, la hacía sentir la mutua promesa de lo que aquellas manos le podrían hacer a su cuerpo, pero nunca en forma explícita. Ella, sorprendida de sí misma, se ofrecía a esos contactos casuales y "amistosos" y, sin quererlo, no podía evitar enviarme cada vez la implícita y muda promesa con que su joven cuerpo respondía a esas caricias disfrazadas. Sólo cuando, por las noches, la llevaba a dar una vuelta en moto, ambos estábamos abiertamente conscientes de que nuestros cuerpos ya habían comenzado a amarse. Pero hacíamos como si nada.

Sin embargo, una noche subí a la moto y le dije:

—Ven.

Ella se subió detrás con el aire de quien ya se había rendido pacíficamente a rebasar, aunque sólo platónicamente, esos límites que

la habían hecho ganarse el título de "niña buena". Sin preguntarme
"¿a dónde?", me respondió:

—Vamos.

Era evidente que a esas alturas habría podido llevarla a donde yo
hubiese querido… con tal de que lo hiciera con elegancia.

La luz de la motocicleta nos guió por las curvas que llevaban
a Casa del Diablo. Ninguno de los dos habló. Me gustó su valor de
aceptar ese silencio. La ausencia de palabras aumentaba la excitación.
La sentía tranquila detrás de mí, aunque podía sentir esas traviesas
mariposas que, a su pesar, le revoloteaban en el vientre.

Emboqué la calle de terracería que llevaba a casa de los hippies.
Estaba oscura. Sentí su cuerpo tensarse. Tal vez sintió miedo, pero no
me dijo nada. La casa parecía un fantasma en las tinieblas: silenciosa, cerrada, desierta, como si estuviera allí desde siempre. No había
nadie. Eso no me lo esperaba. ¿Y ahora? Apagué la moto y el silencio
transformó la oscuridad en negrura. Siempre he visto los obstáculos
no como impedimentos, sino como desafíos. No soportaba que nada se interpusiera entre mi propósito y yo. Miré en torno, buscando
una solución. La puerta estaba bien cerrada y era demasiado pesada
para abatirla. Si hubiera sido de vidrio, lo habría hecho, como lo hice
una noche en Bari para entrar en casa de Laura…

EL AÑO ANTERIOR, EN BAR— Eran las cinco de la mañana, no tenía
las llaves, el timbre no funcionaba, no tenía una moneda para el teléfono, la calle desierta… ¡qué hueva! Tenía sueño y
quería meterme a la cama a dormir. ¿Cómo solucionarlo…?
Miré el portón: era una gran puerta de vidrio macizo dividi-
da en dos hojas. Entre todos los impedimentos estructurales,

el vidrio es el más dócil. Miré mi auto, el famoso R6, todo cagado por los pájaros: estaba a veinte metros. Dejé escapar un profundo suspiro, como para decir: "¡Mira tú lo que me toca hacer!". Con resignación, me acerqué al auto, abrí la cajuela, saqué el gato hidráulico, volví al portón, miré en torno: no había nadie. Un golpe seco y el vidrio se deshizo en mil pedazos. Fue mi forma de abrir el portón. Me había cortado un dedo; me lo metí a la boca para no dejar rastros de sangre y subí los cinco pisos a pie para no dejar rastros en el ascensor, rápidamente, antes de que la gente de los pisos inferiores saliera al rellano a ver qué cosa había sucedido. Toqué, Laura me abrió, me vendé el dedo, me metí a la boca un par de bocados de sobras de la cena que había en el refrigerador, y me metí a dormir.

Beatrice se quedó apoyada en la moto con sus ojos azules asomados en las tinieblas, mientras yo exploraba los muros de esa especie de fortaleza, que parecía abandonada, para encontrar una solución. Me exhortó tímidamente a volver, pero yo le dije:

—Espera un segundo.

Las ventanas de la planta baja estaban atrancadas con barrotes, pero las del primer piso no, y un par de ellas incluso estaban abiertas; ni siquiera tendría que romper el vidrio. Con la agilidad felina que me había caracterizado desde niño, trepé sin dificultad hasta el primer piso y desaparecí en una ventana. Después de un minuto, que le habrá parecido eterno, me vio abrir la puerta principal y hacerle una señal para que entrara. Dudó, trató de resistir... pero ¡mi gentileza era tal!, ¡y su deseo tanto...!

Olvidándose de quién era, se dejó guiar por esos ambientes desolados hasta la habitación de Ambrosia. Encendí un par de velas: la elegancia de ese sari en la ventana, las divinidades hindúes colgadas de la pared, los amuletos, los cristales, el olor del incienso... Quedó hechizada.

—¿De quién es? —preguntó tímidamente, refiriéndose a la habitación.

—Por esta noche, mía —le respondí, sentándome en la cama y apoyándome contra la pared—. Y tú, ¿de quién eres?

Algo en sus ojos cayó hacia atrás, rindiéndose a lo que era más fuerte que ella, y demostrando estar a la altura de la situación, supo cómo responder:

—Por esta noche, tuya.

Se sentó en el borde de la cama, me miró y se dejó besar. Las caricias fueron una danza y las palabras, poesía. Fue amor.

Después de un par de horas escuchamos ruidos y voces en la casa. Habían vuelto. Ella de pronto se acordó de que era una intrusa, pero yo la tranquilicé apretándola contra mí:

—No te preocupes, no pasa nada.

Unos minutos después la puerta se abrió y vimos asomarse la sonrisa de Ambrosia, que sin mostrarse sorprendida en lo más mínimo nos saludó con su acostumbrada elegancia:

—Namasté.

—Hola, Ambrosia, ¿te molesta que haya aprovechado?

—Al contrario, me da mucho gusto por ustedes —parecía sincera.

Beatrice no dijo nada. Se limitó a taparse hasta la barbilla, haciendo un apenado saludo como para decir: "Te juro que es la primera vez que hago algo así... Ni siquiera sé qué hago aquí".

—Ya nos vamos, Ambrosia —dije, esperando que nos invitara a quedarnos.

—No, por favor, quédense. En esta casa hay un montón de lugar donde puedo dormir.

Tomó un par de cosas de la habitación mientras Beatrice la observaba, admirada. Me sonrío con complicidad: por segunda vez tuve la impresión de no ser transparente a sus ojos. Luego se inclinó ligeramente hacia nosotros, con una mano en el corazón, y se despidió, dejándonos solos, envueltos en la magia.

Al día siguiente, obviamente llegamos tarde a la primera hora de lección que Dario daba para todo el grupo: yo con una sonrisa satisfecha, ella roja como un pimiento. Fue amor; duró pocos días, pero fue amor. Fue tan claro para todos que las otras aspirantes, después de alguna muestra de celos, se resignaron a permanecer como espectadoras de algo ante lo cual, cuando sucede, nadie puede quedarse indiferente.

En aquellos días la historia con Beatrice no fue la única cosa relevante; también Dario hizo una jugada sorprendente. Tal vez porque le era simpático o porque quería darme una oportunidad en la vida o tal vez porque necesitaba mi talento o sólo porque le gustaba cómo maltrataba a los actores —cosa que probablemente, al menos de vez en cuando, le habría gustado hacer a él, si su buen carácter y el innato respeto que prodigaba hacia los demás no se lo hubiesen impedido—, el hecho es que Dario reforzó su apuesta y me hizo "una propuesta que no podría rechazar": me invitó a ser su asistente en la puesta de su *Arlequín* —o *Arlecchino*— en la Bienal de Venecia.

—En septiembre escribimos el texto y elegimos a los actores —gorgoteó—; en octubre comenzamos los ensayos; en noviembre debutamos en Venecia…

Era increíble. Hablaba en plural. Ya me había adoptado. Pero la cosa más increíble era que, por segunda vez en ese mismo año, era invitado a participar con un papel importante en la misma Bienal de Venecia. Como tal vez te acordarás, ya me había comprometido con Armando Pugliese para preparar el *Ubú rey*.

¿Qué sucedía con mis astros? ¿Acaso había alguien allá arriba que me estaba apuntando con un dedo?

El problema era que mi gratitud hacia Armando era tal que me impedía traicionarlo, y también porque sabía que contaba conmigo. Por lo tanto, con gran pesar, demostrando que se pueden rechazar hasta las "propuestas que no se pueden rechazar", tuve que explicar la situación, agradecer y declinar esa imperdible oferta. Pero Dario parecía no comprender. ¡Y quién me habría podido entender! Dario Fo te trata como a un hijo, ¿y tú lo rechazas? Para alguien en mi condición era una locura nada más de pensarlo. Era como si el rey te promoviera de mozo de cuadra a coronel y tú prefirieras ir a hacer de ayudante de campo de un capitán de ventura al mando de la armada Brancaleone.[16] Pero yo, como ya te dije, a pesar de despreciar la moral común, tenía principios férreos que eran la brújula de mi forma de vivir, y uno de éstos era la lealtad. No me importaba morir: me importaba hacerlo con honor.

Mientras disfrutaba de mis nuevos éxitos, nuevos amigos y nuevos amores, recibí la noticia de que Pallarito había logrado comprar —¡increíble pero cierto!— una motocicleta igual a la mía, una Guzzi V7 especial blanca, sólo un año más vieja —la suya era del '70—, y que me alcanzaría en Alcatraz para proseguir juntos el viaje hacia España. Y un día, mientras estaba ocupado "maltratando" a un estudiante

---

16 La "armada Brancaleone" hace referencia a una película de Mario Monicelli donde se hace una sátira de un ejército medieval conformado por harapientos.

en el escenario al aire libre que habían montado bajo la copa de un gran árbol, de pronto lo vi, allí, sentado sobre un muro, hermoso, bronceado por el sol que había tomado durante el viaje: el cabello con el pliegue del viento, una camiseta azul cielo y un pañuelo negro atado al cuello. Me miraba, orgulloso de ese amigo al que había visto retoñar de entre el polvo.

Pallarito les gustaba a las mujeres: no sólo era un muchacho guapo, sino también irresistiblemente sexy. Lástima que el único que no se daba cuenta de ello era justamente él. Le habría bastado conocer el ABC de la conquista para ser un gran *latin lover,* pero en este campo era un completo analfabeta. Para su suerte, eran las mujeres quienes se le aventaban encima... y decir que no, no era su lado fuerte. Durante los años de nuestra larga amistad, especialmente viajando, frecuentemente lo he usado como moneda de cambio, ofreciéndolo a las mujeres a cambio de favores —generalmente el hospedaje—. Él, quien, repito, no sabía decir que no, se ofrecía pacientemente al rito, aun cuando no tenía ganas o la pobre desgraciada en turno no le gustaba para nada. Y así, mientras que yo dormía plácidamente, él trabajaba por los dos. Luego, en la mañana, me alcanzaba en mi cama, abatido. Yo le preguntaba:

—¿Te gustó?

Y él, invariablemente, respondía:

—No.

Pallarito era el primero de una serie de cinco hijos varones, y era él sobre quien su familia había apostado e invertido no pocos recursos en sus estudios de jurisprudencia que, entre un churro y otro, aunque tarde, milagrosamente había podido concluir. La familia ya había comprendido que habían apostado por el caballo equivocado, pero cuando un día el padre vio al hijo de veintiocho años titulado y desocupado, a las once de la mañana jugando alegremente con las pelotitas de malabarista en su cuarto, se puso a llorar.

Llegó el día de la partida. Alcatraz se había vaciado de la mayoría de los participantes y Beatrice ya había regresado a su Venecia. Nos rompió el corazón separarnos, pero no era parte de mi personaje mostrar abiertamente emociones de ese tipo: "Un caballero sin patria como yo estaba acostumbrado a los adioses". Sabíamos que nunca más nos volveríamos a encontrar... Pero nos equivocábamos.

Recibí el dinero que me había ganado por una vez en forma "regular", fui a despedirme y Franca, la esposa de Dario, me besó con afecto, mientras él me confirmaba la invitación a la Bienal de Venecia como si no hubiera registrado en lo absoluto las razones por las que, muy a mi pesar, había declinado su invitación.

Cantó:

—¡Diviértete en España! Al regreso te espero en Cesenatico[17] para ponernos de acuerdo.

Si hubiera sido un hindú, le habría tocado los pies por respeto y por amor, pero me limité a abrazarlo. Luego nos montamos en nuestras motocicletas blancas y, dando la espalda a ese mundo que no sabía que pronto vería de nuevo, llenamos el valle con el ruido de nuestros motores.

LAS CALLES DE ESPAÑA

Pallarito era de una simpatía irresistible y muy particular. Era como si su cerebro viajase por un sendero paralelo que le consentía ver las cosas desde un ángulo lateral. Nuestro modo de comunicarnos

---

17   Pequeña ciudad de la costa de Romaña, donde Dario Fo pasaba parte del verano.

cambió de acuerdo con la tierra que atravesábamos: en Toscana aspirábamos la "C" como hacen los habitantes de allí, en Liguria cada dos palabras metíamos un *¡belín!,* que equivale a "¡coño!", y obviamente, apenas llegados a Francia, comenzamos a hablar francés usando el ya mencionado e infalible truco que todo el mundo usa para hablar la lengua de Napoleón, o sea: añadir la erre arrastrada a la lengua natal y meter el acento en la última vocal. Las carcajadas, como si los churros no bastaran, disminuyeron la marcha, y para poder hablar español —"hombre, coño, mierda y puta madre"— tuvimos que esperar más de una semana. De ese recorrido por la tierra de los galos, el único episodio que recuerdo es cuando, en Aviñón, durante un espectáculo, me presenté ante el público con un orgulloso:

—*Je me* llamm… —en lugar de *je m'apelle…*

Pero el verdadero protagonista de ese viaje fue España.

La primera parada obligada fue Figueres. Nos dirigimos al museo de Salvador Dalí sin ninguna emoción, como dos niños que, aunque no les importa nada, se encaminan a hacer la primera comunión simplemente porque, se sabe, es algo que se tiene que hacer. Pero cuando entré en el museo me quedé sorprendido. Allí dentro encontré a Hugo, encontré a Armando, a Darío e incluso me encontré a mí mismo. Cada cosa que allí estaba expuesta me guiñaba el ojo con ese relámpago de traviesa locura que hace normal lo inadmisible e inadmisible lo normal.

"¡Entonces se trata de esto! —exclamaba dentro de mí—. El arte es una provocación a la normalidad! Pero ¿qué digo? Es más que una provocación, ¡es una burla…! Y en algunos casos ¡hasta una trompetilla!" ¡Entonces estaba en el camino correcto! Aunque, si las trompetillas no eran justamente mi fuerte, ¡con los eructos me las ingeniaba muy bien! Mejor dicho, ¡era un maestro!

Ese museo era un insulto. No había una sola cosa que no le gritara en la cara al visitante: "¡Tú eres un cretino!". Pero yo no me sentía ofendido, ¡al contrario! Dalí me hacía reír. ¿Maniquís de oro metidos en los nichos? ¿Elefantes con las patas de aguja? ¿Bigotes de ratón? ¿Columna de neumáticos? ¡Cualquiera puede pensar en tonterías de ese tipo! Pero tener el descaro de realizarlas a pesar de la opinión de los demás… eso es lo que distingue al genio de la persona común. Todos son creativos, pero sólo quien es capaz de sostener a priori la validez de sí mismo con la fría certeza de un jugador de póquer se convierte en un prodigio. La misma broma dicha por el jefe de la oficina es una simple broma; contada por un Dario Fo o un Salvador Dalí se convierte en arte. No me sentía ofendido por Dalí, sino alentado. Era como si con esos ojos abiertos de maniaco me dijese: "Sigue, pendejo, ¡veamos si eres capaz de 'enloquecer' de verdad!", y yo le respondía: "Ya lo verás, ¡cabrón! Todavía no sé dónde haré mi columna de neumáticos, pero sí sé ya por dónde te la voy a meter". Ahora era él quien reía. Y entre un insulto y una risa, aunque nunca lo encontraría, nos hicimos amigos.

Dejando atrás a Dalí, finalmente llegamos a Barcelona. Nos dirigimos inmediatamente a plaza Real para comprar el famoso chocolate marroquí. Intenté buscar a Basilio, mi *dealer* de confianza, pero después de preguntarles a muchos finalmente logré saber que se había casado. ¿Casado? Pero ¡cómo! ¿Un *dealer* que se casa? Sí, se había casado y trabajaba como taxista abusivo: había sentado cabeza… y al final es lo que te esperas de alguien que se llama Basilio.

Comprendimos rápidamente que en el mercado había dos tipos de chocolate: el bueno y el pasable. Desde ese momento pasamos todo el viaje buscando quién nos vendiera al mayoreo unos doscientos gramos de ese bueno, pero no a precio de turista. Aquel año España era el paraíso de los fumadores, porque se podía fumar donde quisieras:

en la calle, en el bar, en el restaurante… Una maravilla para gente como nosotros.

Llevé a Pallarito a visitar los lugares históricos de mi aventura, que gracias a él me parecieron un poco más chistosos: el primer teatro de mi vida, la Rambla, se volvió "Carambla"; la Puerta del Ángel, "la Puerca del Ángel"; Plaza del Pi, "Plaza del Pipí"… Pallarito ni siquiera se abstuvo con el hada verde; de hecho, la primera vez que lo llevé a descubrir los prodigios del absenta, cuando le pregunté:

—¿Cómo te sientes? —él me respondió, lacónico:

—*Aubsente.*

Presentarme de nuevo en la "Carambla" me dio la dimensión de lo que había pasado en esos tres larguísimos años. Ya no era ese muchacho aprisionado por las cadenas de la "normalidad" en busca de una vía de escape: ya era un prófugo y corría lejos.

Después de algunos días nos dimos cuenta de que no éramos tipos de ciudad. Nos hacían falta el ruido de la moto, la caricia del viento, la inclemencia del sol, el asfalto ardiente… Nos gustaba viajar fuera de la carretera, en caminos secundarios que nos consintieran ir despacio, a no más de ochenta. Y no creas que estábamos bien equipados. Para nada, querida Inés. Para mí, ser limpio y organizado habría sido como ir por la vida vestido de mujer. En nuestro personal código de calle, el casco estaba prohibido; la cerveza entre las piernas era obligatoria; las chanclas, aconsejables, y el uso de las dos manos, facultativo. Los equipajes eran voluminosamente atados detrás, con los zapatos colgados al viento. Nos hicimos casi diez mil kilómetros, yo en camiseta sin mangas, sombrero de *cowboy*, lentes de sol redondos y amarillos, y chanclas, mientras que Pallarito nunca se quitaba los pantaloncillos cortos y una bandana de pirata en la cabeza que, bajo el sol, le dejó una indeleble marca blanca en la frente. Cuando pasaban las bandas de motociclistas suizos o alemanes, elegantísimos, con moto, traje y casco bien combinaditos bajo ese sol asesino, al vernos en chanclas siempre teníamos la impresión de que se avergonzaban de sí mismos. El carisma que nos daba tener las motos más viejas en circulación y la actitud de viejos vagabundos, los hacía frecuentemente bajar la velocidad para seguirnos un rato, como en señal de respeto. Pero a nosotros nos molestaban, así que les hacíamos una señal de que nos rebasaran y no estuvieran chingando.

Mi moto estaba tan sucia que adentro vivía una araña. Te lo juro. Cada tanto la veía asomarse detrás del parabrisas. Esa pinche araña me daba ternura: sin saberlo, se estaba haciendo el giro de media Europa.

De noche, en cambio, las cosas cambiaban. Sucedía seguido que decidíamos partir "mañana". Pero el "mañana" era siempre duro de enfrentar: desayuno tardío, churro, café, charla con un desconocido, otro churro, una cerveza, un poco de relax; luego nos daba hambre, comíamos, cortejábamos a la camarera, otro churro, siestita, café, uno va al baño, va al baño el otro, prepara las mochilas, acomódalas en la moto... y a las siete de la tarde ya estábamos listos para partir. Después de una hora de camino caía el sol, y no había atardecer que no mereciera ser honrado fumándose un churrote en un lugar sugestivo. Y así, entre la preparación, fumarlo y las reflexiones sobre la vida, se nos iba mínimo otra media hora, y ya estaba casi oscuro: teníamos que prepararnos para el frío de la noche. Pero ya para ese punto estábamos tan desentonados que el ritual del vestuario duraba más que el de un guerrero medieval. De hecho, una vez que bajábamos las mochilas que, con fatiga, habíamos amarrado al portaequipaje apenas dos horas antes, y sacadas todas las cosas que nos protegerían del frío, dábamos inicio al interminable ritual. Sin estar dotados de trajes de motociclistas suizos o alemanes, usábamos casi todo nuestro guardarropa para protegernos, más que del frío, del miedo al frío. Por lo tanto: ponte el primer par de pantalones, luego el segundo par, calcetines, zapatos, la primera camiseta de algodón, la segunda camiseta, camisa, suéter... y en ese momento comenzábamos a sudar, por lo que dejábamos las últimas cosas en el asiento, y después de haber reacomodado las mochilas en las motos, terminábamos la vestida: chamarra, gorrito de lana —no tanto por el frío, sino porque mi casco era para una cabeza más grande que la mía y el de Pallarito carecía por completo del relleno—, y finalmente casco, guantes y... ¡oh, carajo! ¡Nos habíamos olvidado de la faja elástica para los riñones! Así que quítate guantes, casco, chamarra, suéter, ponte la faja elástica, vuélvete a poner el suéter, chamarra, casco, guantes... y finalmente, impedidos en los movimientos como dos buzos, comunicándonos mediante gestos, nos montábamos en las motos y, exhaustos, nos poníamos en viaje. Después de diez minutos, invariablemente, nos volvía el hambre; así, en la primera fonda del camino, con amplios gestos llenos de entusiasmo, nos señalábamos el anuncio luminoso de un bar o de una *trattoria*. Entonces la gente podía ver a ese par de "buzos" descender de las motos, quitarse un guardarropa completo de encima y ordenar cerveza y algo para comer, pensando que añadir "eses" a lo güey era suficiente para hablar español. Luego, finalmente, refocilados como Dios manda, después de haber tomado cerveza con algún nuevo "amigo", mientras todos se iban a dormir, nosotros estábamos "frescos" para comenzar el viaje: nos vestíamos de nuevo y ¡vámonos!

Durante el día yo lideraba en la carretera; durante la noche era Pallarito, porque desde hacía muchos años había preferido no ver ni madres con tal de no estar sometido a la esclavitud de los anteojos.

Lo seguía confiado, envuelto en la oscuridad, limitándome a no perder de vista la lucecita roja de su moto. Después de un par de horas buscábamos un lugar donde acampar. Obviamente "acampar" es una palabra gorda. Sólo la primera noche nos preguntamos si no sería conveniente montar la tienda, pero luego nos miramos y, a coro, nos dijimos:

—¡Ni en sueños!

Por lo tanto, nos limitábamos a desenrollar la tienda en el piso y a extender los *sleeping bags* encima. Estacionar las motos en "ele" sobre nuestras cabezas nos daba la sensación de estar protegidos, y encender una fogata nos calentaba, acompañando el último churro y las últimas reflexiones.

Dormir bajo las estrellas nos daba una felicidad indecible. Menos feliz era, en cambio, despertar todos sudados bajo el sol, que como una madre obstinada insistía irremediablemente en despertarnos sacudiéndonos con sus rayos. A esas alturas había que sobrevivir sólo hasta la primera cafetería.

Alternábamos una noche a la intemperie con una noche en una pensión económica, posiblemente familiar, que casi siempre era regenteada por una madre con una hija, a quienes nos divertíamos cortejando entreteniéndolas con nuestros cuentos rellenos de "eses".

La primera cosa que nos dijeron cuando llegamos a Granada fue que evitáramos el Albaicín: una casba, es decir, una ciudadela fortificada de origen árabe, situada en el centro de la ciudad. No sé ahora, pero hace treinta años era un lugar peligroso para un turista.

Desaconsejarme un lugar por motivos de seguridad había siempre sido para mí una irresistible invitación para descubrir el motivo por el que me lo desaconsejaban. Por lo tanto, nos dirigimos sin dilación al Albaicín, también porque probablemente era el lugar más adecuado para buscar ese *chocolate* de buena calidad que, mientras más nos acercábamos a la frontera con Marruecos, más fácilmente y a mejor precio se podía encontrar.

Tenían razón: el Albaicín era un lugar peligroso. Apenas atravesamos el umbral de ese laberinto de callejones y callejuelas, fuimos inmediatamente detenidos por dos jóvenes de aspecto gitano que nos propusieron un amplio catálogo de drogas. Nosotros, para hacerles entender que no éramos turistas, los retamos con la actitud de rudos, con la ilusión de que nos trataran de igual a igual. Esta cosa no debió de gustarles para nada, porque uno de los dos se puso nervioso de inmediato. Habíamos comenzado con el pie equivocado, pero era demasiado tarde para arreglarlo. No revelamos nuestras verdaderas intenciones, sino que nos limitamos a sondear el mercado. Ellos comenzaron a entender que sólo los estábamos haciendo perder el tiempo, pero nos dieron una posibilidad: uno de los dos sacó un pedazo de chocolate ordinario y nos lo pasó. Yo lo examiné con atención, pasándolo entre los dedos por un rato: percibí el olor y lo raspé con la uña... luego se lo pasé a Pallarito, quien hizo lo mismo: lo miró de arriba abajo, lo dobló por una parte, lo dobló por la otra, lo olfateó con la meticulosidad de un *sommelier*... y finalmente me lo devolvió con aire insatisfecho. Yo lo sopesé otra vez entre los dedos, con desprecio... y finalmente, con mi itañol, pregunté:

—*¿Y quantos pides por questos?*

Él respondió algo que sonaba como un insulto y nos escupió el precio con un ángulo de la boca. La petición era absolutamente aceptable, aunque, para medir su nivel de flexibilidad, tanto Pallarito como yo exageramos una carcajada.

—¿Por esta porquería? —dije en italiano, agitando la ramita bajo su nariz.

En ese momento, de pronto, el que parecía el más tranquilo se tornó una furia: me arrancó el pedazo de hachís de las manos y, con una mueca feroz, nos gruñó con el hocico:

—Sáquense de aquí, ahorita. Si los veo otra vez los mato— o esto es lo que nos pareció entender.

Habíamos llegado a Granada hacía sólo pocas horas, pero ya nos habíamos quemado en el Albaicín.

Si todos nos desaconsejaban regresar a esa casba musulmana, en cambio todos nos aconsejaban ir a visitar la Alhambra: el espectacular palacio del primer rey del reino de Granada. Y aunque esta "atracción para maricas" resultase en nuestro imaginario mucho menos interesante que el sombrío Albaicín, decidimos someternos al rito turístico, tal como habíamos hecho con la casa museo de Dalí. El problema era que, justo a dos cuadras de donde estábamos hospedados, había un grupo de malditos hippies llenos de pelos por todas partes, quienes pasaban sus jornadas sentados en el suelo, en círculo, fumando hachís a la sombra de un pequeño edificio... tal vez una iglesita. A pesar de que todos los días nos prometíamos: "Hoy no", cuando pasábamos por allí y recibíamos su invitación a sentarnos con ellos a fumar el monumental *chilom* que se pasaban con movimientos rituales, no podíamos evitar decir:

—Está bien, sólo uno —sabiendo ya que nos quedaríamos tirados en el suelo todo el día.

Fue así como, durante varios días, la Alhambra, cual una princesa melancólica, se quedó sobre la colina esperándonos, anonadada al ver a esos dos valientes caballeros que, en lugar de correr a rendirle homenaje y a recibir sus gracias, preferían perder el tiempo en una sucia y anónima esquina de la ciudad, quedándose a beber vino con las prostitutas y a cantar canciones obscenas.

Cuando finalmente nos las arreglamos para llegar con la "princesa", aunque fuera indiscutiblemente bellísima, la encontramos un poco demasiado limpiecita para nuestros gustos. Durante un rato intentamos fingir que apreciábamos su elegancia, pero después de haber pagado nuestro tributo turístico a patios, salas, escaleras y fuentes, transportados por el río de turistas en pantaloncillos cortos, sombreritos, cámaras fotográficas, madres sudadas y niños aburridísimos... casi me da pena decirlo: nos hartamos hasta los huevos y no veíamos la hora de regresar a sentarnos en el suelo con nuestras prostitutas peludas. ¡Allí sí nos sentíamos en casa! ¡Allí sí había vida! Esa que apesta.

Dentro de esa pequeña tribu de harapientos, para dos tipos como Pallarito y yo no nos fue difícil conquistar una posición de respeto. De hecho, después de unos días de frecuentarlos, éramos nosotros quienes invitábamos a los turistas de paso a sentarse en el suelo con la colorida comitiva y a dirigir la bacanal:

—Tú, ve a comprar las cervezas; tú, toca el tambor; tú, siéntate aquí y date un toque; tú, ve a llamar a ése de la guitarra; ¿y tú, qué chingados haces?, plancha un churro, y tú, pásame ese bolillo...

Había días en que llegábamos a ser más de treinta, y los únicos movimientos de grupo que hacíamos eran los que nos imponía el sol girando en torno a esa pequeña... ¿iglesita? Entre la una y las tres de la tarde era el momento más crítico, porque ese maldito sol a pico se emperraba contra nosotros, obligando a todo el grupo a amontonarse en trocitos de sombra cada vez más delgados. Era entonces cuando, en pequeños heroicos pelotones, nos aventurábamos hasta la fuente para meter bajo el chorro de agua fresca la cabeza frita por el sol y por los porros.

Charla con uno y charla con otro, un día se presentó un rubiecito catalán de cabellos finos, y nos dijo que sabía dónde comprar a buen precio esos doscientos gramos de chocolate bueno que buscábamos desde que habíamos pasado los Pirineos. Tenía un amigo, pero había que ir al Polígono de Almanjáyar. Por como pronunció el lugar, comprendimos que se trataba de otro Albaicín, pero nos equivocábamos: era peor. Si hoy en día ese barrio del norte de la ciudad es conocido como la "ciudad sin ley", puedes imaginarte qué lugar tenía la legalidad hace treinta años. Como siempre había sido en mi vida, olfatear un peligro era una llamada irresistible, un reto que no podía ser desatendido. Así como de niños nos metíamos en las cañerías, desafiábamos la atención de los guardianes para ir a robar los materiales de construcciones para nuestros fuertes o nos colábamos de noche en el jardín de los Manganaro, mientras la familia comía bajo una pérgola, para robar las mandarinas que luego nos lanzábamos en lugar de piedras, también en esa ocasión sentí de inmediato la excitación de meterme en una situación donde no teníamos ninguna garantía. Por lo tanto, al día siguiente me cargué al rubiecito en la moto y me dirigí a la periferia norte, seguido por Pallarito.

El Polígono de Almanjáyar era un barrio sin ningún servicio, construido veinte años atrás en un campo que históricamente era usado para acumular estiércol. Había uno que otro edificio alto, pero ninguna calle estaba asfaltada.

Llegamos a la absurda hora de las tres de la tarde y, con gran sentido teatral, pero poco de la prudencia, estacionamos arrogantemente las motocicletas en el centro de un gran espacio desierto y polvoso que probablemente algún día se convertiría en una plaza. Delante de nosotros, dos edificios de cinco pisos, que eran los más altos de la zona. Era como si hubiésemos querido dejar en claro ante todos que habíamos llegado y que no teníamos miedo.

El catalán, a quien a pesar de tener nuestra edad llamábamos el "chico" o el "güerito", vaya que sí tenía miedo. Se veía por cómo caminaba cuando se alejó a buscar a aquel huidizo "amigo". Nos quedamos apoyados en nuestros pacientes caballos de hierro, esperando. Pasaron unos veinte minutos. No habíamos fumado: es sabido que, en servicio, ni se fuma ni se bebe.

Cuando comenzamos a preguntarnos qué cosa le habría pasado a ese pinche güerito, lo vimos regresar, medio descontento, medio no, pero ciertamente más preocupado. Su "amigo" estaba en la cárcel, pero le habían indicado a otro que podría satisfacer nuestra petición. Vivía atrás, a unos doscientos metros.

—Ve a ver —le dije con un movimiento del mentón.

Nos quedamos en silencio. Más alertas. En esa época no se usaban las tarjetas de crédito y cualquiera sabía que siempre llevabas todo tu dinero encima. Hasta Pallarito había dejado de hacer bromas. Sentíamos ojos escondidos que nos miraban desde detrás de las persianas de los edificios. No me sentía como un criminal, pero ese día había decidido demostrarme a mí mismo que, si hubiera querido, podría convertirme en uno. Disfrutaba del placer narcisista de no tener miedo. No era la primera vez que me metía en ese juego, pero en ese descampado de *Far West* me sentía verdaderamente como el héroe de mis fantasías, tan lejano de las expectativas de la sociedad en que había crecido, y tan diametralmente opuesto de todo lo que mis padres habían buscado hacer de mí, que me sentí casi feliz.

Después de otros veinte minutos, el güerito volvió a paso veloz:

—Trescientas pesetas el gramo.

Significaba treinta mil pesetas el ciento: sesenta mil por los doscientos gramos. Una cifra importante para nuestras finanzas, aunque era lo que nos esperábamos. Pallarito se quedó vigilando las motocicletas con el resto del dinero y yo fui guiado por el chico, con lo necesario en el bolsillo para la turbia transacción.

Entramos por una puerta que daba acceso a un descampado sobre el que se erguían un par de edificios populares de tres pisos. Allí nos esperaban tres hombres. Uno, claramente el jefe, era un cásico gitano de cabellos y ojos negros, en *jeans* y camisa blanca: guapo, delgado, duro en la expresión y rápido de movimientos. Los otros dos, aunque también de rasgos claramente gitanos, eran una pareja de gorditos de aspecto bonachón, de esos que te pueden hacer pedazos, bonachonamente, sin tomarlo como una cosa personal. No hablaron en todo el tiempo. El guion parecía escrito por el más clásico de los guionistas.

Nadie sonrió. Sin decir palabra, el jefe se dirigió hacia uno de los edificios. Nosotros lo seguimos. Yo delante y el güerito detrás. Los dos gordos, en fila, cerraban el pequeño cortejo. Cada rellano daba acceso a un balcón donde estaba alineada una decena de departamentos; nosotros entramos en uno del segundo piso. Era una casa modesta, pero normal. Me hicieron sentar en el fondo de una especie de comedor, al lado de una mesa redonda. Los dos gordos se quedaron en el centro de la habitación, sentados también, uno de un lado y el otro del otro; el güerito, quien de pronto me pareció aún más chico de lo que era, se sentó en un rincón de la habitación con las manos entre las piernas. El jefe se me acercó con movimientos bruscos y, yendo al grano, sin sutileza, sacó del bolsillo de la camisa un pedazo de hachís, de ese bueno, y me lo tiró bajo la nariz como muestra, pasándolo rápidamente entre los dedos para demostrar su gomosidad. No había gesto ni expresión de su rostro que no quisiera declarar abiertamente: "No me hagas perder el tiempo, porque soy un tipo peligroso". Había comenzado el primer *round*, ése donde los contendientes miden sus fuerzas. No me dejé intimidar y crucé los guantes sin dejarme llevar por su ritmo. Permanecí cómodamente sentado y le hice un gesto de que me pasara la muestra; la examiné con calma, la olí... era lo que estaba buscando.

—Está bien —declaré en español.

—Dame el dinero —extendió la mano con gesto perentorio, ganando el centro del ring.

—¿Cómo?

—Dame el dinero y te traigo el *chocolate* —intentó sorprender con dos golpes intimidatorios.

—No —respondí, esquivándolo sin descomponerme, con un español muy mío—. *Tú prima me portas el chocolate, e después io ti do il dinero.*

—No, no, no —continuó picándome, manteniendo el centro del cuadrilátero y articulando las palabras con la autoridad de quien dicta las reglas—. Tú antes me das el dinero y después yo te traigo el chocolate.

—¡Olvídalo! —solté un *jab*.

—¿No confías en mí? —retrocedió un paso, exagerando irónicamente la sorpresa.

—¿Tú que crees? *Certo* que no! —¡hermosa combinación!

—¡Hey, chico! ¡Estás en mi casa! —saltó hacia atrás, bajando la guardia con una sonrisa socarrona.

—¿Y quién *ti conoce*? —repliqué con un gancho sin perder la concentración—. *¿Come puedo saper que questa* es casa tuya?

El gitano no se esperaba esa bravuconería y comenzó a mirarme con recelo. Hurgó rápidamente en su cabeza para elegir cuál estrategia sería mejor adoptar con ese extraño animal que había venido a retarlo a su propio ring; luego decidió intentar meterme en problemas, golpeándome en el cuerpo con una combinación de escenarios peores:

—Si tú no me das el dinero antes, te metes en un problema.

—¿Qué problema?

—El precio cambia.

—¿*Come* cambia?

—Se vuelve más caro.

—¿*Come* se vuelve más *caros*?

—Se vuelve más caro, chico. ¡Más caro! *Expensive!* ¿No entiendes el español? —gritó, tratando de cerrar de inmediato el encuentro con un *uppercut*.

—¿Y *perché* se vuelve "más caro"? —esquivé fríamente sin perder la calma.

Estaba claro que esa estrategia no funcionaría; por lo tanto, el gitano, forzando en sí mismo una paciencia que no tenía, con gestos bruscos y teatrales intentó confundirme con continuos cambios de guardia en una larga explicación: el chocolate no era suyo... la persona que se lo daba se lo ofrecía a un precio... pero si lo tomaba a crédito el precio aumentaba... en todo el mundo los negocios son así... Hice que se cansara un poco, dejándolo que me saltara en torno; luego, de pronto, lo detuve con un gesto perentorio que lo aturdió por un momento: esperé a que hubiera silencio y, eligiendo el tiempo, solté una serie de golpes, imponiendo a las frases un ritmo que no dejaba posibilidad alguna de apelación y añadiendo "eses" sin ton ni son.

—*Questo* no es un *problemas* míos. Si quieres *venderes* tu *chocolate*, *portalos qui*; lo pesamos, y si el peso es *giustos*, te *pagos, se no,* no se hace nada.

Bufó ruidosamente con la nariz, como un toro fastidiado por una estúpida mosca. ¡Este bastardo italiano no retrocedía ni un milímetro! Lanzó una rápida ojeada a los dos gordos, como para pedir consejo a su esquina, me miró con hastío… y después de haber pensado un momento, cedió: con un gesto rabioso me arrancó de la mano el pedazo de hachís, se lo volvió a meter en el bolsillo de la camisa y salió de la casa azotando la puerta. Volvió el silencio. Los dos gordos, impasibles; el güerito, cada vez más güero; yo, increíblemente tranquilo. El primer *round* había terminado y yo volvía a mi esquina con una leve ventaja fuera de pronóstico. Esperé silenciosamente el inicio del segundo *round* con la actitud de quien podría esperar eternamente. Yo mismo me sorprendía al sentirme tan calmado. ¿Quién era? Hasta los residuos de ese muchacho de familia que había sido parecían haberse disuelto sin dejar rastro. ¿Dónde estaba? ¿En su casa o en mi casa? ¿Dónde había aprendido a jugar al azar con esa sangre fría? Ya me había sucedido que rebasaba la línea en que se pierde la tutela que gozan quienes permanecen dentro de los límites que impone la legalidad, pero era ciertamente la primera vez que me encontraba tan expuesto. Ese juego me gustaba peligrosamente. Sabía que no podía ganar, pero no me importaba: perder por puntos, y no por K.O., equivaldría a una victoria. Era absurdo cómo una estúpida historia de hachís asumía dentro de mí la dimensión de un asunto de importancia capital. Era como si, aceptando ese reto, aprovechara para borrar lo poco que quedaba de mi pasado, a costa de comprometer mi futuro. Allí, en esa polvosa periferia, sentado en la casa de quién sabe quién, sólo tenía dos posibilidades: ceder y dejar que me fregaran como a un pendejo cualquiera o arriesgar jugando a la par y salir del ring con la cabeza en alto, demostrándole a mi ego hipertrófico que no conocía a oponentes ni situaciones fuera de mi alcance. Si hubiera querido estar a salvo, aquel encuentro lo habría tenido que ver mezclado entre el público o del lado de los jueces o desde la esquina, pero yo había decidido ser el protagonista de ese *match*, disfrutando toda la exaltación que el riesgo regala a quien se juega la vida por nada. Al final era justo lo que me habían inspirado las imágenes de los mártires cristianos, las historias de Sacco y Vanzetti,[18] de Alexandros Panagoulis[19] y de todos aquellos quienes, tal como Jesús, habían vivido sin el mínimo sentido de la prudencia. La vida es un poco como el dinero: tiene valor cuando la gastas y no cuando la ahorras. Y sin saber aún dónde gastar mi riqueza, como un niño rico que no sabe nada de la vida y dilapida el patrimonio familiar en cosas fútiles y dañinas, yo arriesgaba la vida en retos ridículos y sin sentido. Todavía, a pesar de que el campo de batalla que había elegido era seguramente equivocado e indigno de los héroes en quienes me inspiraba, el deseo de combatir era absolutamente justo y necesario.

El gitano regresó después de algunos minutos, envuelto por la atmósfera eléctrica que constantemente creaba en torno a sí, llevando en la mano un pedazo de humo que, a ojo, habrían sido doscientos gramos. Reconocí inmediatamente que se trataba de una calidad inferior e hice que ni siquiera se acercara, deteniéndolo con un golpe en frío.

—¡Ah, no! ¡Esto no me gusta! —hice el gesto de quien ni siquiera quiere mirar.

—¿Por qué? —se paró, anonadado por la facilidad con que lo había pescado en su punto débil.

---

18 Nicola Sacco y Bartolomeo Vanzetti eran dos inmigrantes italianos, trabajadores y anarquistas, que fueron juzgados, injustamente sentenciados y ejecutados por electrocución en Estados Unidos en 1927.

19 Político y poeta griego. Luchó activamente contra la conocida Dictadura de los Coroneles. Es célebre por su intento de asesinato del dictador Georgios Papadopoulos, en 1968, y por las torturas que sufrió a raíz de ello.

—*Perche questos* no es el mismo hachís que me *havevas hechos vederes* antes.

—¡No! ¡Es igual! ¡Es igual! Se ve diferente... pero ¡es igual...! —se defendió con rápidos movimientos del tronco, sin lograr esquivar mis golpes.

No se había dado cuenta, pero a mí no se me escapó que había pasado de tratar de intimidarme a intentar convencerme, olvidándose de que él era el campeón y de que, encima de todo, combatía en casa. Por lo tanto, aproveché para bajar la guardia y burlarme de él con una sonrisa sarcástica dirigida al público. Sin embargo, él se sacudió rápidamente y volvió al ataque, tratando de concluir el *match*.

—¡Hey, chico, qué te pasa! —me amenazó—. ¡Ya te dije que es el mismo *chocolate*!

Con una pausa estudiada, esperé de nuevo a que hubiera un instante de silencio. Luego, mirándolo directo a los ojos, respondí a sus golpes midiendo bien los míos.

—¡Hey, párate! —lo bloqueé otra vez, arrinconándolo con los ojos—. *Questo non* es el mismo chocolate y tú lo sabes. *O mi dai il chocolate buonos* o me voy *ahoras*.

Sabía que podría clavarme un cuchillo en la garganta o simplemente robarme el dinero que llevaba en la bolsa y sacarme a patadas, pero también sabía que agredir a un turista en casa propia no conviene. De hecho, después de haber lanzado nuevamente una rápida ojeada a su esquina para consultar con los gordos, se resignó a trabajarme de nuevo por los costados, lanzando una serie de argumentos evidentemente falsos para justificar el aspecto diferente de ese pedazo de humo:

—Este chocolate es igual... pero no se ve igual... ha sido cortado diferente... lo ha quemado el cuchillo...

Tratar de convencerme por las buenas me confirmó que no perdería por *knockout*. Tenía que aprovechar ese momento de indecisión para sacarlo de balance y ponerlo contra las cuerdas.

—¡Quieto allí! —lo interrumpí con un derechazo—. ¿Con quién crees que estás hablando? —y, combatiendo ahora en italiano, le indiqué con gesto decidido el bolsillo de su camisa, dando paso a pegarle—. Déjame ver ese pedazo de *chocolate* que tienes allí.

Sonaba como una orden. Él, aturdido por los golpes, se tambaleó, buscando el movimiento correcto para salir de la esquina, pero no le di tiempo, centrándolo de nuevo

—¡Saca ese pedazo! —le exigí nuevamente.

Funcionó. Tragó hiel. No se resignaba a perder el segundo *round* también. Perplejo, sacó del bolsillo el pedazo de chocolate bueno y, sabiendo que era un movimiento perdedor, bajó los brazos y me lo pasó sin saber cómo evitar el uno-dos que estaba por llegarle. Puse ambos pedazos de hachís juntos y, manteniéndolos a un palmo de su cara, como una tormenta de golpes, recuperé un poco de "español":

—*Ti parece il* mismo *chocolate*, ¿eh? ¿*Ti parece uguale*? ¿*Pensi* que soy un pendejo? —y, tratando de conquistar al público, asesté los últimos puñetazos, dirigiéndome directamente a los dos gordos—. Les parece *ugual* estos dos *pezzi di chocolates*? ¡Eh! ¿Les parece *ugual*?

Sonó la campana: había terminado el segundo round. El gitano sabía que al final ganaría, pero no lograba comprender cuánto le costaría.

Aprovechando que combatía en casa, antes de volver a la esquina me propinó un golpe fuera de tiempo, arrancándome de la mano los dos pedazos de hachís con un gesto furioso. Luego, farfullando algo que sonó como una maldición o un insulto, salió de nuevo de casa. Todo cayó otra vez en el silencio. El güerito se había empequeñecido aún más en su silla, mientras que los dos gordos por primera vez mostraron un signo de vitalidad: me miraron meneando ligeramente la cabeza como signo de aprobación. Si hubieran estado obligados a matarme, mientras me hacían pedazos seguramente habrían pensado: "¡Lástima!".

Después de los acostumbrados minutos, el gitano volvió. Ahora estaba verdaderamente enfurecido: se acercó, decidido a agredirme para terminar el encuentro. Me puso en la mano otro pedazo de hachís de las mismas dimensiones y me orilló a un lado del ring con un grito descompuesto:

—¿Qué tal esto?

—¡Bravo! *¡Questo* mi gusta! —le dije, tratando de volver al centro del ring, usando el tono que se emplea con un subordinado que hace bien su trabajo.

Pero el centro del cuadrilátero esta vez lo mantuvo él, decidido a no dejarme más la iniciativa.

—¡Claro que te gusta! —me gritó más fuerte en la cara—: ¡Pero esto no cuesta trescientos! ¡Por esto me tienes que dar trescientos cincuenta!

—¡Claro que no! —grité, poniéndome en pie—. *¡Questo non eras* el acuerdo! ¡Tú dijiste al güeritos que *il prezzo* era *trecentos*! *¡Non trecentos* cincuenta! ¡Ni en sueños *ti* pago setenta mil pesetas por *due centos grammos di questa mierda!*

Yo gritaba fuerte; él gritaba más fuerte que yo. Plantados en el centro de la arena, intercambiábamos golpes sin que ninguno de los dos diera la impresión de rendirse. Pero ya había entendido que la cuerda estaba por romperse. Sabía que, si yo no hubiese mostrado algún signo de flexibilidad, el gitano me habría acabado malamente con un golpe bajo la cintura o un cabezazo o incluso una mordida, pero ciertamente no me habría dejado salir victorioso. Por lo tanto, le ofrecí una vía de salida que nos permitiera a ambos terminar la disputa con dignidad. Recordé que, además de las sesenta mil pesetas que había apartado para el humo, tenía en la bolsa otras dos mil. Y así, asumiendo el tono de quien está por dar el gane, lo detuve:

—¡Está *bene!* ¡Está *bene!* —y con la actitud de quien no se rebaja a combatir por algo tan ínfimo, me vacié los bolsillos y puse el dinero sobre la mesa—. *Questo* tengo, ¿lo quieres o no?

La avidez con que se lanzó sobre el dinero para contarlo, y la facilidad con que se rindió a aceptar ese pequeño incremento de dos mil pesetas, me confirmó que él también estaba cansado del combate, y como aquella vez con Tiraciolla, si me hubiera plantado, tal vez habría ganado.

Hizo desaparecer rápidamente el rollo de dinero en los pantalones y se dirigió a la puerta, pero yo lo detuve. Me acerqué a su cara, mirándolo directamente a los ojos como quien está dispuesto a perder, pero no a dejarse estafar, y señalando el pedazo de hachís del que me había vuelto propietario, articulé bien las palabras.

—El peso.

Me miró con aire interrogativo.

—El peso —repetí—. Ahora lo *vado a pesare. Si non sono duecento grammos, io vuelvo qui.*

Una vez más lo vi presa de la duda. ¿Qué hacer para no volver a meter en juego el título apenas conquistado? Trató de doblegarme con la mirada más mala de su repertorio, pero no cedí ni un centímetro. Nos empujamos con los ojos uno al otro durante un rato… luego, de pronto, cambió totalmente su estrategia: por primera vez lo vi sonreír y, dándome una palmada en los hombros, me trató como a un viejo amigo:

—¡Hacémonos un *canuto*! ¡Hacémonos un *canuto*! —"hagámonos un churro".

Pero tampoco esta vez me dejé fregar. Sin sonreír, respondí:

—Primero lo peso, y si el peso es correcto, luego nos hacemos un *canuto*.

Cuando volvimos a las motos, encontramos a Pallarito rodeado de una nube de niños. Había pasado casi una hora y comenzaba a preocuparse. El güerito había recuperado el color, feliz de que esa fea aventura hubiese terminado. Pero para mí no había terminado: tenía que pesar ese bulto envuelto en papel periódico que me había entregado aquel maldito gitano. Así, aprovechando que los pocos negocios presentes en la plaza estaban reabriendo después de la siesta vespertina, entré en una panadería y pregunté si podía pesar "una cosa". Me respondieron que no con inconfundibles gestos de las manos. En el segundo negocio obtuve el mismo resultado. Sólo me quedaba la carnicería. Decidí no arriesgarme a un tercer rechazo y así, sin pedir permiso, entré y puse mi paquetito en la balanza antes de que el carnicero pudiera objetar: ¡ciento ochenta gramos! ¡Mierda! Había que volver con el pinche gitano.

Pallarito era de la idea de dejar las cosas así, pero yo me aferré. Así como hacía todas las mañanas cuando dormíamos al aire libre, que dejaba a mi pobre amigo de piedra por la meticulosidad con que, bajo el sol y amodorrados por el sueño, lo obligaba a doblar perfectamente la tienda sobre la que habíamos dormido, del mismo modo no estaba dispuesto a dejar mi orgullo arrugado bajo el peso de esos veinte gramos faltantes. Por lo tanto, me encaminé decidido a reclamar lo que me correspondía.

Cuando llegué, el grupito había aumentado: a los dos gordos se les habían unido otros tres o cuatro holgazanes del mismo tipo. Me detuve a unos quince metros de ellos y le hice una señal al gitano para que se acercara. Él no podía creer que hubiera regresado. Me alcanzó con el paso ligero y cauto de quien se ve agradablemente sorprendido por un fenómeno raro.

—¿Qué pasó?

—Faltan veinte *grammos*.

—¡Oh, no! Eso es imposible.

—Faltan veinte *grammos*.

—Tu balanza no funciona bien.

—*La mia balanza funciona benissimo*. Éstos son *cento ottanta grammos*.

—Te equivocas. Cuando yo los pesé, eran doscientos gramos precisos.

—¿Sí? Bueno. Entonces regrésame el dinero y no se hable más.

—¡Ay, lo siento! —abrió los brazos con resignación—. El dinero ya me lo gasté.

Entendí que el *match* ya había terminado y que tenía que aceptar el veredicto. No me quedaba más que jugar con astucia. A ojo, sabía que el pedazo que llevaba en el bolsillo de la camisa tenía que pesar más o menos veinte gramos, y así, fingiendo conformarme, le propuse una solución:

—Está bien, está bien. *Non* quiero *peleares* contigo. Hagamos esto: *tu mi dai ese pezzos* que tienes en el bolsillos y la *finiamos* aquí.

Él se echó a reír estruendosamente; se volteó hacia el grupo de hombres que seguía la escena desde lejos y, en una lengua incomprensible, dijo algo que también los hizo reír a ellos. Todos reían menos yo. Insistir habría sido una demostración de debilidad: en ese mundo, quien es estafado no trata de convencer a quien lo estafó de que restablezca un criterio de justicia: actúa. Yo sólo estaba alardeando y no tenía margen de acción… Pero la idea de irme de allí con las manos vacías, escuchando a mis espaldas las risas de ese grupo de gitanos, hería mi orgullo en forma insoportable, por lo que me resigné a poner en la mesa esa carta que se juega cuando no se tiene el poder de imponer la propia voluntad: adopté la estrategia del cansancio. Les solté una retahíla tremenda para reclamar mis razones de manera puntillosa. Destetándome con las "eses", les hice todas las cuentas de cuánto estaba pagando por su chocolate por gramo:

—Ciento ochenta gramos divididos entre sesenta y dos mil pesetas es tanto; le quitas diez gramos de comisión para el güerito, son ciento setenta gramos; ciento setenta gramos dividido entre sesenta y dos mil es tanto; entonces, un gramo prácticamente lo pagué a tanto; si a esto le sumas que recorrí tres mil kilómetros para llegar aquí, y si consideras también que…

Me detuvo. Me miró. Pensó. Bufo. Suspiró… y con la misma actitud con que yo había puesto el dinero en la mesa, él saco la famosa muestra de chocolate que tenía en el bolsillo, separó un trozo y me lo puso en la mano, maldiciendo como cuando se trata por enésima vez de ajustar algo que se obstina en no funcionar. Todavía me atreví a preguntar:

—¿Es todo?

En ese momento su mirada cambió. Había una curiosidad humana en sus ojos. Si hubiera sido un gitano como él, tal vez habríamos terminado siendo amigos… o tal vez nos habríamos matado. Maldijo de nuevo, arrancó otro pedacito y me lo puso en la mano con la clara expresión de quien ya llegó a su límite. Yo, por primera vez, le sonreí, le guiñé el ojo y me fui, seguro de haber cumplido mi deber.

No puedo negar que vivir más allá de los límites fijados por la ley tenía una especial fascinación para mí. Hay quien vive allí por necesidad, como quienes no quieren rendirse a la injusticia de haber nacido en la parte equivocada de la sociedad, sufriendo la condena perpetua de hacer el esclavo para otros; hay quienes contravienen la ley por avidez y narcisismo, como los que ya son ricos y siguen coleccionando números sin pagar los impuestos, estafando a los ciudadanos o explotando a los pobres y a los ingenuos —es curioso constatar que este tipo de criminales que comúnmente se esconden detrás de una máscara de respetabilidad frecuentemente son gente de gran éxito, tomados como ejemplo por otros y a quienes el pueblo a veces incluso entrega las riendas del poder—; luego están quienes son criminales por tradición familiar, y finalmente, mucho más numerosos, están aquellos que lo son por condicionamiento cultural: se trata de quienes, sometidos a la prepotencia de los demás y dominados por el miedo a un Dios despiadado, terminan por odiar al prójimo, aprovechando cada ocasión para engañar aquí y allá, robar aquí y allá, aprovechar aquí y allá... o beneficiándose de cada ocasión para generar una ventaja para sí mismos y un daño para los demás —éstos son tan numerosos que muy seguido no son considerados criminales, porque el egoísmo es una patología tan universalmente aceptable que "aprovecharse de los demás" no parece una acción criminal, sino un comportamiento lógico que se aprende desde niño: "si no chingas, te chingan"—. Pero yo no encajaba en ninguno de estos casos. Antes que nada yo estaba libre de las cadenas del trabajo: sabía procurarme el sustento sin sentirme un esclavo; segundo: no tenía ninguna aspiración de hacerme rico; tercero: mi familia era una familia bien, y, finalmente: odiaba la idea de dañar a quien fuera, engañándolo o robándole algo. Me daba asco la idea de explotar a alguien para mi beneficio; consideraba la mentira como algo innoble y, aunque no podía evitar tropezarme de cuando en cuando, el simple pensamiento de poder herir o humillar a alguien me causaba horror. No, el mío era un caso diferente: a mí, vivir fuera de los confines de la ley me gustaba. Era una forma ulterior para afirmar una vez más: "Yo no les pertenezco". Me gustaba la sensación de estar solo, completamente separado de esa sociedad en la que no me reconocía, y moverme en un contexto donde no era la ley la que tutelaba mi seguridad, sino mi habilidad. Así como cuando era niño nunca acudí a mis padres para pedir justicia por una prepotencia padecida, del mismo modo ni hubiera soñado con ir a pedir protección a la ley para resolver un problema. Me las ingeniaba yo. Amaba escalar las montañas solo, a mano limpia, estando bien atento a elegir con cuidado los riscos que no me vencerían. No sé por cuánto tiempo más evitaría caer en un barranco. Si hubiera continuado, por accidente o por cansancio o por error de cálculo, mi aventura probablemente habría terminado en la anónima derrota de quien, como tantos otros antes que yo, ciegos, han puesto sus esperanzas y luchado en el frente equivocado, con las armas descargadas. Gracias a ese Dios en el que no creo resultaría afortunado: una mano invisible haría caer esa venda negra que me cubría los ojos, develándome que no había enemigos ni fronteras ni armas; que los sueños eran ilusiones, las esperanzas eran ilusiones, las ideas eran ilusiones... y que yo mismo era una ilusión. Pero en aquellos tiempos los enemigos, las armas, las esperanzas, las ilusiones y todo lo demás para mí eran dolorosamente reales. ¿Qué querías que hiciera? No tenía otros medios para emprender mi revolución: era ignorante; estaba frustrado y furioso por sentirme condenado a una mediocridad ante la que no me quería rendir. No estoy hablando de la mediocridad de los otros, sino de la mía. Mi ideal era tan alto que no soportaba ver en mí las mismas debilidades, mezquindades y miedos que detestaba en los desconocidos, perdonaba en los amigos, pero que condenaba sin apelación cuando me miraba al espejo. Y así, me retaba tirando la cuerda hasta el máximo, tratando de adivinar en qué punto se rompería haciéndome caer en una auténtica actitud autodestructiva. Caí, caí… pero me levanté a tiempo. ¿Fortuna? ¿Destino? ¿Karma? ¿Habilidad? No lo sé. Me siento un poco como el soldado que, después de haber atacado en primera línea, mira en torno y se sorprende de estar aún vivo. Por lo tanto, la única cosa que me nace hacer es agradecer una vez más la gentileza de la señora Muerte, que en tantas formas diferentes ha acercado sus labios para hacerme sentir su aliento helado sin jamás besarme e interrumpir mi experimento.

Me gustaría decirte que me arrepiento de lo que he hecho e interpretar el papel de los abuelos buenos de los cuentos, que dan un buen ejemplo, pero yo no quiero ser un ejemplo ni bueno ni malo, y tampoco me arrepiento de nada. Para mí, la idea del arrepentimiento es neurótica y sin sentido. El pasado es pasado, está muerto; y lo que está muerto está muerto. ¿Qué sentido tiene arrepentirse? El arrepentimiento y la contrición, para mí, son actitudes patológicas de quien en realidad no puede verdaderamente separarse de su pasado y lo mantiene a través del arrepentimiento para acordarse y comprobar a cada rato que ya no es el pecador que fue… Sería como tener el cadáver de la madre en el refrigerador para recordarte y demostrarle a todo el mundo que, a pesar de que en el pasado la trataste mal, ahora eres un buen hijo. El pasado está muerto, y lo que ha muerto es siempre bueno: es abono. Las flores de mi presente se nutren del abono de mi pasado. Mi historia es perfecta así como es, y sólo tiene sentido para lo que se refiere a mí; no quiere ser un ejemplo negativo ni positivo. Aquellos que en los misteriosos diseños de la existencia han sido una serie de episodios concatenados que me han llevado por la ruta donde se encuentra uno mismo, en términos absolutos son ciertamente una colección de errores, pero en términos relativos eran necesarios para mi rescate. El bien y el mal son categorías humanas ajenas a la existencia. Si desde el punto de vista lógico los errores son "errores", desde el punto de vista existencial los errores son sólo pruebas para la excelencia... en tanto que uno no se obstine en cometer siempre los mismos. Pero no te preocupes, Inés: ésta es una estupidez que sólo cometen los seres humanos; la existencia jamás se repite: siempre comete errores nuevos. Y por cuanto el ser humano pueda tornarse neurótico, al final de cuentas es siempre parte de la existencia; basta que se conecte con su raíz más profunda para volver a ser sano y creativo.

Estoy orgulloso de mis errores. Todos deberían estar orgullosos de los suyos. La humanidad evoluciona gracias a aquellos que cometen errores nuevos y actúan a su modo a pesar del miedo a equivocarse; todos los demás, desde el punto de la evolución humana, son puro lastre. No importa qué vida hagas o qué trabajo desempeñes: lo importante es hacerlo a tu propio modo, siguiendo tus inclinaciones naturales, tu inspiración. Mis "errores" fueron las caídas de quien busca permanecer en equilibrio sobre la cuerda de la "verdad". Así como el equilibrio sobre una cuerda tensa es una continua corrección de aquello que no es equilibrio —es decir, los desequilibrios a derecha e izquierda—, del mismo modo veo la vida como una continua, incesante y eterna corrección de errores, con la intención de atinar en el centro del blanco donde vive, en equilibrio, la "verdad".

Tratar de no cometer errores es suicida: equivale a rechazar las leyes del equilibrio, las leyes intrínsecas de la vida, renunciando así a la partida. El equilibrista sabe bien que sólo si acepta los desequilibrios entre derecha e izquierda tarde o temprano logrará mantenerse en pie sobre la cuerda; en cambio, si los rechaza, esforzándose por estar en el centro sin cometer errores, continuará cayendo al suelo continuamente. En la vida es lo mismo: si estás relajado, entre un error y otro, antes o después encontrarás tu destino, pero si estás tenso y preocupado por no equivocarte, tu paso será tan incierto y tus caídas tan secas que al final incluso podrías elegir ya no subir siquiera a la cuerda, sino limitarte a estar atrincherado en tu sofá mirando la vida de los demás —quienes se atreven a equivocarse—, las cuales se escurren en la pantalla de la televisión o en las páginas de un diario.

Pero tal vez me haya dejado llevar demasiado de la mano de la "filosofía"... Perdóname, Inés. A pesar de mi edad, no me siento un anciano, pero escribirle a mi nieta me hace sentir más viejo de lo que soy, y es por esto que de cuando en cuando me dejo llevar por reflexiones nocturnas.

* * *

Concluida nuestra "misión", no nos quedaba más que dejar Granada a nuestras espaldas y remontar la península hacia Valencia, donde, ¡escuchen, escuchen!, el 15 de agosto teníamos una cita con Lello.

Dos de los hippies con quienes nos habíamos quedado echados a fumar en el suelo durante días tenían una casa en medio de la Sierra Nevada. Si les dábamos un "aventón", podríamos dormir a mitad del camino: sólo se trataba de treparse con la moto en ese continente montañoso y bajar del otro lado. ¿Dos días de viaje en la montaña para recorrer un tramo que se puede hacer en dos horas rodeándolo? Nos pareció la cosa más lógica: los cargamos en las motos, junto con su equipaje, y partimos. Yo, con espíritu altruista, me llevé al gordo; pesaba como ciento cincuenta kilos... pero tal vez exagere un poco.

Cuando se piensa en las montañas, especialmente para la gente de mar, como yo, generalmente se toma en consideración su perfil, como al mirar las postales, sin poner atención a su profundidad. Y así, después de haber dejado Granada atrás, vimos lo que esperábamos ver: el imponente perfil montañoso de la Sierra Nevada.

—¡Carajo —nos dijimos—, la Sierra Nevada!

Pero, cuando llegamos a la cima de ese perfil, se nos escapó otro "¡Carajo!": ¡había montañas aún más altas! Y así, también escalamos aquéllas para llegar a la cima y poder decir otra vez: "¡Carajo...! ¡Carajo...! ¡Carajo...!", y entre un carajo y otro, cuando vimos hacia atrás y alrededor, la única cosa que se veía eran montañas, montañas y sólo montañas. ¡Carajo!

Al encaramarse por esas subidas, la motocicleta mostró que no le gustaba el nuevo pasajero y su equipaje. A pesar de que tanto el gordo como yo buscábamos hacernos lo más ligeros posibles y darle ánimos con nuestra silenciosa atención, todas las veces que le clavaba las espuelas de las velocidades bajas bufaba con nitritos rabiosos. Hasta la araña parecía preocuparse por la presencia de aquel pesado huésped. De hecho, ella, que siempre estaba ocupada en sus quehaceres bajo la cubierta, en esa parte del viaje se quedó todo el tiempo asomada detrás del parabrisas, yendo nerviosamente de una parte a la otra para controlar el camino. Pero no era tanto el peso del pasajero o la ansiedad de la araña lo que me inquietaba, sino un absceso que había decidido elegir justo ese día de tórrido calor para que se me inflamara justo en el centro del paladar.

Era una vieja historia ligada con mis dientes incisivos que, un día de santa Ana de muchos años atrás, cuando era todavía niño, atiné a romperme cayendo sobre el filo de un escalón. Con los años, aquellos dos incisivos poco a poco se oscurecieron, dándome un aspecto más siniestro de lo que merecía. Años más tarde me resignaría a sustituirlos por dientes postizos, que durante un periodo estaban tan mal fijados que, cada vez que pronunciaba la *efe* sin cuidado, uno de los dos partía como un proyectil hacia el rostro del interlocutor.

En fin, durante todo el día me trepé por las montañas, amenazado por los lamentos del motor, cocido de calor, aturdido por los churros, adolorido por el absceso, afligido por el peso del pasajero y distraído por esa pinche araña que no se estaba quieta ni un momento. Pobrecita: hacía lo mejor que podía para echarme una mano vigilando el camino, y a veces incluso tenía la sensación de que se volteaba para decirme: "No te preocupes, aquí estoy yo".

Cuando el sol se metió, el calor extremo del día dejó lugar al frío extremo de la noche. ¡Chingada madre! No había paz. Envueltos por la nada, seguíamos el cono de luz de la moto, perdiendo cada vez más la noción de dónde estábamos.

—Por allí —dijo en un momento dado el gordo.

Habíamos llegado. Delante de nosotros se podía ver una especie de fantasma en mampostería, inmerso en la oscuridad de aquella noche sin luna. Era una casa construida quién sabe por quién y abandonada desde quién sabía cuándo, y que este grupo de hippies ibéricos había ocupado con escaso sentido de la practicidad. Cuando apagamos los motores, fuimos tragados por un silencio abismal. Se percibía la luz chisporroteante de una chimenea en el interior de la casa. Luego se asomaron en el umbral dos figuras delgadas; con voces consumidas por el frío, por el calor, por el humo y por el silencio, respondieron al chillido del gordo, que en el mutismo atenuado por esas montañas sonó como un sacrilegio. Después de algunos churros delante del fuego, las palabras se disolvieron en la inmensidad que nos rodeaba. No había nada que decir, sólo presenciar ese momento de eternidad. Dormimos sobre un pajar, confiados en que no se prendería justo esa noche, y no hicimos caso a los continuos y pequeños ruidos con que nos entretuvieron los animalitos que vivían allí, entre esa paja, con mucho más derecho que nosotros.

Nos despertamos al alba. La casucha tenía una vista de quitar el aliento. Montañas por doquier. Sólo montañas. El aire fresco, limpísimo; el cielo prometía una jornada limpia y luminosa; el café que nos ofrecieron nos supo a gloria... Nos sentimos felices. Pusimos de nuevo nuestro equipaje en las motos, nos despedimos de los muchachos, sabiendo que no los veríamos más, y nos aventuramos en otra jornada por las montañas para descender por la otra parte.

Conduciendo de arriba abajo por las curvas, las motos se dejaban guiar sin prisa, como viejos corceles acostumbrados a soportar cualquier tipo de recorrido sin hacer berrinches; nuestras cabezas se habían tornado silenciosas. Parecía que en aquellas montañas éramos los únicos seres vivos. El tiempo daba la impresión de deformarse como la visión del horizonte bajo el sol. El absceso me punzaba en la cabeza, instaurando una armonía rítmica con el gruñido regular del motor. Los pensamientos eran lentos, dilatados, acunados por la monotonía del viaje. Hasta la araña se había relajado: no se dejó ver en todo el día, descansando bajo cubierta, probablemente exhausta por el estrés del día anterior.

De cuando en cuando una pausa: el silencio perfecto, amo absoluto de todo cuanto se extendía en torno; una meada mirando el panorama; un pequeño descanso, sentados bajo la delgada sombra de un arbolillo pelado; un churro; el zumbido de alguna mosca; pocas palabras; pocos pensamientos... y luego las ganas de continuar...

continuar sin sentido, pero continuar hipnotizados por las curvas, bajando la montaña, acompañados bajo el sol por ese ritmo en la cabeza que sólo yo oía, *bum... bum... bum...*: mi absceso, el cual crecía con el paso de las horas y que, cuando llegamos a la llanura de Almería, se había convertido en una bola hinchada que había tomado posesión de toda mi boca, ocupando el centro del paladar. Decidimos entrar en un pueblecillo a comprar antibióticos. Ya era de noche, por lo que decidimos dormir allí; teníamos que estar listos al día siguiente, 15 de agosto, para afrontar un largo tramo hasta Valencia y encontrarnos a tiempo para la cita con Lello en la estación central, a mediodía.

A la mañana siguiente, con un esfuerzo titánico, partimos a las nueve. Considerando nuestros ritmos, no sólo sabíamos que no había forma de llegar puntuales a la cita, sino que también habría sido un milagro lograr llegar para la tarde.

Los antibióticos todavía no me había hecho aún ningún efecto, pero en cambio me habían descompuesto completamente el estómago, mordiéndome desde dentro como un perro rabioso; y no nada más: después de unas horas de viaje se quedaron olvidados en una gasolinera junto a mi chaleco. ¡Mierda! Estaba sin medicinas. Pallarito se lanzó heroicamente hacia atrás, intentando recuperar lo que habíamos perdido cincuenta kilómetros antes, dejándome dormir una hora tirado en un campo. Regresó exhausto y frustrado por no haber podido llevar a cabo la misión con éxito. Comenzó a llover. entramos en un pueblito a comprar otros antibióticos. Nos pescamos otro aguacero... Pallarito comenzó a ceder. Lo convencí de dejarme continuar solo hacia Valencia, mientras que él podría detenerse a mitad de camino, donde vivía una amiga de una amiga de una amiga que probablemente lo hospedaría sin siquiera verse obligado a pagar el peaje de tenérsela que coger. Lo alcanzaría de regreso con Lello al día siguiente.

Ya era la tarde, la cita fallida pero implícitamente pospuesta para "más tarde". Al menos eso esperaba... Había que apurarse. Me puse el casco para meterme en la carretera y apurar la moto mientras, *bum... bum... bum...*, el baterista interno tocaba el bombo del absceso, cubriendo todos los demás ruidos.

Llegué a la estación de Valencia a las nueve y media de la noche —luego supe que Lello había esperado hasta las nueve—. Estacioné la moto en forma descarada frente a la entrada principal y... ¿qué cosa hice? ¡Adivinaste, Inés! Me eché un bonito churro. Estaba en ayunas, con el estómago deshecho, la bola en llamas, la espalda hecha polvo y la cabeza que me explotaba... pero me sentía genial. Retar a la materia regala el éxtasis de trascenderla. Tal vez sea un recurso que la naturaleza le ha regalado al hombre para endulzar la agonía de un cuerpo al extremo. Imagino que tenía un aspecto tremendo, aunque me complacía. Llamé a un transeúnte y pedí información; llamé a otro y pregunté otra... Una media hora más tarde tenía las coordenadas más importantes para un viajero. Después de una hora, tenía en torno a un grupo de unos veinte turistas perdidos en aquella noche de 15 de agosto, quienes comían de mis manos como si fuera alguien que vivía allí desde siempre. Comencé a dirigir el tráfico:

—Si tienes que cambiar dinero, ve allí; los baños por allá... aunque para las mujeres es mejor usar ése más abajo, acullá... si quieres un sándwich, camina por allí; si quieres una cerveza, ve por allá; si quieres echarte un churro, quédate aquí.

Era evidente que esa pobre gente habría hecho cualquier cosa por volverse un desgraciado como yo. Mi vanidad estaba por las nubes, y así, decidí premiar su admiración conduciéndolos a una "noche de salsa" que alguien me había dicho que había en un *camping* delante de una famosa playa en las afueras de Valencia. Aprovechando el poder que da dominar la información y el carisma que confiere a un viajero la suciedad, hice que dos muchachos me ayudaran a llevar el equipaje hasta una pensión a la que le había echado el ojo; luego me puse a la cabeza de un cortejo de autos y, como si conociera la ciudad, los guié hasta el campamento.

Pero al llegar me di cuenta de que mi estómago no estaba en condiciones de aguantar una noche de fiesta a golpe de cuba libre. Tenía que comer y tomar los antibióticos. La bola se había hecho tan grande que ya me costaba hablar. Por eso hice entrar a todos, diciendo que los alcanzaría más tarde. No los volví a ver jamás.

En el restaurante, que estaba del otro lado de la calle, sobre la playa, no logré comer siquiera una ensalada: la bola ya se había inflamado tanto que no podía tolerar ningún contacto con el paladar. ¿Qué hacer? Estaba acostumbrado a resolver muchos de mis problemas prácticos con la navaja que desde los tiempos del autostop llevaba siempre en el bolsillo, por lo que pensé: "Un corte a esta puta bola y se acaba el pinche pedo". Podría hacer como aquella noche que llovía a cántaros, en ese hotel de Florencia, cuando un diente que me dolía a morir y, sin ninguna posibilidad de ir a la farmacia con la motocicleta bajo la lluvia, con ese mismo cuchillo, mentando madres delante de un espejo, me había socavado una vieja obturación, logrando finalmente dormir. Pero esta bola me parecía una cosa más delicada que requería un mínimo de higiene... Y así, me decidí a ir al pueblecito sobre el mar que habíamos atravesado para llegar allí.

Como en todos los pueblitos del Mediterráneo, el 15 de agosto, a pesar de que fuera la una de la madrugada, la plazuela estaba llena de familias y de niños que jugaban. Me detuve todo sucio, disfrutando como siempre la curiosidad, el disgusto y la admiración de la gente. Un grupo de niñas se me acercó: la más grande tendría diez años y la más pequeña seis. Les pregunté dónde estaba el doctor. Las niñas, felices de poder sumar una aventura a ese verano, me guiaron inmediatamente por una callecita a un par de cuadras de allí, hasta la puerta de una casa en la planta baja. Desde la mirilla cuadrada se veía a una familia sentada en la cocina, que se demoraba en la sobremesa. Toqué. El rostro redondo de una mujer se asomó por la ventanita y se volvió inmediatamente cuadrado. Luego fue el doctor, un hombre un poco más viejo que yo, quien asomó su propio rostro por la ventanita. Le expliqué el caso, pero él, con una congénita acidez en el tono de la voz, me dijo que a esa hora sólo atendía "urgencias". No lo tomé para nada bien. Yo siempre estaba acostumbrado a tratar cualquier tipo de enfermedad como una urgencia. Y no porque tuviera miedo, sino porque no tenía tiempo que perder detrás de enfermedades y papeleo médico. Desde siempre, cualquier cosa que tuviera iba derecho a urgencias; ¡hasta para las hemorroides!

Ese tono de voz, ese rostro limpio de quien todavía es arropado en la cama por su mamá, esa engreída precisión al explicar el protocolo: "A esta hora yo sólo trato urgencias…". Puedes imaginarte qué esfuerzo hice aquella noche, cuando verdaderamente necesitaba ayuda inmediata, para no saltarle encima a aquel pedazo de cara cuadrada que me miraba desde la maldita ventanita, con la típica prepotencia infantil que, en un rostro adulto, te dan ganas de matar.

Mordiéndome los labios para no intercalar entre cada palabra un "¡pedazo de mierda!", busqué explicarle que la mía ¡ERA una urgencia! —¡pedazo de mierda!—, porque para que la bola desapareciera tenía que tomar los antibióticos —¡pedazo de mierda!—, y para tomar los antibióticos tenía que comer —¡pedazo de mierda!—, pero dado que la bola no me permitía comer —¡pedazo de mierda!—, no podía tomar los antibióticos —¡pedazo de mierda!—, y si no tomaba los antibióticos —¡pedazo de mierda!—, ¿cómo chingado podría curarse la bola? —¡pedazo de mierda!—. ¿Entendiste? —¡¡¡pedazo de mierda!!!

Pero cuando él, con el gusto sádico de un niño prepotente que sabe que te puede molestar sin pagar las consecuencias, nuevamente siseó con sus labios demasiado delgados que "a esa hora sólo atendía urgencias", me lancé como una bestia sobre aquel cuadrito, tratando de agarrarle la cara. Él se alejó, presuroso, y cerró la ventanita. Entonces intenté derribar la puerta, gritándole las peores ofensas y prometiéndole los peores tormentos. Ya estaba claro que aquel doctor no me serviría de nada... Pero me equivocaba. De hecho, al regresar hacia la motocicleta rodeado de la fiel banda de niñas, noté que la bola del paladar ya no era tan túrgida como antes. Probablemente, en el altercado, la había destrozado y había cedido en algún punto. Por lo tanto, comencé a chuparme el paladar y a escupir en la acera charcos de sangre y pus que hasta a mí me daban asco. ¡Imagínate a las niñas! El alivio fue inmediato. Mis jóvenes amigas, asqueadas y fascinadas, me siguieron hasta la moto: me vieron montarla, guiñarles el ojo y, con una sonrisa, salir de sus vidas tan repentinamente como había entrado.

A esas alturas estaba demasiado agotado como para tener ganas de colarme en la leonera infernal de la fiesta latina. "Mejor un poco de soledad", me dije. Me fui a la orilla del mar y, sintiendo su presencia negra chorreando al ritmo de la salsa que llegaba desde lejos, me preparé un buen churro solitario. Era hermoso sentir la plana sensación de placer que da la ausencia del dolor; bello sentirse más allá del cansancio; bella esa soledad, esa libertad, esa ausencia de límites; bella esa percepción de desaparecer, de fluir con los eventos sin ninguna dirección; bello reírse a las espaldas de ese cretino de doctor que había preferido atenerse a las reglas en lugar de la inteligencia... Escuché voces. Era un grupo de españoles y españolas que se acercaba con dos jarras de sangría. Los invité a fumar; ellos me invitaron a beber; yo enrollé un par de porros; ellos fueron por otro par de jarras... Seguimos bebiendo y fumando hasta cuando el alba comenzó a colorear el horizonte. Finalmente era hora de ir a dormir.

A la mañana siguiente, después de pocas horas de sueño, me fui a sentar a las mesitas del bar de la estación, y al mediodía en punto vi pasar a Lello. Nos pareció increíble que la cita hubiera funcionado aun con veinticuatro horas de retraso. Lo encontré en perfecta forma: había llegado a España hacía unos pocos días, pero ya había comprado sus cien gramos de hachís.

Antes de alcanzar a Pallarito, quiso llevarme a beber una cerveza en un lugar de mala muerte que él conocía. Allí pudo pelear con uno en la barra, luego peleó con otro con quien nos habíamos sentado a beber cerveza en la calle, luego peleó con el portero de la pensión donde tenía el equipaje, y luego se arriesgó a pelear incluso conmigo... En ese periodo Lello peleaba fácilmente con cualquiera, porque no soportaba que la gente no respondiera adecuadamente a la confianza que él se tomaba para tratarla. Una vez, dos años atrás, incluso habíamos llegado a agarrarnos a madrazos.

Fue de noche, para variar, en Bari, en un local, con Celeste —la de Félix Guattari—. Él comenzó a hablar de cosas sin sentido con el barista, como si lo conociera de toda la vida. Lo dejé hacer, pero después de diez minutos, mientras yo charlaba con Celeste, escuché la voz de Lello que, con su mezcla de italiano, español y dialecto apulo barese, decía:

—Hey, tío, tú eres un *testa di cazzo*... Hijo de puta... *vaffangulacchitemmurt*...[20] —y otras perlas de fineza internacional.

El barista, quien era un profesional, no cayó en la provocación, sino que se limitó a indicarnos la puerta. Yo me encaminé sin discutir: sabía que en ese periodo Lello frecuentemente exageraba. Pero él quería combatir y gruñó ferozmente cuando fue obligado a seguirme con la cola entre las patas. Nos metimos en el auto de la pobre Celeste, y durante todo el trayecto hacia la ciudad vieja se ensañó conmigo, regañándome por no haberme puesto de su parte:

—¡Teníamos que habérsela partido y romperle todo! —gritaba en su delirio alcohólico—. ¡Eres un cobarde!

Yo respondí a su altura, y justo mientras la pobre Celeste se estacionaba delante del bar del Pescador, comenzamos a golpearnos salvajemente dentro del auto. Durante un par de meses no nos cruzamos. Luego, a fin de año, nos encontramos en una fiesta, nos abrazamos, nos besamos y nos confesamos que nos habíamos extrañado mucho. La nuestra era prácticamente una historia homosexual sin sexo.

Logré arrancar a Lello de los callejones de Valencia y nos pusimos de nuevo en marcha hacia el sur. Después de un par de horas, en Oliva, vimos la moto de Pallarito estacionada delante de un bar. También en esa ocasión nos parecía imposible habernos reencontrado. Había

---

20 "Hey, tío, eres un cabeza de pito, hijo de puta, vete a la mierda..."

pasado sólo un día desde que nos habíamos separado, aunque parecía un mes. ¡Había que festejar! Y nosotros sólo conocíamos un modo de hacerlo: nos alejamos algunos kilómetros de la ruta principal, nos instalamos a la mesa de un changarrito bajo la sombra de un enclenque techo de plástico, y pasamos varias horas bebiendo cervezas, haciéndonos churros y riendo... riendo... riendo. ¡Éramos tan felices de ser amigos!, de confiar el uno en el otro; felices de ver el mundo desde el mismo ángulo; felices de atrapar la fugacidad del momento y saber que la vida duraría un instante; felices de poner todo en juego y de no tener miedo. Sabíamos que ese delirio estático de omnipotencia no duraría mucho; sabíamos que bailábamos a la orilla de un precipicio, y por eso no podíamos detenernos ya.

Cuando oscureció, decidimos ir a Gandía, un famoso poblado de mar. Estacionamos las motocicletas supercargadas delante de una discoteca muy frecuentada. Estábamos demasiado cansados y demasiado aturdidos para entrar o para tomar cualquier otra decisión. Nos limitamos a estar más o menos tendidos sobre las motos o sentados en el suelo fumando churros, hasta que conocimos a dos españolas que estaban más trastornadas que nosotros.

Era de nuevo casi el amanecer cuando nos invitaron a su *camping*: entraríamos "clandestinamente", escondidos en su carrito... al menos ése era el plan. Vencidos por el cansancio y arrastrados por la inercia de esa felicidad delirante, estacionamos las motos en el claro delante del *camping*, bien a la vista de los guardias de quienes habríamos tenido que escondernos; y bajo sus ojos perplejos, muertos de la risa por lo absurdo de lo que estábamos haciendo, bajamos las mochilas, que conforme avanzaba el viaje se volvían más voluminosas, y las metimos en el auto. El pobre Seat Panda estaba tan repleto que, para que todo cupiera, nos tuvimos que poner los cascos en la cabeza; y así, seguros de estar escondidos como Dios manda, una de las españolas, aturdida como una cuba y pálida como un fantasma, se puso como piloto y se dirigió hacia la reja que daba acceso al *camping,* como si nada.

Obviamente los guardias la detuvieron de inmediato. Ella farfulló, la amiga sacó la cabeza de entre las maletas que la cubrían completamente y farfulló también. Pallarito y yo estábamos desternillados de la risa, pero Lello, desde el interior del auto, con el casco en la cabeza, logró enrollarse en un bellísimo pleito con los guardias, tratando de defender lo indefendible. Total, que al final nos corrieron del *camping* antes de siquiera entrar. No nos quedaba más que irnos a dormir a la playa.

Nos arrastramos por la arena con todo y los equipajes, y también las españolas, y a las nueve de la mañana, después de haber bombardeado el estómago con churros y chocolate incandescentes, finalmente logramos tender nuestros cuerpos exhaustos. Por fortuna estaba nublado, aunque por desgracia media hora más tarde comenzó a llover. Estábamos más allá del cansancio. Tratamos de resistir, esforzándonos en dormir bajo el agua, pero cuando la lluvia se tornó en tormenta nos decidimos, todos empapados, a guarecer nuestras cosas y a nosotros mismos en un bar. Apenas entramos, sentí a mis espaldas la voz de Lello ordenar:

—¡Una cuba libre!

No sé si verdaderamente le apetecía o si lo hizo para hacernos reír, pero una cosa es cierta: se la bebió de un golpe. Nos miramos a la cara: no nos quedaba más que volver a ese "maldito" *camping,* pagar la entrada e ir a descansar. Nos aceptaron a pesar del precedente, pero nosotros no nos fuimos a dormir: nos quedamos todo el día, hasta la noche, sentados a una mesa del bar del campamento, bebiendo cerveza, fumando churros y riendo, riendo, riendo…

Ese viaje fue el canto del cisne de nuestra alegría. Después de ese viaje a España comenzó para mí un largo descenso en la oscuridad que duraría hasta 1993, cuando esta historia terminará. Todas esas actitudes, toda esa desviación que había sido el instrumento de nuestra rebelión contra la normalidad, una vez cumplida su función, poco a poco comenzarían a convertirse en comportamientos habituales y sin sentido. Con el paso del tiempo empezaríamos a sentirnos como náufragos que se han salvado gracias a una balsa, pero que una vez llegados a tierra se quedan en ella sin saber a dónde ir. Nos habíamos salvado, sí, pero nos habíamos quedado atrapados en nuestros churros, en nuestra mala educación, en nuestros modos antisociales y en un resentimiento que, una vez vencido el enemigo, no sabíamos contra quién dirigir sino contra nosotros mismos. Fue así como, en los años que siguieron, nuestros excesos se volvieron verdaderamente destructivos. Toda esa alegría burbujeante que nos había acompañado hasta ese entonces, en el lapso de un año se replegaría en el ejercicio narcisista de quien se repite, en la vana esperanza de reencontrar el gozo y el orgullo de ese "sí mismo" de los momentos mejores.

Ese viaje terminó con acontecimientos menores: tuvimos que enseñar los músculos para zafarnos de una familia de gitanos que nos quería matar por haber atropellado a uno de los hijos con la moto; nos financiamos el regreso con flojos espectáculos en la calle y vendiendo un poco de hachís —el resto lo escondimos, en pedacitos cilíndricos, en los manubrios de las motos—; pasamos las fronteras sin incidentes; peleé con Lello sólo un par de veces... y al final nos separamos: Lello y Pallarito hacia el sur y yo hacia el este, en dirección de Cesenatico, donde Dario me esperaba.

Dario

En la oscuridad de una callecita de Cesenatico escuché su voz, llamándome por mi nombre para indicarme la dirección. Hasta el nombre de una persona en su garganta se convertía en una canción. Dario estaba bien contento de recibirme en su casa: me llevó a la cocina y me preparó un bistec.

—Vamos a Venecia, hacemos las audiciones para elegir a los actores, luego vamos a Umbría, escribimos el texto, montamos el espectáculo...

Seguía hablando en plural con un entusiasmo que me dejaba de una pieza. Y mientras más crecía su entusiasmo, más difícil me resultaba decirle lo que ya le había repetido más de una vez en Alcatraz: no podría participar en el *Arlequín* que presentaría en la Bienal porque ya tenía un compromiso con Armando Pugliese para la misma manifestación. Pero al final agarré valor y le dije:

—Dario, lo siento mucho, pero no puedo aceptar. Ya le di mi palabra a Armando Pugliese y, si lo traicionara... ¿qué estima podrías tener de mí?

La elección de vivir como un callejero no implica la pérdida de respeto por uno mismo, esto lo comprendía muy bien, pero, no obstante que apreciara mi lealtad hacia la palabra empeñada, como cualquiera se sintió mal de recibir un rechazo y no logró esconder la desilusión.

—Está bien —me dijo—. Si es así, ¡paciencia!

Me sirvió el bistec en el plato, dejándome en la cocina con Franca, y se fue a la sala, donde siempre había gente lista para festejar todo lo que salía de sus labios. Franca, con la dulzura de una madre, trató de hacerme entrar en razón:

—Tú no te das cuenta... Para alguien como tú es una ocasión única... Dario nunca le ha propuesto nada similar a nadie... Estás loco si renuncias... no sólo profesionalmente, sino también económicamente... Es un salto importante en tu carrera... —estaba sinceramente preocupada por mí.

Comí el bistec, salí a la calle, me hice un buen churro, miré a las estrellas... y supe lo que tenía que hacer.

Al día siguiente cargué mi moto y fui a despedirme de Dario. Se estaba afeitando, y con su habitual ligereza me dijo:

—No te preocupes, los nuestros son tiempos largos: son los tiempos de la amistad.

Nos separamos así. Pero la vida nos demostró que "los tiempos de la amistad" a veces no son tan largos.

De hecho, regresando a Mola di Bari, a los quince días de haber comenzado los preparativos para el *Ubú rey,* recibimos la noticia de que la Bienal, por motivos oscuros, no nos concedía ya la sala del Bucintoro que nos había prometido para la presentación de la obra. El espectáculo había sido cancelado. ¡Era el colmo! Había renunciado a Dario para quedarme sin nada. Telefoneé. Me contestó Franca. Aún había lugar para mí en la compañía.

El otoño apenas comenzaba y consideré prudente dejar mi moto en un garaje y tomar el tren a Alcatraz. Me recibió Piero, el administrador, para hacerme el contrato.

Cuando me preguntó cuánto esperaba de sueldo, yo, sin la mínima idea, tuve la desfachatez, pero la obvia genialidad, de aventurarme a responder:

—Quiero ganar un poco más que los demás.

Me fue concedido: ganaba veinte por ciento más que los demás. Reía. Cuando los colegas actores me preguntaban por qué ganaba más que ellos, respondía:

—Porque lo pedí.

Los ensayos ya habían comenzado. La compañía estaba formada. Vivíamos como en un retiro en la ahora célebre Alcatraz, que ya había sido teatro de tantas aventuras.

Dario se despertaba antes que todos. Lo encontraba sentado al aire libre, solo, mientras, en la más ordinaria simplicidad, escribía las mismas escenas que encantarían y harían reír a miles de espectadores.

—Hola, Giuseppe —gorjeaba.

Me pedía que me sentara diez minutos con él para ensuciar con sonoridad meridional el lenguaje de uno de los personajes —el que interpretaría yo—, Razzullo, y luego íbamos juntos a desayunar a la terraza. A pesar de que después de aquella noche, en Cesenatico, el entusiasmo se había enfriado ligeramente, Dario me dio una posición de privilegio en la compañía: no sólo me concedió el honor de acompañarlo en un episodio completo del *Arlequín*, la escena de *I becchini* —"Los enterradores"—, sino que, sobre todo, en los meses siguientes me confió una parte de total importancia en otro espectáculo que desgraciadamente nunca llegó a escena: *La cantata dei pastori*. Sólo montamos la mitad, pero al menos logramos presentarla a los estudiantes del teatro comunal de Perugia... y tal vez, en alguna parte, exista una videograbación. La historia vale la pena de ser contada:

Arlequín —él— y Razzullo —yo— son dos desgraciados que viven al día en los muelles de Venecia. En un momento dado llega la Virgen del Carmen llena de oro, Franca, quien les pregunta qué hacer para llegar a Palestina. Los dos vagabundos la toman por una rica señora y, confundiendo Palestina con Pallestrina —un pueblito cerca de Venecia—, fingen ser pescadores, roban una barca e invitan a la "señora" a subir con la oscura intención de robarla una vez en medio del mar. Después de una escena hilarante en que Dario y yo nos hacemos bolas con los remos, obstaculizándonos y pegándonos mutuamente en los huevos —sin querer y una y otra vez—, llega una tempestad: Arlequín y Razzullo se hincan a rezarle a la Virgen, con los ojos mirando al cielo, e invitan a la "señora" a hacer lo mismo; mientras los dos ignaros rezan, la Virgen, a sus espaldas, alza los brazos al cielo y hace el milagro. La tempestad se calma, pero ya es demasiado tarde: se han perdido en medio del mar. Por fortuna... más bien por desgracia, se ve una nave en el horizonte: ¿quiénes son? ¿Venecianos? ¿Pisanos? ¿Genoveses? No... ¡¡Son turcos! ¡¡¡Madres, los turcos!!!

La rica señora es recibida en la nave con todos los honores, mientras los dos desgraciados reciben un trato... de turcos: Dario-Arlequín es acortado —con el famoso truco escénico del *Fanfani rapito*—,[21] mientras que Razzullo, o sea, yo, es alargado —con el uso de zancos—. Después de varias peripecias, Arlequín y Razzullo llegan finalmente a Palestina, donde ven a la Virgen ir a una choza, dar a luz a un niño y recibir un montón de regalos.

---

21 *Il Fanfani rapito* es un espectáculo de sátira política de Dario Fo en que toma el pelo a un político de los años setenta que se llamaba Fanfani, el cual era famoso por ser extremadamente bajo; por lo tanto, Dario lo interpretaba con un truco: había un hoyo en el escenario donde se metía hasta la cintura, con un vestuario que lo hacía parecer un enano. Él metía los brazos en los pantalones del enano y las manos en los zapatos, mientras un actor, escondido atrás, hacía las manos del personaje.

Los dos bribones quedan encantados: "¿Tan fácil? Entonces, ¡hagamos nosotros también un bonito pesebre!". Por lo tanto, Dario se viste de María y yo, de san José; en el lugar del niño Jesús termina un corderito. ¡Listo! El doble nacimiento, según lo previsto, crea un montón de confusión y mucha gente lleva los regalos al pesebre equivocado. ¡Hasta los Reyes Magos se equivocan! Pero esto no sería nada si no cayeran en el mismo equívoco los soldados de Herodes, quienes atrapan al corderito y lo degüellan en lugar del niño Jesús. Se corre la voz de que estos dos forasteros salvaron al hijo de Dios, y pronto la gente comienza a aclamarlos como héroes y a llevarlos en andas. Los únicos que no entienden nada de lo que sucede son Arlequín y Razzullo, quienes al final logran escapar y volver a Venecia, salvándose de aquella "banda de locos".

Bella historia. Lástima que el mundo nunca la verá.

Pero volvamos al *Arlequín*. Si con Hugo y Armando había aprendido pacientemente el arte, estar con Dario simplemente significó ser fulminado por el fuego sacro de un genio en acción. De Dario no aprendí el arte, sino que descubrí ese lugar misterioso de donde el arte surge a borbotones. Un lugar escondido en alguna parte de ti, capaz de eructar continuamente ideas, imágenes, ritmos, sonidos y colores... con una sola condición: que no te lo tomes muy en serio, que no pierdas la capacidad de divertirte, que seas capaz de resistir a las críticas, que tengas la locura de intentar, la irreverencia de cambiar, el valor de equivocarte, la confianza de corregir y la voluntad de persistir. Dario, como ya te he dicho, se despertaba a las seis y escribía las escenas del espectáculo que montaría ese día; luego convocaba a la compañía a los ensayos; si al tercer intento los actores no le respondían como debían, cambiaba el guion y lo hacía él; después lo veías pensar un momento; detenía los ensayos —"Diez minutos de pausa"—, que se convertían en veinte; lo veías escribir algo de pie, apoyado en el escenario; luego llamaba a Piero —el administrador— con la guitarra y le decía: "Hazme un motivo como ése…"; luego de un par de intentos encontraban más o menos los acordes, se encendía la grabadora y Darío, con su voz de ave tropical, saltando de un tono desafinado a otro, cantaba lo que apenas había escrito. Después escuchaba la grabación, lo veías hacer algunas correcciones al texto, y de nuevo grababa. A la tercera grabación estaba listo: llamaba de nuevo a escena a la compañía y el espectáculo se había enriquecido con una hermosa nueva canción.

Vivir con Darío era fantástico. Siempre estaba en el centro de la atención de gente de todo el mundo que venía a verlo, a entrevistarlo o simplemente a estar cerca de él. Ese año había también un grupo de unos veinte estudiantes, sobre todo muchachas, de la Facultad de Letras de Roma, quienes seguirían toda la preparación. Era una dicha para una compañía que, excepto por Franca, sólo estaba compuesta por hombres. Había para todos los gustos y era fácil pasar alegremente de una señorita a otra como se hace en los caballitos de un carrusel del que Darío era el centro. Él dirigía la banda, distribuyendo su atención en forma equitativa: para todos tenía una sonrisa, una broma; jamás se ahorraba un halago —especialmente a las mujeres—; nunca dejaba de citar a un poeta o de inventarse una historia o de darte una receta o de hacerte, así como así, un dibujo que en aquel entonces valía cientos de miles de liras. A donde iba siempre había un séquito de gente que lo seguía. Cuando íbamos a los restaurantes, él entraba directamente en la cocina y se metía a picar como si estuviera en su casa, hablando lo mismo con el chef que con el lavaplatos. Estar con él era como jugar con el niño más hermoso, más genial, más inteligente, más rico y más creativo que tú, capaz de inventar los juegos que todos querían hacer. La cosa ridícula era que, por la característica del espectáculo que hacíamos, en el que todos representábamos a los personajes simples e infantiles de la comedia del arte, terminábamos por parecer en verdad una banda de niños que, tanto dentro como fuera del espectáculo, se divertían como locos bromeando, jodiéndose, haciendo chistes y guasas. Obviamente, en este caso también la estrella era Dario, a quien tratábamos tal como a otro niño. Durante las funciones, cuando alguno de nosotros le hacía una broma o un chiste oculto al público, me acuerdo de sus ojos redondos mirarnos saliendo del personaje, como diciendo: "¡Hijo de puta!", y seguía actuando, llevando al público al delirio mientras se veía que con la otra parte del cerebro ya estaba inventando una forma de devolver la broma. Era imposible no amarlo. Su adorable prepotencia era tan descarada que, una vez, en la escena de "los enterradores", me robó la pala delante del público. La escena comenzaba con él y yo entrando por lados opuestos, cada uno con su pala, para ponernos a excavar un hueco hecho entre las plataformas móviles en el centro del tablado. Una noche él no encontró la pala en su lugar, por lo que tuvo que entrar en escena desarmado. Cuando nos encontramos en el centro del escenario, me miró con aire travieso y, delante de todos, tuvo el coraje de quitarme la pala, dejándome con las manos vacías. "Eres un cabrón —le dije con la mirada—. ¡Me robaste la pala!"

Sus ojos se tornaron aún más redondos y, riéndose para sus adentros, se volteó como un niño contento con la travesura que había hecho, poniéndose a excavar cantando. Yo también reí entre dientes y, fingiendo que excavaba con las manos, comencé a pensar cómo me vengaría... ¡En la escena del asno! ¡Ahí! ¡Cuando tenía que agarrar a Arlequín a patadas en el culo!

Pero el momento en que tomaba venganza de verdad era cuando lo sometía en el único aspecto en que lo superaba: la juventud. Al final del espectáculo recibíamos los aplausos bailando una extenuante tarantela: era allí cuando, bailando, lo desafiaba con los ojos, diciéndole: "¡Veamos si lo logras!". Eran los únicos instantes en que veía en él una sombra de duda, el miedo de perder... Pero era un león: combatía hasta el último, y tampoco en esto me dio nunca la satisfacción de ganar. Entre un aplauso y otro, durante las salidas, esperando la siguiente tarantela, se apoyaba en la escenografía, tras bambalinas, ya sin aire, los ojos saliéndosele de las órbitas; me miraba midiendo la próxima estocada en nuestro tácito duelo, y sonriendo, parecía decirme: "Estoy medio muerto, pero ¡ya verás!". Y así salía de nuevo a escena a bailar para el público, usando otra de sus infinitas siete vidas. Es peculiar que, mientras te escribo estas páginas, el mundo recibe la noticia de que Dario ha consumido la última de sus siete vidas, llevando su sonrisa hasta *nel blu dipinto di blu*.[22]

En todo esto Franca era la reina: fuerte y fragilísima al mismo tiempo. Al contrario de Dario, la vida le había enseñado a aceptar con dignidad las derrotas, desde ese día infeliz en que fue secuestrada por una banda de fascistas y violentada en represalia contra las ideas izquierdistas que caracterizaban el "teatro político" de la cual era protagonista junto con el marido. Dario era el fuego; Franca, la tierra. El fuego podía estallar sin frenos e inhibiciones porque estaba la tierra, que le ponía un límite cuando sus flamas amenazaban con quemarlo hasta a él mismo y lo que tenía alrededor. Dario la adoraba, y Franca

---

22 Se refiere a una famosa canción italiana cuyo estribillo es *nel blu dipinto di blu*, "en el azul pintado de azul".

lo habría matado con todo el amor que una madre enamorada siente por un hijo incorregible. Juntos no eran amos, sino el rey y la reina. Todos los honrábamos y habríamos estado dispuestos a cualquier cosa por ellos; no por contrato, sino por amor.

Los ensayos de *Arlequín* se dividieron en dos partes: la campestre de Alcatraz y la oficial de Venecia. Allí nos hospedaron en la isla de Giudecca, en un edificio nobiliario que se llamaba *Tre Oci:* "Tres Ojos".

Sabía que en Venecia vivía Beatrice, esa bella güerita que había seducido y amado sólo unos meses antes en Umbría, y sabía que antes o después la encontraría. Y una tarde, en un *vaporetto* que nos llevaba a Rialto, sentí algo extraño en el estómago... una emoción... Miré entre la confusión de ese *pullman* navegante y sólo vi sus cabellos sobresalir entre la gente, apenas por un momento: era ella. No estaba sola. Algunos de mis colegas venecianos conocían a su novio y estaban hablando con ellos. No me acerqué: me oculté.

Al día siguiente, saliendo del teatro donde hacíamos los ensayos, estaba allí esperándome, bella, dulce y melancólica como la laguna. Me dijo que su regreso a Venecia había sido dramático; que su pobre novio había sufrido a morir. Ella había sido devorada por la culpa de haberme amado y por la tortura de seguir deseándome. Con gran dificultad, había logrado recomponer su relación, y por eso había ido a verme sólo para decirme que, por más que le doliera, no se acercaría ya a mí. A pesar de mi insistencia, no cedió. Traté de convencerla intentando contagiarle esa idea de una vida rica de riesgos y pobre de reglas con que la había hechizado en Alcatraz, pero no funcionó. Era una buena chica. En verdad parecía herida y no quise lastimarla. La vi alejarse con sus largos cabellos rubios: fue la última vez que la vería. Tal vez una lágrima escapaba de sus ojos. Las mías fueron tragadas por un ego que me imponía ser insensible, pero que no lograba engañar a mi corazón.

Un año después, cuando la aventura con Dario ya había terminado, me llegó una carta: era Beatrice. Me escribía desde un tren. Me decía que no lograba olvidarme; no se arrepentía de haberme seguido, pero nuestra historia le había dejado una sombra de melancolía que no quería disolverse. Era una carta que no pedía respuesta. Con la misma elegancia con que se había alejado aquella tarde en el muelle de la Giudecca, ahora se alejaba en ese tren, donde la imaginaba escribiéndome, mirando el panorama pasar detrás de su imagen reflejada en la ventanilla.

Yo tampoco la había olvidado. Una vez más me quedé con el nudo en la garganta, consciente de que el derecho de réplica es un privilegio negado a quien, como yo, había decidido vivir en los márgenes, conformándose con robar aquí y allá pedacitos de la vida de esos "otros" que la "normalidad" la habían aceptado tragándola como un bocado amargo, y que justamente no podían sentir ninguna piedad por alguien como yo, quien había traicionado el destino "burgués" que le había tocado como herencia familiar. Tenía que dejarla ir para siempre, como una imagen eterna reflejada en la ventanillas de ese tren. Había renunciado a los derechos en el momento en que había rechazado los deberes. Estaba en medio del mar, sin abrigo ni protección. La orilla estaba allí, lejana pero visible; habría podido volver, tratando de integrarme y hacer la vida que hacen los demás, pero la idea de los horarios, de las costumbres, de los contratos, de las comidas familiares, de las jerarquías, de los domingos de paseo, de los programas y de todo lo que da a la vida la forma de un cuadrado me hacía decir: "No, prefiero morir". Mejor morir buscando un continente que por ironía de la suerte incluso podría no existir, que morir de hastío, renunciando hasta a la capacidad de imaginarlo.

No me malentiendas, por favor, mi dulce Inés: no estoy diciendo que todos deberían meterse en la búsqueda de un fantasioso "continente". Como ya te he dicho, soy la última persona que te dirá qué es correcto y qué es equivocado. De mi historia aprendí que en la vida no existen acciones justas ni acciones incorrectas, sino sólo acciones inteligentes y acciones cretinas. Las personas inteligentes, delante de una situación, actúan de acuerdo con sus capacidades y posibilidades reales. Los cretinos actúan en función de las ideas que tienen: deciden previamente qué es justo y qué es equivocado y, resistiendo a la lógica y a la evidencia, dejan que sus vidas rueden sin razón en la imbecilidad, conformándose con la magra satisfacción de "haber sido coherentes". ¡Pobrecitos! Cuando leas *Crimen y castigo,* de Dostoievski, encontrarás ese concepto expresado magistralmente en las elucubraciones de Raskólnikov. Él cumple su delito preguntándose: "¿Qué haría Napoleón en mi lugar?", sin tener en cuenta que él no es Napoleón, sino Raskólnikov. Y todo el libro cuenta las consecuencias de una acción guiada por un "ideal" tomado en préstamo del exterior, en lugar de su propia índole.

Muchas veces en mi vida he rayado en terminar como Raskólnikov, pero, aunque tuve muchos mitos que me inspiraran, nunca he imitado a nadie. Demasiado humillante para mi ego ciclópeo. Al contrario, en los momentos de duda respecto a qué hacer, frecuentemente me he encontrado haciéndome la absurda pregunta: "Si yo fuera yo mismo, ¿qué haría?". Ciertamente una pregunta paradójica, pero digna de atención, porque es la base de la revolución que caracterizaría la segunda parte de mi vida. La pregunta significa simplemente: "Si yo no estuviera contaminado por las ideas de los demás, por antiguos prejuicios, por ambiciones reactivas, ideales arbitrarios, vanidades neuróticas y miedos heredados, ¿qué haría?", o sea: "Si yo fuera yo mismo, ¿qué haría?".

Beatrice fue inteligente: se comportó como la "Beatrice" que era y no como la "Ambrosia" que, quizá, por momentos le habría gustado ser. Con ese amor que terminaba para siempre en esa carta escrita detrás de la ventanilla de un tren, seguramente algo en el universo se perdió para siempre: el amor y la agonía que dan vida a la novela y a la tragedia. Pero algo más cayó en su lugar, justo donde tenía que estar, poniendo, gracias a Dios, al menos por una vez, orden entre el caos de la poesía.

CAPÍTULO 7
LA CAÍDA

Aún no había cumplido los treinta años. Mientras Mijaíl Gorbachov lanzaba al mundo dos palabras que en la Unión Soviética nunca se habían oído, *glásnost* y *perestroika*, "transparencia" y "renovación", la gira del *Arlequín* nos acompañaba en el paso de 1985 a 1986, tocando las ciudades más importantes del centro-norte de Italia. Todo marchaba bien: amigos, amantes, éxitos, fiesta, dinero... Noche tras noche Dario nos hacía reír con sus continuas ocurrencias... Pero algo en mí se estaba marchitando. No lograba comprender por qué, pero, en lugar de ser feliz, el tormento interno aumentaba, afligiendo mi natural optimismo con una actitud cada vez más sombría. La continua pregunta: "¿Qué sentido tiene todo esto?" reducía a la amargura cualquier risa, abrazo, sonrisa, aplauso o noche de amor. Ser parte de esa compañía tan respetable, tan institucional, tan prestigiosa... tan "normal" como para hacerme conquistar incluso el respeto de la sociedad como cualquier empleado de buen nivel, me daba la inquietud de un animal que se siente acechado. Me resultaba insoportable notar en mis padres el alivio de saber que había logrado hacer la única cosa a la que según ellos estaba destinado, o sea: encontrar un

411

amo a quien servir. Era insoportable ver en sus ojos el miedo de que, conociéndome, pudiera dejarlo para encontrarme otra vez como perro sin dueño. Era insoportable la idea de confirmarle al mundo que para mí no había un destino diferente al del perro. Tenía que romper inmediatamente el encanto seductor hecho de dinero, éxito y comodidad, antes de que fuera demasiado tarde. Y así, exageré mis actitudes desviadas. A los churros les añadí el alcohol, y de cuando en cuando jugué peligrosamente con la heroína —sin jamás inyectármela, por fortuna—. Gastaba el dinero a manos llenas; el ahorro me parecía una acción cobarde de quien no sólo se somete a la humillación de vivir una vida mediocre, sino que también se crea las premisas para poder continuar viviéndola en el futuro. Mi locura estaba tomando la forma de una exaltación suicida, oscura, sin esperanza ni sentido, que se refleja bien en un cuento que escribí en ese periodo en Tellaro: un pueblito de Liguria enclavado en el mar, donde fui hospedado durante las réplicas de La Spezia.

El acto loco

El cuento, que se titulaba *Eravamo a Tellaro* ("Éramos en Tellaro"), trataba de un pobre desgraciado que, tal como yo en ese entonces, se encontraba en Tellaro en un día extremo de tormenta y, reflexionando sobre la ausencia de significado de la vida, en vilo entre las grandes aspiraciones y la mezquindad de la materia, vagaba sin sentido por las callejuelas de ese pueblito desconocido, en una de aquellas jornadas en las que te dices: "¿Tellaro? Pero ¿qué chingados hago yo en Tellaro?". Sin embargo, la idea de agazaparse en casa y perder un precioso día de su vida le causaba tal angustia que, renunciando al sentido común, decidía seguir dejándose estropear por ese mal tiempo. Mientras vagaba inútilmente por aquellas callejuelas, azotado por el viento, de pronto se encontraba asomado a una terraza en el borde del acantilado, sobre el mar. Sin ninguna razón más para añadir un poco de intensidad a esa jornada anónima, saltaba peligrosamente sobre la barandilla que lo separaba del abismo, quedándose en equilibrio y fundiéndose con el apocalíptico panorama. El cuento, que durante años representaría una de las piezas más fuertes de mi repertorio teatral, continuaba más o menos así:

> … y vi el viento que ululaba, el mar que rugía, la lluvia que azotaba, las nubes negras que se enfrentaban unas con otras, esas olas feroces que se estrellaban en los perfiles malvados de las rocas a unos veinte metros debajo de mí… y… de pronto, sentí la poderosa sensación de soledad, la embriagante conciencia de mi libre arbitrio… Bastaría dar un paso para afirmar mi dominio sobre la vida y sobre la muerte, bastaría no hacerlo para rendirse y entregar el resto de mis días a la corriente anónima de lo cotidiano… Fue como un rayo que me fulminó. De improviso tuve la clara percepción de la redondez de la tierra bajo mis pies… y de la inmensidad del universo sobre mi cabeza… ¡y de golpe me di cuenta de cuán pequeño e insignificante era! Pero, al mismo tiempo, ¡cuán grande, libre, poderoso y amo de todo eso…! ¡Y comprendí cuán inteligente era! ¡Y cuán estúpido! ¡Cuán fuerte y cuán frágil! ¡Cuán hermoso y cuán feo! ¡Cuán poderoso y cuán impotente! ¡Y cuán genial y cuán mediocre…! Y una enorme cantidad de pendejadas de este tipo se me agolparon en el cerebro que… no sé qué me sucedió, en equilibrio sobre el filo de esa navaja que separa la certeza de la iluminación de la duda de haberse fulminado, ese sutil filo que separa el crear del destruir y el amar

del matar... di el paso hacia el lado equivocado: "¡Por Dios! Pero ¡qué chingados he hecho! ¡Me aventé verdaderamente! Pero ¡cómo se puede ser tan imbécil para lanzarse al mar en un día como éste...!".

El monólogo continuaba con las frenéticas reflexiones del pobre diablo mientras, en "cámara lenta", esperaba estrellarse contra la superficie del agua. Luego, el ruido sordo, el aturdimiento, el frío gélido; esas rocas amenazantes contra las que corría el riesgo de estrellarse, empujado por la fuerza de las olas; la impaciencia hacia sí mismo por haberse causado un accidente sin sentido; el odio contra el insoportable destino de ser quien era; tratar de evitar el impacto, alejándose de las rocas, nadando mar adentro, ¡mar adentro...! La exasperación de encontrarse una vez más en una situación absurda: "Pero ¿por qué? Pero ¿por qué? —gritaba nadando—. Pero ¿por qué me debe salir todo al contrario? ¡Estoy seguro de ser el primer hombre en el mar que busca salvarse yendo mar adentro y no hacia la costa!".

Y luego el cansancio, la vergüenza, un destello de orgullo, un pecado de arrogancia... y otra decisión equivocada: enfrentar las rocas. Y maldiciendo contra el universo, el protagonista, narrando en primera persona, se dirigía hacia el macabro final.

"¡Sí que lo puedo lograr...! ¡Sí que lo puedo lograr! ¿Es posible que yo, yo, ¡¡YO!! no sea capaz de enfrentar esas rocas de mierda...? Al final son sólo pinches rocas...! ¡Sí que lo puedo lograr! ¡Sí que lo puedo lograr! ¡Sí que lo puedo lograaar!!!!" Y me puse a nadar hacia la costa ¡con determinación mortal! Alcancé el punto en que las olas se enrollan en lo alto para estrellarse en la orilla, me aferré a una por su crin espumosa, la monté con fatal determinación, tratando de dirigir su fuerza hacia una pared oblicua de la orilla... ¡y un impulso poderoso me lanzó justo donde había calculado! Rodé sin graves daños sobre la escarpada pared... me aferré a una roca... ¡Casi lo había logrado...! Pero la roca se me escapó... la resaca me arrastró de nuevo... traté de agarrarme a otra roca, pero ésta se desprendió... intenté luchar, intenté luchar... pero la infame resaca me tragó sin piedad, haciéndome rodar junto con las piedras. Me sentí succionado hacia abajo por una fuerza monstruosa... luego lanzado hacia arriba sin ningún control... y de nuevo montando la ola. Traté de nuevo de aferrarla... pero ¡su blanca melena esta vez no se dejó gobernar! Vi las rocas correr en mi contra a una velocidad demente... y ¡spatachiam! De codos y de rodillas contra una roca malvada. Sólo un instante de pausa precedió la pérfida resaca... y de nuevo fui tragado por el mar sin piedad. Rodé perdiendo la orientación, bebí, sentí la ola levantarme de nuevo, traté de voltearme del lado correcto, traté de luchar de nuevo, ¡traté de luchar!, ¡¡¡traté de luchar!!! Pero nada pudo suavizar el impacto y... ¡spatachiam! De cara contra un escollo agudo... Sólo recuerdo el sabor de la sangre y que fui de nuevo tragado por el monstruo marino, ahora a su completa merced. Fue casi placentero ya no tener la fuerza para combatir y dejarse en el ritmo eterno del mar. Me sentí lanzado a lo alto de nuevo, suspendido por un momento... y de nuevo sentí su fuerza bestial azotarme sin piedad contra las rocas, arrancándome otro pedazo de mí mismo. ¡Spatachiam! De nuevo ese momento de pausa eternamente breve me dio la ilusión de que todo había terminado... pero una vez más el dragón me tragó en su garganta para confundirme con sus mil remolinos y poder escupirme de nuevo sin consideración, como un peso muerto sobre las rocas... y ¡spatachiam! ¡Y otra vez la resaca infame me ofreció a la ola para cumplir su macabro ritual... y ¡spatachiam! Y otra vez... ¡spatachiam! Y otra vez... y otra vez... y otra vez...

Ésta era más o menos mi condición interna, querida Inés: empujaba el límite donde termina la "normalidad", esperando abatirlo, sin saber en lo absoluto qué había del otro lado. Estaba afligido por esa locura que te puede hacer terminar indistintamente en el infierno o en el paraíso, y de nuevo debo confirmarte que no haber terminado en el infierno, sino únicamente haber pasado por allí, fue sólo cuestión de suerte.

* * *

Un día de ese periodo, en Perugia, salí del hotel con el propósito de comprar un automóvil. Dario Fo nos había dado una semana de vacaciones de Navidad y no quería volver a Bari en tren. Fui con un concesionario de autos usados. Estaba dispuesto a gastar hasta un millón, que era todo lo que había acumulado a pesar de que hubiera hecho todo lo posible por gastarlo. Entre los cientos de autos alineados no había ni uno que me entusiasmara mínimamente. Me parecían tan aburridos, tan "normales"... Echaba de menos mi R6, todo cagado por los pájaros.

Me estaba resignando a comprar uno cualquiera cuando, en el fondo del cobertizo, me percaté de un auto verde esmeralda que parecía un pequeño Ferrari:

—Y ése, ¿qué auto es?

—Un Opel Manta.

—¿Cuánto cuesta?

—Doscientas cincuenta mil liras.

¿Doscientos cincuenta mil liras? ¡Las ganaba en dos días! No podía creerlo. ¿Por qué costaba tan poco? Pronto lo descubriría.

—Lo compro —dije sin pensarlo dos veces.

Al día siguiente tomé a una de las tantas chicas que gravitaban en torno de la compañía de Dario y le dije:

—Ven, te llevo a Bari a pasar Navidad.

Nos metimos en el auto y ¡vámonos! ¡Hacia el sur!

Ya había oscurecido cuando, viajando por la autopista, noté repentinos chorros de agua mojando el parabrisas. "Extraño —pensé—. No está lloviendo." Efectivamente, no estaba lloviendo: los chorros venían del motor. Cualquiera habría tomado la prudente decisión de detenerse inmediatamente, pero estaba oscuro, no tenía ganas... y además yo nunca había sido prudente. Me dije: "¡Qué más da!", y hundí el pie en el acelerador. Por un rato funcionó, pero después de un par de kilómetros fueron chorros de aceite los que se estamparon contra el vidrio. "Mala señal —admití para mis adentros—, pero ¡qué más da!" ¡Y a fondo con el acelerador!

Después de unos minutos, del cofre comenzó a salir un preocupante humo blanco. La chica, alarmada, me suplicó que me detuviera.

—¡Ni en sueños! —dije, pisando más fuerte el pedal—. Su trabajo es llevarnos hasta el sur. Mientras más al sur nos lleve, más habrá cumplido con su deber.

Y con su deber el pobre Opel Manta estaba cumpliendo, aunque no se podía pedir demasiado a un auto que había sufrido la ofensa de ser ofrecido a un precio tan bajo. De hecho, no tardó en enfatizar su desacuerdo, iluminando el tablero con una amenazante luz roja, grande y redonda.

—¡¡¡Sur!!! —grité, pisando el acelerador como si quisiera entrar en el motor.

Me di la vuelta, riendo estruendosamente hacia la pobre chica. Ella me miró con susto y admiración. La luz roja nos amenazaba con una insistencia perentoria, mientras que el humo blanco ya se había tornado negro como el carbón. Luego, sin ningún motivo —al menos para mí—, el motor repentinamente se apagó, dejando el auto a su destino. Todo fue inmerso en un silencio absoluto. El pobre coche, ayudado por una ligera bajada, continuó su camino en un mutismo irreal.

—¡Sur! —grité de nuevo—. ¡¡Suuur!! —y dándole amistosas palmaditas en el tablero, como se hace en el cuello de una yegua que has amado pero que ya está muerta, lo alentaba—: ¡Vamos, bonito, vamos! No te desmoralices por ese motor de mierda. ¡Al sur! ¡Al sur! ¡Siempre al sur y más al sur! —la chica sabía que hablaba con el auto y, dándose cuenta de que en ese triángulo ella era la amante, no se atrevió a interferir, tal como lo hace una mujer cuando es descubierta en la cama con el marido de otra.

Vi una salida en la autopista: Pedaso. "Tal vez logre llegar a este pinche Pedaso…", y lo logramos: la inercia fue justo la suficiente para llevarnos por esos cincuenta metros de ligera subida que llevaban a la garita. Es difícil de creer, pero no tuve ni que frenar: el auto se detuvo justo delante de los incrédulos ojos del encargado de la caseta. Cuando el humo que había invadido la garita nos permitió vernos a la cara, yo, como si nada, tomé el boleto de la autopista y se lo pasé; él no encontró nada mejor que pedirme el peaje correspondiente: le pasé un billete de cien y él me devolvió el cambio. Después nos quedamos mirándonos un rato sin decir nada, hasta cuando pregunté cándidamente:

—¿Y ahora qué?

Él me explicó que bastaba empujar el auto pocos metros y que comenzaría una bajada que me llevaría derechito hasta el pueblo.

—¡Perfecto! —dije, con inquebrantable optimismo.

Pocos metros de empujar y el auto volvió a moverse solo, feliz y silencioso hacia el nuevo destino: el centro de Pedaso. A bordo de aquello que ya era un cadáver en manos de la gravedad, logré estacionarme justo delante del bar de la plaza del pueblo, como manejando un auto normal.

Eran como las nueve de la noche. Entré. Había un grupo de hombres en torno a una mesa: algunos jugaban cartas; otros miraban. Les pregunté por la estación de tren. Me preguntaron qué había sucedido y comencé a quejarme de esa "mierda de auto que no me había durado ni un día".

La pobre muchacha, mientras tanto, entumecida por el frío y por la experiencia, había ordenado un capuchino en la barra. La cosa normal habría sido que el grupo de hombres se fijara en la chica, que entre otras cosas merecía ser mirada, pero prefirieron concentrar su atención en el auto. De hecho, todos salieron a observar al autor de tanta ofensa: allí estaba, bello, brillante, con sus curvas femeninas verde esmeralda… Todos se quedaron fascinados y comenzaron a rodearlo, hasta que oí una voz que dijo tímidamente:

—¿Lo quieres vender?

¿Cómo? No podía creer lo que oía. Hice la finta de pensar y luego, con el tono de quien tal vez estaría dispuesto a dejarse convencer por una buena oferta, respondí:

—Bueno… depende: ¿cuánto me darías?

—Doscientas mil liras.

¿Doscientas mil liras? No podía creerlo.

Quiso ver el motor, y así, con la diligencia de un vendedor, me apresuré a jalar la palanca que abre el cofre. Si el motor estaba todavía allí, no se veía: el interior del cofre se presentaba como un hoyo perfectamente uniforme y negro, el cual parecía un abismo listo para tragarte. Pero el comprador no se dejó impresionar. Lo que lo hizo dudar, en cambio, fue la matrícula: PE, como Perugia. Hacer el cambio de placa costaba algo; por lo tanto, bajó el precio de doscientos mil a ciento cincuenta mil.

—¡Eh, no! —exclamé—. ¿Sólo ciento cincuenta mil por esa joyita?

Intenté insistir sobre los doscientos mil, asegurando que el auto estaba en óptimas condiciones, mientras que todos los demás se habían quedado mudos e hipnotizados por el agujero negro del motor.

Si hubiéramos encontrado un notario a esas horas, lo habría vendido así como así, pero teníamos prisa de irnos, por lo que nos subimos al tren y dejamos el flamante Opel Manta allí, delante de ese bar, donde se quedó como un fantasma por otros ocho meses.

Cuando llegué a Bari, aquella pobre muchacha que me había acompañado resultó ser más un peso que otra cosa, por lo que se la "endosé" a un amigo, quien al día siguiente me preguntó si se la podía coger. Le contesté que por mí no había ningún problema, siempre que ella estuviera de acuerdo. Ella estuvo de acuerdo y pareció feliz de deshacerse de este loco de cabellos rojizos que parecía demasiado enamorado del odio hacia sí mismo como para poder prestar atención a nadie más.

En Bari, Lello me esperaba en mi casa —que entonces era también su casa— para un "performance de color". En mi ausencia, entre mi grupo de amigos se había desarrollado la moda de la pintura, contagiada por un artista de Bari que venía de Milán, Enzo Avellis. Era un poco más viejo que nosotros, recientemente aparecido después de una vida de excesos en Milan, y sería el primero en introducirme en las filosofías orientales y en la meditación.

Lello, con su manía de virgo ascendente virgo, había "invertido" todo su poco dinero en telas de varias dimensiones y en una profusión de oleos, témperas y acrílicos que había alineado con una precisión milimétrica sobre un paño blanco extendido a lo largo de la mesa de nuestro "nido de las águilas".

—Te esperé para comenzar —me dijo con la dulzura de un amante.

Desgraciadamente, así como había comprendido inteligentemente a la chica que se estaba consolando alegremente con mi amigo, estaba demasiado metido en mis cosas como para tener la delicadeza de apreciar esa invitación como merecía. Esa semana pasó rápidamente y él comenzó por su cuenta el "performance de colores".

Todavía hoy lamento no haber sido más sensible. Pensándolo ahora, quedaba claro que estaba entrando en uno de los momentos más difíciles de su vida.

En su fuga de la "normalidad" había sido menos afortunado que yo… o más precipitado… o tal vez sólo había sido más radical. Había exagerado en todo. Así, antes de aquella noche de dos meses más tarde, en la que se quedaría colgado de un pie en una escalera de madera, rompiéndose el tobillo, ya había hecho de todo. No lo decía pero, como yo, estaba experimentando el "acto loco": esa acción que se comete fuera de la lógica y que yo había descrito en el cuento de Tellaro. Cada gesto suyo se había convertido en una extrema provocación a la "normalidad", en un "acto loco", en una provocación hacia aquel Dios que no podía perdonar por no existir. Por ejemplo, de noche, en mi casa, mientras yo estaba invariablemente de viaje, amaba "pintar" haciendo oscilar una lámpara encendida que colgaba desde el techo hasta rozar el suelo. Se ponía unos anteojos de sol oscurísimos y el lienzo delante; él, en diferentes e improbables posiciones, estudiaba largamente la tela, y entre brincos y ataques improvisados pintaba.

Los pachecos de la noche, para guarecerse del viento húmedo del norte, que en el Bari de invierno, en el malecón, se te cuela hasta los huesos, se refugiaban en esa pequeña casa acostumbrada a cualquier tipo de juerga. Pero durante las noches en que el "maestro creaba" había un silencio sepulcral; se quedaban todos arrellanados en el sofá, arrebujados en sus abrigos, planchando churros, limitados en los movimientos y hablando en susurros para no turbar su inspiración... pero sobre todo temiendo sus imprevisibles reacciones. Y así, mientras la lámpara, a veces blanca y a veces roja y a veces amarilla, oscilaba siniestramente iluminando a oleadas rítmicas un poco su silueta, un poco el desorden y un poco los tubos de colores tirados aquí y allá, se le podía ver en una esquina, con sus anteojos oscuros, quedarse en cuclillas hasta diez hipnóticos minutos, inmóvil, observando fijamente el lienzo delante de la letárgica audiencia. Luego, repentinamente, se ponía de pie. El público se enderezaba. No se sabía qué iba a suceder. Otros minutos de inmóvil suspensión. La tensión era palpable... luego, lentamente, tomaba el amarillo, lo destapaba... y de pronto aventaba el tapón al suelo y con gesto imperioso salpicaba el color sobre la tela, como sacudido por una descarga eléctrica. Entonces una pausa imprevista... Después, aparentemente recorrido por un dolor físico, se refugiaba corriendo en una esquina o saltaba acurrucándose en una silla como papagayo. Otros minutos... nadie respiraba... de pronto saltaba sobre esos chorros amarillos y los raspaba salvajemente con un rugido, para después guarecerse sin aliento en otra esquina, mirando los raspones como un felino después de un combate. La tensión en el público subía al máximo. Entonces, lentamente, se alejaba. Comenzaba a caminar de un lado al otro... se detenía... volvía a caminar siguiendo un ritmo interno... se detenía de nuevo... se acurrucaba... susurros entre el público... luego,

impredecible, de nuevo un repentino brinco y escupía sobre la tela...
o contra el público. Los trastornados, con tal de no enfrentar el viento frío del norte, toleraban los escupitajos, pero cuando comenzaba
a salpicarlos con los colores y a gritar, todos escapaban en correrías
generales, dejándolo finalmente solo. El mundo que lo rodeaba no le
gustaba, y no tenía ningún escrúpulo en romperlo, comenzando consigo mismo. Amaba a los seres humanos como pocos, pero odiaba a la
humanidad en su conjunto, incluido él mismo. ¡Cómo lo comprendía!
Odiaba los discursos vacíos; odiaba la hipocresía.

Una noche se encontró en el estudio de un pintor junto con Enzo
Avellis. Los dos artistas hablaban de arte, arte... arte... dejando a Lello en un papel marginal de ese pequeño simposio, ya que él había entrado en el mundo de la pintura como un intruso que "ensuciaba telas
y desperdiciaba colores". Lello, quien en ese tiempo se había rapado
a cero, se quedó escuchando hablar a los dos "artistotes" por largo
rato: arte... arte... arte... y, de pronto... "el acto loco": tomó un gran
tubo de pintura plateada, capturó la atención de ambos... y cuando se
hizo el silencio, lo vació en una mano, apretándolo con un gesto seco:
los miró a la cara y, con la misma perfecta elección de tiempos con
que algunos años atrás había desgarrado en dos la tesis de licenciatura, en un instante se embarró toda la cara y la cabeza con pintura,
quedando totalmente plateado. Luego, ante los ojos desorbitados de
ambos pintores, se levantó y se lanzó de cabeza por la ventana: fue
su modo de dar su opinión sobre el "arte". Era sólo un primer piso y
aterrizó sobre un coche estacionado; no se lastimó. O cuando saltaba
de un auto en movimiento a otro, o aquella vez en que, completamente borracho, caminó sobre la cornisa de mi casa en el séptimo piso,
o cuando recorrió la carretera Bari-Molfetta en sentido contrario, le
habría podido ir peor.

Esa noche, con los "grandes" artistas, habría podido intentar intervenir en la discusión, expresar su opinión sobre "qué es el arte", pero ése no era él. Lello no era un intelectual chaquetero, era un maestro zen. Él no se ponía a discutir sobre el "sonido de una mano sola"; él te hacía escuchar el sonido de inmediato, dándote un bofetón.

Afortunadamente, a las cuatro de una madrugada, la vida le puso un alto, dejándolo colgado de un pie a la escalerita de madera de un tapanco. Se rompió el tobillo. Todos nos sentimos contentos de que por un rato no podría moverse. ¡Mejor roto que muerto! Pero él continuó, impertérrito, en exagerar lo mismo. Durante esos tres meses en que se quedó tendido en el sofá de mi casa —sin yeso, obviamente—, experimentó con un perenne coctel de Lexotan, hachís, vino tinto, café y Valium —que estaba acostumbrado a comprar en la farmacia como si se tratara de vino en una cantina, golpeando en el mostrador con una receta grasienta y amenazando al farmacéutico con la voz rota por los excesos: "Dame dos bochas de Valium"—. Durante esos tres meses de inmovilidad siempre se las arregló para encontrar a alguien más desatornillado que él que le procurara lo necesario para hacer una carnicería de su cerebro. Embrutecido por la fatal mezcla, era capaz de encontrar las palabras para hilvanar maldiciones poéticas contra la vida y la humanidad, las cuales podían durar hasta quince minutos sin interrupciones. De hecho, en ese periodo Pallarito lo rebautizó no como Rimbaud, sino como *Rimbabaud*,[23] el poeta maldito. Un día había exagerado tanto con su coctel que lo vi apagarse lentamente en el sofá. Estaba listo para verlo desfallecer. Tenía demasiado respeto por él para impedírselo. Si eso era lo que tenía que suceder, que sucediera. ¿Quién puede establecer qué es justo y

---

23 Juego de palabras entre el poeta Rimbaud y la palabra italiana *rimbambito*, que significa "tonto".

qué es equivocado? Y así, suspendido en la ausencia de significado de las cosas, esperé. No murió. Al día siguiente, antes de que la química le alterara de nuevo la psique, le pedí un favor:

—Por caridad Lello, si quieres matarte, no lo hagas en mi casa y no ante mis ojos.

No volvió a hacerlo.

* * *

La gira del *Arlequín* terminó con las ultimas sesenta representaciones en el teatro Ciak de Milán. Rentar una casa para sólo dos meses es una tarea difícil, pero no si conoces a la hija del dueño. Y yo la conocía.

El mes anterior, en Turín, entre el enjambre de personas que constantemente rodeaban la compañía de Dario y Franca, había capturado a una chica de veinte años. Era de Milán, y en esos diez días que duraron las representaciones en la austera ciudad de Saboya nos divertimos no poco en esa pensión que, junto a los otros actores de la compañía, habíamos transformado en un antro nocturno.

Esa pobre chica, demostrando que los jóvenes son capaces de acciones desconsideradas y de pasiones impropias, había desarrollado una calentura insana hacia mí, y cuando pasamos a Milán convenció al padre de rentarnos una casa que casualmente se les había desocupado apenas, "en el intervalo entre un inquilino y otro...". El distinguido señor, tal vez halagado por recibir en su departamento nada más ni nada menos que a la compañía de Dario Fo, pensando que éramos gente de bien, aceptó felizmente.

Sin saber probablemente qué grado de intimidad tenía con la hija, me mostró el departamento hablándome de usted, y yo, con el aire señoril que sabía sacar cuando era necesario, di toda la impresión de un profesional. Era un departamento que fácilmente albergaría a cuatro. Él me explicó que, para rentarlo de nuevo después de nosotros, quitaría el papel tapiz que lo cubría por entero y le daría una "manita", a lo cual pregunté distinguidamente:

—Si va a quitar el tapiz, ¿le disgustaría si pintamos encima...? ¿Sabe?, somos artistas...

Él accedió de buen grado, probablemente pensando en frescos tipo Miguel Ángel. Nunca debió hacerlo: mis compañeros de trabajo eran una banda de venecianos totalmente locos y tremendamente creativos que, en el lapso de un par de semanas, con sus grafitis, habían transformado el señorial departamento en un recoveco del metro de Nueva York en sus mejores años.

La casa comenzaba a vivir no propiamente temprano, en torno a las dos de la tarde, cuando los primeros fantasmas en calzones, con los ojos cerrados, deambulaban hacia la cocina para prepararse el primer café. Pero era después de la medianoche cuando esa casa nos daba lo mejor de sí, cuando hordas de vampiros festejadores la invadían después del espectáculo.

La primera noche, para calentarla, la inauguramos con unas cincuenta personas ingobernables. Al día siguiente, el portero de ese elegante edificio con alfombra roja y barandillas de latón relucientes que desde la entrada llevaban hasta el ascensor y arriba por las escaleras me detuvo con gran consideración y, como responsable del departamento, me hizo notar educadamente que durante la noche habíamos hecho "un poco de ruido" y que los condóminos se habían quejado. Recuperé mis modos señoriles y me disculpé: le pedí que tuviera paciencia, que había sido una fiesta de inauguración, pero que no se repetiría. La noche de ese mismo día, mientras enrollaba un churro, sentado en el suelo de esa casa, envuelto por la barahúnda infernal de después del espectáculo, me acordé de la promesa hecha al portero en la mañana, pero ya era demasiado tarde: eran las tres y media, dos de los venecianos estaban tocando, uno la guitarra eléctrica y el otro la trompeta, delante de unos treinta borrachos y borrachas en delirio que aplaudían y gritaban golpeando al ritmo sobre cualquier cosa que hiciera ruido. Aunque hubiera querido, estaba claro que sólo la policía habría podido devolver el silencio —y esos buenos condóminos hubieran hecho bien en llamarla—. Por lo tanto, con fatalismo, lamí el papel y encendí el churro, curioso por saber qué sucedería al día siguiente.

Para mi gran sorpresa, al día siguiente no sucedió nada, como tampoco sucedió nada en los dos meses que siguieron. Es increíble, pero a pesar de que no concedimos siquiera una sola noche de tregua al vecindario, nadie más se quejó. Quedó como un misterio. Aún ahora no logro explicarme por qué no nos mandaron a la cárcel. Milaneses: gente tolerante.

Esa aventura con Dario, que al menos desde fuera había proclamado el éxito de mi rebelión contra el destino de empleado de banco al que mi familia parecía haberme condenado, terminó en tono menor, casi como la premonición de la larga caída en la desolación que mi humor sombrío presagiaba desde hacía un tiempo. La mecha de la fortuna que, chisporroteando repetidamente, en cuatro años me había proyectado hacia una increíble cadena de éxitos, se había mojado por culpa de la suficiencia con que frecuentemente las personas besadas por la buena suerte se acostumbran a recibir a precio bajo lo que otros consiguen con esfuerzo y dolor.

Aparte de la última memorable fiesta en el departamento, en que un napolitano que nos visitaba trató de prender fuego al departamento con torpe truco de magia, la gira terminó sin ninguna celebración particular. Probablemente todos estaban contentos de volver a sus casas y a sus vidas. Pero ¿dónde estaba mi casa? ¿Cuál era mi vida? Me di cuenta de que mi viaje había sido tan largo que había perdido completamente el rastro de mí mismo. ¿Por dónde recomenzar?

Volví a Bari sin ganas. Sabía que sólo encontraría las ruinas del mundo que había dejado y que nos había regalado una tenue ilusión de felicidad. Aquel año había sido fatal. La cohesión que había mantenido en "equilibrio" a esa banda de trastornados que éramos había cedido, dejando a sus miembros tambaleantes y cada vez más desorientados. Algunos habían partido; otros, enloquecido; otros incluso se habían mudado o desaparecido o perdido en la heroína. La convivencia con Lello, que había sido tierra fértil para nuestro renacimiento, se había transformado en un campamento en el desierto, abatido por el polvo y la ausencia de agua. El apoyo de esa familia alternativa que nos había permitido estirar la adolescencia hasta los treinta años se había roto definitivamente, dejándonos a todos en la necesaria soledad que permite, dependiendo el caso, volverse triste o gloriosamente adultos.

Un fracaso anunciado

—Síganos, por favor.

Eran dos hombres jóvenes y distinguidos que se dirigían a Pallarito. Sólo cuando vi el perro me di cuenta de que eran dos policías. Estábamos en la estación de Milán, yendo a París para el matrimonio de Pallarito. No era un verdadero matrimonio, y yo era un falso testigo: se trataba de hacerle un favor a una amiga argelina que necesitaba la ciudadanía italiana.

Seguimos a los dos policías hasta un área reservada del depósito de equipaje. Cuando estuvo claro que nos iban a revisar, sin crear inútiles problemas Pallarito sacó unos diez gramos de hachís de los calcetines. Mi pensamiento fue: "¡Oh, no! ¡Qué hueva! ¡Echarnos todo el viaje hasta París sin siquiera poder echarnos un churro!". Mi única esperanza era otro pedacito, un moco de hachís que llevaba en los bolsillos de los pantalones. Por suerte ese día usaba los pantalones negros que utilizaba en el espectáculo, por lo que era posible voltear los bolsillos hacia afuera sosteniendo el fondo. Por eso, cuando me dijeron que me los vaciara, pesqué el pedacito entre los dedos y los volteé, alzándome de hombros: vacíos. El policía se mostró satisfecho y pude respirar aliviado: el viaje estaba a salvo.

Pero la cosa no había terminado allí. El problema era que, para Pallarito, quien hacía poco se había titulado en jurisprudencia y apenas había hecho los exámenes para procurador, un asunto de esa naturaleza podía arruinar esa carrera que nunca seguiría; por lo tanto, les dije a los policías:

—Escuchen, arruinar a una persona por una tontería de este tipo es una mala acción. Ese hachís es de los dos. Digan que me lo encontraron encima a mí. Para ustedes es lo mismo, y para mí… mírenme, ¿les parezco el tipo que hará alguna vez un concurso público?

Aceptaron

Este episodio no sería tan relevante si no hubiera tenido una implicación en los años venideros:

ALGUNOS MESES DESPUÉS, EN BARI—Debes saber que nunca he soportado el correo. Aparte de las cartas que eran claramente personales, todo lo demás lo acumulaba en una esquina de la mesa, y cuando comenzaban a molestarme me decía: "Si he logrado vivir hasta ahora sin abrir esos sobres, seguramente podré seguir viviendo sin saber qué contienen". Agarraba todo y lo tiraba a la basura. Así fue como también terminó en la basura un juez de Milán que me cancelaba la licencia de conducir por ese episodio acaecido meses antes en la estación de Milán.

Desconocedor de ello, cuando el año siguiente, quién sabe dónde, perdí físicamente esa licencia que no sabía que me habían cancelado, inocentemente pedí un duplicado, que obviamente no me fue concedido por la orden de ese juez que terminó en la basura. Atribuyendo el retraso a la bíblica lentitud de algunos aparatos burocráticos italianos —entre ellos, en aquella época se distinguía la oficina de licencias—, no me preocupé y continué casi por diez años conduciendo alegremente sin licencia. Pero esto no sería nada si no se considerara que todas las veces que me detenía la policía, en lugar de disculparme por no tener licencia, los embestía con improperios, escandalizado por la intolerable lentitud de la burocracia:

—¡Es una indecencia! —protestaba, mostrando la solicitud de la nueva licencia—. Son ya tres años… son ya seis años… son ocho años que espero la pinche licencia.

Ellos abrían los brazos, impotentes, y mirando ese documento que con el paso del tiempo se tornaba cada vez más descolorido, manchado de grasa e ilegible, se disculpaban

mortificados. Yo los perdonaba con una magnánima palmadita en los hombros, un saludo cordial y cada quien por su
lado.

Si eso no bastara para describir lo absurdo que mi forma de
vivir generaba en torno a mí, para completar el cuadro se suma
que incluso las aseguradoras nunca se dieron cuenta de que
no tenía la licencia, llegando al extremo de pagarme los daños de accidentes hechos sin que yo estuviera habilitado para
conducir.

Había descubierto que en los vericuetos de la burocracia
había intersticios por donde alguien que vivía como yo podía
colarse, evitando molestias. Mi desastre era tal que entre do-
micilios, residencias, contratos de luz, teléfono, renta... todos
discordantes entre ellos, se tornaba difícil encuadrarme hasta
para el registro, la policía, el correo, la magistratura, la sanidad,
la oficina electoral y la de los impuestos. Nadie entendía nada
ya. Todos mis trámites administrativos habían sido hechos escrupulosamente a medias, para poder confundir al "adversario".
El desorden que había creado era tal que era casi como si no
existiera. Y cuando tenía necesidad de un documento cualquiera, me dirigía a la oficina pública en turno y, creando un
estado histérico de urgencia, enredaba al pobre empleado
con tal cantidad de solicitudes, referencias e informaciones incompatibles una con otra que el pobre desgraciado perdía de
inmediato la esperanza de deshacerse de mí usando un procedimiento "normal". Por lo tanto, resignándose a doblegar el
protocolo ante esa "situación particular", aumentaba el desorden, dejando al colega que lo sucedería en una situación aún
más emburujada.

> Me gustaba a morir confundir esa organización que habría querido encasillarme y controlarme. Mi abuelo Gaetano, el comunista, decía: "Hay dos poderosos en el mundo: el rey y el que no tiene nada". Yo pertenecía a la segunda categoría: no tenía nada... y no tenía nada que perder.

Total: dotados de ese único pedacito de chocolate sobreviviente a las revisiones, nos subimos al tren y partimos hacia la capital francesa.

Aparte del extraño incidente en que una noche, a bordo del Citroën de un amigo de un amigo de un amigo, fuimos seguidos por las calles de París por un camionero que, como en la película *Duel*, no nos perdonó los gestos que le habíamos hecho desde la ventanilla, llegamos al día del matrimonio: yo hice mi parte de falso testimonio... más bien de "testrimonio", como decía Pallarito —como sabes, en barese la palabra *trimone* significa "puñeta"—, y nuestra amiga argelina pudo convertirse en italiana.

Desde que comencé a hacer el mimo en la calle, soñaba con presentarme en el Beaubourg; esta vez no se me escaparía. Por lo tanto, Pallarito volvió a Bari y yo me quedé dos meses en París, instalándome en un departamentito en la Bastilla que me había procurado el mismo amigo de un amigo de un amigo que nos había prestado el Citroën, quien, no contento con haber arriesgado el automóvil, con gran sentido de la aventura decidió intentar arriesgar la casa. El lugar era tan francés cuanto sucio. Cuando se caminaba crujía como si fuera todo de madera... y es más, tal vez seguramente era de madera.

Durante un espectáculo vi entre los espectadores a una muchacha. No era simplemente una muchacha: ¡era un coño bestial! Rubia, ojos azulísimos, grandes y lánguidos, labios carnosos, caderas redondas, pecho abundante... muy abundante, chaleco de piel azul, faldita de *jeans* y piernas perfectamente cubiertas por mallones de lana rosa. Era de Ravena y entre los amigos pasará a la historia como la Ravenate. Al final del espectáculo, obviamente me acerqué y, como hacía siempre, la traté como alguien que ya había tenido demasiadas mujeres como para estar interesado en una más. Tal vez por eso aceptó comer algo juntos, ir a mi departamento de la Bastilla, echarnos un churro y quedarse a dormir conmigo. Pero no creas que me le fui encima. ¡Ni en sueños! Acelerar los tiempos con una mujer es como sacar un platillo del horno antes de que esté cocinado: te lo puedes comer, es verdad, pero no sabrá a mucho. Como todos los hombres, siempre había considerado a las mujeres como presas de caza, pero en lugar de desarrollar las dotes del cazador había descubierto las del pescador. Me había dado cuenta de que, en lugar de perseguirlas, a las mujeres es mejor esperarlas: lanzar el sedal y esperar. Saber esperar es una gran cualidad en la vida, y yo la había aprendido justo de las mujeres; el poder de la mujer es como el de la tierra: saber esperar. Tal vez sean los tiempos naturales del embarazo o del destete los que las hacen más propensas a la paciencia, pero en ese secreto que había robado a las mujeres encontraba también la cualidad que hace grandes a los hombres. De hecho, ¿qué clase de pescador sería alguien que no sabe esperar? ¡Y también un buen cazador debe saber esperar! ¿Y qué decir del campesino, del cocinero, del hombre de negocios, del jugador de póquer o del guerrero? Todos tienen que aprender a esperar. La espera es el ingrediente príncipe en el arte de vivir, que encuentra su máxima expresión en la actitud del místico, quien espera sin esperar nada.

Una mujer que acepta dormir contigo está probablemente preparada para concederse, y si sabes lo mínimo, harás que acepte tus caricias, pero estará tensa, no se fiará de ti, buscará tener el control… En fin: te la dará, pero ella se quedará aparte, mirando. Si en cambio tú, cuando te la llevas a la cama, no haces nada, ella estará llena de dudas y se preguntará: "¿Por qué ni siquiera lo intenta? ¿No le gusto? ¿Será impotente? ¿Será gay? O peor aún: ¿me quiere sólo como amiga? Tal vez entendí… mal… O es un hijo… de… pu…". Para ese momento ya se habrá dormido, bella, relajada y confiada como cuando de muchacha, en la cama de su casa, rodeada por la seguridad familiar, se quedaba planchada por el sueño granítico de los adolescentes. Perfecto: la has metido al horno; ahora basta tener un poco de paciencia y esperar al día siguiente para sacarla. Ella se despertará descansada, relajada, tranquila, natural, un poco apendejada… te mirará con gratitud por haberle concedido ese bellísimo espacio de paz… tú le sonreirás, confirmándole que no fue un sueño… ella te sonreirá… ¡Ése es el momento justo! Porque la otra cara de la espera es saber cuándo es el momento de jalar el anzuelo, soltar la flecha, oprimir el gatillo, relanzar la apuesta, cosechar el grano, apagar la estufa, comprar, vender o blofear. Y así, le ofrecí mis ojos con dulzura, le sonreí socarrón, le miré los labios, el cabello, el rostro… la sentí ceder… la hice esperar un poco más, lo suficiente hasta que la duda de no haber entendido bien venciera sus últimas resistencias, pero no tanto como para revelar el juego y hacer que se retirara… luego me acerqué dulcemente a sus labios, con una calma inexorable, como si la conociera de siempre… sus ojos azules cayeron hacia atrás, tocando la profundidad del mar… la besé…

Fue una bella historia de amor.

* * *

El 18 de julio de 1986 fue para mí un día de luto: entró en vigor la obligatoriedad del uso del casco en la moto. ¡Qué dolor! No podía perdonar al Estado por privarme de esa maravillosa sensación de libertad que me daba ir con el cabello al viento o máximo con mi sombrero de *cowboy*. Sabía que el uso del casco salvaría muchas vidas, pero reivindicaba el derecho de elegir autónomamente qué cosa hacer con mi cabeza. No soportaba la hipocresía de un Estado paternalista que primero te miente, te roba, te explota, pero luego se preocupa de ti como si fueras un niño que no sabe encargarse de sí mismo; una sociedad esclavista que no se escandaliza de ser gobernada por el chantaje inhumano de "o me das tu vida a cambio de un salario o te vas a la chingada", pero que se preocupa de "que no te lastimes la cabecita". Ese maldito 18 de julio me encontró en Umbría, en el ya célebre festival de jazz, en compañía de mi amigo Giancarlo.

Nos habíamos conocido unos años antes en el Teatro Sud de Mola di Bari, en ocasión del montaje de la obra *La guerra de los ratones y de las ranas,* y desde entonces Giancarlo había sido un misterio para mí. Aunque algunos lo consideraran un pendejo, yo siempre pude ver en él a ese genio que lo ha llevado, a pesar de todas las dificultades, a mantener por toda la vida una dignidad impecable, sin jamás tener que inclinarse delante de nadie. Siempre lo he considerado una perfecta síntesis entre el genio y la demencia y, desde que lo conozco, ¡Dios sabe cuántas veces he tenido que padecer largas estaciones de demencia!, para poder gozar, al menos de cuando en cuando, alguna primavera de genio. Aunque dotado de una risa destartalada y a veces indecente, nunca faltaba, cuando era necessario, comportarse como un verdadero caballero moviendo elegantemente su cuerpo magro en forma de "S". En estos últimos años, no por mérito suyo, ha revelado su único y verdadero talento: una extraña semejanza con el papa Francisco. Digamos que si un día el papa Francisco comenzara a fumar marihuana y a decir tonterías, se parecería a Giancarlo. Dado que él, aunque ya no fuma, se gana hasta ahora la vida dignamente como artista callejero, he tratado de hacer que explote esta mina de oro que el destino ha querido esconderle bajo la cara. Le regalé un vestido de papa para que interprete no al papa Francisco II, sino al "papa Francisco Bis", la copia: el falso papa de los verdaderos pobres desgraciados. Desafortunadamente éste ha sido uno de los casos en que, entre el genio y la demencia, al menos desde mi punto de vista, ha prevalecido la cualidad equivocada. Pero al final, Inés, siempre es un error valorar a los demás tomándose a uno mismo como medida, aconsejándoles "haz esto y haz aquello". Es el mismo error que tan seguido cometen los padres. Giancarlo es perfecto así como es, y por suerte siempre ha permanecido fiel a sí mismo; de otro modo, una de las tantas veces en que trataba de convencerlo de hacer algo que en su lugar habría hecho yo, no me habría dado una gran lección gritándome en la cara:

—¡Tú no sabes qué es vivir sin tener talento!

Esa vez también se equivocaba: es difícil encontrar a alguien como él, que tenga el talento humano de asumir orgullosamente sus propios límites, sobresaliendo, a despecho del "normal" e hipócrita narcisismo, en el horizonte que hace especiales las cosas comunes.

Desde el inicio de nuestra amistad se mostró tremendamente atraído por la atmósfera ruidosa de esa banda de salvajes que éramos en aquellos tiempos, y por eso se unió a nosotros siguiendo nuestros horarios, nuestros ritmos, nuestros excesos, nuestra intensidad y nuestros churros. Pero él no tenía nuestro temple. Se divertía un mundo, eso sí, pero cada noche se reducía a un estado lamentable tal que un médico que lo hubiera visitado inmediatamente lo habría internado de urgencia en el hospital. Cada noche, hacia las tres o las cuatro, se repetía la misma escena: lo acompañábamos a casa de sus padres, salía del auto sin lograr enderezar la espalda y, acercándose al portón caminando en noventa grados, antes de abrirlo se volteaba hacia nosotros para lanzarnos el ultimo rebuzne:

—Nos vemos mañana.

La aproximación en todo lo que hacía y decía habría hecho perder la paciencia hasta al propio Job en persona, el cual no dudo que, viéndolo hacer y decir tonterías, en muchas ocasiones habría tenido la tentación de brincar fuera de las páginas de la Biblia para gritarle: "¡Basta!". Era capaz de exasperar a todos, por lo que nos vengábamos tratándolo mal para su gran diversión. Te lo he dicho, Inés, Giancarlo era un misterio. Una vez casi lo matamos.

Fue durante una fiesta de cumpleaños de alguien, la cual duró cuatro días seguidos. Él, movido por la generosidad, pero sobre todo por la inconsciencia, ofreció la casa de Ostuni de sus papás para una especie de Woodstock privado, sin conciertos pero con todo lo demás. Una de las noches, ya embrutecidos por un delirio químico que duraba desde hacía demasiado tiempo, en un estado de euforia incontenible, nos lanzamos unos sobre los otros y todos encima de él, sin darnos cuenta de que el pobre ya no respiraba. Todos reíamos, menos él, que estaba muriendo. Fue Sergio, un amigo psiquiatra, quien, asomando la cabeza desde entre esa montaña humana asesina de la que él también formaba parte, se dio cuenta y lo salvó. Pero, no contentos, a la siguiente noche atentamos contra la misma casa, corriendo el riesgo de hacer que volara por los aires con todos sus huéspedes. De hecho, prendimos una gran hoguera en un espacio inmediatamente adyacente a la construcción:

—Éste es un lugar perfecto para una hoguera —nos dijimos con entusiasmo, seguros de lo que hacíamos.

Las flamas ya estaban altas; los tambores, calientes, y el público danzante en delirio, cuando Giancarlo, mientras bailaba estático, usando la faldita hawaiana de una amiga, se acordó de que bajo nuestros pies estaba la cisterna del diésel para la calefacción.

Éstas eran las historias de "ordinaria locura" de los excesos cotidianos de aquellos años, y aquel infausto 18 de julio en que entró en vigor la infame ley que salvaguardaba las cabezas de los italianos no perdimos la ocasión para enriquecer el álbum de familia con otro de esos típicos episodios que constelaban el firmamento de nuestras rarezas. Aquella maldita ley empezó justo el día en que habíamos decidido regresar a Bari. Sin tener programado ir al extranjero, nos habíamos puesto en viaje sin llevarnos los cascos, y aunque los espectáculos en la calle nos había llenado los bolsillos, la de comprar unos no entraba ni remotamente en el orden de las posibilidades.

Estábamos con dos muchachas con quienes teníamos una historia: una napolitana y una calabresa. Esta última se hallaba en Perugia para el funeral de la abuela. Si la difunta había dejado un vacío en el corazón de la familia, también había dejado vacía una casa que la nieta decidió utilizar de inmediato en el mejor de los modos: disfrutarla hospedando a la amiga napolitana y a los dos bareses. Los cuatro amábamos meternos en la cama de la abuela muerta a fumar churros, comer, bromear, dormir... y obviamente coger. Pero un día, mientras reíamos pensando que ese colchón jamás se había divertido tanto como lo hacía en esos días, de pronto la cama se cansó de escucharnos y se desintegró bajo nuestro peso. Lo tomamos como la señal de que había llegado el momento de cambiar de aire. Al día siguiente nos despedimos de las chicas, agradecimos al fantasma de la abuela muerta, cargamos las mochilas en la moto, y en lugar del casco que no teníamos yo me puse en la cabeza mi acostumbrado sombrero vaquero y Giancarlo la tuba de los espectáculos, y partimos justo el día en que todos miraban a los motociclistas por la curiosidad de ver si se habían puesto el casco. La gente que nos miraba pasar no podía creer lo que veía. La sorpresa era tal que hasta un trío de gendarmes se quedó con la boca abierta al vernos pasar, al punto de olvidarse de quiénes eran y dejarnos milagrosamente pasar. Durante todo el día jugamos a las escondidas con la policía, evitando la autopista hasta que oscureció. Es increíble decirlo: hicimos más de seiscientos kilómetros sin que nadie nos detuviera.

* * *

Si hubiera sido una persona normal, aquel 1986 habría constituido mi despegue profesional como director de teatro. De hecho, Armando Pugliese, quien ya había propiciado mi carrera teatral, me había procurado un acuerdo con una compañía de Agrigento, en Sicilia.

Llegué en motocicleta. Eran gente bien y, aunque se quedaron un poco sorprendidos por mi aspecto —ver llegar a una especie de gamberro en motocicleta no es justamente lo que te esperas cuando estás aguardando que alguien te guíe diciéndote lo que hay que hacer—, se dejaron conquistar por mi creatividad... pero sobre todo se fiaron de mi patrocinador: Armando. Se trataba de una obra musical que habría podido ser bella si hubiese sido aligerada de la complacencia victimista con que a veces se deleitan los sicilianos. La obra comenzaba con una canción que decía así: *Sugnu nu peveru picciottu de vind'anni/ chi trabagghia pi' campari la famigghia/ lu patri miu viddanu è di Don Giu-vanni/ chi è u patruni d'isti paisi incadenadu* ("Soy un pobre muchacho de veinte años/ que trabaja para mantener a la familia/ mi padre es un campesino de don Giovanni/ que es el patrón de este país encadenado"). Total, un recorte aquí, un aumento allá… Se podía hacer.

Me puse de acuerdo sobre mis honorarios e, imitando a Armando, pretendí servirme de mi escenógrafo —a pesar de que la compañía tuviera el suyo—, de mi vestuarista —aunque ellos ya tenían la suya—, pero sobre todo no podía prescindir de mi hombre de confianza, el director de escena: Lello —quien nunca había hecho de director de escena en su vida, pero a quien era necesario distraer absolutamente de un vórtice hacia el infierno que lo estaba succionando… además de hacerle ganar algo, dado que hacía meses que vivía de la generosidad de los amigos—. Sólo intentaron objetar sobre este último punto:

—Pero ¿está usted seguro de que necesita este director de escena?

—El director no es negociable. Sin Lello yo no puedo hacer este espectáculo.

Ellos, pobrecitos, aceptaron.

Después de algunos días llegaron el escenógrafo y la vestuarista. Nos acomodaron en la calle central de la hermosa Agrigento, en un departamento amueblado de la antigua familia de Agostino, el educadísimo líder del grupo. Éste miraba con curiosidad a mis dos colaboradores, tratando de entender qué cosa tenían de especial para haber sido favorecidos en lugar de los más económicos que me había propuesto él. Pero donde se le confundió totalmente el cerebro fue cuando, después de algunos días, llegó Lello. Bajó del tren ya en un estado de exaltación alcohólica, y después de dos horas de hablar sin tomar aliento el pobre Agostino, consternado, pudo presenciar un pleito furioso donde yo y mi "imprescindible" hombre de confianza llegamos hasta lo físico en su propia casa.

Los actores de la compañía, gracias a las reuniones artística y a los primeros ensayos, estaban cada día más contentos con esa gente del "continente" que los venía a dirigir, mientras que el *staff* administrativo estaba cada vez más preocupado y confundido. Comenzaron a irse con rodeos: pospusieron la firma de mi contrato, renegociaron los honorarios acordados para el escenógrafo y la encargada de vestuario… pero, paradójicamente, no objetaron el de Lello, quien, teniendo el sueldo más bajo, no padeció de correcciones.

Yo, tal como había visto hacer a Armando cuando había problemas con la producción, interrumpí los ensayos y todo se detuvo.

El clima se volvió tenso. Escenógrafo y vestuarista preocupados de un lado y la producción preocupada del otro… El único tranquilo era Lello. Él tenía contrato, ¿de qué se tendría que preocupar? Se había comprado un álbum de dibujo y plumines acrílicos, y en el absoluto mutismo en que había entrado desde que habíamos peleado en la casa de Agustín, es decir, inmediatamente, pasaba todo el día haciendo garabatos de colores, desparramado blandamente sobre un antiguo sofá de brocado rosa, llevando puesto un rarísimo vestidito de encaje blanco que parecía de mujer. Lo había encontrado revisando en los armarios de esa vieja casa: corto, sin mangas… ¡perfecto para la estación! Luego descubrimos que se trataba de esa vestimenta que los curas sobreponen al hábito talar y que pertenecía a un tío muerto de Agostino, quien había sido un famoso obispo de la ciudad.

Mientras tanto, en los largos tiempos muertos que esta situación suspendida nos imponía, la idea del espectáculo empezaba a cobrar forma en mi mente y comenzaba a enamorarme, por lo que un día, cansado de fumar hachís a escondidas como un adolescente, invité a Agostino a casa, hice que se sentara a la mesa junto con mis colaboradores —todos menos Lello, quien seguía "pintando" acomodado en el sofá—, saqué un pedazo de hachís y le pregunté:

—¿Sabes qué es esto?

—No —respondió, preocupado.

—Ésta es droga. Aquí nos drogamos todos. Escucha qué bello espectáculo he pensado para ti.

Y se lo conté, así como lo tenía en mente.

No sé si lo perturbó más la droga o la visión de Lello con la vestimenta eclesiástica del tío muerto encima, recostado tal como Paolina Borghese en el sofá de la abuela, dibujando como un niño. Pero una cosa era cierta: al día siguiente me dijo que no quería trabajar conmigo ni con mis colaboradores. Esto no me lo esperaba en lo absoluto. Otra vez mi arrogancia me había llevado a subestimar la fuerza del adversario.

No tuve la humildad para tratar de convencerlo de cambiar de idea ni la fuerza de ánimo para dejar Agrigento con un gesto teatral. Escenógrafo y vestuarista volvieron tristemente a Bari en auto, mientras yo y Lello, quien gracias al *shock* había recuperado el uso de la palabra, nos metimos patéticamente en la moto para el viaje de regreso. Después de una hora, echándonos un churro bajo un árbol, nos dimos cuenta de que no sabíamos a dónde ir ni dónde retomar el hilo de nuestras vidas.

Una nueva oportunidad para el despegue de mi carrera llegó casi de inmediato por parte de la compañía Teatro Sud: me proponían dirigir *Computer*, un texto del mismo Michele Serio a quien no le había dado tiempo de volver de Yugoslavia para escribir *el Claus*. La historia era linda, pero las situaciones y los personajes eran demasiado de cuento para niños buenos. Así, le dije al autor:

—¿Te molesta si le meto un poco de mano al texto?

—¡Por supuesto que no! ¡Adelante!

Nunca me lo hubiera dicho. De las cien páginas originales, sólo dejé diez que sobrevivieron a mi furia, sin poder de todos modos evitar el ultraje de los trazazos negros con los cuales señalaba, sin la mínima piedad y sensibilidad, mis continuas correcciones. En la práctica lo escribí de nuevo completamente y hasta el título le cambié: *Cerveza y Computer.* ¡No te digo lo contento que estaba Michele Serio! Obviamente no podía aceptar poner su nombre en una obra que ya no tenía nada que ver con la suya. Pero Michele no sólo era una buena persona, sino que se reveló muy tolerante. Me invitó a su casa de Nápoles y, con la santa paciencia de los dos, nos encerramos en casa una semana para encontrar una solución que nos satisficiera a ambos. Lo recuerdo exhausto, hundido en el sofá, mientras escuchaba a este energúmeno que nunca se cansaba, yo, que manoteaba interpretando a todos los personajes para convencerlo de acomodar esa historia a su propia sensibilidad y a su propio estilo. Agotado, me permitió reescribir algunas cosas, sin ceder sobre la *Cerveza* y las partes más osadas. Volví a Bari y, con la resolución de quien no se rinde ante nada y el entusiasmo de un loco, me puse a reescribir su obra otra vez, tratando de imaginar cómo la habría escrito él si fuera yo. Prácticamente en menos de un mes había hecho dos adaptaciones diferentes a la misma obra, ambas bellas. Al final, el texto fue aceptado… y habrían sido tolerados si no se me hubiera ocurrido la misma "brillante" idea que tuve a Agrigento: detuve los ensayos por un capricho. También en este caso la producción solucionó el asunto con despiadado pragmatismo: me mandó a la chingada y llamó a otro director, tal vez menos genial que yo, pero seguramente más "normal".

Ese pinche 1986 había pasado y se le podía echar una losa encima... más bien varias losas: la explosión de la central nuclear de Chernóbil había echado una losa sobre una región completa de Ucrania; Reagan y Gorbachov, en Reikiavik —que pocos saben que es la capital de Islandia, país al que nadie pela—, habían puesto una losa sobre la Guerra Fría; Freddie Mercury, con su último concierto en Inglaterra, había puesto una losa sobre Queen, y yo, con dos fracasos consecutivos, había puesto una losa sobre mi carrera de director.

Pero lo que me desorientó no fueron tanto mis fracasos profesionales, sino que no sólo el mundo que había llenado de esperanza a mi generación se había derrumbado, sino que ahora comenzaban a desaparecer hasta las ruinas, dejando a mi alrededor un paisaje desolado y deprimente. Lello había partido al primero de sus infinitos viajes a la India. Pallarito se había ido a buscar fortuna en América. Laura había desparecido en España y se decía que se había retirado voluntariamente como ermitaña, junto con una cabrita, a un monte. Armando estaba recuperando los trozos de sí mismo y de su carrera en un característico departamentito en el barrio de la Sanità de Nápoles... y los amigos que habían quedado desaparecían cada vez más sórdidamente entre los húmedos pliegues de ese tapiz arrugado en que se habían convertido los años setenta.

En medio de la desolación vagaban los sobrevivientes, sucios, heridos, amargados. Uno de ellos fue Nunzio, un bellísimo muchacho que se había arruinado con diez años de heroína. Se había desintoxicado andando en bicicleta y alternando sus ganas de vivir con la frustración de haber desperdiciado una vida; me acompañaría fielmente en los años más oscuros de mi historia, hasta cuando murió de sida, maldiciéndose a sí mismo y al universo. Pero más allá de su frágil compañía y de las curas de la inseparable Marinella, una fiel amiga que no se resignaba a convencerse que con su amor no me habría salvado de mi delirio, me di cuenta que, pasando cada día a la espera del día siguiente, me había quedado solo, sin dinero, sin perspectivas y sin entusiasmo. Tenía que inventarme algo.

Tengo sida

Fue el 3 de enero de 1987.

Desde que había comenzado a dar espectáculos en la calle, y aún más desde que me había convertido en autor y director, la gente me buscaba para pedirme consejo sobre argumentos artísticos. Venían a mi casa a cualquier hora del día y de la noche, y en cualquier estado de alteración, para ilustrarme con sus fantasmagóricas ideas de espectáculos para montar, libros para escribir, películas para realizar... Ese día fue el turno de Mirko: durante una fiesta navideña vespertina a punta de churros, *panettone* y vino espumante, se acercó diciéndome que le gustaría escribir algo sobre un "tema actual... para montar con pocos actores... algo *cool*...". Yo, con toda simplicidad, le dije que, al final, escribir una historia para teatro no era tan difícil: bastaba imaginar a los personajes, que tuvieran una dinámica interesante entre ellos, ponerlos en los límites de una situación, crear un incidente y hacer reaccionar a los personajes.

—Por ejemplo —le dije—, ¿cuál es el argumento más de moda del momento? ¿El sida? Bueno, ahora tomamos a cuatro personajes, de modo que el espectáculo cueste poco al productor: una esposa, un marido, el hermano homosexual de la esposa y un amigo del marido... mujeriego y putañero. Imaginemos que el marido es un hipocondriaco y que descubre que la mujer tiene sida. ¿Qué sucede?

Obviamente, el marido se vuelve paranoico y el primer sospechoso es el cuñado puto, ¿cierto?, pero ¡también el amigo putañero es un posible sospechoso...! Es más... el verdadero drama, además de la enfermedad, es que él comienza a pensar que el amigo se acuesta con la mujer a sus espaldas y que la contagió... Entonces, ¿qué hace la mujer?

Después de un rato me di cuenta de que estaba hablando solo, porque Mirko, mientras tanto, se había distraído presumiendo a las muchachas que él sabía esto y lo otro y conocía a éste y a aquél.

Durante dos meses exactos seguí hablando solo. Dedicando con disciplina un día a la escritura y otro a la juerga, el 3 de marzo terminé *Tengo sida:* la primera obra teatral cómica escrita sobre esa tragedia —salvo prueba de lo contrario—. Estaba muy feliz.

"Ahora sólo necesito a un público", me dije lleno de esperanza.

Se sabe: un artista puede renunciar a todo menos a un público. Una obra de arte sin público es como una chaqueta en el baño. Nada mal, ¡por caridad! Pero ¿cuántas chaquetas se puede uno tirar en el baño...? Y, además: ¿quién quieres que te pague por tirártelas?

Y así, para no correr el riesgo de volverme chaquetero, pero sobre todo porque tenía necesidad de que alguien me pagara por lo que hacía, fui a Roma a buscar fortuna.

"Con una obra así me vuelvo rico y famoso", me dije.

Me equivocaba.

El de 1987 fue mi primer ataque a la capital. Mi pequeño ejército, compuesto sólo por mí y mi caballo, la Guzzi, y armado sólo de un manuscrito, acampó en via Balilla, en la casa que me había dejado mi generoso amigo Massimiliano. La casa en realidad era un sótano frío,

húmedo y poco luminoso… ¡Por caridad! A caballo regalado no se le
ve el colmillo, pero no se puede negar que era un lugar de donde no
veías la hora de largarte. Aun así lo acepté con la misma resignación
con que un ejército, en vista de las gloriosas batallas, de los saqueos
y de los botines de guerra, se somete con paciencia a los rigores de un
campamento en medio del fango e infestado de mosquitos. El único
desahogo vital de ese departamentito era un jardín pequeño, pequeño
del que nadie se había ocupado desde la época de los antiguos romanos, el cual estaba casi metido bajo un altísimo edificio que hacía
sentir a todos los habitantes de las casas contiguas como nulidades.
De un lado y del otro, en cambio, colindaba con dos jardines, también
dignos de la atención de los arqueólogos, pertenecientes a casas de citas de transexuales de diverso tipo. Podrá parecerte una exageración
o una absurda broma del destino, pero las tropas de mi solitario ejército habían terminado en el centro del comercio sexual, desviado, de
la ciudad de los césares. De hecho, *via* Balilla, no lejos de la estación
Termini, estaba constituida por una única cuadra donde en aquellos
tiempos se concentraba la atención del sexo alternativo de la capital.
De día, además de esas extrañas "señoras" altas de hasta uno noventa
que encontrabas en el supermercado con acentos exóticos, rastros de
barba, manos de púgil y voz de barítono, era un lugar de normal desolación urbana, pero de noche… ¡De noche! ¡Era en la noche cuando
via Balilla daba lo mejor de sí! ¡De noche via Balilla parecía Las Vegas!
Luces, música, gente, autos, tráfico, policías… Y, como serpentinas vivientes, ¡ellas!, las reinas: exageradas, ruidosas, altísimas, brillantes…
con tacones, piernotas, labiotes, ojotes, cejotas, tetotas, culotes… capaces de pasar del descaro más audaz al puchero más infantil, de la
fragilidad más extrema a la agresividad más brutal, de las carcajadas
más estridentes al llanto más inconsolable. Si yo había luchado contra

la "normalidad", ellas habían ido más allá: habían infringido hasta el sentido de la medida. Cuando regresaba a casa con la cola entre las patas y el manuscrito bajo el brazo, después de una inútil jornada dedicada a buscar fortuna, pasar en medio de ese desmadre me daba pena y me hacía sentir aún más miserable de lo que era. Al menos ellos parecían felices, mientras que yo era el emblema de la tristeza. Tal vez en otro momento habría participado... No, Inés, no te espantes —entre tantos vicios nunca he tenido ése—. Quiero decir que en otros tiempos me habría divertido convirtiéndome en amigo de esa gente, conocerla, burlarme, ofrecerles un churro... A fin de cuentas no me sentía tan diferente: ambos éramos *outsiders*. Pero en aquellos meses ¡me sentía tan frágil! ¡Tan solo! Mi vida había rodado tan lejos de mí mismo que ni siquiera lograba recordar cómo había terminado allí, en via Balilla. Una vez más me descubría preguntándome: "¿Para esto hice mi revolución? ¿Para encontrarme solo, en el sótano de otro, rodeado de pervertidos y dando vueltas por la ciudad limosneando la atención ajena?".

Privado de mi banda de amigos, de las tardes de vagabundeo, de los discursos envueltos en el humo y en las risas, me daba cuenta de que había perdido la punta de la madeja que en algunos momentos me había parecido que tenía bien agarrada. ¿Cuál era la vida que había soñado? ¿Qué vida soñaba ahora...? ¡Por Dios! Por más llamados que lanzara dentro de mí con la esperanza de recibir una respuesta, la única cosa que recibía era el eco de mi misma voz, la cual retumbaba como en un edificio vacío y abandonado. Ya no tenía un sueño. Pero ¿se puede vivir sin un sueño? ¿Qué dirección toma la vida si no es guiada por un sueño? ¿Se le puede seguir llamando vida o es sólo un insensato rodar que dibuja sobre el rostro una expresión de disgusto? Disgusto: ésta era la expresión con que saludaba al día por la mañana y que me acompañaba hasta la noche, cuando el olvido del sueño ponía finalmente una pausa a mi tormento. Estaba solo. Con casi treinta y un años, me encontraba dando vueltas por la ciudad con mi guion en la mano, buscando el interés de gente que, en la mayor parte de los casos, tenía ya tantos líos en la cabeza que te daban ganas de darles tú una mano a ellos. Mientras más semanas pasaban, más perdía la esperanza y el optimismo. La obra les gustaba a todos los que tenían la paciencia y la inteligencia de leerla; decían que era genial, valiente; la comparaban con Feydeau[24] —a quien yo no conocía ni de nombre, pero que fingía conocer—. Luego todos enfriaban mi entusiasmo con el mismo argumento: el público no puede reírse con la tragedia del sida. Yo estaba seguro de lo contrario, pero tendría que esperar otros siete años para demostrar que tenía razón.

Entre los que se interesaron en mi obra, me acuerdo de Lello Arena[25] y de Lina Wertmüller.[26] El primero, sentado en una banca de piazza di Spagna, me mareó con sus ojos bizcos; la segunda me mareó, ella también con los ojos, pero por tenerlos cubiertos con dos ruedítas de pepino mientras, en traje de baño, tomaba el sol en su ático en piazza del Popolo. Se sabe que hablar con alguien que tiene pepino en los ojos es mejor que hablar con quien, sobre los ojos, tiene un trozo de bistec; y, efectivamente, fue gratificante recibir sus felicitaciones, aunque, con los pepinos sobre los ojos, se dirigiera a una tumbona vacía donde pensaba que yo estaba sentado. Pero cuando finalmente se liberó la vista, viéndome acurrucado en el único filito de sombra disponible, embrutecido por el calor de una jornada que al inicio parecía fría, su interés aumentó enormemente, fijando su mirada en mis

---

24 Georges Feydeau, dramaturgo francés de la *Belle Époque*.

25 Famoso actor italiano de comedia.

26 Famosa directora de cine, autora, entre otros, de *Mimì metallurgico ferito nell'onore*.

dientes. Me aconsejó que me los rehiciera... es más: viéndome bien, me los habría podido rehacer ella para poder trabajar en el cine. Pero al final yo me quedé con los incisivos negros y ella con los pepinos en los ojos.

Con mi guion bajo el brazo, miraba en todas direcciones... A decir verdad, el guion no lo llevaba bajo el brazo, sino en una maletita, que ni siquiera era una maletita, sino una mesa de backgammon, un viejo juego de Oriente Medio que en aquella época era mi pasión. Allí dentro llevaba el guion, el dinero, el chocolate y las sábanas —los papelitos para enrollar los churros—. Si a la gente no le interesaba la obra, entonces le proponía jugar backgammon; si no sabía jugar backgammon, le ofrecía un churro, y si tampoco quería echarse un churro, quedaba claro que estaba con la persona equivocada. El único que pudo apreciar los tres artículos fue Vincenzo Sparagna, en la redacción de *Frigidaire*:[27] pasamos una hermosa tarde.

En mi campaña de conquista de la capital, a pesar de todas las batallas perdidas a golpe de rechazos, los inútiles asedios a gente famosa, los atascos en las salas de espera, los encantos hipnóticos de los mensajes del contestador automático, las trampas de las citas fallidas, los días perdidos en los laberintos de los estudios cinematográficos, los combates con las erinias de las oficinas de producción, los pantanos de la burocracia y las epidemias de dudas e incertidumbre, aún lograba encontrar dentro de mí no digo las ganas, pero al menos la determinación de combatir, al punto de lograr mantener, a pesar de todo, al menos exteriormente, el aspecto gallardo del personaje que me había acostumbrado a interpretar: rudo, arrogante, simpático y sin escrúpulos. Pero detrás de la corteza de mi personalidad sentía abrirse una grieta por donde miedos e inseguridades se colaban como

---

27   Revista de cultura alternativa fundada en 1980 por Vincenzo Sparagna.

animales viscosos, vueltos aún más taimados y malos por todos esos años de exilio a que los había condenado. Sabía que detrás de mi máscara de caballero del apocalipsis estaba todavía ese niño bueno, lleno de pecas, con los cabellos rojizos y los anteojos, quien, mostrando los músculos que no tenía, buscaba espantar a los adversarios más con la desesperación que con su fuerza real. Y así, aunque continuara combatiendo contra el "enemigo externo", es decir, la adversidad, no podía ignorar que no había hecho cuentas con el enemigo más peligroso: el interno. Ese "yo mismo" que desde hacía un rato oía haciendo ruido dentro de mí y que en pocos años me llevaría paulatinamente a apagarme en una lenta e inexorable agonía.

Me habría gustado tener a una mujer, pero las que me gustaban escapaban. Había perdido la magia… ¿o tal vez había perdido las ganas? ¿Qué me había sucedido? ¿Ya no era capaz de cortejar a una señorita? Y cuando lo intentaba, me sentía tan inseguro y torpe que durante días me maldecía por ser quien era, me castigaba tratándome mal y me despreciaba por reconocer en mí una necesidad tan humana como la compañía y el amor. Era justo esa necesidad la que hacía que me ganara los rechazos que hacían tanto mal a mi corazón y a mi orgullo. Las mujeres, en lugar de ser atraídas por mí, tendían a convertirse en mis amigas, intuyendo que detrás de esa máscara segura sólo había un pobre diablo en estado de necesidad. Tener necesidad de una mujer la transforma en un objeto, y los objetos tienen un precio; sólo puedes obtenerlos pagando con algo: dinero, poder, servicios o tu dignidad. La vida es cruel: mientras más necesitas de algo, más indigno eres de obtenerlo.

De cuando en cuando me permitía llorar, pero rigurosamente solo y con un gran sentimiento de culpa y de vergüenza. Duraba poco. Rápido me secaba las lágrimas, me montaba en mi corcel de acero y, con la lanza en ristre, partía al ataque contra un nuevo "molino de viento" o de una "ciudadela" que conquistar. Pero después de un poco me encontraba de nuevo solo y perdido, apoyado en mi moto, mirando el río de gente correr por las calles, sin saber a dónde ir o esperando la hora de la siguiente cita o tratando de imaginar el próximo movimiento o descubriéndome, ¡horror!, envidiando a la gente "normal": esos que empujaban una carriola o un carrito de la compra o esos que tenían una casa a la cual volver, un televisor que mirar y una esposa con quien pelear. ¡Quién sabe si me habría podido readaptar jamás a una vida así! ¿Estaba condenado a permanecer marginado por el resto de mis días o encontraría una puerta de salida? ¿Tendría éxito o me convertiría en un vagabundo? ¿Me sentiría orgulloso o me avergonzaría de mí mismo? ¿Mi hijo sería feliz de presentarme a sus amigos o fingiría no conocerme? Éstos eran los pensamientos que bullían en mi mente atormentada. Luego, el relincho de mi caballo me devolvía algo de aquel orgullo que necesitaba para volver a la casa en via Balilla, atravesar esa selva grotesca de desesperación travestida de alegre carnaval, encerrarme en el sótano y echarme el último churro con la esperanza de que un rápido desvanecimiento me acompañara al calvario del día siguiente.

Una vez más, quien me salvó fue Armando. Tenía que montar *La festa di Montevergine,* de Raffaele Viviani, en el teatro romano de Pompeya. Un espectáculo enorme con una compañía que, incluyendo actores, técnicos, banda musical, un caballo, un burro, Armando y yo, superaba las sesenta personas. Yo necesitaba trabajar; él tenía necesidad de un ayudante de dirección… Cargué mi equipaje en la moto y en los primeros días de junio desembarqué en Nápoles. Estaba feliz de estar de nuevo con Armando. Despertador tempranísimo, no antes del mediodía. A la una pasaba por él con la moto. Era un placer verlo enfrentar los rayos del sol con expresión de disgusto y acercarse a la moto con la urgencia de un desaventurado que se había perdido en el desierto:

—¡Un bar! ¡Un bar!

Comenzaba con un par de aspirinas preventivas; luego el café; luego elegía la cosa más indigesta, frita y grasosa disponible, me miraba con sus ojos miopes y preguntaba:

—¿Tú qué dices? ¿Me hará daño?

—Pienso que sí.

—Bueno... no importa.

Lo engullía con rápidos movimientos de la boca, como si fuera la última cosa que comería en su vida, aferrando la botella de cerveza y mirando ya en torno, en busca de un par de Alka-Seltzer. Luego, entre una maldición y una mentada de madres, nos encaminábamos balanceándonos a la preparación del colosal.

Con el paso de los días se dio cuenta de que no tenía la brillantez de otros tiempos y me preguntó:

—¿Qué te sucede?

—No lo sé, me faltan las ganas.

—¿No será que te echas demasiados churros?

—No, al contrario, no estoy fumando tanto.

—Mmm... ¿no es que te echas demasiado pocos?

Lo que nos mantenía sanos de mente, si de sanidad se puede hablar, es que aún teníamos la capacidad de reírnos de nosotros mismos.

Al final debutamos. El teatro romano de Pompeya se llenó con siete mil personas, dos mil más de las que cabían, pero es sabido: ¡en Nápoles todo se vale! El espectáculo fue una especie de corrida, donde la grandísima Luisa Conte, la protagonista, daba sus cornadas cada línea del guion mientras el público gritaba: "¡¡¡Olé!!!" con sus risas. Armando, quien como siempre estaba agotado no tanto del trabajo, sino de sí mismo, pasó a manos de su adorable compañera, dejándome a mí la papa caliente de manejar una inmensa compañía de napolitanos. Usando más los modos del domador que del director, me las ingenié hasta cuando mudamos el "circo" al teatro romano de Ostia Antica.

Una bella experiencia que me devolvió parte de la confianza en mí mismo, pero que sobre todo restauró mis sedientos bolsillos.

CAPÍTULO 8
LA ILUSIÓN

Cuando abrí esa reja, no podía imaginar que mi vida cambiaría para siempre. El jardín estaba inmerso en un extraño estado de paz fuera del tiempo: en el fondo se escuchaba una música *new age* —una cosa que para un roquero como yo era desagradable como un trago de miel en crudo—; había tres mujeres completamente desnudas tendidas sobre el prado tomando el sol; un tipo lleno de pelos, una especie de sadhu-baba que parecía sacado con una máquina del tiempo de la India del año 500, quien limpiaba pedazos de ámbar como si tuviera delante la eternidad; otro en calzones, tan feliz como sudado, quien bajo el sol ensamblaba a su modo piezas de bicicleta para hacer una especie de escultura; una brujita vestida de naranja sentada en el suelo en una esquina fresca de la pérgola, quien leía las cartas a un consultante con los ojos cerrados… y luego ella: vestida de hindú, con una tela roja sobre el cuerpo y una flor roja entre los cabellos, quien ponía lentamente pétalos de flores, rojos, en una copa de vidrio llena de agua. Aún no lo sabía, pero ése era el mundo de los saniasin, los discípulos de ese absurdo maestro hindú con la barba blanca que había llamado la atención del mundo por sus Rolls-Royce. "¡Chingado!

—me dije—. ¡Éste es el paraíso! ¡Si no hubiera esta mierda de música sería perfecto."

LA "NUEVA ERA"

La historia había comenzado un mes atrás, mientras me esforzaba en la imposible empresa de domar a los napolitanos de la compañía de Armando.

Había llegado a Bari una banda de cuatro romanas: Shola, indiscutiblemente la líder, Mónica, Samagra y Marina. Una más tremenda que la otra. Ninguna de ellas, aparte de Samagra, había cumplido aún los treinta años, y ese verano habían pensado ganarse la vida exportando a mi ciudad una de esas cadenas de san Antonio donde, al final, por dos que ganan, doscientos se quedan fregados. Se llamaba el "aeroplano": tú me das un millón a mí, él te da un millón a ti y uno a mí, ese otro le da un millón a él, uno a ti, y uno a mí... y así sucesivamente, poniendo atención que todos los pasajes contengan ese mágico "uno a mí". Las cuatro vestales de la "estafa" eran una mezcla de aventureras, artistas, sacerdotisas y bribonas. A pesar de que todos conocieran ya la falacia de ciertas "cadenas", el encanto de estas cuatro pitonisas del engaño era tal que un montón de crédulos picaron el anzuelo. Aseguraban con absoluta "certeza matemática" que ese sistema de ganancias, el cual prometía desafiar las leyes del movimiento perpetuo, funcionaría. ¡Y tenían razón! Lástima que sólo funcionó para ellas. De hecho, las dos primeras de la cadena —dos de ellas, obviamente— ganaron dieciocho millones, mientras que todos los demás perdieron. Pero nadie hizo caso a esto porque las intrépidas "romanas", en lugar de escapar con el dinero, como todos habrían esperado, consolando a los desafortunados con un simpático: "Total, ¿qué más da? ¡Piensa en la salud!", invirtieron ese capital en beneficio colectivo: rentaron en Santo Spirito una hermosa casa a doscientos metros del mar, que bautizaron Villa Ambra —la villa de las mujeres desnudas—, compraron un Mercedes usado que quedó dedicado al uso colectivo, y gastaron el resto del dinero en fiestas y grandes comilonas, regalando un hermoso verano no sólo a quienes les habían financiado esas bacanales, sino también a cualquiera que se quisiera sumar. Estas cuatro salvajes, entrando de improviso con el vórtice de sus ganas de vivir en la calma plana de una ciudad de provincia, habían tenido la capacidad de desordenar el mapa de la topografía social, haciendo encontrar grupos de gente diferentes entre ellos que generalmente no se frecuentaban, permitiendo un intercambio cultural que enriqueció e imprimió una marca distintiva a un "verano como tantos". Cuando volví a Bari no se hablaba de otra cosa que de las "romanas".

Yo, que mientras tanto había reparado las grietas de la fallida campaña capitalina con capas protectoras de arrogancia, dureza e insensibilidad, soportaba malamente todo ese entusiasmo por "esas cuatro imbéciles venidas de la capital". Pero todos insistían: debes conocer a las romanas, debes conocer a Shola, debes conocer a Shola… y así, una noche, en la extrañísima casa de un mago que aquellas alborotadoras habían desenterrado del anonimato, encontré a la famosa Shola.

Llegó con una amiga barese que revoloteaba a su alrededor con la típica actitud de un subordinado. Shola era una chica guapa: alta, con una minifalda de piel, elegante en el porte, enjoyada con bisutería refinada, descaradamente segura de sí… Dio una vuelta por la habitación con el desapego de quien ha trascendido la materia, apoyó su mirada con conmiseración sobre los objetos de los que los comunes mortales inútilmente se rodean... tocó algunos de ellos con suficiencia, moviendo mínimamente su orientación para alinearlos con una armonía celeste que sólo ella veía... sobre otros se limitó a posar una mirada compasiva —demasiado feos para merecer la sintonización con el orden divino—, y al final posó sus ojos sobre mí. Me cayó mal de inmediato:

—Ah, tú eres el famoso Pasculli.

Así como todos me hablaban de ella, todos le habían hablado a ella de mí. Meses después me confesaría que había decidido tener una historia conmigo, aun antes de conocerme, por lo que le habían contado sobre mí. Ella también era una coleccionista y no podía dejar escapar la ocasión de añadir un animal raro a su bestiario.

—¿Tienes para fumar? —preguntó.

Obviamente no se refería a los cigarrillos. Interpreté esa petición no por lo que era, o sea, una forma de acercarse, sino como un modo de intentar someterme a mí también a un papel subordinado. Por lo tanto, a pesar de que jamás salía sin chocolate, mirándola a los ojos con el propósito específico de insinuar la duda de que le estaba mintiendo, repuse:

—No.

Esa noche no nos dijimos nada más.

Al día siguiente volvió al ataque: se hizo llevar a mi casa por otra amiga que se movía a su alrededor con la misma veneración que la otra. Mi casa estaba llena de gente. Había regresado hacía pocos días y muchos querían verme, saludarme, ponerse al corriente y fumar gratis. Ese día Shola me pareció menos antipática que la noche anterior. Estaba vestida en forma más simple, sin maquillar, y sobre todo no veía mi casa como si fuera la suya. No puedo decir que estuviera intimidada, pero seguramente un poco más vigilante. Lo que sí me quedó claro fue que en ninguna ocasión se conformaría con un papel secundario en la vida de nadie. Me invitó por la noche a esa famosa, aunque para mí aún desconocida, Villa Ambra, donde cocinaría un platillo exótico para la numerosa comunidad de animales nocturnos que cada noche lograba reunir. No le pregunté el horario porque en esos tiempos se daba por sentado que nada de lo que sucediera antes de la medianoche era mínimamente digno de ser tomado en consideración. Le dije que iría. Antes de salir de casa nos besamos en los labios, como hacen dos que quieren decirse: "Me gustas".

Esa noche tenía la intención de mantener mi promesa, pero a la una, antes de ponerme en camino hacia Villa Ambra, desvié la moto hacia el Fortino, un bellísimo lugar sobre la muralla de Bari que ese año era un punto donde pasar la noche bebiendo y encontrando gente. Un vaso de vino, un churro, otro vaso, otro churro… llegó la una y media. Ya no tenía ganas de meterme en la moto e ir a la cena exótica. Y así: otro vaso, otro churro, otro vaso, otro churro…

Cuando Shola no me vio llegar esa noche, comenzó a preocuparse de verdad. "¿Cómo hago para conquistar a este cabrón?" Sus encantos y sus estrategias parecían no tener efecto. Pero Shola no era alguien que se rindiera fácilmente. Y así, a la noche siguiente vigiló el Fortino: sabía que antes o después pasaría por allí. Cuando llegué, pude verla por vez primera: simple, insegura, un poco nerviosa… sin darse cuenta, había hecho pedacitos un vaso de papel. Verla tan expuesta me inspiró simpatía.

Al momento de irse, antes de subir al auto para volver a Santo Spirito con Pinone —un larguirucho de dos metros de alto de quien todavía oirás hablar—, le pregunté:

—¿Quieres dormir en mi casa?

Ella no se hizo de rogar. Simplemente dijo:

—Sí.

Por como recuerda ella esa noche, yo me desnudé completamente y me metí en la cama esperando que ella hiciera lo mismo, como si fuéramos ya una pareja viajada. Hicimos el amor sin que ninguno de los dos se sorprendiera. Lo que en cambio nos sorprendió fue que a la mañana siguiente la cama estaba toda mojada: se había meado encima. ¡Te dejo imaginar su vergüenza! Nunca le había pasado. Me dio ternura. Si lo pienso, ahora me gusta imaginar que esa noche, entre mis brazos, después de diez años de vagabundeo, se había sentido tan segura como para tener la sensación de ser de nuevo una niña en su casa.

Sholetta era alguien que había dejado muy joven su casa, dando inicio a la vida aventurera de un personaje de novela. A los dieciocho años había ido a la India con una camionetita, pasando por Afganistán, y se había quedado sola durante dos años viajando por esos lugares; luego había vivido otros dos años en una barca de vela, atravesando de arriba abajo el océano hasta Colombia; luego había puesto un hotel-restaurante que había quebrado porque sólo iban amigos que no pagaban; después, al quedarse sin dinero, había vivido de artimañas, es decir, con el dinero que un rico abogado había invertido en una empresa de bisutería administrada en forma demasiado *hippie* para que pudiera funcionar; después había vivido casi un año en una comunidad terapéutica holandesa para aprender el masaje shiatsu, y al final había llegado hasta mi casa para mearme la cama. Esa meada me reveló su fragilidad; esa meada fue el inicio de nuestro amor.

Después del desayuno nos separamos con la promesa de que en la tarde la alcanzaría en la famosa Villa Ambra.

Para alguien como yo, quien desde hacía años, y en ciertos aspectos de toda una vida, estaba acostumbrado a enfrentarse a un mundo áspero, concibiendo la libertad sólo como rumor, conflicto, riesgo, movimiento y exceso, entrar en ese oasis de silencio, tranquilidad, seguridad y moderación fue como terminar a toda velocidad en medio de un terreno arenoso. Me senté sobre un muro a la sombra de la pérgola de Villa Ambra y sentí mis pensamientos, mis emociones, mis ansiedades y mis tormentos frenar en la arena. El *saduh-baba* me miró un instante y volvió a frotar la lima sobre el ámbar; el de la bicicleta, quien se ganaría el sobrenombre de Sadhino —*saduh-baba* pequeño—, me lanzó un "¡hola!" sin dejar de sudar, feliz; la hechicera levantó la mirada de su tarot, guiñándome el ojo, y una de las mujeres desnudas alzó una mano en señal de saludo. Shola me sonreía sumergiendo pétalos en el agua. No había nada que decir: cualquier palabra habría desentonado.

Durante dos meses no me moví de esa casa. No había necesidad: todo pasaba por allí. Una procesión constante de visitantes nos enriquecía con novedades, buena música —aparte de la *new age*— y cosas de comer; siempre había alguien que cocinaba, alguien que tocaba la guitarra o hacía contorsionismos en el jardín; las mejores fiestas ocurrían allí... ¡Quién se querría ir! Me instalé en la habitación de Shola, quien obviamente había acaparado la mejor, y dejé que el mundo diera vueltas alrededor de nosotros. La cantidad de gente vieja y nueva que a todas horas del día y de la noche visitaba esa casa en forma de laberinto no me permitió durante semanas saber cuántos vivíamos allí y dónde dormían. Por ejemplo, ¿dónde dormía el *sadhu-baba*? Lo descubrí la noche en que casi le prendo fuego.

Sobre el buró de Shola, que era un banquito de madera al lado del colchón, rigurosamente colocado en el suelo, entre tantos amuletos y pendejaditas *new age* había una vela de aceite. Mientras dormíamos, el aceite, no sé cómo, se derramó y se prendió. Las llamas incendiaron una mascada sintética que cubría el banquito, la flama incendió el póster de Ganesh, el dios elefante, colgado de la pared... Total, nos despertamos en medio de las llamas. Shola salió corriendo —de inmediato comprendí que había ido a llenar una cubeta con agua—, mientras que yo, sin descomponerme gran cosa, vi que el problema sólo era el buró y que, tomándolo por abajo, podría aventarlo fácilmente por la ventana con todo y el fuego, la mascada en llamas y el aceite incandescente.

Estábamos en la planta baja; por lo tanto, con calma, abrí la ventana que daba al jardín con la intención de tirar la cómoda, pero justo cuando estaba a punto de tomarlo llegó Shola con la cubetada de agua que apagó el pequeño incendio. Se produjo humo, por lo que fui a la ventana a tomar una bocanada de aire y a reflexionar sobre la transitoriedad de la vida. Fue allí cuando descubrí dónde dormía el *sadhu-baba:* justo debajo de nuestra ventana, justo donde habría tirado el banquito en llamas. Me detuve a mirarlo en su inmaculada inocencia, plácidamente tendido en su estera, en paz con la existencia, usando un simple *longhi* —que parecía hecho de eso sintético e inflamable como la mascada—, sereno, pacífico, ignaro... No se había dado cuenta de nada.

"¡Ciertamente la vida es transitoria!", me dije, rascándome la barbilla. Habría bastado que esa cubetada de agua tardara un segundo, y habría transformado al "hindú" inocente en una antorcha humana.

—¿Por qué dejan que duerma al aire libre? —pregunté.

—Es él quien quiere dormir allí. Apenas regresó de la India después de haber vivido siete años en la selva con los *nagababa*. No logra dormir en una cama.

Cuando a la mañana siguiente le contamos lo sucedido, con marcadísimo acento del norte de Italia exclamó:

—¡Coooño!

Era de Parma. Había perdido las costumbres occidentales, pero no el acento emiliano, y ver a un hindú que en todo y para todo metía cada tres palabras un "¡coooño!" era un cortocircuito para el cerebro.

EL VIAJE ADENTRO

Como dos peregrinos que después de años de incertidumbre sienten que han llegado a un lugar donde finalmente pueden reposar y sumergir los pies exhaustos en una tina de agua tibia, así Shola y yo nos relajamos sumergiéndonos el uno en los brazos de la otra. Ambos sabíamos que éramos dos bestias feroces, por lo que nos tratábamos con respeto... al menos al principio. Éramos muy similares e incluso nos parecíamos un poco físicamente. Gracias a ella, durante esos dos meses que nos llevaron del verano al otoño de 1987 entré por primera vez en contacto con el mundo de Osho.

En realidad, mirando hacia atrás, puedo decir que la espiritualidad siempre fue un eje en mi vida. Había comenzado a manifestarse desde niño con mi amor desenfrenado por Jesús, mi fascinación por los mártires cristianos, mi admiración por la pobreza franciscana... Luego, conforme crecía el uso de la razón y la confianza en el mundo de los adultos disminuía, mi búsqueda se alejó cada vez más del recinto patológico de la religión, impulsándose por el camino solitario de quien se sumerge racionalmente en el misterio de la vida y de la psique humana. Ese viaje hacia el "mundo interior" había estado constelado por episodios pequeños, pero muy relevantes, y que al menos aparentemente no tenían nada que ver con la "espiritualidad". Por ejemplo, no puedo olvidar cómo me hizo cambiar mi percepción de la realidad leer, a mis dieciocho años, *Psicopatología de la vida cotidiana*, de Sigmund Freud, o los estudios sobre los fenómenos del sueño de Peter Kolosimo, o ese libro de yoga que mi madre, casi como premonición, me regaló en la época del liceo, cuando esa ciencia era casi desconocida en Italia, o cómo los cuentos de don Juan, de Castaneda, despertaban en mí la memoria dormida de una "mágica" unión con la naturaleza, o el efecto que me causó leer *La muerte de la familia*, de David Cooper, el padre de la antipsiquiatría, sin hablar de la inmersión en la locura durante el periodo de la casa hogar o de la más reciente lectura de Stanislavski y el contacto con el llamado "tercer teatro"… o de las propias sesiones espiritistas adolescentes o la experimentación con las drogas que, antes de que se volviera un simple hábito, pertenecía justamente a la misma búsqueda de la "verdad" que tomaría forma tangible muchos años después. Pero ese interés por el misterio que durante años había sido más que nada un ejercicio intelectual que me había esforzado por mantener en el ámbito de mi estricta racionalidad, últimamente comenzaba a ser una exigencia, una urgencia, como la sed de quien se da cuenta a cada paso de que se ha extraviado en el desierto.

El año anterior, en el '86, me había resignado a la impotencia de la razón frente a comprensión de la existencia, y había comenzado a interesarme por lo que estaba más allá de la mente positivista que hasta entonces había gobernado mi vida.

Haciendo teatro, me había topado con un aspecto que trascendía mi capacidad de comprensión. Por ejemplo, ¿qué era esa magia escénica que permitía, a través de los movimientos, palabas, sonidos, colores y formas, dar vida a una realidad que no existe sino en la imaginación de un artista? ¿Cuál era el mecanismo que hace posible el milagro a través del cual una ilusión como un cuento, sea teatral, musical o pictórico, logra emocionar y tocar al público casi como una experiencia real? ¿Qué era la realidad? ¿Qué era la ilusión? ¿Me había transformado más la experiencia real de conocer nuevos amigos, tener nuevos amores y tener nuevas experiencias, o haber podido dar forma al mundo intangible de mi fantasía, hecho de imágenes y ritmo? Por más que me esforzara en comprender y darme explicaciones, cada vez me rendía más a la evidencia de que no sólo los grandes misterios del universo no estaban a la mano de la comprensión humana, sino de que también los aspectos más comunes e íntimos de la vida de cualquiera eran inmunes a la capacidad de comprender de los simples mortales. Total, aunque fuera evidente, de pronto me daba cuenta de estar inmerso en un misterio que estaba dentro y fuera de mí, del cual era más víctima que artífice. Indagando en mí mismo, podía notar que la distinción entre realidad e ilusión era muy sutil o incluso ficticia. ¿Acaso había una diferencia entre el impacto que tenía en mi vida una experiencia real y el que tenía un simple pensamiento? ¿Mi cuerpo y mis emociones reaccionaban de manera más intensa al imaginar algo bello o al vivirlo? ¿Era más fuerte el miedo de algo real o el que me provocaba una simple paranoia? ¿Me emocionaba más la realidad de mi vida sexual o la fantasía? De nuevo me preguntaba: ¿qué es real y qué es ilusorio?

El primer contacto con la espiritualidad, aunque en forma implícita, lo había tenido a través de un budista, Dominique de Fazio, un maestro de actuación de The Actors Studio, con quien había trabajado dos meses en el '84. El método Strasberg, que él enseñaba y que en algunos aspectos es la cinematografización de la teoría que Stanislavski elaboró para el teatro, filtrado por su búsqueda espiritual se convertía casi en un camino místico. Pero mi primer maestro explícito de budismo fue un pintor que usaba heroína desde hacía veinte años: el propio Enzo Avellis, ante cuyos ojos Lello se había pintado de plateado y se había lanzado por la ventana. Sólo alguien como Enzo habría podido suscitar en mí el interés por un ámbito, el religioso, que siempre había considerado hipócrita y despreciable, y hacia el cual mi abuelo materno había consagrado su desprecio, rechazando la extremaunción en el lecho de muerte.

Enzo me dio lecciones de budismo en el malecón de Bari, comiendo mejillones crudos y bebiendo cerveza, entre un churro y un paseo invernal al mar. Cada vez que nos encontrábamos, era evidente que se creaba una alquimia especial. El tiempo perdía sus connotaciones, y no a causa del hachís, sino por una percepción diferente de esas mismas cosas que, vistas desde la perspectiva de la mente racional, son prosaicas y triviales, pero que filtradas por la silenciosa dimensión del "presente" se tornan mágicas y absolutas. En esas tardes vagabundas de mágica disolución, despeinados por el viento del norte, comencé a comprender que el mensaje de todos los maestros que han sido ofendidos por los "ismos" es justo el de transformar la prosa en poesía. "¡Interesante este chingado budismo!", reflexionaba encendiendo un churro solitario delante del mar. Pero, a pesar de la afinidad con el "maestro" Avellis, ese "chingado budismo" apestaba demasiado a religión, por lo que la experiencia se quedó allí.

Con Osho fue diferente. Osho era un maestro viviente, no un simulacro momificado en el tiempo del que discípulos carentes de escrúpulos o sin inteligencia hubieran estropeado, profanando su nombre y su memoria. En el '87 Osho aún estaba vivo... y me gustaría poder decir "coleando" —pero, desafortunadamente, en esos años ya soportaba pacientemente las consecuencias del presunto envenenamiento de talio que había sufrido en las prisiones americanas, cuando fue arrestado en el '85 y que, en el giro de unos cuantos años, lo llevaría a la muerte—. Desde la primera página del primer libro que leí, tendido en la cama de Shola, me quedé completamente cautivado. Se llamaba *Mi camino: la vía de las nubes blancas*. ¡No podía creerlo! Todo lo que siempre había pensado y sabido, y que desde tiempos inmemoriales se encontraba dentro de mí en forma magmática y confusa, lo encontraba expresado allí, en forma tan clara y simple que incluso resultaba banal. Las palabras de Osho no hacía referencia a ninguna cosmogonía preconfeccionada, sino que eran una inspiración fresca y vital para buscar esa verdad universal que nos une a todos y que se expresa de manera infinitamente diferente para cada uno de nosotros. Pero si leer sus libros me había fascinado, verlo en video me dejó pasmado. Yo, que en la oscuridad de mi presunción sentía que ya lo había visto todo, que ya había devorado la vida, retado a duelo a la muerte, provocado la locura y "digerido" a los grandes maestros, cuando vi hablar por vez primera a Osho me di cuenta que estaba frente a algo totalmente diferente: Osho pertenecía a una categoría nueva para mí. No era mejor ni peor que los demás: simplemente era único, pertenecía a otra especie. Había conocido a filósofos, artistas, políticos, líderes... pero nunca me había topado con un místico. Era la primera vez que entraba en contacto con uno de estos Buda, Lao-Tsé, Sócrates o Bodhidharma que, sin poder y sin ejércitos, se inmortalizaron en el corazón de la humanidad. Claro, ¡conocía a Jesús! Pero, habiéndomelo presentado más como un fenómeno de circo, capaz de caminar sobre las aguas, devolver la vista a los ciegos y resucitar a los muertos, nunca lo había tomado en serio. En cambio ahora, viendo a Osho, podía comprender también a Jesús. Podía finalmente entender a estos seres misteriosos que, hablando a grupos limitadísimos de pocos "amigos", en zonas muy circunscritas del planeta, sin siquiera haber dejado un libro de instrucciones escrito de su puño y letra, habían encantado tanto a sus contemporáneos, hasta llegar a nosotros después de miles de años, constituyendo la esencia más profunda de la evolución humana. No puedo decir que haya sido inmediatamente "fulminado en el camino de Damasco", sólo porque en los primeros tiempos mi acercamiento a Osho fue puramente intelectual: aún no conocía nada de la misteriosa relación maestro-discípulo ni tenía idea del rayo que convenció a Pedro de dejar las redes en el mar para seguir a un joven desconocido. Esto lo entenderé unos años después.

Con mi usual arrogancia, pensaba que comprendía a Osho mejor que los demás, pero, sobre todo, mejor que esa banda de "maricas" que eran sus discípulos vestidos de naranja, quienes no tomaban nada en serio y se la pasaban abrazándose, riendo, bailando, echando el tarot, saludándose como hindúes, tocando campanas, masajeándose unos a otros, preparando tés, encendiendo inciensos y limpiando cristales. "¿Cómo chingados se hace para vivir así?", me preguntaba. Con mis inconscientes legados de viejo comunista cristiano, juzgaba esa ligereza sanyasin como un valemadrismo superficial y culpable hacia el sufrimiento del género humano. Todas esas manifestaciones de alegre convivio me parecían incompatibles con la "seriedad que requiere enfrentar los graves problemas de la vida". Por lo tanto, los criticaba y me burlaba, sin darme cuenta de que, a pesar de mi espíritu rebelde, la atmósfera mortificante del catolicismo y la expresión sufriente de todos los santos habían dejado marcado en mi inconsciente la idea de que el ambiente austero y las caras largas eran ingredientes indispensables para dirigirse a los ideales del espíritu capaces de rescatar a la humanidad de su tomento. No había notado que incluso la "equívoca" comitiva de Jesús iba por allí bailando y cantando aleluya, y que él mismo no desdeñaba ser tratado como un *rockstar* y dejarse masajear los pies con preciosos aceites aromáticos. Tendría que esperar a meterme yo mismo en el camino de Damasco para comprender que el encuentro con "Dios" nada tiene que ver con esa "piedad cristiana" que desde hace dos mil años se celebra, restregándole en la cara al mundo, sin decencia, el sacrificio de ese pobre Cristo crucificado, cuyo mensaje habría quedado mucho más vivo recordando sus fiestas con vino y carne asada en lugar de estigmatizándolo en el símbolo de su martirio. Esta banda de anaranjados en falda, quienes se la pasaban abrazándose, riendo y bailando, me daba un poco de vergüenza con sus modos poco viriles... ¡casi indecentes!, para un *cowboy* como yo. Por lo tanto, me adaptaba mal a su clima festivo y miraba esas manifestaciones de alegría, amor o incluso peor, ¡Dios me ayude!, de devoción, con el aire de suficiencia paternalista que se tiene hacia la "gente que ni siquiera es capaz de interpretar bien las palabras de su propio maestro". Pero lo que no podía dejar de notar era que esas mismas personas que criticaba en realidad no las consideraba intelectualmente inferiores a mí. Es más, algunas de ellas, como Samagra —la hechicera, quien tendría un papel importante en esta historia—, me imponían. Total, había algo que no me cuadraba. Por más que me resistiera a ese vórtice peligroso donde se pierde todo lo que de uno mismo da seguridad, no podía resistirme a la fascinación. Y así, un día un masaje, otro día un té y otro una lectura de tarot... Al final, con gran sentido de culpa y de vergüenza, ¡horror!, incluso comenzó a gustarme la música *new age*.

Puedo decir que fue en esos dos meses cuando conocí la meditación.

Comencé a practicar la Dinámica y la Kundalini, un concepto revolucionario respecto a la idea que comúnmente se tiene de las prácticas espirituales. Durante esos dos hermosos meses en Villa Ambra, rodeado del amor que aquellas cuatro estafadoras habían logrado crear en torno a mí, se plantó en mi corazón una Rosa Mística que florecería el 18 de enero de 1993, cuando esta historia terminará.

* * *

Sucedió en Manduria, de noche, los últimos días de diciembre, tal vez el 26, bajo un árbol de olivo. Fue allí y entonces cuando, quién sabe de dónde, tu tío Alessandro corrió a instalarse en el vientre de Shola. A pesar de que ella lo recuerde de manera diferente, yo, para variar, no pensaba para nada en tener un hijo... si bien, es cierto que no opuse ninguna resistencia para concederle el paso a este mundo. Cuando Shola me comunicó que estaba encinta, pensé que no se le podía pedir a una mujer de veintinueve años —yo tenía treinta y uno— que abortara a un niño concebido en un momento de amor. Por lo tanto, si ni siquiera sabía si tenía ganas de quedarme con ella, decidí que me haría responsable de esa nueva vida que había tenido la estrafalaria idea de elegirnos justo a nosotros como padres.

Ella detuvo su imparable moverse de una ciudad a otra y de un país a otro, y yo comencé a mirar ese periodo de gestación como un invierno que se tenía que pasar en el modo más cómodo y seguro posible. Nos instalamos en el "nido de las águilas".

Después de años de acumulación y abandono, ese departamentito se había vuelto más parecido al refugio de un vagabundo en el hueco de una casa abandonada que a una morada: cosas por todos lados, agujeros en las paredes, escritos en los muros, objetos de desecho como muebles, colores inadmisible deslavados por el tiempo, suciedad crónica en todos los rincones... Shola, cuyo nomadismo la había acostumbrado a transformar rápidamente, escuálidos lugares de paso en campamentos exóticos y elegantes, no tuvo ninguna piedad para cancelar de golpe los rastros de mi épico pasado, transformando en pocos días ese tugurio en una especie de templo zen japonés.

No opuse resistencia. Aun cuando mi casa me gustaba como era, me daba cuenta de que esa barricada en que me había ya quedado sólo se había transformado en un mausoleo sin vitalidad. Aferrarme a esos recuerdos me habría hecho ridículo, como una mujer de treinta años que se queda aferrada a los peluches que abrazaba cuando tenía trece. Así, acepté que el lugar correcto para los "viejos peluches" fuera el basureo y me adapté a vivir en "Japón". Al final me gustaba, aunque ya no tuviera la sensación de estar en mi casa.

Shola no se limitó a esto: me suplicó que abandonara los aspectos más marginales de mi vida y que dejara de vivir de artimañas.

—¡Tienes un enorme talento como artista! —insistía—. ¿Por qué no lo explotas en lugar de seguir viviendo al día como un desgraciado?

Tenía razón: ése era otro peluche que había que tirar a la basura. Por lo tanto, aunque seguía presentándome en las calles cuando había la ocasión, comencé a pensar qué podría hacer.

A pesar de que los cambios que había aportado a la decoración y los que quería aportar a mi modo de vivir eran sin duda positivos, durante las primeras escaramuzas explicativas con que las flamantes parejas miden los límites dentro de los que es posible ejercer el poder uno sobre el otro me di cuenta de que ella tendía a invadir tanteando el territorio de mi paciencia, rompiendo pequeñas cosas. A la primera discusión rompió un vaso. ¡A quién le importaba! A la segunda rompió un plato. "¡Chingado! ¡Entonces esto es un vicio! – pensé. Cuando en el tercer pleito volteó una mesita, le dije sin inmutarme:

—Mira —y en un momento volteé la mesa grande, de un golpe arranqué de la pared los muebles de la cocina y los tiré al piso, aventé el armario, las repisas, la zapatera… En un momento toda la casa terminó destruida. Luego la miré pacíficamente y concluí—: ¿Está bien así? —y salí de casa.

Nunca más rompió nada.

De cualquier forma, aparte de los pequeños episodios de ordinaria locura, indispensables para hacernos sentir vivos, ese primer periodo fue muy bello y divertido.

En tanto, mientras que Shola reordenaba el desmadre de mi vida material, por otro lado Osho se estaba ocupando de una tarea mucho más difícil: reordenar mi vida interior. Y si pasar de la casa del vagabundo a la casa del japonés no había sido tan difícil, dejar mi personalidad de artista maldito y de chico de la calle me generaba un mar de resistencias. Durante años me había esforzado en construir mis seguridades sobre la base de la dureza, la agresividad, la insensibilidad y el desprecio por la vida, y ahora este pinche hindú con barba venía tan campante a decirme que el camino hacia la realización de uno mismo ocurre a través de la vulnerabilidad, la aceptación y la rendición. ¡Cosas de locos! ¡Significaba tirar mi vida entera a la basura con todo y peluches! ¡Significaba perder completamente la identidad, renunciar a las armas gracias a las que había sobrevivido y con las que me había encariñado, para quedarme desnudo, sin nada y a merced de cualquiera! *Truth is not cheap,* decía Osho en el video.

Cheap? ¿La verdad no es barata? Pero ¡allí no se trataba de gastar mucho, se trataba de quedarse en calzones! Sin embargo, entendía que ese pinche hindú tenía razón: ¿no había siempre arriesgado la vida con tal de no conformarme con una "verdad" confeccionada por otros? Pero ¡morir era nada en comparación con renunciar a "uno mismo"! Cuando uno muere, paradójicamente cristaliza la identificación de sí mismo en el acto de la muerte, pero cuando uno renuncia a la propia personalidad, ni siquiera queda una fotografía que poner sobre la lápida. Es como morir sin estar muerto.

Nada más la idea de convertirme en uno de sus discípulos danzantes me revolvía el estómago. ¿A dónde iría a parar ese cinismo del que estaba tan enamorado? ¿A dónde iría a parar la expresión amarga de mi rostro que me abría paso por la calle? ¿Y qué decir de la orgásmica sensación que regala la adrenalina cuando se cede al desenfreno de la ira? Estaba en problemas. No podía negarme a mí mismo que lo que tenía delante era más interesante que lo que estaba a mis espaldas, pero no sabía cómo renunciar a mi pasado, cómo renunciar a "mí mismo". Y así, como hacen muchos, elegí un camino intermedio: decidí entrar en ese nuevo mundo llevando conmigo mi pasado, cultivando la ilusión de que para aprender a nadar es suficiente imitar desde la orilla a quienes están en el agua, sin tener siquiera la necesidad de quitarse la chaqueta de mezclilla y las botas. Serían necesarios casi cinco años para desnudarme, abandonarme en el agua y aprender a nadar.

No obstante que mi ego me encadenase a una actitud, por increíble que parezca, ¡conservadora!, por fortuna una chispa de inteligencia me hizo al menos comprender que limitarse a leer a Osho o a Krishnamurti o a Gurdjieff no era suficiente para transformarse. Cierto, leyéndolo mi mente estaba más abierta y tenía más argumentos que blandir en las sesiones de masturbación colectiva en que los intelectuales aman pavonearse, pero fundamentalmente seguía siendo el mismo imbécil que siempre había sido. Los mismos miedos, las mismas manías, las mismas debilidades y las mismas vanidades permanecían escondidos detrás de mi máscara atroz como un espíritu maligno, esperando sólo el momento de poder brincar fuera y finalmente poder masacrar en forma definitiva mi tambaleante orgullo. No había nada que hacer. Los sermones no me salvarían. Eran necesarias la experiencia, la práctica, la meditación. Pero ¿qué experiencia? ¿Qué práctica y qué meditación?

Había comprendido que una técnica valía lo que otra... es más, "cualquier cosa podía ser una meditación", pero eso no me quitaba del dilema, porque es cierto que era un cretino, pero no al punto de engañarme diciendo: "¡Ah, ya entendí! Entonces el teatro es mi meditación... o correr... o dibujar... o ir a bailar es mi meditación", sin siquiera conocer el ABC de esta palabra. Nada de chingaderas: tenía que ponerme a "estudiar". Había que practicar, imponerse una disciplina, entrenarse cotidianamente, como se hace con cualquier cosa que se quiera aprender... Tenía que aprender absolutamente "de qué chingado hablaban estos malditos místicos". Pero ¿qué ejercicio practicar?

En aquel periodo, en nuestro ambiente se había difundido una técnica japonesa —como mi casa— que se basaba en las enseñanzas de un monje budista del siglo XIII: Nichiren Daishonin. Consistía más o menos en la cotidiana recitación rítmica de un librito incomprensible, que se llama *Gonyo*, y del Daimoku, una repetición obsesiva del mantra *Nam Myoho Renge Kyo*. El aspecto religioso o dogmático de la secta era una joda, pero no podía no darme cuenta de que sus adeptos tenían el aspecto de personas centradas y determinadas. Lo que dio el golpe final a mis dudas y me convenció de dedicarme a esta práctica fue ser testigo de la metamorfosis que provocó en mi amiga Irene —la del teatro—, quien después de sólo pocas semanas de práctica había transformado el desmadre crónico de su vida en un proyecto sólido y confiable. "¡Chingado! —me dije—. Esto es justo lo que yo necesito." ¡La tendencia existencialmente incoherente que imprimían a mi vida los churros podía ser compensada por las palabras sin sentido de este japonés! Con la misma obsesión con que había aprendido a hacer el mimo, comencé a aprender la meditación, dedicándole más de una hora al día sin brincarme nunca una sola sesión. Obviamente mi práctica de *Nam Myoho Renge Kyo* nada tenía que ver con el contexto religioso de sus practicantes, y en las reuniones me divertía retomando lo que explicaban de la filosofía budista para luego explicárselos yo a ellos en clave de Osho. Durante un tiempo funcionó, aunque pronto me di cuenta de una contradicción intrínseca que, al menos para mí, esta técnica japonesa implicaba. Si tienes la paciencia de seguirme en una pequeña digresión, Inés, comprenderás por qué al final decidí dejarla y por qué en el futuro siempre tendré un cierto recelo hacia todos estos métodos de superación personal.

Este *Nam Myoho Renge Kyo* pone todo su énfasis en los resultados que se quieren obtener; y desde este punto de vista funciona; no es casualidad que se haya difundido entre los comerciantes del medioevo y entre los ultranacionalistas japoneses de la última guerra mundial. Pero mi búsqueda no estaba dirigida a obtener lo que yo quería, sino a saber quién era yo, para finalmente poder vivir de acuerdo con mi verdadero ser. Leyendo a Osho me quedó claro que la idea que tenemos de nosotros mismos no corresponde a lo que somos verdaderamente, sino que está determinada por una serie de factores inconscientes y accidentales como la nación, la familia y el contexto religioso, social y cultural en que crecemos. Entonces me preguntaba: "Si yo no soy lo que pienso que soy, ¿cómo puedo saber lo que quiero verdaderamente?". Si yo estaba tratando de liberarme de ese pendejo que vivía dentro de mí y que me dominaba, ¿cómo podía delegarle al mismo pendejo la elección de lo que quería en la vida…? ¡Y no nada más esto! ¡La cosa más grave era que, además, a ese pendejo le estaba poniendo entre las manos un arma japonesa para obtenerlo! Se sabe que sólo hay una cosa más peligrosa que un cretino: ¡un cretino con poder! Mi objetivo no era hacer carrera, tener éxito, ganar dinero o encontrar dónde estacionar el auto: yo quería destruir a ese pendejo que desde siempre tenía secuestrada mi inteligencia y me impedía ser feliz.

Me habrá tomado dos años quitarme esa nueva dependencia al *Nam Myoho Renge Kyo*, pero, mientras la usé, no puedo negar que me ayudó bastante. De hecho, aquella primavera del '88, mientras la panza de Shola crecía desmedidamente, moviéndose bajo las patadas entusiastas de tu tío Alessandro, esa práctica japonesa no sólo me sirvió para comenzar a cambiar de piel, sino también para concentrar mi atención en un proyecto nuevo: transmutar mi repertorio de calle en un espectáculo de teatro más convencional. Habría añadido la palabra "mimo". Obviamente, cuando Shola me alentó a dar este salto, tuvo la astucia de no usar la palabra "convencional", porque intuía que se me habrían erizado todos los pelos del cuerpo y que no habría hecho nada.

La realidad era que desde hacía algo de tiempo el mimo me quedaba corto, por lo que, cuando en el verano del '88 tuve la ocasión de presentarme en un festival que organizaban justamente en mi ciudad, en el hermoso Castillo Svevo, acepté con entusiasmo. Salvé lo más valioso del repertorio de mimo, añadí un par de monólogos, una improvisación con el público y, no resignándome a la idea de que nadie quisiera montar el pinche *Tengo sida*, incluso decidí presentar por entero el primer acto, solo, interpretando a los cuatro personajes. Al final salió un espectáculo de dos horas: *Rock Pantomime*. Poético estilo Hugo, histriónico estilo Dario y "feroz" estilo Jango Edwards[28] —no es casualidad que el personaje de *rockstar* que interpretaba se llamara Arturo Feroz.

Dominando la emoción y el miedo, esa noche me presenté al público con pantalones de cebra estilo años setenta, una camiseta roja hecha jirones y anteojos redondos y amarillos estilo Rank Xerox.[29] Percibía dentro de mí la desesperada determinación de vencer ese nuevo reto; me sentía duro y vibrante como un pene erecto sobre el escenario; impuse al público el aplauso de bienvenida con mi acostumbrado aire de gladiador y comencé mi batalla. El espectáculo fue un éxito. Muchas cosas por corregir, pero era el camino correcto. Parecía que había comenzado una nueva era.

Unos padres al revés

Total, que entre un *Gonyo* y un churro, un libro de Osho y una fiesta, un Daimoku y un espectáculo, la panza creció y llegamos al 22 de septiembre de 1988.

El embarazo había sido un hermoso periodo. Shola y yo fuimos absorbidos por esa magia especial que se desprende de lo más profundo

---

28 *Clown* estadounidense famoso por su forma extrema de provocar al público.

29 Antihéroe de una caricatura de Stefano Tamburini: un robot con forma humana dotado de gran fuerza y una violencia feroz.

de esa herencia animal que, fundiéndose con el privilegio de la conciencia, transforma un acto biológico en poesía. Todo salió bien... de no ser por un accidente ocurrido en Génova.

Estaba todo sudado, después de un pequeño espectáculo en un local en la capital lígura. No era la gran cosa, pero estando por aquellos rumbos, y aprovechando la hospitalidad de Mauro —un amigo de la compañía de Dario Fo—, había aceptado hacerlo. Sudado como estaba, al final del espectáculo me quedé a charlar un buen rato con el dueño del lugar bajo el frío del aire acondicionado. Un error que jamás volvería a cometer en toda mi vida.

La casa de Mauro estaba en la parte antigua de la ciudad y constaba de una sola habitación y un solo baño, por lo que nosotros dormíamos en una buhardilla del viejo edificio, a la que se llegaba a través de una angosta y empinada escalera. La mañana después del espectáculo, a mediodía, bajé primero para encontrar a Mauro y a su esposa, quienes nos esperaban abajo con una hermosa mesa dispuesta con un rico almuerzo, todos contentos de pasar un domingo juntos.

—Shola, ya baja —anuncié—. Yo me lavo la cara y vuelvo.

Cuando me incliné sobre el lavabo del baño, no podía imaginar que para reconquistar la posición recta me tardaría días. Sentí algo raro pasar entre la cuarta y la quinta vértebra lumbares. Sólo tuve tiempo de llegar arrastrándome hasta la única cama de la casa y recostarme en ella bajo los ojos sorprendidos de los anfitriones.

Estaba completamente paralizado. Ya no lograba moverme. Mauro y su esposa me rodeaban, preocupados, no tanto por mi condición de salud, sino porque ese pinche huésped se había desplomado como una amiba en la única cama de la casa: la de ellos. No sabían que ése era sólo el comienzo de su catástrofe.

De hecho, apenas diez minutos después bajó Shola, llorando desconsolada y deteniéndose la panza:

—¡¡Encontré sangre en mis calzones!!

¡Amenaza de aborto! Había que correr al hospital. ¿Correr? ¿Y quién podía correr? Yo ni siquiera podía alzar la cabeza de la almohada. Los únicos que podían enfrentar esa emergencia eran el pobre Mauro y la pobre esposa, quienes además, habiendo esperando a que nos despertáramos para almorzar juntos, estaban en ayunas. Echaron una melancólica ojeada a la mesa que habían dispuesto con tanto entusiasmo... si hubieran podido, habrían dicho: "¿No podemos comer primero?", pero no había nada que hacer: Shola lloraba y yo murmuraba, gesticulando con los dedos —la única parte del cuerpo que podía mover aún—. Tuvieron que abalanzarse por sus abrigos y salir de casa, tratando de encontrar un difícil equilibro entre la prisa de llegar al hospital y la fragilidad de quien tenían que llevar. En un momento todos desaparecieron y fui dejado a mi suerte.

Las horas pasaron en un silencio y una inmovilidad exasperantes. ¿Qué estaba ocurriendo? De cuando en cuando sonaba el teléfono, pero alcanzarlo era una misión imposible que ni siquiera tomé en cuenta. Me di cuenta de cuán espeluznante es el sonido de un teléfono en una casa vacía. Comenzaba a sentir hambre... pero ¿qué digo? Tenía un hambre bestial. El almuerzo estaba allí, a dos metros de mí, pero inalcanzable. Pasaron los minutos... trascurrieron las horas... llegó la noche. Me quedé tristemente en la oscuridad, porque el interruptor de la luz también estaba a miles de millas de distancia. Después de un rato la sed comenzó a asediarme. La única consolación era que, por suerte, no tenía que mear; de otro modo me habría visto obligado a hacerlo en la cama de mi pobre amigo.

¿Qué había sucedido? ¿Por qué no volvían? ¿Se habrían muerto todos corriendo al hospital…? ¿O se habían olvidado de mí y se habían ido al cine? Entre las dos, no sabía cuál preferiría. No sabía qué hacer. Traté de recitar *Nam Myoho Renge Kyo,* pero renuncié de inmediato, porque me sentía un imbécil al estar inmovilizado en Génova, en la cama de otro, rezando en japonés. Esperé.

A las ocho de la noche, finalmente Mauro y la mujer volvieron a casa. Se quedaron casi sorprendidos de encontrarme todavía justo donde me habían dejado. También su almuerzo se había quedado allí, intacto, como después de un desastre nuclear. Tenían el aire abatido. Shola tenía una amenaza de aborto y no la habían dejado volver a casa. Ellos se habían quedado en el hospital hasta que estuvieron seguros de que la habían dejado bien instalada. Estaba bajo observación y no se podía mover hasta que se lo autorizaran. Ella no podía moverse de allí y yo no podía moverme de aquí… Parecía estar en una comedia. Los dos, pobrecillos, miraron con tristeza la mesa puesta, pero ya era demasiado tarde: ya se habían destruido el estómago a golpe de sándwiches y café de la máquina del hospital. Pero lo que les dio el golpe de gracia fue de pronto darse cuenta de que no había lugar para ellos en su casa. Y así, después de haberme dado de comer y de hacerme mear en una cubeta mediante una complicadísima operación, mansamente subieron por las escaleras y se fueron a dormir en la buhardilla, preguntándose qué sería de ellos al día siguiente.

Aparte de ese pequeño incidente, el embarazo trascurrió sin complicaciones hasta el fatídico día de su epílogo: el 22 de septiembre.

Todo comenzó a las siete de la mañana. Primera contracción. Pero

¿era una contracción? Esperamos. A las ocho y media otra contracción. Sí, ésta era una contracción. Llamamos al doctor, pero él nos tranquilizó:

—Son necesarias horas antes de que sea necesario llevarla al hospital. Tómenlo con calma.

"¿Tenemos que tomarlo con calma? Está bien, entonces ¡echémonos un churro!" Preparé el café, fumamos, dos rebanadas de pan tostado con tahini y miel... de vez en cuando un dolor... todo se detenía por un instante... luego otro churro... una charla en la cama... Parecía absolutamente un día cualquiera de nuestra vida.

—Si se trata sólo de esto —nos dijimos—, el famoso tormento del trabajo de parto es una cosa de nada!

Por lo tanto, puse un poco de música... *dos spaghetti*... otro churro...

A las cuatro de la tarde precisas Shola tuvo una contracción más fuerte que las otras. ¡Puta! ¡Ésta sí había sido dolorosa! Pero no hicimos caso. Hasta entonces los dolores habían tenido un intervalo constante de cuarenta y cinco minutos entre ellos. Pero a las cuatro y diez se presentó otra más fuerte, y a las cuatro y cuarto otra, y a las cuatro y veinte una más fuerte aún... "¡En la madre! —me dije—. ¿No será que ésta me va a parir en la cama?" Estábamos tan trastornados que nos habíamos olvidado completamente de que ése era el día en que esa especie de alien pateador saldría de la panza. Llamé al médico. Me tranquilizó. Me dijo que era el momento de ir al hospital. Shola quiso ducharse y, entre una contracción y otra, poco a poco, después de dos horas llegamos al hospital. Estábamos alegres y seguros de que todo saldría bien; sobre todo yo: estaba eufórico.

Aprovechando la distracción de las enfermeras, entré en la sala de labor y comencé a hacer una cosa que quién sabe cómo me vino a la mente: le detenía la parte baja de la espalda con una mano y la acompañaba respirando hasta el pico de la contracción. Era hermosísimo; sentía la contracción crecer en su vientre y, cuando el dolor llegaba a su pico, alentaba a Shola a respirar, respirando con ella, de modo que, en lugar de contraerse en el espasmo de un grito, dejaba libre el paso a la dilatación natural. Cuando las enfermeras me vieron, no tuvieron el valor de correrme... más que cuando visitaban a las otras parturientas. Después de dos horas estábamos en la sala de parto. Allí no tenía verdaderamente nada más que hacer. Hizo todo ella. Fue maravillosa. Los dos primeros pujidos fueron tremendos, aunque ineficaces, pero el tercero... el tercero fue magistral. Se agarró de la camilla como si estuviera combatiendo por su vida... y, en efecto, era lo que estaba haciendo; tomó aire y pujó, pujó, pujó... Luego sólo un instante de pausa para retomar aire, y pujó otra vez, otra vez, otra vez y... *¡Banzai!* Con un grito de samurái disparó esa bola gris llena de moco, que después de pocos segundos tomó el aspecto de un ser humano. Había nacido Alessandro.

* * *

Sólo a Shola se le podía ocurrir irse a vivir con una pareja de amigos que había tenido un niño dos meses después de nosotros. La idea era correcta: solos no nos podíamos permitir una casa más grande, pero dividiéndola con ellos... ¡Y no sólo eso! En lugar de caer en el "normal" aislamiento depresivo de dos pobres diablos que, acabadas las felicitaciones, las visitas parentales y los regalos inútiles de los primeros días, son abandonados en el vórtice de ollas, biberones, mamilas, reflujo, vomitadas, eructos, chupetes, pañales y cacas, nosotros podíamos transformar en una fiesta también esta fase delicada de la vida de una pareja. Fue así como nos hicimos famosos entre los amigos como la Familia Cocozza. Este curioso nombre se nos endilgó por el hecho de que la casa que habíamos rentado era de la señora Cocozza, madre de aquel Massimiliano que me había prestado la casa de via Balilla —la de los travestis—, y a quien veinte años después le birlaría de nuevo el apellido para dárselo al personaje de un libro mío.

La Familia Cocozza estaba compuesta por Shola; Anna Trash, famosa por haber sido la primera con la genial idea de abrir una boutique de vestidos usados en Bari; Pino, quien era famoso por medir dos metros, y yo. Para completar el cuadro, los dos recién nacidos, Alessandro y Leo, quienes presentaron de inmediato actitudes opuestas hacia la vida, al punto de ganarse en el acto dos sobrenombres que sólo se le podían ocurrir a una banda de pachecos como la que continuamente frecuentaba la casa: Opio y Cocaína. Opio, o sea, Leo, tal vez porque, desorientado por un parto difícil, era tan tranquilo que te daban ganas de preguntarle: "Pero ¿qué te fumaste?", mientras que tu tío Alessandro, Cocaína, era tan inquieto que te daban ganas de dormirlo haciéndolo aspirar el gas de la cocina. Dormía poquísimo, se movía constantemente, agarraba cualquier cosa que tuviera a la mano para aventarla al suelo o metérsela a la boca —¡una vez incluso tuvimos que sacarle una cucaracha de la boca!—, y con sus ojitos avispados e inteligentes conquistaba la simpatía de cualquiera, emitiendo una serie continua de gritos, bufidos, gruñidos y trompetillas; todos estaban complacidos por su extrema vitalidad, menos los padres —la madre y yo—, quienes con el paso de los meses adquirimos unas ojeras que parecíamos máscaras de carnaval. Aparte de las pocas horas intermitentes en que dormía, los únicos momentos de paz eran cuando lo metíamos en la carriola; entonces, tal vez pensando que finalmente saldríamos de la casa, comenzaba a impulsarse rítmicamente adelante y atrás con todo el cuerpo, emitiendo una letanía maorí: *hu, hu, hu, hu, hu,* que hacía que esa sillita con ruedas, que era su lugar favorito, se moviera de arriba abajo, dando una sensación de mareo a todo el ambiente. Después de un poco nos acostumbramos al ruido maorí de fondo, como te acostumbras al zumbido de un refrigerador que funciona mal.

Esa convivencia duró seis inolvidables meses en los que consumíamos veinticuatro botellas grandes de cerveza Peroni al día: dos cartones de doce. Alguien, que seguramente no fue el pediatra sino más probablemente el cantinero, nos dijo que la cerveza hace bien durante la lactancia,, pero sin haber especificado si quien la tenía que beber era sólo la madre o también el padre, todos le echamos ganas para "producir leche". Obviamente, para asumir la dosis diaria de dieciocho litros nos ayudaba la típica banda de amigos "desquehacerados" que habían encontrado otro punto de encuentro donde descansar alegremente.

La jornada se iniciaba no justamente al amanecer, pero ya hacia mediodía se empezaba a abrir los ojos. En realidad, para las mujeres comenzaba un poco antes, cuando, a ojos cerrados, agarraban al niño y se lo pegaban al seno, o cuando, dado que la cerveza no era suficiente para producir lo necesario, siempre con los ojos cerrados se arrastraban hasta la cocina para preparar un biberón de relleno. Cierto, había que cambiarlos, pero esto también se hacía a ojos cerrados.

Dado que los niños se habían adecuado a los ritmos de la casa y se iban a dormir tardísimo, también ellos permanecían en la cama alternando momentos de sueño con momentos de vigilia, en los que se divertían molestando a los padres en coma. Generalmente toda la Familia Cocozza consumíamos el desayuno amontonados en la cama de una de las dos parejas, aprovechando algún *croissant* que el primer vagabundo que venía a visitarnos trajera. Todos amontonados uno sobre el otro, en piyama y con los cabellos despeinados, dábamos más la impresión de una manada de animales en periodo de reproducción que de una familia; no nos habríamos sorprendido de ver a un equipo del Discovery Channel venir a filmarnos.

Pero no pienses que nos quedábamos todo el tiempo inactivos. ¡Para nada! Hacia las dos de la tarde, a veces, estábamos ya todos frescos y peinaditos, listos para echarnos el primer churrote y comenzar la jornada. Dado que, aparte de esos dos espectáculos que hacía al mes, ninguno de nosotros trabajaba, y no sabíamos qué hacer, Pino y yo nos ocupábamos de ir al supermercado a comprar las cuatro cosas cotidianas esenciales para sobrevivir, pero sobre todo las cervezas. Habíamos resuelto el problema del transporte de la voluminosa compra —voluminosa por los cartones de cerveza— apropiándonos de un carrito del supermercado que, una vez llegados a casa, asegurábamos con una cadena al poste de la luz, como si fuera una bicicleta.

Se cocinaba y se comía a horas absurdas: cinco de la tarde la comida, once de la noche la cena. Los lugares en la mesa nunca eran suficientes y todo era elástico y fluctuante. Tal como durante los años de la "gran promiscuidad", flotábamos en una alegre improvisación donde los aspectos más extremos de los excesos, de la suciedad y de las drogas eran dulcemente aliviados por el viento que, soplando de Oriente, llenaba nuestras vidas de tés, aromas esenciales, mantras, dietas exóticas, amuletos, masajes y esoterismo casero.

Fue una bella época. Había encontrado una especie de equilibro. Aunque no duraría mucho, sentía que había logrado conjugar de manera satisfactoria mi irrenunciable exigencia de libertad con la necesidad de calor e intimidad que esa especie de familia me daba. Por vez primera sentía poder gozar las cosas que hacen "felices" a todos, sin tener que aceptar sentirme aplastado por la monotonía gris de la "normalidad", porque de normal en esa "familia" no había nada. Ya no me sentía un muchacho, sino un hombre hecho y derecho que estaba logrando construirse una vida a su modo y cumplir el único deber que concebía: el deber hacia los hijos... aunque éste también a su modo.

Si con tu tío Alessandro, a pesar del desmadre de la Familia Cozza, tenía la certeza de que estaba creciendo en un ambiente que, por más discutible, de cualquier forma era coherente con mi concepción de la vida, sentía que tu padre, Fabio, viviendo con los abuelos, quedaba excluido. Mientras que Alessandro, aun siendo pequeñísimo, siempre fue el centro de atención de la multitud de "tías y tíos" quienes, aunque con las manos sucias, en muchas formas lo entretenían y jugaba con él, los únicos estímulos que recibía Fabio eran la televisión y la cocina de la abuela materna.

Lo veía cada vez más gordito, bofo... ¡y luego con ese maldito tic en los ojos! Como ya te he dicho, querida Inés, mi forma de ser padre ha sido muy discutible, pero no se puede negar que, a lo largo de mi historia como padre, en diferentes ocasiones, guiado más que otra cosa por un profundo instinto animal, intervine con ambos hijos en momentos cruciales, pescándolos por los pelos antes de que se precipitaran en el barranco del desastre. El primero de estos episodios fue justamente "el tic de Fabio".

Desde hacía semanas había notado que el niño guiñaba continuamente los ojos. Por más que me resistiera, al final tuve que resignarme a ponerle un feo nombre a esa fea costumbre: tic. Hablé con la madre, tu abuela Lilli; hablé con mis suegros... Nadie sabía qué hacer. Trataron de ponerle anteojos con la esperanza de que se tratara de un defecto visual normal, aunque para mí estaba claro: inútil hacerse ilusiones: ése era un maldito tic.

No sabía qué hacer. Cuando se presenta la enfermedad de un hijo nunca se sabe qué hacer, nunca estás preparado, y al inicio te sientes morir y te quieres matar. Hace falta un poco de tiempo para darte cuenta de que, aun cuando nadie te lo haya enseñado, al final cada ser humano, por derecho de nacimiento, si no está loco o completamente neurótico, siempre tiene los recursos para enfrentar su propia vida incluso en los aspectos más injustos y dolorosos, hasta cuando la única respuesta sea la resignación. Pero en ese entonces yo no estaba absolutamente en la fase de resignación: yo estaba desesperado. Ni siquiera el alegre carnaval de la Familia Cocozza lograba quitarme ese dejo de angustia: ¡ese chingado tic! ¡Ese chingado tic! Ni siquiera podía jugar con el pequeño Alex porque me sentía culpable. ¿Cómo se puede jugar alegremente con el recién llegado, cuando el que llegó primero tiene un tic? Intenté enfrentar el problema de varios modos, exhibiéndome en un fantástico muestrario de estupideces: le preguntaba por qué guiñaba los ojos, luego intentaba ignorarlo, luego perdía la paciencia y me enojaba, luego intentaba ignorarlo de nuevo, luego me sentía culpable y le pedía disculpas, luego trataba de convencerlo de no hacerlo, luego le daba consejos, luego perdía la paciencia de nuevo… Me sentía completamente inadecuado para la situación. Nada funcionaba.

Un día, durante un paseo por el campo con amigos y niños, lo vi tan infeliz, tan a disgusto, tan deprimido, tan obsesivamente afligido por el tic de los ojos, que todos los recursos de mi "inteligencia" con que había intentado inútilmente resolver el problema se declararon vencidos. Lo miraba, y la única cosa que sabía era que lo amaba a morir y que habría dado la vida por ese maldito niño gordito. Y así, cuando volvimos a "casa Cocozza", antes de regresarlo a dormir con los abuelos dejé de lado la "inteligencia" y, siguiendo el instinto de mi corazón, le dije la cosa más simple que jamás habría podido decir:

—Amor mío, ¿por qué estás tan triste? ¿Quieres venir a vivir aquí, con nosotros…? Así estamos todos juntos… tú, yo, tu hermanito, Shola…

Fabio siempre había preferido la casa de los abuelos y generalmente no toleraba más de un par de días lejos de sus comodidades; por eso esperaba todo menos que me respondiera con un lacónico pero significativo: sí. Me quedé estupefacto.

—Pero ¡claro, amor mío! —le dije, desarmado, y con el corazón en la mano—. Yo pensaba que tu querías vivir con los abuelos. Pero yo soy el más feliz del mundo si vienes a estar aquí, con nosotros… Ponemos tu cama por allá… tus cosas por acá…

Sólo hacía falta comprar la cama, pero, si quería, podría quedarse con nosotros desde esa misma noche. Él respondió que esa noche de todas formas prefería volver con los abuelos. Lo acompañé y, antes de entrar en el ascensor, le confirmé los planes:

—Entonces mañana voy a comprar tu cama y vienes con nosotros.

Él repitió su lacónico "sí". Al otro día su tic había desaparecido. Desde esa noche Fabio jamás habló de venir a vivir conmigo y nunca más guiñó nerviosamente los ojos.

¡Quiera Dios que nos bastase a los hombres una pequeña lección como ésta para comprender que la única medicina para los afanes de los seres humanos es el amor! Desgraciadamente somos duros para comprender, y tantas veces me encontraría de nuevo tratando de resolver los problemas de mis hijos con la cabeza en lugar del corazón.

ALESSANDRO

Aquel verano de 1989 la Familia Cocozza, después de ocho meses de convivencia, se disolvió con una fiesta que el condominio recordaría por años, y nosotros —Shola, el pequeño Alex y yo— nos fuimos a vivir a una casa un poco más allá de nuestras posibilidades económicas, en Parchitello: un hermoso complejo a las puertas de Bari que albergaba unos cientos de familias esparcidas entre casas, casitas y pequeños condominios inmersos en medio del verde.

No sólo la lógica habría aconsejado un lugar más económico, sino que también mi legado psicológico familiar de pobre diablo condenado al sacrificio, despertado rabiosamente por esa nueva paternidad, me hacía tender a una solución más modesta, más prudente, más... ¡cielos!, ¡horror!, más "normal". En mi imaginario, ya me veía tristemente metido en una colmena urbana de la que pronto habría seguramente querido escapar de nuevo. ¡Era increíble! Me había bastado ser de nuevo padre para que mi cabeza, a pesar de todas las batallas que había emprendido para mi autoafirmación, volvieran a traer las voces de aquellos pajarracos de mal augurio de mis antepasados, que en tono austero habían ocupado otra vez la sala de control de mi vida, repitiendo hipnóticamente: "¡Hay que ser prudentes! ¡Nunca se sabe, el futuro...! ¡Ahora tienes un niño pequeño que depende de ti! ¡La vida es dura! ¡Hay que saberse sacrificar! ¿Por qué no van a una casa normal? ¡No te metas a la boca más de lo que puedes masticar...!", etcétera, etcétera. Y así, me dispuse a librar una guerra en dos frentes: dentro de mí mismo combatía contra el "viejo", representado por los pajarracos de mal augurio que ya habían atentado contra mi vida en el pasado, forzándome a esa "normalidad" que me había hecho tan infeliz, y en el exterior combatía contra el "nuevo", representado por Shola y su intrépida y bendita inconsciencia, tratando de hacerla entrar en "razón" ventilando argumentos que, en contraste con el personaje que había interpretado hasta ese momento, eran... Dios me ayude de nuevo, ¡conservadores! Me sentía incómodo en ese papel. ¿Qué me sucedía? Yo, que siempre había confundido la prudencia con la cobardía y que siempre me había sentido el paladín de la audacia, ¿me encontraba de pronto defendiendo una elección de alojamiento más moderada? Por fortuna ella, que ni siquiera sabía dónde vivían la moderación y la prudencia, insistió lo suficiente como para salvarme de esa caída hacia atrás y salvar a la familia de la colmena. Rentamos ese delicioso departamento en Parchitello, provisto de un comodísimo jardín posterior: ideal para seguir mezclando nuestra vida privada con la vivaz vida social que pronto comenzó a animar también esa casa. No sólo se trataba ya de los mismos trastornados —quienes mientras tanto se habían adaptado de buena gana al nuevo estilo "oriental"—, sino que, gracias a las variadas amistades de Shola y a los conocidos del ambiente teatral en que ya me movía desde hacía años, nuestro público estaba conformado por viajeros y artistas de todas las partes del mundo, que entre churros, cerveza y spaghetti nos enriquecían con nuevas ideas, nuevas experiencias y nuevas historias. El departamento, que estaba en planta baja, era parte de una unidad habitacional de unas veinte familias, dispuesta en cuadro alrededor de un hermoso jardín con pasto inglés, totalmente separada del entramado de las calles privadas que le daban acceso. Un lugar perfecto para nuestro incontenible Alessandro.

Este pinche niño era tan bello, simpático e inteligente como ingobernable. Tenía la considerable media de una pendejada por minuto. Por fortuna, apenas aprendió a caminar, o sea, al año, comenzó a salir de casa solo. Lo sé, puede parecer irresponsable y, efectivamente, todos nos criticaban por esto, aunque retaría a cualquiera a resistir con esa reencarnación de Atila en casa sin arruinarlo con el malhumor, el nerviosismo y la impaciencia que un niño demasiado vivaz puede provocar en sus padres. Además, dado que nuestro estilo de vida estaba caracterizado por la libertad y el respeto recíprocos, la primera vez que lo vimos tomar la iniciativa de ponerse de puntitas y abrir la puerta de casa sentimos que no debíamos impedirle gozar de una libertad que había sido capaz de conquistar por sí solo. Y así, se ponía de puntitas, giraba la manija e iba a jugar con los otros niños que tenían mínimo tres o cuatro veces su edad, mientras que la casa se hundía maravillosamente en el silencio del campo que nos rodeaba. La armonía familiar estaba a salvo. A veces salía solo con los pañales, sin zapatos, pero jamás se le olvidaba llevar consigo su inseparable triciclo que, no sabiendo aún cómo pedalear, movía con enérgicos empujones de los pies.

Con unos padres que habían hecho de la desobediencia una religión, nadie esperaba que cuando lo llamáramos para volver a casa él pusiera de atención y volviera corriendo, pero no tampoco nos esperábamos que escapara al otro lado como si fuéramos enemigos de los que debía huir. ¡Era tan simpático! Me recordaba mucho a mi anárquico galgo afgano que tenía cuando era muchacho: él también abría la puerta de casa y salía solo: pasaba con el carnicero, luego con el de los embutidos y al final se iba al jardín de piazza Garibaldi. Una vez, habrá tenido dos años —Alessandro, no el perro—, lo llamé para que volviera a casa, pero él, en lugar de venir, se montó en su inseparable triciclo azul y, como en la escena de una película de acción, se dirigió a "toda velocidad" a la bajada peatonal que lo llevaba hacia el estacionamiento: Yo, para disfrutar un poco más la escena, prolongué la persecución, fingiendo que no lograba alcanzarlo. Cuando llegó a la curva, al final de la bajada, cayó al suelo, pero no lloró. ¡Al contrario!, se levantó rápidamente, miró la distancia que aún lo separaba de su perseguidor, alzó el triciclo y se montó de nuevo, continuando con su fuga. A veces cargaba el triciclo los tres escalones que del jardín posterior llevaban a una callecita de grava, y empujándose descalzo y semidesnudo por una subida de terracería, dedicaba hasta una hora para avanzar cincuenta metros y alcanzar al hermano en la piscina. Cuando pasaba mucho tiempo de que lo perdíamos de vista, íbamos a buscarlo, y frecuentemente lo encontrábamos sentado con una familia de desconocidos comiendo helado. Ésta era su típica característica. No había una vez que fuéramos al restaurante en que él no prefiriera sentarse con otra familia. Alessandro tenía una capacidad de adaptación tal que los padres se quedaban cortos. Si, por ejemplo, en un restaurante o en un jardín público me negaba a darle las enésimas cien liras para comprar la enésima tontería, él no hacía berrinches, no lloraba ni hacía pataletas: iba simplemente a la mesa o a la banca vecina y se las pedía a alguien más. Mirándonos a Shola o a mí, nadie se maravillaba de que Alessandro fuera así. Si se considera que nunca se vio afligido por la aprensión de padres temerosos y que en su crianza nunca nos basamos en ideas convencionales, no es sorprendente que siempre sucedieran cosas al límite del absurdo.

Una vez, en Miconos, una isla griega, durante una vacación de *hippies* con algunos amigos, fuimos a cenar a un restaurante en el mar, lleno de gente. Alex no había cumplido los dos años y sólo llevaba una camiseta... Sí, sólo una camiseta, en el sentido de que no llevaba zapatos ni calzones. ¿Para qué someterlo a la esclavitud de los calzones incluso cuando se puede evitar? Tal era la filosofía de Shola, que yo compartía totalmente. Mientras esperábamos que nos dieran mesa, vimos a Alex caminar sobre una bardita al centro del restaurante, que separaba en dos el abarrotadísimo comedor: como siempre, lo dejamos. Era una barda ancha, de un medio metro de alto, recién pintada de blanco y elegantemente terminada en una forma irregular que dejaba pequeños agujeros y fisuras en la superficie; ese clásico acabado que te felicitas a ti mismo cuando lo eliges, pero que te maldices cuando lo tienes que limpiar. Al dueño del restaurante, quien estaba todo sudado, apresurado y al borde de una crisis de nervios, era evidente que ese pinche niño sobre la barda lo molestaba, y esforzándose por poner su sonrisa más adecuada, nos dijo con acento griego:

—Atención, niño puede lastimar.

—No te preocupes, amigo, no pasa nada —respondimos con seguridad.

Pero nos equivocábamos: algo sucedió. ¿Se cayó? No. ¿Rompió algo? Ojalá… ¿Se puso a gritar? No, Inés, no: se puso a cagar. Y si hubiera sido una cagada normal, créeme, no habría sido gran problema, pero fue diarrea. Y la situación habría sido todavía manejable si tu pequeño tío Alessandro se hubiera quedado donde estaba, pero Alessandro no se podía estar quieto ni cuando cagaba. No sé cómo hizo, pero cagó caminando, dejando un sendero de diarrea de dos metros de largo sobre la barda blanca, en medio de la gente que comía. ¡Si la mierda da asco cuando hace frío, imagínate cuando hace un calor de la chingada! Sin poder contener la risa, nos precipitamos a quitar de allí al niño, quien conservaba su habitual expresión alegre y despreocupada. Habríamos querido arreglar el desaguisado, pero… aun queriendo, era imposible limpiar esa bardita: el lodoso río, de hecho, se había acomodado irremediablemente entre las fisuras del elegante terminado, y se veía que de allí no se dejaría sacar tan fácilmente. El dueño del restaurante primero se quedó atónito; luego, consternado; luego le dieron ganas de matar al niño; después pensó seriamente en matar a los padres; luego se arrepintió de haber nacido, y al final, al borde del llanto, nos suplicó simplemente que nos fuéramos y que no volviéramos nunca más. Salimos trastabillando de la risa, mientras que Alessandro, feliz por haber dejado "ese restaurante de mierda", retozaba preparándose para la próxima ocurrencia.

Otra vez, dos años después, en la sala que teníamos en la casa de Roma, lo vi dedicado a construir algo, poniendo dos especies de cubos de poliestireno de empaque, uno sobre el otro. Me quedé viéndolo un rato. "¡Quien sabe que estará construyendo! —me pregunté—: ¿Una ciudad? ¿Un edificio? ¿Un automóvil...?" Y, mientras fantaseaba en la ilusión de haber creado un ingeniero, lo vi sacar su pilín y mearle encima: había construido un escusado.

Alessandro fue el sujeto de un experimento "educativo", pero ¿cómo habría podido ser diferente con dos padres que eran ellos mismos dos experimentos humanos? Si es verdad que los hijos pagan las culpas de los padres, Alessandro pagó las nuestras. Nosotros nos divertíamos con él, aunque pienso que él no se divertía tanto con nosotros. A pesar de que la confianza que teníamos en la vida nunca nos traicionó, a este pobre niño lo arrastramos de una parte a la otra del mundo, lo adaptamos a estilos de vida discutibles, por decir lo menos, y lo perdimos una infinidad de veces por la calle, en los mercados, aeropuertos, centros comerciales, en una exposición canina, en el cine... Una vez incluso lo perdimos en la India. Sucedería algunos años después.

Alessandro tenía seis años y vivíamos todos en Puna, una ciudad un poco al sur de Bombay, o Mumbay, como se dice ahora, en el *ashram* de Osho, una especie de monasterio-comuna-parque de atracciones donde, cuando esta historia termine, viviría durante casi diez años. Shola y yo nos habíamos separado desde hacía tres años, pero, al menos cuando acordábamos coincidir en el mismo lugar geográfico, éramos aún una bella familia. Ella había ido a Nueva Delhi para confeccionar vestidos que vendería en Europa, y se había llevado al niño consigo. En un momento dado me mandó un fax diciéndome que el niño comenzaba a impacientarse —es más probable que quien comenzara a impacientarse fuera ella—, y que me lo enviaría en avión: llegaría tal día a las once y media.

Ese "tal día", a las once, mientras salía del *ashram* para llegar puntual al aeropuerto, escuché que me llamaban:

—¡Papá!

No podía creerlo: en medio del caótico tráfico hindú, sobre una moto, detrás de un hombrecito hindú, estaba Alessandro con su mochilita en los hombros, de donde se asomaba la carita inseparable de su osito. Quién sabe cómo, había llegado a las nueve y no a las once y media: obviamente nadie estaba para recogerlo en el aeropuerto. Si hubiera ocurrido en Estados Unidos, habrían intervenido la policía, protección civil; habrían llamado a la embajada; se habrían movilizado los asistentes sociales, la radio, las televisoras... pero, en la India, ¿quién se molesta por tan poco...? Aparte de que para movilizar a tanta gente se habrían necesitado semanas. Por lo tanto, con el pragmatismo típico de ese país, cuando vieron a un niño solo, el personal del aeropuerto entendió de volada que simplemente se trataba del hijo de uno de esos imbéciles occidentales que vivían en Koregon Park, que se habían olvidado de recogerlo. Y así, simplemente, un empleado de la compañía aérea había cargado al chiquillo en la moto y lo había llevado a donde tarde o temprano sabía que encontraría a los padres.

El pobre Alessandro pasó la infancia de un continente al otro sin estar más de un año en el mismo lugar y dondequiera dejaba su huella. En la India, por ejemplo, les dijo a los compañeros de la primaria que la vaca, que en esa latitud es un animal sagrado, en italiano se llama "culo", por lo que cada vez que pasaba ese animal, encarnación de la madre sagrada, todos los niños lo señalaban gritando: "¡Culo! ¡Culo!". Sin referencias culturales estables, tenía un modo todo suyo de interpretar la realidad. Por ejemplo, nadie le había dicho que ese niño extraño que vivía cerca de la escuela a la que asistía en la India tenía el Síndrome de Down. Por lo tanto, unos meses después, cuando en una playa tailandesa vio a otro niño con Síndrome de Down, creyó que se trataba de la misma persona. "¡Qué coincidencia!", pensó. Cuando, al año siguiente, yendo a la escuela en Inglaterra, encontró al "mismo niño", se quedó verdaderamente perplejo: "¿Es posible? Este pinche niño me sigue por todas partes". Pero cuando también se lo encontró como compañero de escuela en Estados Unidos, comenzó a sentir miedo. Llamó a otro compañero aparte y le preguntó:

—Oye, ¿tú conoces a ése? ¡Es que desde que soy pequeño que me sigue por todo el mundo!

* * *

La crisis "espiritual" que había comenzado dos años antes y que había encontrado terreno fértil en las palabras de Osho, con esa segunda paternidad había comenzado a extender sus raíces hasta minar los cimientos de mi ser.

Alessandro, como tu padre Fabio —y como todos los niños—, merecía a un padre capaz de apreciarlo, amarlo y disfrutarlo en todas sus cualidades impolutas. Pero desgraciadamente yo estaba demasiado ocupado por todos mis tormentos como para evitar perder un tesoro que no regresa: la infancia de los hijos. Era demasiado inmaduro para no ofender a mis niños con mi distracción y mi superficialidad. Si Fabio, quien al menos había recibido mi plena atención durante aquellas tardes mágicas semanales en el campo, sufría por no sentirse verdaderamente parte de mi vida, Alessandro, primero padeció la tibia atención cotidiana que se brinda a quien, teniéndolo siempre alrededor, das por sentado, y enseguida, cuando ese pequeño trío familiar del que era parte se desintegró, lanzando a sus componentes a continentes diferentes, sufrió de largas ausencias y separaciones.

Todos, en diferente medida, sufrimos por la inmadurez o las manías de los padres, pero no hay comparación entre el dolor que te provoca ser víctima de las de ellos respecto al tormento que te genera, como padre, darte cuenta de que tus hijos han sido víctimas de las tuyas. Y aunque si, como padre, podía jactarme de unos resultados, esto no era suficiente para borrar el dolor y la vergüenza que me daba no ser capaz de hacerlos felices.

En mi relación con mis hijos me quedaba anonadado y confundido al descubrir que de mi boca, de mi rostro y de mis gestos saliera esa energía tóxica que había odiado respirar cuando el hijo era yo. Los mismos tonos, las mismas palabras, las mismas expresiones… ¿Qué sucedía? ¿Dónde había ido a parar mi "inteligencia"? Estaba perplejo y ni siquiera sabía con quién desquitarme. Hasta entonces había sido fácil arrojar mis piedras contra la sociedad y la familia, pero ahora, con el nacimiento de los hijos, yo me había convertido en "la sociedad" y "la familia" contra quien lanzar las piedras; ya no podía jugar el papel de la víctima. Estaba desconcertado. Antes, el pasado y el presente de la humanidad me parecían una trágica anomalía externa a mí; de hecho, mirando las guerras, la esclavitud, la corrupción, los conflictos sociales y familiares y las otras extravagantes locuras criminales, me había sido fácil atribuir la causa del dolor del mundo al "poder"; pero ¡ahora el "poder" era yo! ¿Podía decir en serio que yo no estaba de igual forma irremediablemente afligido por el mismo egoísmo imbécil que durante milenios ha distinguido a padres, amos, políticos, dictadores y a todos los demás criminales contra quienes había lanzado la bomba incendiaria de mi rebelión? ¿O era como ellos, pero sólo en escala reducida? ¿Podía decir verdaderamente que era diferente de esos imbéciles ávidos y crueles que con el paradójico orgullo de sus libros de historia han perpetuado de generación en generación la semilla de la barbarie? La diferencia entre ellos y yo, ¿era verdaderamente cualitativa o sólo cuantitativa? ¿Era de verdad una persona honesta o era simplemente un criminal sin oportunidad? ¿Era una persona justa o solamente un dictador sin talento? Mis ganas de cambiar al mundo, ¿eran auténticas o se habían convertido solamente en un disfraz detrás del cual esconder la común mezquindad?

El caballero "sin mancha y sin miedo" que con su férreo destierro había desafiado al mundo con la lanza en ristre del valor y de la sinceridad, ahora se encontraba avergonzándose de sí mismo, escondiendo sus propias acciones en el cesto de la ropa sucia que se lava en casa. ¡Qué asco! ¿Por qué yo, que había estado tan orgulloso de mi "anormalidad", justo ahora, justo con mis hijos, me unía a la "normal" mediocridad, dando el peor espectáculo de mí mismo? ¿Qué sucedía? ¿Era una tara personal? ¿O tal vez se trataba de una broma macabra de la naturaleza: la de condenar a todos los seres humanos, en su tierna edad, a ser víctimas de gente imbécil? ¿Cómo era posible que las mismas personas que de niños han sido víctimas de la demencia de los adultos, de adultos se olviden completamente, afligiendo a sus propios hijos con la misma deficiencia?

No lograba amar a mis hijos: ésta era la simple y desconcertante verdad. Y no me consolaba para nada mirar alrededor y darme cuenta de que eso era la "normalidad", porque yo jamás había querido ser "normal". ¡Imagínate si habría aceptado, justo en relación con las personas que "amaba más", dejarme arrastrar sin resistencia en esa marea de egoísmo, inmadurez, violencia, hipocresía, miedo, fanatismo, insensibilidad, histerismo, ideología... —y todo lo que se te ocurra— con las que en la educación de los hijos sentamos las bases del tormento humano! ¿Con qué derecho se puede uno lamentar de un mundo bárbaro, cuando somos justo nosotros quienes educamos a esa humanidad responsable de su propia fealdad? "¿Quién podría ser feliz en una familia 'normalmente' neurótica? —me preguntaba—. ¿Quién podría sentirse amado por padres que te abandonan porque tienen algo mejor que hacer? ¿O que aun cuando están allí no están físicamente presentes? ¿Cómo podré infundir confianza en mis hijos si yo todavía me veo afligido por dudas, miedos, preocupaciones y timidez? ¿Cómo podrá alguna vez esta humanidad salvarse, creciendo entre mentirosos y manipuladores? ¿Cómo podrá gente criada en medio de amenazas, chantaje y golpes crear un mundo pacífico y mejor? ¿Cómo podrán los hijos madurar con padres infantiles y rencorosos? ¿Y cómo conservar la innata inteligencia, creciendo con gente llena de prejuicios, ideas preconcebidas y creencias ridículas? ¿Cómo se puede aprender el valor de la cobardía? ¿Cómo la dignidad de la mentira o la honestidad de la hipocresía?"

Yo sabía que no era un buen padre, y no porque estuviera desprovisto del masoquismo necesario para aceptar, "por el bien de los hijos", un matrimonio que te hace infeliz, sino porque no era capaz de encontrar dentro de mí mismo ese auténtico gozo de vivir sin el cual "el amor por los hijos" es sólo el impotente deseo de quien confunde el amor con el sacrificio o con el sentido del deber. Sabía que no era un buen padre por haber tratado de plegarlos a mis expectativas en lugar de respetar sus exigencias y su naturaleza; sabía que no era un buen padre por haber preferido usar el cómodo atajo de la autoridad y de la prepotencia en lugar del camino largo que exigen la sensibilidad y el respeto; por haber cerrado los ojos delante de los problemas que no tenía ganas de enfrentar; por no haber sido lo suficientemente maduro para quedarme con ellos sin hacerlos pagar el precio de mi infelicidad. Pero no creas, querida Inés, que eso me hacía sentir culpa. No, no me sentía culpable; más bien me sentía una víctima: una víctima de mí mismo. También en este aspecto de mi vida me sentía un fracaso. Así como no podía encontrar mi lugar en este mundo que no fuera el de asumir el estigma del paria o de rendirme a los límites que comporta ser una persona "normal", de la misma forma no lograba encontrar dentro de mí una postura correcta que me permitiera amar verdaderamente a mis hijos.

Imagino que todo esto te escandalizará: "¿Cómo? ¿No amabas a tus hijos?". Inés, habría dado mi vida por la de mis hijos, pero esto no es suficiente para decir que los amara. Cualquier animal da la vida por sus cachorros: es un instinto de supervivencia común a cualquier especie, pero nada tiene que ver con el amor. De hecho, como apenas te he dicho, habría dado la vida por mis hijos, pero no los amaba lo suficiente como para estar con ellos. Me bastaba saber que estaban vivos y que no les faltaba nada de lo que necesita cualquier animal

para convertirse en adulto, aprender a procurarse el sustento, reproducirse y morir. Pero ¿basta solamente esto para decir que se ama
a los hijos? ¿Es suficiente proveerles sus exigencias como hace cualquier pingüino u ornitorrinco? ¿O para amar hace falta algo más? Dar
de comer a los propios hijos, vestirlos, mandarlos a la escuela, curar-
los cuando enferman, enseñarlos a cruzar la calle y a decir "buenos
días" y "buenas tardes", ¿es suficiente para elevarnos del rango de un
simple animal que cumple la tarea natural del destete? ¿O es necesario algo más? Para obtener el título de "ser humano" en la función de
padre, ¿es suficiente limitarse a cumplir las tareas que cualquier instituto de caridad o de asistencia social puede satisfacer? O, para obtener el derecho de decir que "amas a tus hijos", ¿es necesario también
sentir la profunda felicidad de estar vivo, de tenerlos entre tus brazos
y hacerlos sentir importantes, esforzándote por encontrar con ellos
una relación única y creativa que transforma la tierra en paraíso?
¿Puedes verdaderamente decir que "amas a tus hijos" si no eres capaz
de renunciar a tus expectativas sobre ellos, aceptando sus límites?
¿Puedes decir que los amas si no eres capaz de ser paciente, si no puedes evitar restregarles en la cara lo que haces por ellos o pedirles algo
a cambio? ¿Puedes decir que amas a tus hijos si sigues comparándolos
con otros, haciéndolos sentir inadecuados, amenazándolos, chanta-
jeándolos...? ¿O es necesario reconocer su propia unicidad, apreciar
sus cualidades, interesarse en sus cosas, tratar de comprender sus
grandes y pequeños problemas y ensamblar armónicamente todos
esos infinitos trocitos que componen el mosaico del amor?

Cierto, como todos, decía que amaba a mis hijos, pero dentro estaba la duda de que yo fuera verdaderamente capaz. Como todos,
me habría quitado el pan de la boca para dárselos a ellos, y si hubieran sido amenazados por alguien, como cualquier animal, con uñas

y dientes me habría echado encima del agresor y habría dado mi vida por ellos... Pero ¿cuánto tiempo me había tomado para saber qué cosa necesitaban o si alguien los amenazaba? ¿Me había detenido verdaderamente para tratar de comprender qué sucedía en su interior, cuánto les hacía falta, qué problemas tenían? ¿Alguna vez me había esforzado en recodar cuán difícil es ser niños, ir a la escuela, enfrentar a los amiguitos, procurarse una posición social, tolerar las contradicciones del mundo de los adultos y aprender a aceptar las propias? ¿O había preferido cobardemente no ver para evitar tomar la responsabilidad de enfrentar aquello a lo que nunca se está preparado para enfrentar?

Ahora, espero que no pienses que quiero hacer un juicio en mi contra o contra la humanidad en general. Si en aquellos tiempos era despiadado hacia ambos, con el paso de los años he aprendido a aceptar y a tener compasión por las debilidades humanas, incluso y sobre todo las mías.

El punto que sí quiero dejar en claro es que no hay que engañarse con las palabras: yo no amaba a mis hijos. No porque fuera malo ni perverso, sino simplemente porque no era capaz de amar. Yo no amaba a nadie. ¿Cómo habría podido amar a alguien si ni siquiera lograba amarme a mí mismo? Nadie me había enseñado a hacerlo. Siempre me habían enseñado a criticarme y nunca a aceptarme y a amarme. Me habían enseñado a amar a los otros, eso sí: "Ama a tu prójimo como a ti mismo". Y sí, yo a mi prójimo "lo amaba como a mí mismo": o sea, nada. Más allá de las bellas palabras y las buenas intenciones, en la práctica yo a mi prójimo "lo odiaba como a mí mismo". Al menos en esto era un buen católico.

Darme cuenta de que perpetraba contra mis hijos la misma deformación a la que atribuía las causas de todos los males del mundo me hizo entrar en crisis, más de lo que ya estaba. Pero esta vez no era una crisis hacia el mundo externo, sino hacia mi interior.

La semilla de la duda, que mi autohipercriticismo siempre había contenido, irrigado por las palabras de Osho, poco a poco estaba comenzando a brotar en la incómoda flor de la conciencia: yo era la causa de todos los males del mundo... o mejor: la semilla de ese mal estaba contenida dentro de mí. Y el hecho de pensar que se puede cambiar al mundo mirando los defectos de los otros es tan absurdo como ir al médico para curarte la bronquitis describiendo los síntomas de tu mujer.

La responsabilidad era mía; la culpa era de ese monstruo interior que vivía en mi mente y del que trataba de liberarme por todos los medios. La práctica de ese mantra del budismo japonés era sólo como una balsa que me ayudaba a flotar en el mar de mierda donde antes me había acostumbrado a nadar, pero eso no impedía que dejara de sentir la peste. "Mejor que nada", me dije. Y a pesar de que siempre tenía la sensación de engañarme a mí mismo y a los demás, durante un tiempo seguí repitiendo ese pinche mantra... sabiendo que en todo caso habría preferido mil veces lanzarme del balcón que pasar toda mi vida rezando en japonés.

Tuve que esperar un poco de tiempo antes de tener la suerte de lograr comprender qué era lo que se me escapaba de las palabras de Osho. Ese mismo "algo" que brillaba en los ojos traviesos de mi amiga Samagra, quien, a pesar de mis sarcásticos rechazos, seguía insistiendo:

—¡Toma el *sannyas!* ¡Toma el *sannyas!*

CAPÍTULO 9
LA AGONÍA

El 1989 se acercaba a su final. En China, en la plaza de Tiananmén, una manifestación había sido reprimida con la sangre de miles de personas, confirmando una vez más que el comunismo era un sueño traicionado; en Irán, el ayatola Jomeini había condenado a muerte a Salman Rushdie por sus *Versos satánicos, demonstrando que la Edad Media más que un periodo histórico es una enfermedad del espíritu;* y en Berlín había caído el famoso muro, símbolo de la Cortina de Hierro, dejando claro incluso a los más pesimistas que el mundo, a pesar de todo, estaba mejorando. En Bari también, ese año cayó un muro: el de mis resistencias.

El excitante humo de las barricadas ya estaba lejano; ahora me tenía que contentar con el más blando pero misterioso humo de los inciensos, que acompañando a la música *new age* se había convertido en una especie de *soundtrack* olfativo.

Y sin embargo, por más que me divirtiera burlarme de todos esos *new age* freaks que a partir de entonces serían mis acompañantes durante los siguientes años, cada vez me encontraba más fascinado por esa nueva forma de vivir que sustituía la sospecha con la confianza, la desesperación con la esperanza, el resentimiento con el perdón.

UNA "NORMALIDAD" ALTERNATIVA

Ese nuevo viento que soplaba desde Oriente había empezado a influir no sólo en mi vida privada, sino también en mi vida profesional; de hecho, cuando mi gran amigo Andrés me comisionó un espectáculo de teatro, escribí *I Love You... Muñequita*. Era la primera vez que, en lugar de hablar sobre muertos, asesinatos, enfermedades y conflictos sin esperanza, entraba un rayo de luz en mi imaginario. *I Love You... Muñequita* era una historia de redención en la que un niño destructor, a través de la fórmula mágica de una Muñequita antigua que le habían regalado por error, se hacía pequeñito, encontrándose en el inhabitable mundo de los juguetes que él mismo había destruido. Los sobrevivientes de ese mundo estilo *The Day After* comenzaban a darle caza para vengarse, hasta que lo atrapaban, pero la mediación de Muñequita reportaba la paz: el niño destructor pedía perdón, los juguetes lo perdonaban, se organizaba una hermosa fiesta y se comenzaba a reconstruir todo. Era una hermosa metáfora del mundo actual, que montamos con éxito. Sin embargo, también en esa ocasión no dejé de pelear con todos, excepto con Andrés... y no por mi mérito. Era demasiado pronto para que aquella pequeña luz que había inspirado mi cuento iluminara también mi comportamiento.

Esos rayos de esperanza que se abrían en mi corazón a través de la lectura de Osho y la práctica de la meditación todavía no lograban calentar una personalidad bien anclada en la fría tierra del conflicto y de la arrogancia. Tendrían que pasar aún algunos años de dudas y de dolor antes de que los brazos de mi ego, exhaustos, dejaran caer las armas que había abrazado por tanto tiempo para defenderme del miedo. De hecho, aparte de *I Love You... Muñequita*, mi poética teatral seguía impregnada de la habitual humedad *underground,* y todo lo que escribí en ese periodo mantenía intacta la oscuridad sin esperanza que había madurado en los años precedentes.

Escribía monólogos y escenas para actuar sólo en teatro, para realizar un espectáculo nuevo. Un espectáculo más simple y menos extremo que *Rock Pantomime,* pero que de todas formas mantuviera mi áspero estilo rock; un espectáculo con el cual meterme en un circuito nacional que diera un mínimo de estabilidad al flujo de mis finanzas, que aún padecían por la improvisación y el azar. Nació *Aire áspero.* Viví de ello unos años.

Por vez primera, después de tanto tiempo, a raíz de esa nueva especie de familia que se había creado trataba de ver mi vida no como una caótica fuga de la "normalidad", sino como una "programática búsqueda de una estabilidad alternativa"; una especie de punto medio entre el anarquismo puro de la "libertad a cualquier costo" y la necesidad de una perspectiva de proyecto a futuro... no digo a largo, pero al menos a corto-mediano plazo.

Total, a mis treinta y tres años, muy lejos de demostrar una vez más que era una persona "normal" —cosa que, aunque hubiera querido, con Shola habría sido imposible—, al menos intenté meterme en un circuito profesional de "pequeño escenario": o sea, profesionales del monólogo, cabaretistas y *performers* de diferente tipo que estaban por Italia. Ciertamente no quería dejar a mi primer amor, la calle, y tampoco quería traicionar mi pasión por el vagabundeo, especialmente ahora que había encontrado a una mujer que era aún más vagabunda que yo, pero al menos tenía que intentar asumir mis responsabilidades como padre. "Intentemos", me dije.

Comenzaron dos años de viajes constantes. A veces cargábamos el auto en forma paroxística, donde el pequeño Alessandro, sentado detrás en su sillita, desaparecía sumido en medio de cajas, cartones, paquetes y valijas. Pero la mayoría de las veces viajaba yo solo, siguiendo las diferentes ocasiones de trabajo y dejando por meses a la familia en Bari, en la cómoda residencia de Parchitello.

La gran cantidad de eventos, trabajos, viajes, contactos y casas en que viví durante esos dos años fueron tales que ni siquiera me acuerdo de la cronología con precisión. Desgraciadamente no eran ya los viajes de antaño, donde un día podía volverse una semana y viceversa; no más trabajos dictados por la improvisación y el capricho del momento. Ahora había fechas y horarios que seguir: tenía un programa. Comenzaba de nuevo a sentirme arrastrado por un tipo de vida que no me gustaba. Pero ¿qué vida quería vivir yo? Ya casi eran veinte años de que me hacía la misma maldita pregunta, y no tener aún la respuesta me irritaba y me incomodaba, devolviéndome ese malhumor y esa amargura que durante un tiempo habían abandonado los rasgos de mi rostro. Esto influyó negativamente en mi relación con Shola, que hasta cuando se trataba de beber alegremente cerveza con los amigos y echar desmadre fingiendo ser ricos había sido armónica y divertida, pero ahora que comenzaban las dificultades se ensombrecía en los tonos ácidos de una relación "normal".

Es bien sabido que el dinero no da la felicidad, aunque no se puede descuidar la verdad consecuente: si el dinero no te hace feliz, ¡imagínate la pobreza! Total, en igualdad de pendejez, un ser humano ciertamente tiene más posibilidades de ser feliz en un estado de comodidad económica que de pobreza, o para decirlo en forma más contundente: es mejor ser un cretino rico que un cretino pobre. Y yo era un cretino pobre. No podía perdonar a ese Dios en el que no creía por haberme causado la afrenta de no hacerme nacer rico y obligarme a doblegar mis "altas aspiraciones" al yugo de la necesidad. Fue así como los ángulos de mi boca tornaron poco a poco a su antiguo gesto amargo, y mi viejo resentimiento hacia la vida volvió a envolverme en forma cada vez más radical. Me irritaba oír a Osho decir que "la vida es perfecta así como es", y me enfurecía el "descerebrado" optimismo con que Shola nunca se preocupaba por nada, pero sobre todo no soportaba a esos pinches amigos sannyasin ¡que seguían abrazándose, riendo y bailando!

—¡Toma el *sannyas*! —me repetía mi amiga Samagra al verme con mi cara de funeral—. ¡Toma el *sannyas*!

—Pero ¡¡¿qué chingado significa "toma el *sannya's*?!! —me enfurecía.

¿Cómo podía una iniciación cambiar la realidad objetiva de mierda en que vivía? ¡Me habría gustado verlos: cuántas ganas les quedarían de abrazarse, reír y bailar si hubieran tenido que ir de arriba abajo por toda Italia a trabajar, haciendo reír a la gente! Sin embargo, no podía dejar de reconocer que, aunque no tenían que hacer reír a nadie para sobrevivir, ellos también trabajaban, sin que esto les impidiera seguir abrazándose, riendo y bailando. Había algo que no me cuadraba.

* * *

Durante una especie de festival, organizado no me acuerdo en qué poblado de la provincia de Romaña, había encontrado a un agente.

Nanni Svampa era una excelente persona, pero había dos cosas que me hacían pensar: la primera era que su agencia se llamaba Ganiwell —y *ganivel,* en milanés, significaba algo así como "imbécil" o "novato"—; la segunda era que, a pesar de que llamara "escudería" a su equipo de actores, la agencia tenía la sede en via Brocchi —y en italiano la palabra *brocco* se usa para señalar justo a un caballo que no vale nada—. A pesar de los desafortunados juegos de palabras, Nanni comenzó a procurarme un par de espectáculos al mes de gira por Italia. Suficientes para mantenernos a flote. Me hizo presentarme en el famoso Zelig y en los lugares donde muchos de mis colegas de entonces emprendieron el vuelo hacia la notoriedad.

Mi problema era el repertorio. De hecho, el circuito en que me había metido ofrecía la mayor parte del trabajo en espacios de cabaret y yo no me sentía para nada un cabaretista. Odiaba la idea de entretener a gente que comía y bebía o de hacer reír al público con chistes. Yo no era un animador, yo sentía que tenía una historia que contar; me sentía una especie de artista *underground* mediterráneo, y todo lo que escribía lo imaginaba encuadrado en el hueco negro de un escenario. Contar mis historias a gente que comía significaba hacer que se les pasara el apetito o que les diera diarrea. Por ejemplo, en un periodo comenzaba el espectáculo entrando en escena con el paso lento y satisfecho del que sale de una *trattoria.* Miraba a los espectadores meneando un poco la cabeza, como alguien que reflexiona, y luego, dirigiéndome a ellos como si los conociera desde siempre, atacaba con lentitud:

> "Yo, antes de venir aquí, fui a comer". [*Pausa, hurgando en la memoria…*] "Me comííí… un buen plato de *fetuccine…* una *cotoletta* de res… un poco de ensalada, una naranja… y un café." [*Pausa de*

reflexión. Luego, señalando mi estómago, continuaba.] "Prácticamente en este momento ustedes están viendo a alguien que está digiriendo: chorros de jugos gástricos, líquidos que se mezclan, materia que se descompone, burbujas de gas que se persiguen, pedazo sólidos que navegan en riachuelos espumosos... ¡Me doy asco a mí mismo! ¡Puedo imaginarme el que les doy a ustedes!"

Ahora, imagínate comenzar así un espectáculo delante de gente que está comiendo.

"¡Quién sabe! —me decía—. ¿Si estuviera en Nueva York? ¡Si tuviera los contactos necesarios...! ¡Si ya fuera famoso...! ¡Si hubiera comenzado antes...! ¡Si fuera más afortunado...! ¡Si hubiera nacido rico...! ¡Si hubiera nacido en Roma...! ¡Si nunca hubiera nacido! ¡Chingada madre!" Siempre había un "si" que se me atravesaba. No lograba encontrar mi escenario. Sentía que en alguna parte había un público que estaba esperando mis historias fuertes y mi manera "no correcta" de contarlas... y a veces lo encontraba, pero era sólo casualidad; como esa vez en que gané un concurso, El Caballo de Batalla, delante de un despiadado pero inteligentísimo público de Sesto Fiorentino, en Toscana.

Era un público de una crueldad maravillosa, que ni siquiera permitía terminar su número a la mayor parte de los que se presentaban. Más que un concurso, era un matadero: al primer síntoma de vanidad o de orgullo o de inseguridad o de "mentira" por parte del *performer,* se alzaban los chiflidos y *¡¡¡buuu!!!,* aunque yo, por suerte, cuando me presentaba, era auténtico; me metía en el juego en serio, y por eso los conquisté. ¡Ése era mi público! Feroz, maleducado e inteligente... pero ¿cómo encontrarlo? Si gente de ese tipo estaba en Sesto Fiorentino, tenía que estar por todas partes. ¿Cómo hacerles saber que yo existía...? Tal vez, ¡si me hiciera más famoso, mi nombre me habría precedido...! ¡Habría podido trabajar sin corromper mi repertorio...! Tal vez habría podido encontrar un teatro donde presentar *Tengo sida,* mi espinota en el corazón, y demostrarle al mundo que sí, sí se puede reír de una tragedia. Pero ¿cómo llegar a mi público? ¿Cómo hacerles saber que existía? ¿Cómo hacer para no terminar como la gran multitud de artistas que se empolvaban en los cajones, culpables sólo de la incapacidad de alcanzar la notoriedad suficiente para darle respiro a sus almas?

Me desesperé con estas interrogantes durante días, semanas, meses, y al final pensé que la única posibilidad que tenía era adaptarme a un compromiso. ¡Por Dios, qué fea palabra! ¡Compromiso! Cuando se refiere a algo que va contra tu "verdad" o que simplemente no corresponde a tu naturaleza, la palabra "compromiso" es seguramente la más fea del vocabulario. Desde el punto de vista de la lógica y de la política, aceptar "compromisos" es la forma "normal" de lograr un resultado, pero desde el punto de vista del arte, del amor, de la "Verdad" o de Dios, "comprometerse" para hacer algo que no te corresponde te lleva a un solo resultado: la muerte. El "compromiso" consiente un acuerdo, pero mata la verdad; salva el matrimonio, pero asesina el amor; permite el éxito, pero asesina el arte; crea una religión, pero asesina a Dios. Si hubiera sido Lello, me habría valido madres: habría seguido haciendo en la calle mis "performances de color" no autorizados . Pero yo nunca tuve la pureza de Lello. Lello moriría puro y brillaría eternamente en el paraíso, con todos esos héroes anónimos que han aceptado la condena del olvido, mientras que yo terminaría en el infierno, con todos los papas y los jefes de Estado que malvendieron su Verdad a cambio del éxito o del poder. No sé que cosa sea mejor: ¿terminar en el paraíso, como Krishnamurti, que para no contaminar sus palabras preferió no tener seguidores, o terminar en el infierno, envenenado, como Osho que, aceptando las intrínsecas deficiencias de sus discípulos, se arriesgó a contaminar la pureza de su mensaje para dar forma viva a su visión? ¿Es más noble la intransigencia de un santo o el pragmatismo de un político? ¿Es más justo lavarse las manos como Poncio Pilato o ensuciárselas como Caifás? No tengo idea. Lo que sí sé, sin embargo, es que "correcto" y "equivocado", obviamente, no son criterios absolutos, sino relativos en la vida de cada quien. Mi "justo relativo" fue elegir el compromiso, firmando así mi condena a muerte… y precisamente por esto, paradójicamente, mi renacimiento.

El pacto con el diablo

Adaptar lo que me habría gustado contarle al público con lo que el público que tenía a disposición era capaz de escuchar fue sólo el primero de los tantos "compromisos" a los cuales tuve que ceder y que me llevarían a perderme completamente. Fumar el primer cigarrillo o echarse el primer churro es nada comparado con el peligro de ceder al primer "compromiso". Ceder al primer "compromiso" es riesgoso como abrir la puerta y dejar entrar "sólo a uno" de una multitud de vendedores que asedian tu casa. Te dices: "Está bien, sólo compraré una aspiradora", y, seguro de mantenerte firme en tu propósito, abres la puerta con la certeza de no ceder a todos los demás, sin saber que una vez que gires esa manija estás jodido: una multitud de gente entrará en tu casa y no te encontrarás sólo con una aspiradora, sino que te darás cuenta de que has comprado también una enciclopedia para niños, una batería de ollas refractarias, una Biblia en arameo, una reservación para un viaje a Euro Disney, que te inscribiste al partido de la Conquista Ciudadana y que te convertiste en testigo de Jehová. El "compromiso" es como un vicio: es difícil dejarlo.

De hecho, ¿cómo habría podido renunciar a ese circuito de espectáculos que estaba construyendo con tanto esfuerzo? ¿Cómo renunciar a la creciente notoriedad que enciende grandes esperanzas? Cualquiera habría estado contento de ganarse la vida y construir una carrera con poco trabajo, pero yo no. Cada día que pasaba entendía menos si era un teatrero rayando en los límites del cabaretista o un cabaretista rayando en los límites del teatrero; y oscilando entre teatro y cabaret, la única cosa que se imponía a mi atención eran los "límites". Si el público, con sus aplausos, mostraba que veía el vaso medio lleno, yo seguramente siempre miraba la parte vacía del mismo vaso. Pero ¿cómo se puede construir algo fijándose en el vacío? Si me hubiera conformado "normalmente" con eso poco de bueno que me ofrecían los espectáculos, probablemente habría podido construir una carrera como lo ha hecho tanta gente; pero yo, al final, no buscaba la carrera: yo me buscaba a mí mismo. No había nada en el mundo que me pudiera hacer feliz, porque no podía encontrar dentro de mí a nadie que pudiera sentir esa felicidad. Estaba vacío, siempre estaba vacío. ¡A veces me sentía tan deprimido…!

Me acuerdo de una vez en Calabria, en invierno. Por la noche daría un espectáculo, y a las seis de la tarde me encontraba en una playa, a oscuras, llorando en la más negra desesperación. Si hubiera sabido por qué era tan infeliz, al menos habría visto un rayito de esperanza brillar como un punto en el universo negro de mi desesperación, pero cuando eres infeliz sin saber por qué, el tormento es inconsolable. Ni las lágrimas lograban secarse, persistiendo mezcladas con la increíble humedad de esa noche. "¿Cómo haré para que dentro de dos horas suba al escenario y haga reír a la gente —me preguntaba, sollozando—. ¿Existe acaso una condena en el mundo peor que la del *clown*?" Me encaminé hacia el teatro como un condenado a muerte, sin saber que esa que parece la condena del *clown* es en realidad un gran recurso, aunque para comprenderlo tendría que morir y renacer. El payaso, si tiene un mínimo de conciencia, detrás de su maquillaje y sus payasadas tiene el privilegio de descubrir que el dolor es una ilusión que aparece y desaparece como la humedad que me congelaba el alma. De hecho, esa noche, sobre el escenario, como por encanto, mi tristeza desapareció, y sin dificultad… ¡Magia! Logré hacer reír y divertir al público. ¡Y no creas que me esforcé para sacar la tristeza y dar espacio a la alegría! Para nada. Ésas son cosas sobre las que no se puede mandar, así como no se puede mandar sobre el amor, el sol, las nubes o la lluvia. Tanto la tristeza como el amor y la lluvia no son dominio de la voluntad humana, sino que pertenecen a otro reino: el de la "verdad"; el mismo reino que domina la magia del teatro. Al subir al escenario, esa noche, no traté de esconder mi tristeza esforzándome por parecer alegre; simplemente apoyé mi actuación en la única cosa que para mí era real en ese momento: mi tristeza. De allí extraje las palabras, el ritmo y los movimientos de mi guion. Me bastaron pocos instantes para sentir que algo dentro de mí entraba mágicamente en sintonía, se transformaba.

Todo lo que es verdadero se transforma, en tanto que todo lo que es falso sigue tal cual. Si esa noche, en Calabria, hubiera fingido estar alegre, habría permanecido triste durante todo el espectáculo y habría sufrido mucho,, pero habiendo comenzado con la "verdad", es decir, desde la tristeza, después de pocos minutos de show me di cuenta de que ya no estaba triste y de que, tal como decía Osho, "la vida era perfecta así como era". Y después de algunos aplausos y algunas demostraciones de estima me animé, me sentí inspirado, y al final incluso absurdamente feliz. Fue uno de los espectáculos más hermosos que recuerdo.

Aprendí mucho de esas desgraciadas giras solitarias. Hacer lo que hacía no era para nada fácil. Me mandaban a presentarme en festivales veraniegos pagados por el municipio o por el Estado, donde el público iba no porque tuviera ganas de verme, sino porque no tenía nada que hacer. Me acuerdo de una vez en Fondi, en un espectáculo al aire libre que tenía las luces que me deslumbraban, impidiéndome ver nada, y el público estaba conformado por pensionados sentados en la parte posterior de la platea, incapaces de cualquier reacción sonora. Durante todo el espectáculo recité en una soledad pasmosa, sin siquiera saber si el público seguía allí o si el vacío estaba a punto de tragarme. El arte no es un acto unilateral, sino el resultado de la coexistencia de dos factores: el artista y el público. De hecho, es justo el público el que genera al artista y le da vida a su arte. ¿Qué sería de la *Gioconda* sin los ojos de quien la mira?

El segundo "compromiso" en que cedí fue el de trabajar en el cine. "¡Fantástico!", dirás tú. No, Inés, sería fantástico para alguien enfermo de vanidad o para quien tiene un extraordinario talento o para quien tiene la capacidad de adular a directores y a productores para poder hacer carrera. Pero para uno como yo, mediocre en las tres cosas, ir de un lado al otro de la ciudad, de ensayo en ensayo, dando codazos a los colegas para finalmente poder obtener el "privilegio" de ser elegido para quedarse todo el día rondando inútilmente por un set cinematográfico, esperando grabar una escena insignificante que tal vez hasta será cortada después o que es parte de una película de mierda, era una tortura enorme. De todas formas lo hice: me adapté. Busqué incluso que me gustara, con la esperanza de que, cuando fuera famoso, pudiera usar ese fascinante medio expresivo para contar mis historias... pero sobre todo *Tengo sida,* ¡maldición! *¡Tengo sida!* Lo intenté.

Encontré un agente y en varias ocasiones me mudé por periodos de meses a Roma, huésped de mi hermana. Sí, la tía... Es más, para ti, la tía abuela Nadisha.

En realidad, en aquella época todavía se llamaba Cinzia, un nombre que yo había elegido a la edad de diez años cuando, todo contento, esperaba un hermanito. Pero llegó una hermanita. Fueron justo esos diez años de diferencia los que nos condenaron a esperar otros veinte para poder conocernos. De hecho, ¿qué querías que hiciera un adolecente como yo con una niña de pocos años, sino usarla para divertirme a sus espaldas, olvidando completamente que, a pesar de que era pequeñita, estaba dotada de una delicadísima sensibilidad? La usaba para ejercitar mi creatividad en chistes crueles, como el de invitarla a jugar al escondite: hacía que se escondiera y, en lugar de buscarla, salía de casa dejándola escondida, llamándome hasta que mi madre la iba a rescatar del horrible hermano. La otra variante era invertir los papeles: salir de casa mientras ella me buscaba inútilmente hasta que, como siempre, nuestra madre interviniera para salvarla del horrible hermano.

¡Tendrías que haber visto lo hermosa que era de pequeña! Sentada en la bacinica, con sus rizos rojos, girando rítmicamente las manos a la altura de las muñecas en un movimiento que, unido a su gracia natural, era un signo premonitorio de su futuro de bailarina. No le echaba ni un lazo y nunca sospeché nada sobre su difícil adolescencia: para mí era sólo "la hermanita buena". Yo no tenía otra opción: si ella también hubiese sido mala, mis padres se habrían suicidado.

Nadisha, calladita, calladita, se había escabullido de casa de mis papás con tan sólo dieciocho años, sin que casi nadie se diera cuenta. Primero a Londres, en uno de esos intercambios de estudiantes; luego no recuerdo a dónde; después a la universidad de Roma; sus giras como bailarina... Total, como con más de veinte años de retraso no sólo descubría que tenía una hermana, sino que era linda como muñequita, inteligente, culta y, sobre todo, ¡simpatiquísima! Aún hoy me basta pensar en mi hermana para comenzar a reír.

En esa casa de San Lorenzo, donde vivía y me hospedaba, me vio combatir conmigo mismo, escribir, corregir, borrar, esperar, ilusionarme, acariciar aparentes victorias, digerir evidentes derrotas... Probablemente se preocupó por mí, pero no me lo hizo ver ni cuando, deslizándome en la abyección, acepté participar en un programa televisivo de canal 5 para las "estrellas" nacientes del cabaret.

Se llamaba *Star '90*. ¡Allí sí que era un verdadero pez fuera del agua! En medio de gente que contaba chistes, imitaba voces o usaba disfraces para hacer reír al público estaba yo, vestido de negro, recitando un fragmento de teatro *Grand Guignol*,[30] intitulado "El suicidio". Pero la cosa más humillante de esa experiencia no fue tanto presentarme, sino cantar junto a todos el tema principal del espectáculo. La canción decía: *"Lo lograreeé, a pesar de todos esos nooo..."*. ¡Por Dios, qué vergüenza! ¿Cómo había podido descender tan bajo en la consideración hacia mí mismo? Y de poco me servía tratar de esconderme de las cámaras, haciéndome pequeño, pequeño detrás del grupo de otros participantes que, inexplicablemente felices, movían los brazos cantando; sabía que, aunque en casa no me vieran, yo me veía muy bien, y me detestaba por haber aceptado estar allí.

---

30   Fue un estilo de teatro provocador, de tendencia macabra, fundado en París en 1897 por el autor y director Oscar Méténier.

Un día sucedió algo sorprendente: Massimo Ranieri[31] compró los derechos cinematográficos de *Tengo sida*. Quién sabe cómo había conocido mi trabajo. "¡Increíble! —me dije—. ¡Por lo tanto, no me quedaré enmohecido en un cajón!" Efectivamente, era una ocasión maravillosa para salir de ese limbo en que me había quedado atorado, pero... sí, Inés, aquí también hubo un "pero", aquí también tuve que aceptar un "compromiso". El guion cinematográfico, de hecho, lo redactaría Lidia Ravera, una escritora que había ascendido a los altares de la crónica por un hermoso libro escrito con Marco Lombardo Radice en los años setenta: *Cerdos con alas*. Me dirás ahora: "Entonces, ¿dónde está el 'pero'? ¿No era una excelente noticia?". Lo habría sido para cualquiera, pero no para mí, porque yo tenía la presunción de pensar que nadie sería capaz de extraer de las páginas de mi guion la verdadera alma de mi obra. La pieza teatral que había escrito tenía una dignidad si era tratada para la tragicomedia que era, pero veía claramente el riesgo de que fuese interpretada como farsa: entonces sí, el público habría encontrado de mal gusto reírse de la tragedia del sida. Si hubiera estado interesado en el éxito o en el dinero, no me habría importado: habría cobrado el dinero, pedido que la película se hiciera y que mi nombre fuera puesto bien a la vista; pero no me interesaba el éxito: ¡yo tenía una historia que contar! Por eso hice de todo para ocuparme directamente de la adaptación cinematográfica. Obviamente no tenía ningún poder contractual para imponer mi presencia, no digo como autor, sino ni siquiera como colaborador de la famosa escritora, que ya había manifestado claramente que no quería tener al pinche autor entre las patas. Por eso, para colarme en el proyecto tuve que servirme del arma que sabía usar mejor: la seducción. En una famosa cafetería cerca de piazza Navona, Lidia, quien

---

31 Famoso cantante, actor y productor italiano.

era una mujer honesta y sensible, se dejó encantar por mi pasión y se dejó convencer. Desgraciadamente para ella, se arrepentiría de haber aceptado tener algo que ver con ese "jodón autor". De hecho yo, que artísticamente no me sentía menos que ella, aceptaba de mala gana sus decisiones dramatúrgicas. Me parecía haber vuelto con el pobre de Michele Serio —el de *Cerveza y Computer*—, quien, tragado por el sillón, se quedaba perplejo por la vehemencia con que trataba de convencerlo de prácticamente dejarme escribir su obra en su lugar. Pero por más que tratara de hacer que Lidia me siguiera en mi narración, al final, tragando amargo, era siempre yo quien tenía que seguirla a ella en la suya. Me encerraba en una habitación de su departamento cerca de piazza Navona, esforzándome por llevar mi alma hacia las nuevas atmósferas que había adquirido la historia, desde que Lidia, para hacerla más internacional, había decidido ambientarla en Estados Unidos. Es increíble, pero ¡incluso lo lograba! El problema, sin embargo, surgía cuando comparábamos las escenas que ella escribía con las que escribía yo: la diferencia de estilo era tal que simplemente tenía que doblegarme... al "compromiso". Sufría en silencio. Me acuerdo de un día en que estaba tan frustrado y furioso que salí de su casa, me fui a la orilla del río Tíber y, maldiciendo mi "destino infame", lloré mi miserable impotencia.

No dudo de que si yo no hubiera estado en medio las cosas habrían fluido mejor, la película se habría producido y, ¡quién sabe!, tal vez no habría sido tan mediocre como temía. Mi descontento probablemente influyó en Massimo Ranieri, quien al final renunció al proyecto.

Ciertamente fue una desilusión, aunque no duró mucho, porque se abrió otra puerta. No por mucho tiempo, pero se abrió.

En uno de mis viajes en moto, que a pesar de Shola, los hijos, los espectáculos, los ensayos y todo el resto del desmadre todavía lograba hacer, pasé de nuevo por Alcatraz para saludar a Dario Fo y a Franca Rame. Fue justo ella quien me dijo que el siguiente invierno no sabía qué haría, porque el marido había decidido ir de gira por su cuenta con su monólogo. Dado que había leído *Tengo sida* y le había gustado mucho, me dijo, casi en broma:

—¿Por qué no escribes un espectáculo para mí?

Me lo pedía la esposa del autor vivo más representado en el mundo, quien dentro de unos pocos años recibiría el Premio Nobel de Literatura.

—Lo pensaré —le dije.

Y lo pensé. Volví a Bari a disfrutar de mi último verano en Parchitello y, después de quince días, andando de vago sin sentido por el campo, de pronto tuve la intuición de la historia para Franca. Siempre me había ocurrido así: después de un tiempo de gestación, sin aviso, en un momento veía toda la obra de principio a fin. Como en un *flash*. Sucedía tal como cuando de pronto te acuerdas de un sueño: sabes de qué se trata, aunque para que la historia se te revele es necesario hurgar con paciencia entre la niebla de la memoria. Del mismo modo, día tras día, enfocándome en la impresión que ese *flash* había dejado en mi mente, pedazo a pedazo comenzaron a revelarse todas las escenas, todas las palabras y todas las acciones que conformaban el espectáculo. La obra se llamó *Un negro llamado Nicola*.

Dario y Franca eran famosos por hacer teatro político, y en aquellos años la novedad política más colorida fue el nacimiento de un partido racista: la Lega Lombarda. Hasta ese entonces, aparte de las leyes raciales del fascismo, los italianos estaban acostumbrados a padecer el racismo y no a hacerlo padecer. Descubrirse racista contra los pobres africanos que escapaban de la pobreza y de la guerra fue un *shock* para muchos de nosotros. La obra que había escrito era de una actualidad absoluta y en perfecta sintonía con el estilo de comedia de enredos que les gustaba a Franca y a Dario. Era como si, escribiéndola, hubiese asumido el espíritu de Dario y lo hubiese hecho vivir, filtrándolo a través de mi sensibilidad. Ni siquiera me sorprendí por esto, porque desde siempre sabía que era una esponja humana. Nunca he imitado a nadie, aunque no cabe duda de que siempre he absorbido dentro de mí, sin ninguna dificultad, a todas las personas con quienes he entrado en contacto y a quienes he admirado. Puedo decir que, desde la primera obra teatral que escribí, siempre había tenido en mi oído el ritmo crepitante de Dario.

La historia contaba sobre un militante de la Lega Lombarda quien, por un malentendido con su camarera metiche, Franca, para congraciarse el favor del caballero Delli Santi, propietario de la empresa donde el racista esperaba hacer carrera, se veía obligado a hospedar a un negro en su casa, Nicola. Con una serie de giros inesperados, la situación se invertía al punto de que la casa pasaba a manos de Nicola y de sus amigos negros, mientras que el militante lombardo, desempleado, se convertía en huésped de los africanos. La última escena del espectáculo tendría a Franca maquillando al racista de negro, mientras que un africano le enseñaba a hablar el italiano con acento senegalés para poder vender elefantes de madera en la calle sin ser discriminado por los otros vendedores.

Franca ni siquiera terminó de leerla toda: después de haber concluido sólo el primer acto me telefoneó, deshaciéndose en felicitaciones tales que me da un poco de pena contar. Amé a esa mujer por su honestidad y sinceridad… además de por su fascinación y su belleza. Luego la obra pasó a manos de Dario. Puedo imaginar lo que sintió leyendo una "obra suya", pero escrita por otro. Le gustó no mucho, muchísimo, al punto de que me propuso reescribirla a cuatro manos, sumergiéndola en el milanés y aderezándola con su toque de genio.

Una buena idea en las manos de un "don nadie" como era yo es como un buen brote que nace por equivocación en un campo baldío; pero el mismo brote, trasplantado a un jardín, seguramente está destinado a convertirse en un árbol frondoso. Desgraciadamente, para replantar mi brote en su jardín habría tenido que incorporarme a su séquito, seguirlo por toda Italia de un lado al otro, colarme entre las pausas de su volcánica actividad... Ya no era mi tiempo para vivir en su corte. Tal vez fue un error; tal vez a su lado, antes o después, también mi campo abandonado se habría convertido en un jardín... pero no fue así. Al final lo abandoné.

La obra se montaría algunos años después en el Festival de Benevento, sin el clamor que le habría dado Franca, pero con la bella interpretación de Ida Di Benedetto.[32] Pero eso sucedería cuando ya le había dado la espalda al teatro, y esta historia habrá terminado.

EL GOLPE DE GRACIA

No daba pie con bola... o tal vez el destino simplemente estaba esperando mi completo fracaso para recoger mis pedazos y ponerme en el camino que me estaba esperando. Hasta los éxitos que conseguía me parecían fracasos. "¡Soy yo quien soy un fracaso!", pensaba, dirigiéndome sin alegría hacia otra hermosa ocasión que me ofrecía mi profesión, de nuevo en Nápoles, en el teatro Sannazaro. Luisa Conte, una famosa primera actriz de una compañía tradicional del teatro

---

32 Actriz italiana de buena fama

napolitano —la misma de *La festa di Montevergine*—, me había contratado como coreógrafo para *14 'o pittore e 22 a' pazza*, un espectáculo de Gaetano Di Maio con dirección de Giuseppe Di Martino. Era una propuesta que habría hecho feliz a cualquiera: me pagaban bien y me daba currículo. Pero aparte de esas pocas horas en que montaba la coreografía con los actores, la única cosa que me hizo feliz durante ese par de meses fueron las locas vueltas en motocicleta con las que, en medio de la absoluta anarquía del tráfico napolitano, llegaba a los Quartieri Spagnoli para ir al teatro. Si para los autos, en Nápoles, las reglas eran elásticas, para las motos eran nulas. Sentido contrario, semáforos rojos, banquetas, pasos peatonales, escaleras… todo estaba permitido en esa frenética y absurda carrera en que participaba "alegremente" toda la ciudad y en que, incluso quien no tiene que ir a ninguna parte, trata de llegar antes que los demás.

¿Qué me sucedía? ¿Por qué no podía ser siquiera feliz haciendo lo que tanto había deseado hacer? ¿Por qué no podía ser "normal" siquiera con aquello y gozar de lo que habría hecho feliz a cualquier profesional del sector?

El problema era justo ése: yo no me sentía un "profesional del sector". Yo no quería trabajar. Yo quería añadir al mundo una nota musical. Hasta cuando hacía de coreógrafo para Armando no me parecía un trabajo, sino una creación en el ámbito de una libre locura en la que me reconocía, una búsqueda desesperada de lo extraordinario; trabajar con él era como lanzar un anzuelo al firmamento con la esperanza de pescar ese pez escurridizo que se llama misterio y que parece dar sentido a una vida que, de otro modo, permanecería aplanada en la playa obtusa donde, desde siempre, todos los seres vivientes repiten hipnóticamente los mismos actos necesarios para la supervivencia. Pero ser el coreógrafo para un director cualquiera, quien honestamente pone su experiencia e inteligencia al servicio de un oficio llamado teatro, o hacer espectáculos sin ganas o adaptarme a las rutinas de audiciones y ensayos me ponía en la condición de quien desempeña un empleo común. "¿Y qué diferencia hay entre ser empleado de un banco y ser empleado del *show business?*", me preguntaba. Era el concepto de "empleado" el que no soportaba. Sentirme una vez más transformado en el engranaje de un mecanismo que percibía como deshumanizante era lo que me quitaba el aire, torturándome con la antigua e insoportable pregunta: "Pero ¿qué sentido tiene todo esto? ¡Maldito de mí! ¡Supermaldito de mí! ¡Archirrecontramaldito de mí...!", salmodiaba. ¿Era posible que no fuera capaz de encontrar la paz y trabajar como hacían todos los demás, aceptando la común mediocridad de la vida, sin estar jodiendo? ¿Era posible que nunca lograra ser una persona "normal"...? ¡Ay, ay! De nuevo sentía las voces de mi padre y de mi madre hablando dentro de mí. Mal síntoma.

Ni los churros me ayudaban ya para acallar esas voces y pacificar mi conflicto interno; al contario, ¡lo complicaban!, empujándome al banquillo de los imputados de ese tribunal en el que se transforma la mente cuando, estando en un callejón sin salida, te somete al juicio de "te lo había dicho". Y el público, entusiasmado por los argumentos con que la pública acusa, demostraban sin apelación mi congénita deficiencia e ineptitud ante la vida, desde detrás de la barrera me embestía gritando con el resentimiento atávico y el dolor de todos los padres y las madres que han visto fracasar a sus propios hijos por haber querido hacer las cosas a su modo: "¡Irresponsable! ¡Inmaduro! ¡Vago! ¡Ocioso! ¡Vaquetón! ¡Fracasado! ¡Criminal! ¡Bueno para nada...!". No era la primera vez que me encontraba en el banquillo de los acusados de ese tribunal, aunque por primera vez no sabía cómo replicar a esos ataques. Me sentía derrotado. Ya no tenía argumentos. ¡Cómo habría querido tener a un abogado que, en lugar de farfullar sin saber poner orden a la arenga defensiva, hubiera sido capaz de perorar mi causa y explicar mi tormento! Alguien capaz de golpear con el puño en la mesa y acallar a esa multitud, arguyendo con autoridad:

—¡Señores de la corte! Ustedes, quienes se adjudican el derecho de juzgar a un ser humano, a ustedes les pregunto: ¿qué es un ser humano? ¿Qué cosa lo identifica como tal? ¿Su abatida resignación al trabajo o su valerosa aspiración al amor? ¿Su dedicación a la producción de un bien o la creatividad? ¿El cumplimiento de un deber o su fascinación hacia el misterio de la vida? Si es "el trabajo" el criterio que ustedes usan para medir el valor de alguien, entonces les pregunto: ¿qué diferencia hay entre un burro, una vaca y un ser humano? ¿No son tal vez los unos y el otro igualmente parte de un engranaje productivo donde, en las pausas entre una siesta y otra, trabajan para entregar un producto o realizar un servicio? Si el valor de un ser humano se mide con base en su utilidad, ¿no les parece que tienen para él la misma consideración que se tiene para un animal de carga o para un cerdo bien engordado? ¿Y qué sociedad perversa querría ver a sus propios hijos humillados al nivel de un animal de granja?

Me habría gustado oír a la sala del tribunal de mi mente caer en el silencio, esperando que mi príncipe de la corte se ajustara la toga a los hombros y, después de una pausa de gran efecto, continuara:

—¡No piensen ahora que quiero faltarles al respeto al burro y a la vaca! Es evidente para todos cuanto es útil e irrenunciable el trabajo que todos nosotros desempeñamos en la granja; pero, honorables señores de la corte, ¡al juzgar a este desgraciado, culpable sólo de no querer resignarse a la vil condena de una vida sin sentido, tienen

LA AGONÍA | 527

que recordar que lo que nos define como "seres humanos" está determinado justo por lo que nos distingue del burro y de la vaca! No es el trabajo lo que nos diferencia ni la habilidad de procurarnos el sustento, la misma que todos los animales poseen, sino la capacidad de extenderse en los horizontes misteriosos del arte, de la creatividad, del juego, del amor, del sentido del humor, de la poesía... ¡Éstas son las cosas que distinguen a los seres humanos del mundo animal! ¿Podemos, pues, condenar a este pobre diablo por ir en busca de las características que nos hacen humanos? ¿Se puede acaso considerar criminal a alguien que busca salvarse del destino del burro y de la vaca, negándose a sujetarse al yugo de un trabajo cualquiera? ¿Es tal vez un crimen darse cuenta de que si la vida se reduce al trabajo, no hay mucha diferencia entre el animal que da la leche y el hombre que lo ordeña, o entre el que jala la carreta y el que la guía?

Me habría gustado escuchar los murmullos del público y ver la sombra de la duda en la corte antes de que mi abogado continuase asestando las estocadas definitivas:

—Y no levanten la mano para recordarme que la nuestra es "una república fundada en el trabajo", porque meter "el trabajo" en el vértice de los valores equivale a decir que vivir como un burro o una vaca es nuestro modelo tanto humano como constitucional. ¡Cierto! Para una humanidad afligida por la lucha por la supervivencia, para una sociedad que paga con la esclavitud de muchos el privilegio de pocos, para un mundo donde los hombres y las mujeres no pueden concederse aún la aspiración de salvarse de su legado animal, ¡ese primer artículo de la Constitución es inviolable y sacrosanto! Pero para una humanidad que aspira a trascender el egoísmo primitivo que nos condena a ser *Homo homini lupus* y que nos hace llegar incluso al punto de engañar, explotar o matar a nuestros semejantes por un provecho personal, ese artículo es absolutamente inapropiado. Para una humanidad que quiera inspirarse en ideales de justicia y de hermandad, de comunión y de igualdad, y que quiera escalar la cima de la conciencia humana para clavarle la bandera de la libertad, sería más justo crear repúblicas fundadas en el amor, en la hermandad, en la compasión... no en el trabajo. No pueden condenar a este pobre imbécil, quien ya paga el precio de su ignorancia, sólo por no lograr adecuarse al destino que parece obligarnos a todos nosotros a renunciar a las más altas aspiraciones del ser humano, para adaptarnos a producir leche, huevos, lana o a jalar una carreta, empujar un molino o responder en el *call center*. Al juzgarlo, no se dejen enceguecer por lo que se considera "normal", porque si la realidad que tenemos delante, con todas sus injusticias y brutalidades, es el fruto de este "normal" mundo "fundado en el trabajo", el de ustedes no es un tribunal de hombres, sino un tribunal de animales. Una sociedad que se basa en el trabajo no es todavía humana; una sociedad que mide la vida con un criterio matemático es sólo una manada de animales que, por más evolucionados que puedan ser, aún se mueven sin esperanza en el embrutecimiento de una lucha por la supervivencia que les impide saborear el néctar accesible sólo a quien se ha concedido el lujo de "vivir" para crear, "vivir" para amar, y no vivir para sobrevivir. Mejor es no confundirse y usar las palabras en el lugar correcto. Sólo cuando el trabajo se transforma en vocación nace el ser humano, no antes. Sólo cuando la matemática se convierte en música se disuelve en el ánimo humano la duda de la existencia de Dios.

Ésta es la arenga que me habría gustado oír en mi cabeza. Pero, desgraciadamente, en esos tiempos simplemente me quedaba aplastado bajo el peso de las injurias y de los silbidos que la platea del mundo "normal" me dirigía al pasar. Plegado bajo el peso de la resignación, cada vez más atrapado en la maraña de intuiciones y contradicciones, había perdido la brújula de mí mismo.

—¡Padre! ¡Padre! ¿Por qué me has abandonado? —reclamaba en mis solitarios desahogos a ese Dios en el que no creía—. ¿Por qué me has condenado a este valle de lágrimas? Qué sadismo el tuyo de inflingir a tus hijos un dolor sin remedio. ¿Por qué no nos hiciste estúpidos como el burro y la vaca? ¿Por qué has sido tan cruel para darnos el don de percibir tu perfume, para después negarte y condenarnos a la desesperación y a la locura? ¿Eres un Dios o eres un demonio?

Si hubiera caído de rodillas y en un llanto desconsolado me hubiese rendido a la irremediable derrota, probablemente habría obtenido esa experiencia que los místicos llaman oración, pero aún era demasiado orgulloso para poder salvarme del dolor, demasiado pecador para volverme un santo.

Así, buscaba otras escapatorias, otras estrategias, otros trucos para tratar inútilmente de ganar mi batalla: "Vuelve a Roma, parte de nuevo a Milán, intenta otra vez en Bari… No, mejor en Roma…". Tenía siempre la sensación de estar perdiendo el tiempo. Una espera continua. Espera en la estación, espera en las citas, en el teléfono, en los ensayos; espera para poder actuar una tontería de escena delante de la cámara… Tiempo perdido. Perdía tanto tiempo que un día, dando vueltas sin sentido en la estación de Milán, incluso escribí una canción, La canción del tiempo perdido. Con un letárgico giro de *do*, decía así:

> *Tiempo perdido, tiempo perdido,/ reencontrarlo no hay sentido,*
> *y buscar tiempo perdido/ es tiempo perdido, tiempo perdido.*
> *Cuánto tiempo se fue en vano/ sin jamás usar las manos.*
> *Cuánto tiempo que he pasado/ sea tendido que sentado.*

Una frase inconsistente/ que da vuelta por la mente.
Una imagen y un sonido/ y palabras sin sentido.

(Coro)
Tiempo perdido, tiempo perdido,/ reencontrarlo no hay sentido,
y buscar tiempo perdido / es tiempo perdido, tiempo perdido.

Estar tumbado está perfecto,/ porque mantenerme erecto
me cae mal la evolución,/ ahora cambio posición.
Sobre la espalda me he cansado,/ mejor me pongo sobre un lado,
porque cuando miro al muro,/ yo me duermo ya seguro.

(Coro)
Está hermoso el muro blanco,/ mi mejor amigo franco,
y aunque les estoy cantando/ casi, casi voy durmiendo.

Tomo aliento revolcando/ y me estiro bostezando.
Pero me siento ya molido,/ sea sentado que tendido.
Tomo aire en el balcón/ un paseo fuera al portón.
Y teniendo el ritmo bajo/ me relajo, me relajo.
Cuán hermoso entre la gente,/ caminar sencillamente.
Afortunado quien se atreva/ a no hacer nada y echar la hueva.

(Final)
Tiempo perdido, tiempo perdido,/ reencontrarlo no hay sentido.
No hay ninguna solución/ si tu destino es ser huevón.

En realidad, perder el tiempo para mí nunca fue un problema; en toda mi vida había perdido un montón de tiempo... tal como describía en la canción. Pero ahora era diferente: no era yo quien lo perdía, sino que sentía que alguien más se había apropiado de mi tiempo y lo estaba desperdiciando en mi lugar... Pero luego escuchaba a Osho, quien decía que el tiempo no existe...

Osho no había tenido la cortesía de esperarme, y el 19 de enero de 1990 se había ido, dejando mi vanidad ofendida por no poder decir que lo conocí en persona. Había esperado demasiado; perdido en la confusión de mi mente, no había escuchado una voz que desde un par de años atrás, tratando de hacerse notar entre las tantas, gritaba: "¡Ve a la India! ¡Ve a la India!". Había perdido la oportunidad de ver al maestro en su cuerpo.

Sin embargo, entre todos sus discípulos había una que, desde los tiempos de Villa Ambra, me transmitía las sensaciones físicas más cercanas a las que, imaginaba, transmitía el maestro: Samagra. Si Osho me hablaba a través de sus libros y sus videos, a través de Samagra me miraba, me tocaba y me hacía sentir su amor.

Me quedé durante meses hospedado en ese puerto de mar fuera del tiempo que era su casa. Era casi veinte años más vieja que yo, y era pintora. De muy joven había tenido un periodo de notoriedad, al final de los años sesenta, pero después había preferido la búsqueda de la felicidad; y a juzgar por su aspecto y por la hermosa e "incoherente" vida que llevaba, no se puede dudar de que había hecho la elección correcta.

Samagra fue mi amiga y confidente, capaz de consolarme con un chiste, una caricia, leyéndome el Tarot, imponiéndome las manos, cubriéndome el cuerpo con cristales, preparándome tisanas milagrosas, exponiéndome a luces de colores... ¡Qué cosa no se habría inventado para hacerme ver lo que ella veía! Y cuando nada de todo eso funcionaba, preparaba un buen churro y ya no lo pensaba más.

Ya había dejado el *Nam Myoho Renge Kyo*: como te he dicho, habría preferido morir antes que rezar toda la vida en japonés. Había comenzado de nuevo a practicar las meditaciones de Osho, especialmente la Dinámica, pero me parecía que nada podía darme alivio.

—¡Toma el *sannyas*! ¡Toma el *sannyas*! —seguía repitiendo Samagra desde el interior de su cuerpecito pequeño, pequeño.

Y una tarde de fines de noviembre del '91, cuando mi relación con Shola estaba ya en sus últimas, en el balcón de su casa en el barrio Flaminio de Roma, mientras yo, por enésima vez, le vomitaba encima mi incapacidad de vivir que me destrozaba, ella, por enésima vez, desde lo profundo de su corazón me repitió:

—¡Toma el *sannyas*! ¡Toma el *sannyas*!

No podía creer que, una persona inteligente como ella, de nuevo insistiera con esta invitación que para mí no tenía algún sentido.

—Si tomas el *sannyas*, una lluvia de bendiciones caerá sobre ti —continuó.

Me volteé lentamente hacia ella y la miré a los ojos con aire casi intimidatorio:

—Samagra, ¿tú me aseguras que si tomo el *sannyas* me caerá encima una lluvia de bendiciones?

—Sí —me respondió, manteniendo la mirada sin la más mínima duda—. Si tomas el *sannyas* te caerá encima una lluvia de bendiciones.

—¡Chingados! —me rendí—. ¡Está bien! Hazme tomar este puto *sannyas*. ¿Cómo se hace?

En esos tiempos la iniciación se podía pedir por correspondencia y no era necesario ningún requisito. Obviamente, llenar el formato que se mandaba a la India con mi fotografía para solicitar una iniciación y un nuevo nombre me parecía una olímpica pendejada que me habría hecho sonreír de haberse tratado de alguien más, pero, dado que se trataba de mí, hacía que se me revolviera el estómago. Fue sólo la certeza con que Samagra me había atrapado en ese juego la que me hizo persistir para llevar a término la que me parecía una farsa, como cualquier acto administrativo de bautismo o de matrimonio. Pero la vida me reservaba una sorpresa: apenas puse la firma en ese anónimo pedazo de papel, por increíble que parezca, sentí que algo cambiaba dentro de mí. "Sugestión", me dije, con un escalofrío en la espalda. Pero los días siguientes esa extraña "sugestión" siguió llamando mi atención. Ciertamente no se trataba de nada lejanamente parecido a la felicidad, sino más bien de una sensación como de algo que hubiera terminado o estuviera a punto de morir; esa paradójica sensación de ligereza que te da haber perdido hasta la última esperanza. ¿Era posible que ese simple "sí", dicho entre mentadas y escepticismo, me hubiera cambiado?

Hay tantas cosas en la vida que no se pueden comprender… Mientras más relevantes y fundamentales son, más se quedan envueltas en el misterio: la iniciación de un maestro, tomada entre otras cosas sin ninguna convicción, y además de un maestro muerto, es una de éstas. Sin embargo, para no quedarme sin una respuesta lógica que justificara aquel cambio en mi carácter, elaboré un argumento racional capaz de calmar la angustia que genera vivir algo que no se logra entender.

Me expliqué a mí mismo que, así como el "no" refuerza al ego, el simple "sí" lo debilita; y dado que la beatitud es un fenómeno de fusión con el todo —o, como dicen los religiosos, "en Dios y con Dios"—, ese "sí" había dado el primer golpe a esa fortaleza desde la que miraba la vida como algo externo a mí y que me había hecho tan miserable hasta ese momento. Más allá de esta "inteligente" racionalización, lo que sucedió durante esos meses, esperando "la iniciación", y lo que sucedió el día en que recibí la respuesta a esa carta permanece en la lista de las cosas incomprensibles.

Por alguna extraña razón, la respuesta a esa carta tardó otros cinco meses. Tantos que casi me había olvidado de ese "sí".

* * *

En diciembre de 1991 se disolvieron el imperio soviético y mi relación con Shola. Nuestro frágil amor se había estrellado contra las rocas de las luchas de poder, de la competencia, de la desconfianza y de la prepotencia. También a nivel sexual, después del primer año de relación, cuando, vagando en la oscuridad como siempre, nos habíamos conformado con un tácito "todo va bien", habíamos perdido la punta del hilo y no lo habíamos vuelto a encontrar.

Mirando mi vida desde donde me encuentro ahora, puedo decir con certeza que del sexo nunca había comprendido mucho. A pesar de que mis prestaciones casi siempre hubieran logrado mantener el mínimo de decencia que me permitiese pasar casi indemne en las confidencias con las cuales las mujeres exponen la intimidad de los hombres, pensaba que el sexo se limitara a una especie de acalorada operación hidráulica que requiere técnica, experiencia y energía; no tenía todavía idea que fuera nada menos que un verdadero arte, y que, como tal, exige amor, confianza, vulnerabilidad, sinceridad y devoción. Cualidades difíciles de encontrar en un mortal común, especialmente si se trata de un macho enamorado de su propia virilidad, como lo era yo.

En lo que a mí respecta, en todos esos años, aparte de algunos momentos de poesía, el sexo estaba compuesto por dos aspectos: el primero consistía en revolcar a la pobre desgraciada en turno de un lado al otro con la vana esperanza de que pudiese contar a las amigas que era capaz de hacerlo, y el otro estaba constituido por ese estornudo genital que, cuando los ojos asumían la vítrea consistencia de un animal condenado por la biología, por más esfuerzos de faquir que pudiera hacer y sin importar a cuántos santos les pudiera rezar, me explotaba inevitablemente entre las piernas antes de lo que hubiera querido, dejándome siempre con la misma pregunta: "¿Eso es todo?". Es obvio que, sobre esta base, la pasión sexual poco a poco se apaga y el sexo se vuelve una joda que, de todas formas, no se puede evitar.

A pesar de que nuestra unión no tenía nada de convencional, el amor se convirtió "normalmente" en matrimonio y la pasión, en rutina. Yo estaba tan en crisis con mi vida que no tenía ganas ni de serle infiel, pero ella, un poco por haberse sentido descuidada, un poco para castigar mi creciente prepotencia y un poco para recuperar a ese viejo personaje de aventurera sin escrúpulos que había sido, durante un viaje transalpino tuvo un *affaire* con un terapista francés. "¡Pinches franceses!" Nada de importancia. Pero, cuando después de unos meses de que había sucedido tuve la infalible intuición, no perdí la ocasión de restablecer a mi favor la relación de fuerza de esa lucha de poder que siempre había tenido la sensación de estar a punto de perder. Despiadado, la repudié.

Ella apenas había dejado la casa de Parchitello para alcanzarme en Roma, pero yo no la quise en el departamento que había rentado. Así, con el niño y las valijas bajo el brazo, se fue a vivir con una amiga. Pensaba que castigándola de ese modo me sentiría bien, pero me equivocaba: me sentía peor. "¿Te sentías mal porque estabas preocupado por ella y por el niño? —me preguntarás tú—. ¿Porque te habías arrepentido y te sentías culpable de haberla echado?" No, Inés: me gustaría decirte que sí, pero en ese tiempo el dolor y la desesperación que experimentaba por sentirme arrastrado en una vida que, a pesar de que la había elegido, no me gustaba, me habían vuelto cruel, insensible y enojado. No me dolía haber echado a Shola; lo que no soportaba era que, a pesar de todo, ella, para variar, había logrado pasarla mejor que yo. De hecho, mientras que yo me quedaba solo en mi miserable casita, rodeado por mis demonios, ella y la amiga que la hospedaba se habían construido rápidamente un equilibro bastante bueno. Y por si esto no fuera suficiente, ella había retomado inmediatamente contacto con un ex, un abogado muy rico y más viejo que yo, quien nunca la había olvidado y de quien yo siempre había estado celoso. En unas pocas semanas "esta hija de la chingada" tenía una casa, un auto, una moto, ¡y tenía más dinero que yo! ¡Maldita! Tenía que hundirle el cuchillo en el corazón. Por lo tanto, a pesar de que no fuera el momento de tener otra historia, más por orgullo que por ganas, decidí conseguirme una amante. La víctima designada fue una amiga de Samagra. A pesar de que le gustaba, se me resistió con la obstinada reluctancia de una mujer que intuye que está a punto de ser usada en una relación de la que ella no forma parte; pero al final, pobrecita, cedió. Sin embargo, eso no fue suficiente para aliviarme. Y aunque con esta dulce chica logré vivir hermosos momentos de pasión, mi mente estaba obsesionada con "esa hija de la chingada de Shola".

No tenía tanto miedo de perderla y deshacer la familia, sino de que se me cerrara en la cara la puerta que se asomaba a ese mundo que sólo me parecía accesible a través de ella, por lo cual detuve esa puerta con un pie, colándome de lado en su nueva vida, también para evitar que su relación con esa "mierda de abogado" superara los límites de la amistad. Fue así como perdí definitivamente el respeto por mí mismo.

Usando mezquinamente el pretexto del niño, restablecí los contactos "familiares" con la mal disimulada intención de conocer a "ese cabrón". La amarga sorpresa fue que, en lugar de encontrarme delante de una persona despreciable, como esperaba, tuve que reconocer que se trataba de un hombre brillante, inteligente y generoso. A pesar de que él alardeara los estandartes de un estilo de vida diametralmente opuesto al mío —fascista, Ferrari negro y aficionado del equipo de la Lazio— nos caímos de inmediato fatalmente bien. Tenía unos diez años más que yo, era corpulento, calvo y feo, pero su forma de ejercer el poder sobre las cosas le daba un encanto que no podía eludir ni yo mismo. Usaba el dinero para regular con pragmatismo sus relaciones, estableciendo así el control sobre cualquiera que entrara en su territorio. ¡Horrible defecto!, respecto del cual era fácil hacerse de la vista gorda cuando, como en mi caso, te beneficiaba. De hecho, no era fácil rechazar propuestas como "rentamos un teatro, hacemos el video del espectáculo, te presento a éste, te presento a aquél… producimos aquí… producimos allá…".

No obstante que mi dignidad, a pesar de las apariencias, se arrastrara ahora como un gusano que me generaba un profundo disgusto hacia mí mismo, no tuve el valor de rechazar aquello que tanto necesitaba y que desde hacía años buscaba: un productor, un mánager, un mecenas.

El año anterior lo había intentado por mi cuenta, pero no había producido grandes resultados. Cansado de limosnear la atención de políticos y comerciantes del sector, había decidido producirme yo solo.

Me encerré durante dos meses en una casa de Monte Sacro e imprimí todas mis obras, los pósteres de mis espectáculos, mis monólogos… luego renté una sala del teatro Dell'Orologio, decoré el vestíbulo como una exhibición personal y presenté durante un mes completo mi *Aire áspero*. Considerando mis limitados medios, no había salido tan mal: el público vino, los medios se interesaron… Pero no había nada que hacer: seguía siendo un *outsider*. Cuando terminó el mes de representaciones, volví al idéntico anonimato de antes.

"Tal vez con este abogado funcione", me dije. ¿Por qué no aprovechar? Además, parecía que entre él y Shola no había nada más que amistad. Y así, disfrazando mi orgullo derrotado detrás de las garras de un cínico pragmatismo, me dije: "Probemos".

Como te he dicho antes, los compromisos son como una droga, y esta relación con este abogado corría el riesgo de convertirse en una sobredosis. Como sucede frecuentemente cuando alguien se ofrece a hacer algo por ti, lo que al inicio parece ser una oferta generosa, con el paso del tiempo asume siempre más la connotación de una concesión: los mismos actos generosos que al inicio te gratifican y te hacen sentir importante, con el tiempo empiezas a sentirlos como una trampa de la que quisieras huir, pero que, paradójicamente, conforme más te aprieta y te sofoca, más te hace sentirte obligado a responder con un "gracias" a quien te hizo caer en esa trampa. ¡Y no nada más! Después de un mes de tratos, ¡horror!, comencé a tener la sospecha de que se había roto ese dique que impide a los "amigos" entrar uno en los calzones del otro, llevando "esa mierda de abogado" a acostarse con "esa hija de la chingada de Shola".

Aunque yo, dado que ya estaba con otra, no tenía ningún derecho de reclamarle fidelidad alguna, la arrinconé y la obligué a confesar. Ella no tuvo las agallas de negarlo y confesó.

La noticia de esta nueva "traición" no arañó para nada la fortaleza de mis sentimientos, sino que, al contrario, fue un benéfico cañonazo que despertó a las tropas de mi orgullo, drogadas por la deprimente resignación que aflige al guerrero cuando, durante demasiado tiempo, a la franqueza de la batalla se prefiere la ambigüedad de la política. Feliz de finalmente poder sacudir mi armadura del polvo de la docilidad, aproveché este paso en falso del enemigo para descargarle encima toda la rabia que había acumulado contra mí mismo. Decreté:

—Ahora voy con ese bastardo abogado y le parto su madre.

Antes de que la razón debilitara la ira, me apresuré a montar mi blanco corcel y lanzarme como una furia a su despacho, bajando por vía Nometana como una flecha.

Aun cuando él no tenía ninguna obligación de lealtad hacia mí, me pareció una ocasión perfecta para hacerle pagar a alguien la entera frustración de toda mi vida... y además: no podía dejar la ocasión de tener una excusa plausible, al menos desde el punto de vista de mi locura, para ir al monumental despacho de un importante abogado romano a romperle todo. Ese abogado era una víctima sacrificial perfecta.

Cuando llegué, estaban sólo él y la secretaria. Me vino a encontrar en el corredor con su acostumbrado trato cordial, pero mi expresión oscura le congeló la sonrisa sobre los labios:

—¿Algo anda mal?

Yo, mudo, me limité a indicarle la puerta de su despacho, como para decirle: "Ve, ve". Apenas estuvimos solos, lo fulminé con los ojos y disparé el primer golpe:

—Te cogiste a Shola.

—No... No...

—¡No, no, mis huevos! Tú te cogiste a Shola.

—No… espera… es decir…

Vi que en su mente de abogado estaba organizando la defensa, pero no le di tiempo. Apenas sus manos comenzaron a moverse para empezar la arenga, le di un bofetón.

—¡Espera… espera…!

—Tú te cogiste a Shola, pedazo de mierda. Ahora me vas a dar el gusto.

Lo empujé brutalmente contra la pared y lo agarré por el cuello de la camisa. Esperaba una reacción, pero él se quedó inerme. Sabía que reaccionar habría encendido la mecha de la violencia. Me sentía tremendamente lúcido. Sabía que estaba haciendo algo equivocado, pero era demasiado agradable regodearme en ese adormecimiento de la conciencia que disuelve las riendas de esa bestia del ánimo humano que se llama "maldad". Lo tenía entre las manos; habría podido romperle la cara de un cabezazo, pero habría sido demasiado obvio, demasiado de película… y así, quién sabe de dónde, de pronto me vino una idea extravagante. Aflojé apenas un poco la presión del cuello de la camisa y, sorprendiéndome a mí mismo, le dije:

—¿No quieres darme el gusto? Está bien, entonces paga.

—¿Qué significa paga?

—Te la vendo. Dame cincuenta millones y me voy sin hacerte nada.

Se trataba más o menos de cincuenta mil euros de ahora: una cifra muy alta, aunque no inadmisible para sus finanzas.

—¡Ah, conque quieres dinero! —sonrió, contento de que la disputa se hubiera pasado a un terreno que le era más familiar.

—¡¿De qué chingado te ríes, pedazo de mierda?! ¡¡¿De qué chingado te ríes?!! —le grité, apretando el cuello—. Fírmame un cheque ahora o te parto todo.

—Pero ¿qué te pago? Pero ¡¿qué te pago?! —gritó, tratando de liberarse y de recuperar el control de la situación.

Era la línea que estaba esperando para dar inicio al concierto. Lo aventé al suelo como si no pesara nada y, con una fuerza insospechada, tomé el escritorio lleno de documentos y objetos y lo lancé por los aires. Sin pausa, pasé a la vitrina; él se puso de pie de un salto, tratando de defenderla, pero lo alejé con una patada. También la vitrina terminó por los suelos con gran estrépito. En un segundo toda la habitación estaba de cabeza. Con calma destructora, pasé a un voluminoso archivero más alto que yo, y mientras éste terminaba igualmente entre los escombros, él trató de nuevo de detenerme. Se acercó con la cara expuesta. Yo estaba en perfecto equilibrio para soltarle un puñetazo definitivo: "¿Qué hago? —me pregunté—. ¿Le pego en la nariz y se la arranco o le desmadro la mandíbula?" Por fortuna, retomé a tiempo las riendas de la bestia que me gobernaba y dirigí el puño al pómulo, tal vez demasiado cerca de la sien. No sé si actuó o si de verdad perdió el sentido por un instante, pero cuando lo vi tambalearse hacia atrás y apoyarse en el muro comprendí que la historia había terminado allí. Justo en ese momento se escuchó la voz de la secretaria, quien abriendo la puerta gritaba:

—¡Abogado, abogado!

—¡Esa mierda! —le dije, señalándolo—. Primero se hace pasar por amigo: "Te pago esto… te pago lo otro…", ¡y luego se coge a mi mujer!

—Pero ustedes ya no están juntos —replicó rápidamente, recobrando el ánimo, consciente de que lo peor ya había pasado.

Técnicamente tenía razón, aunque ambos sabíamos que la nuestra era sólo una de esas disputas "necesarias" entre gallos, que en su esencia arquetípica decoran lo anónimo de una vida ordinaria con la elegancia de las acciones inútiles. No había nada que explicar: ya quedaba claro quién era el más fuerte y quién había ganado. Yo era seguramente más fuerte, pero ciertamente él había ganado incluso antes de comenzar, dejándome sólo el magro consuelo de quien muestra los músculos en el vano intento de reapropiarse de algo que ya se perdió y que no regresará: la dignidad.

Sentí que era el momento justo para irme y me dirigí hacia el corredor, en dirección de la salida, pero ese abogado no era una persona común: me precedió y se puso delante de la puerta para impedirme el paso. Quería hablar, quería explicar... pero no se lo permití. Sabía que, si lo hubiese dejado combatir en su campo, no sólo él habría ganado, sino que también me habría quitado el magro consuelo de ser más fuerte. Por lo tanto, lo callé con un bofetón que sonó como el golpe de los platillos de una orquesta. ¡Me gustó ese sonido! Así, cuando él insistió, toqué de nuevo... y de nuevo. Parecía que lo divirtiera ser agarrado a bofetones delante de la secretaria. Si hubiera querido, me habría abierto paso y habría salido, pero la música era buena para el público encantado... ¿Qué podía hacer? Continué tocando los platillos hasta que sonó el timbre. Era el portero, un egipcio de dos metros de alto, quien alertado por los ruidos y los gritos se asomó, preguntando:

—*Problem?*

El abogado, con la cara toda roja y la camisa en jirones, abrió la puerta y le respondió con una sonrisa tranquilizadora:

—*No, no... no problem, no problem...*

Pero apenas la puerta se cerró de nuevo, los platillos sonaron otra vez:

—*Problem!!!* —canté en perfecto tiempo musical, tratando de conquistar el aplauso de la única espectadora.

Al final me abrió el paso, dejándome salir, pero no se rindió: cuando ya estaba en la calle, escuché su voz llamarme. Lo vi en el balcón, todo desgarrado y colorado, desde donde gesticulaba diciendo algo que no oí, porque quedó ahogado por el nitrito poderoso de mi motocicleta.

Conduciendo en el viento fresco de Roma, me sentí inexplicablemente eufórico y feliz. Sabía que, por más que fuera injusto, lo que acababa de hacer era lo que quería hacer. El mundo me condenaría, pero no me interesaba ya estar de parte del justo; la esperanza de lograr vivir de manera justa ya la había traicionado. No me quedaba más que interpretar el patético personaje de una historia que, para gritarle al mundo su resentimiento, elige morir haciendo la cosa equivocada.

Interrumpí completamente el contacto con Shola y volví a mi miserable vida hecha de citas, audiciones, contactos… Un gris sin esperanza. El *show business* no era para mí: bastaba que por la mañana, a la segunda llamada telefónica que hiciera, me contestara una grabación o una secretaria reticente para que me echara un churro y pospusiese todo para el día siguiente. Fumar ya no era una diversión, sino una costumbre deprimente sin la cual la vida me parecía insoportable. Pasaba los días en la inanición, sin saber qué hacer.

Un día decidí cortarme la barba de chivo que me daba un aspecto malvado, como me gustaba, y me dejé el bigote para ver si me quedaba. El resultado no me convenció, pero me lo dejé y me olvidé de ello. Después de un par de horas fui al bar y, mientras estaba apoyado en la barra esperando que me sirvieran el café, me di cuenta de que, reflejado en el espejo de la vitrina detrás de la barra, había un güey con bigotes que me miraba con una increíble cara de pendejo: era yo. ¡Por Dios, qué vergüenza! Corrí a casa a cortarme esos chingados bigotes, logrando odiar mi rostro aún más que antes. Mientras más avanzaba, más perdido estaba; ¡incluso ya no reconocía mi rostro!

Todos mis intentos de encontrar a mi público habían fracasado. No veía futuro. Esas obras, esos monólogos, esos sujetos cinematográficos y todas las ideas que había producido durante esos años yacían en el fondo de un cajón y allí morirían. Esas mismas obras que, realizadas, habrían sido el abono de mi crecimiento artístico, dejadas morir en el cajón se convertían en un cáncer de mi creatividad. Sentía que me estaba secando. Ya no tenía entusiasmo; no tenía más ganas de presentarme, de contar mis historias… No tenía más ganas de escribir nada, de hacer reír a nadie ni de llamar a nadie.

Había abandonado todo para encontrarme con las manos vacías. Ese El Dorado que buscaba no lo había encontrado… o tal vez no existía. Tenía dos hijos regados por el mundo, uno en Bari, quien entraba a la adolescencia sin mí, y el otro allí, en Roma, tan cerca y tan lejos al mismo tiempo, arrastrado por nuestra desesperación, y con quien para variar no sabía qué hacer. Me hundía en el fango como un guerrero cansado y herido que ha perdido la batalla pero que no se quiere rendir. No sabía si habría otra batalla ni en qué campo se llevaría a cabo, pero cada mañana asumía mis funciones en mi vida: me lavaba, desayunaba, a veces meditaba, evitaba fumar y, con amargura atroz, miraba alrededor tratando de comprender en qué dirección moverme.

Una de esas mañanas, mientras daba vueltas por la casa esperando que sucediera algo, mi vista se fijó en un montón de cartas que tenía desordenadas en el escritorio. Era el correo. No había perdido el hábito de acumularlo y de cuando en cuando lanzarlo al cesto. Entre el revoltijo de cartas vi la esquinita de un sobre asomarse, haciéndose notar por su poco común inmaculada blancura. Mi corazón comenzó a latir sin motivo aparente. Con los dedos hice espacio al montón hasta descubrir el símbolo azul y plateado que ocupaba una esquina de aquel misterioso sobre: era el cisne de Osho. Esa carta llegaba de la India, de Puna para ser exactos. El corazón me comenzó a latir más fuerte y la respiración se agitó, mientras me preguntaba qué me estaba pasando. Con las manos temblorosas, comencé a abrirla. "Es una carta, es sólo una carta", me decía, sin explicarme esa absurda emoción. Saqué una hoja de opalina blanca que me acarició con una textura que parecía de terciopelo. Vi la incompresible firma plateada de Osho en relieve, como un trazo fuera del tiempo... y luego allí, mi nombre: Prem Dayal. Estallé en un llanto irrefrenable. Dayal... Dayal... A pesar de que mi mente seguía preguntándome: "¿Qué chingados te pasa? ¿Estás idiota?", seguía sollozando sin saber por qué. Iba de arriba abajo en la habitación, con la carta en la mano y las piernas flojas... Dayal... Dayal... Tal vez es lo que sientan los atletas al final de una competencia, cuando todos los esfuerzos ocultos de la preparación se manifiestan ante el público que celebra su victoria... o su irremediable derrota. Era como si de pronto alguien, con una simple caricia, me hubiese dicho: "Te veo, Dayal, te veo... Veo tu soledad, tus esfuerzos, tu desesperación, tus debilidades... y veo tu autenticidad, tu valor, tu amor, tus buenas intenciones, tu talento, tu inocencia...". Es difícil de explicar: no había nadie allí conmigo, aunque por primera vez, después de tanto tiempo... o tal vez desde siempre, no me sentía solo. No lo sabía, pero era el preludio de lo que sucedería algunos meses después en la India y que cambiaría para siempre mi vida.

Dayal... Dayal... Dayal... Al inicio no lograba siquiera pronunciarlo, y durante unos días tuve que ir a leerlo de nuevo para no confundirlo con Dyan, Dayan, Dylan o Dalay. Inmediatamente sentí que ése era mi verdadero nombre. Desde ese momento no soportaba que me llamaran con aquel viejo nombre que me había acompañado desde hacía tanto tiempo. Mi viejo nombre me pareció de inmediato sucio e indecente, lleno de toda esa historia de la que quería alejarme. El viejo nombre era el del monstruo feroz que gobernaba mi mente y, por lo tanto, mi vida; era el nombre del esclavo que había sido condenado a ser; era el proyecto que la sociedad me había asignado cuando me había hecho creer que era italiano, cuando me había enrolado en el ejercito de un "dios mejor que el de los otros", cuando me había inculcado miedo y límites para tenerme bajo control, cuando había envenenado mi inteligencia con los rituales ridículos, las creencias infantiles y las ideas arbitrarias con que gran parte de la humanidad cultiva escrupulosamente la ignorancia y la mediocridad. ¡Y no sólo esto! Mi viejo nombre cargaba también la historia de aquel hombre desesperanzado e ignorante que se había rebelado, había destruido, ofendido, molestado y ensuciado al mundo con la ingenua esperanza de rescatarse peleando contra un enemigo que, por más batallas que pudiera ganar en el exterior, se quedaba acampando en el cuartel oculto de tu mente. Dayal, al contrario, lo sentía como el símbolo de mi rescate, el símbolo de mi libertad. Dayal era mi reivindicación para vivir mi vida, no como una consecuencia lógica de mi pasado, no como el resultado de mi educación, y tampoco como efecto de mi revolución, sino como un acto creativo totalmente desligado de lo que había sido hasta ese momento, totalmente libre de ideas en pro o en contra; Dayal era el trampolín de donde tomaba impulso para lanzarme a mi futuro.

Obviamente, en ese entonces todo esto no era tan claro como te lo estoy describiendo ahora; se presentaba como una sensación confusa y desorientadora que se manifestaba en forma absolutamente incomprensible cuando me descubría conmovido delante de la imagen de ese que ante mis ojos había perdido los rasgos brillantes de un "filósofo de moda", para tomar aquellos más "modestos" y misteriosos de un "maestro": mi maestro. Esas lágrimas hacían cortocircuito con mi vieja personalidad de *cowboy,* que pretendía continuar decidiendo los modos, las formas y los ritmos de mi relación con el mundo. Pero ya era evidente que esas emociones, esa euforia que de allí a pocos meses más, retando la vergüenza, me haría bailar como un imbécil delante de la imagen de aquel hindú barbudo, tal como uno de "esos bobos de sus discípulos", era la parte más verdadera de mí. El *cowboy,* quien lucharía tanto para morir y con quien de cuando en cuando todavía tengo que hacer cuentas, era parte de ese monstruo del que quería liberarme.

"¡Por Dios! —me decía—. Me estoy convirtiendo en un pinche *sannyasin!"* No podía creerlo. ¿Corría el riesgo yo también de pasarme todo el tiempo riendo, abrazando y bailando? ¿Qué pensarían mis viejos amigos? ¿Qué me diría Armando? ¡Se habrían burlado de mí…! Pero ¡me valía madres!, me decía. Nunca me había importado lo que pensaran los demás. ¡Imagínate si me podía importar ahora! Siempre había sido un inconformista; no comenzaría ahora a conformarme con las opiniones de la gente, aunque se tratara de personas que amaba y estimaba. Y así, desde el primer momento, no tuve dudas de adoptar ese extraño nuevo nombre en todas las situaciones, aceptando sin miedo el ridículo social de cambiar el nombre como esos "pendejones" de los *sannyasin,* con quienes, a mi pesar, empezaba a ser feliz de reconocerme.

Me sentía diferente. No podía... más bien me resistía a convencerme de una cosa que no podía comprender, aunque no podía negar que ya no me sentía el mismo, y eso me gustaba. Mi aspecto exterior no había cambiado, pero mi mirada sí; también mi sentido de la frustración se había diluido de pronto, como si ser un fracaso ya no fuera tan doloroso. Reencontré el gusto de la socialización, consciente de no usarla más como un medio para distraerme de mí mismo, sino como un interés real en conocer a nuevas personas. En una fiesta con esa nueva gente conocí a Silvianne, una hermosísima muchacha de la República Central Africana, quien había sido atleta olímpica en la selección francesa de voleibol. La cortejé de inmediato y me sentí diferente. Noté que no sólo había regresado a mi seguridad de los tiempos mejores, sino que mi típico aire de chico malo de la calle se había enriquecido por esa gentileza interior que siempre había escondido dentro de mí por miedo a que se confundiera con debilidad. Hacer el amor con ella también fue diferente. Ciertamente nada comparable con lo que sucedería unos meses después, pero también en ese campo sentí que algo había cambiado.

Me mudé a su casa en piazza Campo dei Fiori, allí donde quinientos años atrás la Iglesia, para variar, había quemado a uno de sus mejores hombres, Giordano Bruno.[33] De día íbamos en moto a dar la vuelta por Roma, tocaba la armónica, hacía algún espectáculo por la calle, paseábamos por la campiña cantando canciones... Luego volvíamos a casa y hacíamos el amor: un amor profundo, antiguo... africano. Por la noche salíamos a comer algo cerca y finalmente volvíamos a la cama esperando escuchar por la televisión la canción de Patti Smith *Because the Night,* que anunciaba el inicio de *Fuori Orario,*

---

33 Filósofo y poeta italiano de la orden de los dominicos, quien acabó en la hoguera, acusado de herejía.

un "contenedor anárquico de imágenes", como alguien lo había definido, que desde hacía unos años se transmitía todas las noches. No puedo decir que fuera feliz, pero ciertamente mi infelicidad no era ya la protagonista de mis días.

También en el trabajo mis esfuerzos pasados produjeron un resultado relevante. Fui invitado al *Maurizio Constanzo Show,* un *talk-show* televisivo que se transmitía en el teatro Parioli. Era la meta más codiciada para quienes buscaban su propio público. Hubo gente que, aun cuando no tenían un particular talento, gracias a ese programa se volvió famosa. Hice un gran papel esa noche. Me acuerdo de Silvianne, con su sonrisa radiante, sentada en primera fila, y me acuerdo del rostro de Shola, marcado por lágrimas, en la fila número ocho. Me dolió verla así. La amaba aún, era la madre de mi hijo, y a pesar de que estaba bien con Silvianne, me daba cuenta de que en mi vida ella era más importante. Y dos meses más tarde demostraría que era verdad.

Eran finales de julio, hacía poco había cumplido treinta y seis años y tenía una cita con Shola no me acuerdo por qué motivo. Mientras que yo me deleitaba con esa nueva historia de amor, ella había seguido con su abogado, ganándose un hermoso departamento de lujo de tres habitaciones y salón, todo en parquet, en la calle Trionfale. Que llegara tarde a las citas no me sorprendía, pero cuando ya había pasado media hora la llamé a casa para saber qué había sucedido. Después de un par de intentos me contestó Alessandro, quien no había cumplido aún los cuatro años. Me quedé sorprendido de que respondiera él. Le pedí que me pasara a su madre y él me dijo que Shola no podía hablar porque se sentía mal.

—¿Cómo que se siente mal?

Me explicó a su modo que se había caído y que no podía moverse. Me precipité. Era la primera vez que iba a su casa y me maravilló el lujo. La encontré en el suelo, semiinconsciente: había vomitado bilis y el niño jugaba a su lado. Farfullando, me explicó que se había desmayado y se había pegado en la cabeza; de hecho se veía un evidente chipote justo en el centro, arriba de la nuca. (Pienso que aún hoy en día sus padres creen que fui yo quien la golpeó.) Llamé a una ambulancia, subí al niño a la motocicleta y la seguimos al hospital. Traumatología. Se quedó allí varios días, y desde ese incidente no ha vuelto a recuperar el olfato.

Él no sólo había querido reunirnos: esa tarde, después de asegurarme de que estuviera en buenas manos en el hospital, me encontré de un momento a otro ejerciendo de papá. El colmo era que me encontraba haciéndolo en la casa pagada por el abogado a quien le había destruido el despacho y la reputación condominal.

Estaba muy feliz de que Shola estuviese en el hospital… Quiero decir que estaba contento de que ello me obligase a hacer eso que desde hacía un tiempo ya tenía ganas: ocuparme de mi Alessandro y de ella. El destino, con un golpe maestro, había sacado al abogado de su vida con la misma facilidad con que nos liberamos de un poco de caspa en los hombros con una palmadita de la mano. Le expliqué a Silvianne que no nos veríamos por un tiempo; ella aceptó sin discutir, aunque comprendió que no nos volveríamos a ver.

¡Había recompuesto a la familia! Ella acostada y adormilada en el hospital, yo dándole de comer papillas alternativas a las que le ofrecían allí y Alessandro con su inseparable triciclo, que ya le quedaba chico, fuera del área de traumatología. Allí no podían entrar los niños, por lo que se las ingeniaba por su cuenta, como de costumbre, para encontrar siempre quién le hiciera compañía y, sobre todo, le comprase todos los productos distribuidos en una mágica máquina: helados, botanas, Coca-Cola, caramelos…

Después de una semana volvimos los tres a casa —a la del abogado—. Ella aún necesitaba ayuda, así que ni siquiera tuvimos que hablar: volvimos juntos. Fueron cuatro meses hermosos… al menos en un sentido. Un canto del cisne para nuestra relación, que era existencialmente demasiado perfecta como para terminar destrozada por esas que al momento te parecen cosas imperdonables, pero que al final son pequeñeces. Nuestro simpático trío se había recompuesto en un departamento que nunca nos podríamos haber permitido si no lo hubiese pagado el abogado. ¡Que ironía del destino! Él, que con el dinero nos había separado, ahora con el dinero nos tenia unidos. Obviamente, después de dos meses, cuando comprendió que de Shola no habría recibido nada más que una platónica gratitud, dejó de pagar la renta. Pero no nos agobiamos: les rentamos habitaciones a los amigos y transformamos también esa casona en una alegre comuna, al estilo de los viejos tiempos, que duró otro par de años. Aun cuando algunos meses más tarde nos dejaríamos, Shola y yo seguiríamos viviendo allí con nuestros amigos y nuestras nuevas respectivas parejas.

Era hermoso acompañar por las mañanas a Alex con la moto a una escuela steineriana; era hermoso, por las tardes, ir los tres al parque o al lago de Martignano, y por la noche era hermoso ver la casa llenarse de la típica banda variopinta de gente, que con los años se había vuelto más fiestera y danzante.

Lo que, por el contrario, no era bello, era constatar que Shola y yo éramos buenos padres, aunque no éramos ya una pareja. Por más que nos esforzáramos, habíamos ido demasiado lejos para poder reconstruir no digo la pasión del inicio, sino al menos el mínimo de vitalidad que nos quitara la impresión de ser dos jubilados.

El *Maurizio Constanzo Show* ya no me había invitado. Todos me decían que yo tenía que llamar, hacerme notar, preguntar, colarme, empujar, convencer... y tenían razón. De hecho, sólo cuando, después de varios meses, traté de dar señales, me invitaron una segunda vez. Pero ya era demasiado tarde para mantener en el público la memoria de la magnífica impresión que había dado la primera vez... Y luego no era nada más eso.

Algo en mí se había apagado; una parte de mí estaba como muerta: Alessandro estaba allí, dulce y divertido con sus ojitos traviesos; Shola estaba allí, amorosa, tranquilizadora y llena de iniciativas; los amigos estaban allí, divertidos como siempre, listos para la fiesta... Sólo faltaba yo.

CAPÍTULO 10
LA MUERTE

El 3 de enero de 1993 llegué a la India por primera vez. Era un viaje que había pospuesto por demasiado tiempo. Apenas las ruedas del avión tocaron el suelo hindú, tuve la clara sensación de haber llegado finalmente a casa. ¿Por qué no había llegado antes? Todo me gustaba de ese país: el desorden, la anarquía, la flexibilidad, los colores, la practicidad... Me gustó incluso su eterno ruido de infinito hormiguero y ese olor inconfundible que envuelve todo, mezclando desde hace miles de años el incienso, la orina, las flores y la mierda. A las cuatro de la madrugada, esperándome afuera del aeropuerto de Bombay, estaban cientos de personas que, pegadas a los ventanales, me miraban todas con sus ojos negros. ¿Qué hacía toda esa gente allí, a esa hora? ¿Y por qué todas me miraban? Esos ojos directos, esa multitud absurda de, al menos aparentemente, holgazanes a esa hora de la madrugada, ese ruido infernal y esas voces que se amontonaban dándose codazos en la competencia por acaparar al cliente y ofrecerle un taxi, un hotel, un restaurante, un burdel o simplemente por el gusto de echar relajo, la absoluta soltura con que te tocaban, miraban y se echaban encima uno del otro tratando de apropiarse de un pedazo de tu vida, y sumergirse en ese río del que, aunque quisieras, no se puede tener el control, fue el primer bocado de lo que durante diez años sería mi vida.

No pienses que ese barullo me molestaba. ¡Al contario! Ese inconformismo radical para mí era sinónimo de "libertad". Obviamente ésta es sólo la impresión que recibe el viajero, porque para los habitantes de ahí, la India es un país afligido por un conformismo y por tradiciones milenarias que quitan el aliento a sus pobres ciudadanos. No obstante, para nosotros, los occidentales, el modus vivendi de esas tradiciones es tan lejano de nuestro modo de hacer que, quieras o no, nos sacude desde los cimientos, regalándonos la sensación de una especie de libertad... incluso de uno mismo. La India es una terapia en sí misma y escapa a las medias tintas: o la odias o la amas. Esa forma entrometida de dirigirse a ti, ese cinismo, esa elasticidad, esa multitud imparable de gente que sabe que la vida termina cuando tiene que terminar y que no hace nada para evitarlo... Me sentí hechizado de inmediato.

Subí a un taxi, un viejo Ambassador negro remendado por todas partes que me llevaría a Puna. Por la ventanilla miraba la ciudad que se despertaba y se volcaba inmediatamente a las calles: los puestos, los tendejones, las tienditas destinadas a habitaciones... y toda esa gente que en la calle se lavaba los dientes o que, enjabonada de la cabeza a los pies se enjuagaba debajo del chorro de una fuente o que, siempre en la calle, hacia sus necesidades, preparaba a los niños para ir a la escuela, se preparaba para hacer el ambulante, el maestro, el mendigo... Y me miraban... me miraban... Aún no sabía que los hindúes son así: te miran. Te miran directo a la cara sin el mínimo sentido del pudor ni de la discreción. Te puede ocurrir que estés sentado en un restaurante al aire libre y que haya tres o cuatro personas, o más, que se sientan en el suelo a verte comer. ¡Sin hablar de los mendigos! Se te pegan a la ropa, te apoyan la frente encima, fingen lloriquear —para después, en su lengua, pelear y maldecirse mutuamente en su despiadada y eterna competencia entre pobres—. Al inicio no lo sabes, aunque pronto aprendes la primera regla fundamental respecto de los mendigos: nunca, quiero decir nunca, les des limosna a los que tienen piernas. Sólo a los mutilados. ¡Y no por motivos de compasión!, sino porque, si le das una moneda a uno que tiene piernas, luego te sigue por kilómetros para pedirte otra, que al final le darás para quitártelo de encima, pero que no te salvará del famélico mendigo que te seguirá hasta que lo trates mal. Los hindúes hacen de ti lo que quieren: te miran para ver si te pueden vender algo, pedirte algo, invitarte a alguna parte, informarse de tu vida... o te miran sólo por el gusto de mirarte. Una vez, algunos años después, incluso me encontraría dando espectáculos eróticos. No, Inés, no te preocupes, no trabajaba en un *peep show*. Sucedió en el balcón de mi casa, en el tercer piso de un sucísimo edificio en las orillas del río Mula Mutha. Un inquilino anterior, aparte de la malla para los mosquitos que lo cerraba completamente, había construido en ese balcón una cama a la altura del parapeto: acostado allí podía disfrutar de la vista del río y de esos cientos de metros de campo no sólo frecuentado por unos treinta búfalos que llegaban solos al amanecer a pastar y que solos, al atardecer, regresaban quién sabe a dónde, sino también por aquellos que, sin saber dónde hacerlo, iban a cagar allí. Los veías caminar con su cubeta llena de agua —en la India no se usa el papel higiénico—, poniéndose en cuclillas en soledad y, tal vez mirando la cacota de un búfalo, reflexionar sobre la transitoriedad de la vida. Esa cama panorámica era mi lugar preferido donde transcurrir, en compañía femenina, las horas vespertinas del periodo más promiscuo de mi vida. Una tarde, mientras estaba en la cama con... ¿una holandesa? —puede que sí—, haciendo lo que no hay necesidad de que te diga, noté a dos hindúes a unos cincuenta metros, en cuclillas uno junto al otro. "Extraño —pensé—. Generalmente cagan solos... pero sobre todo no miran para acá." Teníamos público. La chica no se dio cuenta, yo no le dije nada y continuamos. Al día siguiente, mientras estaba ocupado con una... ¿argentina? —¡sepa!—, noté que los hindúes que "cagaban" en grupo habían aumentado. "¿A quién le importa? —me dije—. ¡Que vean lo que quieran!" Después de unos días, siempre a la misma hora, ya se reunía un público de unas veinte personas. Cuando la hermosísima taiwanesa o japonesa... ¿o coreana? —¡uy!, ¿quién las distingue?— se dio cuenta de los espectadores en cuclillas, en lugar de inhibirse, como te esperarías de una chica que parecía de quince años aun cuando tenía veinticinco, se excitó con la idea de poder exhibirse sin velos y mostrar finalmente al universo su belleza y su pasión, vengándose así de dos milenios y medio de insoportable confucianismo. Si hubiéramos estado en Nápoles, seguramente habrían aplaudido, chiflado y gritado comentarios soeces, aunque por fortuna los hindúes, cuando miran a una mujer desnuda, generalmente lo hacen con el sobresalto culpable de un niño que espía a su hermana de trece años en el baño. Piensa que en Goa, donde en esa época las turistas iban en *topless*, los domingos llegaban de Mumbay camiones de empleados, todos hombres, quienes hacían doce horas de viaje en autobús para poder ir a la playa a fotografiar a la turistas desnudas. Obviamente, la escena de un grupo de cincuenta hombres, vestidos completamente bajo el sol a pico, era tan irreal que también los turistas se ponían a fotografiarlos, dando vida a la paradójica situación en que contemporáneamente unos fotografiaban a otros. La India es la patria del absurdo. Lo que piensas que es imposible lo encuentras en la India, como si fuera la cosa más normal del mundo. Una vez, en el desierto del Rajastán, saliendo de mi primer ataque de malaria en Pushkar, a donde había ido a presenciar la famosa feria de camellos que se realiza cada año en la primera luna creciente de noviembre, exhausto por el extremo calor del día y el extremo frío de la noche, decidí anticipar mi viaje hacia Gujarat. Cargué a un chiquillo con mi morral e hice que me llevaran a la estación de autobuses: un descampado de tierra lleno de vehículos, animales, mujeres acurrucadas y hombres que gritaban todos juntos, indicándote diferentes direcciones para tu destino. Rindiéndome como siempre por no comprender nada, me dejé guiar por el que más gritaba, y con las pocas fuerzas que me quedaban me acerqué a uno de los autobuses con la esperanza de que me llevara a Ashmer; allí tomaría otro que, en sólo veintiún horas, me llevaría a Surat acompañado de una continua y aturdidora música hindú, disparada sin piedad por una bocina a la que le habían prohibido reproducir los tonos graves. Me dispuse a entrar y me di cuenta de que ya estaba llenísimo… pero se sabe que, en la India, donde hay lugar para cincuenta hay lugar para ciento cincuenta. Por eso, cuando con ruidosos gestos de manos y brazos me indicaron el techo, pensé que no había lugar para mi mochila y que debía acomodarla arriba. "¡Lógico!", pensé, y lógico habría sido si, señalándome el techo, no hubieran querido decir que allí arriba era donde debía viajar yo también. El techo estaba repleto de gente atascada entre las maletas y los bordes del enorme portaequipaje. No había terminado de subir cuando el autobús comenzó a moverse. Si sólo se hubiera tratado de acurrucarse junto a los otros, tratando de no salir volando a cada hoyo o a cada curva, y de estar atentos a bajar la cabeza para no golpearse contra las ramas de los árboles cuando pasábamos debajo, me habría parecido casi normal, pero cuando vi a un hindú con uniforme color caqui, quien de pie, entre paquetes de prófugos y la multitud acurrucada, sacó una libreta del bolsillo, me dije: "No es posible". Era el billetero, quien imitando los movimientos de un surfista distribuía los boletos, cobraba, daba el cambio y se entretenía con los clientes. Si se hubiese limitado a esto ya habría sido bastante para enriquecer esa página del diario de viaje, pero aquel billetero era un maestro: después de cumplir con su deber en el techo, se acercó al borde del portaequipaje, pisando a gente y valijas, y mientras el autobús danzaba entre la habitual carrera de obstáculos hindú hecha de autos, motocicletas, bicicletas, peatones y animales, se asomó, brincó la barandilla, se colgó y desapareció, colándose dentro del autobús por una ventanilla lateral, para cobrar los boletos de los de abajo.

La India era mi lugar. Los diez años que siguieron serían probablemente los más bellos de mi vida y valdría la pena contarlos, aunque pertenecen a otra historia que un día, ¡tal vez!, te contaré. Por ahora debes conformarte, porque el protagonista de esta aventura está a punto de desaparecer justo allí, en medio de los aromas de ese anárquico país suspendido en el tiempo, en el *ashram* que Osho había sido capaz de crear para mí.

Llegué a Puna, en Koregon Park, a las siete de la mañana, e inmediatamente me quedé encantado. El caos hindú parecía haber decidido apiadarse de ese oasis de silencio. El taxi que había tomado en el aeropuerto de Bombay me dejó delante de la entrada del *ashram:* todo me pareció mágico. Cuando, una hora después, el elegantísimo Welcome Center abrió, una bellísima chica de no recuerdo qué nacionalidad, recién bañada, en la típica túnica color guinda que hombres y mujeres vestían en ese lugar, se me acercó con una dulce sonrisa que parecía verdaderamente sincera y me tomó de la mano.

—*Welcome, is it your first time?* ¿Es tu primera vez? Siéntate aquí, te traigo un poco de agua.

Me senté en una banca bajo el elegante cobertizo negro, rodeado por el jardín tropical donde todo el *ashram* estaba inmerso. La bruma de la mañana se levantaba lentamente y los primeros reflejos del sol jugaban con los chorros de una fuente que, con su sonido continuo y tranquilizador, inspiraba en el visitante el sentido de suspensión que da acordarse de lo que siempre ha sido y siempre será. "¡Éste es el paraíso!", me dije. Osho había muerto hacía tres años, pero su presencia era tan evidente, perceptible... ¡casi física!

—¿Cómo te llamas?

—Dayal.

Escuchar ese nombre en la India tenía un sabor completamente diferente. Ya no era el viejo imbécil que simplemente se había cambiado de nombre, sino "un" desconocido para mí mismo y para los demás. Ciertamente eso fue lo que percibí, pero no comprendí. Tendría que esperar un par de semanas para advertir la percepción de que yo había comenzado a desaparecer... y de que desaparecería.

Como alojamiento, elegí una habitación económica y exótica: una cabaña en el techo de una especie de hotel sumergido en un espeso jardín en estado de abandono: el Green Plaza. La ducha estaba arriba de una especie de balcón abierto, y el agua caliente, que parecía tener voluntad propia, se concedía sólo a veces y con una duración imprevisible, retando a una instalación eléctrica que estaría prohibida en cualquier parte del planeta.

Todo ese mundo me encantaba. Sin embargo, aunque si por las noches me sentía a gusto prendiendo el *chilom* en torno al fuego con algún hippioso, de día, con la gente del *ashram*, no lograba relajarme. Mi vieja personalidad cínica y arrogante estaba todavía allí y se adaptaba mal a relacionarse con algo que me desorientaba. Si frecuentando a Samagra y a su pequeña banda me había acostumbrado al abuso de la palabra "amor" y al regodeo de sonrisas, danzas y abrazos, ahora, en esa especie de acuario de peces de rostros sonrientes y de modales elegantes, me sentía... es apropiado decirlo: un pez fuera del agua. No se trataba de un grupito extravagante de pocas personas sobre quienes lanzar una mirada condescendiente, sino de una comunidad internacional de varios miles de personas que para nada parecía compuesta de imbéciles. A pesar de eso resistí, dando una vez más muestra de mi patética presunción, obstinándome en considerarlos un grupo de tontos que "fingían ser felices". "¿Felicidad? Pero ¿qué idioteces son éstas? —me repetía—. ¿Cómo pueden ser felices rodeados del inmenso dolor del mundo?"

Por más que la hubiera buscado toda la vida, ahora me doy cuenta de que la felicidad siempre había sido para mí una quimera en la que nunca había creído verdaderamente. El máximo que había logrado concebir era la posibilidad de vivir con el mínimo dolor posible; pero ¿la felicidad? No. Aparte de algunos momentos fugaces, tan asilados en la monotonía de la "normalidad" que parecían ilusiones, no sabía qué cosa era la felicidad. Por lo tanto, las expresiones serenas de esa especie de monjes laicos me fastidiaba y preferí seguir considerándola fingida y artificial.

Durante algunos días fui por ahí, esforzándome en sentirme el único inteligente en medio de una multitud de imbéciles, pero al final tuve que rendirme ante la evidencia de que en medio de esa multitud el único imbécil era yo. Mientras todos fluían sonrientes y relajados, yo era el único que iba por allí doblado por la fatiga y por la preocupación de buscar una solución a mis propios problemas. Vagando por el ashram y por Koregon Park, la bellísima zona de Puna donde esa variada comunidad pululaba con su chispeante energía, no podía creer que tanto los hombres como las mujeres que estaban allí me parecieran todos hermosos; el único que se sentía feo era yo. "Pero ¿qué hacen, casting? —me preguntaba—. ¿Descartan a los feos y se quedan sólo con los bonitos…?" ¿Por qué me sentía miserable en la India también? ¿Qué absurdo talento el mío de lograr sentirme miserable en todas partes? ¿Cómo era posible que no lograra vivir en paz conmigo mismo, sin juzgarme ni compararme con otros? Me sentía inadecuado. A pesar de haber cambiado de mundo, de continente y hasta de haber cambiado de nombre, mi miseria seguía allí, intacta. Apretando los puños y la mandíbula, otra vez me encontraba maldiciendo al universo por ser quien era; otra vez me encontraba deseando no ser yo mismo. Me sentía completamente perdido en el desierto de mi vida: el calor, el aire seco, el cansancio y la sed de mi alma se habían tornado insoportables. La India para mí era el último recurso; si ni siquiera en ese oasis lograba recuperarme, estaba muerto.

Después de una semana, en la que vencí la vergüenza de ir por allí con mi túnica guinda como una "niña", me inscribí a la *Mystic Rose*, un proceso de tres horas al día durante veintiún días: la primera semana se ríe, la segunda se llora y la tercera se está en silencio. De reír, había reído tanto que ya no tenía ganas; de estar en silencio, considerando todo el tiempo que había pasado solo, no sentía la exigencia; pero de llorar… ¡chingada madre! De llorar sí que tenía ganas… Más bien ¡necesidad!

Éramos unos sesenta participantes, en un salón grande. Un centenar de colchonetas cubría casi por completo el suelo, formando como una enorme cama llena de cojines que sería un sueño para cualquier grupo de niños.

Se comenzó por reír. Cada mañana, durante tres horas, nos echábamos unos junto a otros, nos hacíamos cosquillas, se intentaba reír en grupos, por cuenta propia... nos poníamos de cabeza, al derecho... Se trataba de hacer cualquier cosa con tal de reír durante todo ese tiempo. A veces te salía espontáneo, a veces forzado; luego te rendías; lo intentabas de nuevo... Tres horas son largas. Salíamos de allí como trastornados, a tal punto que el primer churro de la tarde incluso tenía un efecto refrescante para el cerebro.

Los días pasaban. Comenzaba a gustarme ir por allí con "las joyas de la familia" columpiándose bajo la túnica, ya que los calzones eran facultativos. Pasaba las tardes tendido en los tapetes de las tiendas de los kashmiris bebiendo chai, fumando, mirando piedras semipreciosas y aprendiendo sus nombres: cuarzo rosa, lapislázuli, malaquita, citrino... O yendo al atardecer al *burning gate* —el crematorio sobre el río— a echarme churros tocando tambores y didgeridoo en compañía del inevitable residuo de hippies, que la India conservaba intacto como una reliquia. Total: me estaba ambientando.

En tanto, la *Mystic Rose* hacía su efecto: mientras más pasaba la semana de reír, más ganas tenía de llorar. Rodé en esa primera semana como un borracho, mezclando la vieja confusión con la nueva. Con mucho trabajo logré terminar la primera fase, agotado de las "risas", y finalmente llegó la semana del llanto.

El primer día de esa segunda semana lloré mi soledad. Había tenido una visión de mí como niño, con mi madre, quien me daba la mano mientras corríamos junto a una multitud aterrorizada que huía de algo. Una imagen apocalíptica de principios del siglo pasado en la que era pequeño y no podía ver nada sino los traseros de toda la gente alrededor; en un momento dado nuestras manos se separaban... la corriente de la multitud nos empujaba en direcciones diversas, y por más que nos esforzábamos desesperadamente por mantenernos unidos, nos separábamos cada vez más, hasta perdernos con la conciencia de que no la vería jamás. Lloraba, lloraba, lloraba como un niño.

—Vidas pasadas —me dijeron.

—Es sólo porque me obligué a ver El acorazado Potemkin[34] —respondí.

No tenía y no tengo idea si esta historia de las vidas pasadas sea verdadera o sea una de las tantas pendejadas cósmicas con las cuales la humanidad se entretiene, pero, a decir verdad, hace falta reconocer una cosa: la sensación de dolor y de miedo que había sentido había sido tan real como si lo hubiese vivido en verdad. "Sugestión", concluí.

El segundo día no logré llorar gran cosa, porque una chica que había conocido la noche anterior sólo me había dejado dormir dos horas; por lo tanto, dormité mientras todos los demás sollozaban a mi alrededor. Pero el tercer día, el tercer día... El tercer día fue el final de mi vieja vida y el inicio de la nueva. Aquel 18 de enero morí y renací.

Como cada mañana, ese día también, antes de comenzar, me encontré acurrucado en una de las colchonetas, envuelto en mi chal en el medio de mis compañeros y compañeras de aventura, en la espera que se diera inicio a la sesión. La jornada comenzaba con una grabación de Osho que hablaba de algo inherente a lo que estábamos a punto

---

34   Obra maestra de Eisenstein, de los albores del cine ruso, que cuenta el motín prerrevolucionario del acorazado Potemkin.

de hacer. Mi inglés en esos tiempos era muy modesto; por lo tanto, nunca supe si ese día Osho dijo en verdad lo que yo escuché... es más, estoy casi seguro de que no, pero es absolutamente irrelevante, ya que lo que entendí, de todas formas, cambió mi vida para siempre.

Osho hablaba del llanto y, según mi versión, dijo algo tan simple que es increíble que haya producido en mi tal revolución interior: "Hoy es el tercer día del llanto —dijo más o menos—, y es posible que no logres llorar; no te preocupes: *take it easy, be patient with yourself,* sé paciente contigo mismo". ¿Sé paciente contigo mismo? Sé paciente contigo mismo... Esta frase comenzó a girar en mi cabeza como si comprendiera las palabras, pero no el significado. ¿Ser paciente conmigo mismo...? ¿Había sido alguna vez paciente conmigo mismo...? *Be patient with yourself... Be patient with yourself...* De pronto me di cuenta: yo nunca había sido paciente conmigo mismo. Traté de recordar si había habido algún momento en toda mi vida en que recordara haber tenido una actitud indulgente, amigable, tolerante conmigo mismo, pero no lograba encontrar ni un rastro. Algunas veces había sido vanidoso, eso sí; me había complacido por algún resultado, pavoneado por un éxito... Pero ¿paciente conmigo mismo? Por más que buscara en medio del desorden de mi memoria, en mi biografía no podía encontrar ni el más mínimo signo de autocompasión. ¿Era posible? ¿Era posible que nunca hubiese tomado siquiera en consideración la posibilidad de ser paciente conmigo mismo? Era desconcertante. Por primera vez, de pronto me daba cuenta de que conmigo había siempre sido de un rigor absoluto; tan implacable, asfixiante, intransigente, despiadado... ¡Conmigo mismo había sido siempre tal ojete...! Nunca me había dado cuenta. Cierto, sabía que siempre había sido muy exigente, pero nunca me había percatado de que en mi interior había vivido toda la vida sentado en el banquillo de los acusados… Pero ¡qué digo! Ése no era el banquillo de los acusados, ¡Era una picota! que constantemente me había expuesto al oprobio público de la abarrotadísima plaza que siempre había sido mi cabeza. Esa multitud de voces que se había apropiado de mi mente nunca había tenido la mínima piedad para el pobre diablo que yo era; al contrario lo había asfixiado sin descanso con los mil artificios con que los malvados minan la dignidad humana hasta el agotamiento, mezclando sin solución de continuidad la crítica, el juicio, la amenaza, el miedo, la burla, la seducción, las falsas esperanzas, los mensajes contradictorios, la adulación y el desprecio. De pronto me di cuenta de que siempre me había torturado, tratando de alcanzar un elevadísimo ideal de mí mismo que había asumido arbitrariamente el rol de unidad de medida de mis acciones, de mis sentimientos, de mis aspiraciones y de mis deseos; ese arbitrario ideal de mí mismo que me había condenado al fatal y perenne conflicto que nace en el ánimo humano y que contamina todo el universo. La voz de ese hindú continuaba dándome vueltas en la cabeza… *Be patient with yourself…* *Be patient with yourself…* Algo dentro de mí se rompió.

Es difícil, querida Inés, explicarte lo que me sucedió ese día sin correr el riesgo de no ser comprendido… o hasta ser víctima de burla, pero por ti trataré a costa de pasar por uno de los tantos simplones que, doblados por el dolor, ceden las orgullosas armas de la razón y de la lógica para refugiarse en los brazos de una religión o, peor aún, si es posible, de ser confundido con esos enfermos de vanidad que se declaran santos o iluminados. Espero que me perdones este momento de vacilación en contarte el episodio conclusivo de esta historia que, dada su particular naturaleza, trata de esconderse detrás del velo del pudor por miedo de caer víctima de la impotencia de las palabras. Por mucho tiempo he contado este episodio en el susurro de una confidencia entre amigos, porque mi comprensión todavía vacila, y cuando todo esto sucedió no lo comprendí para nada. Ser "fulminado en el camino de Damasco" es una experiencia tan especial y rara que es difícil de reconocer hasta por quien en el camino de Damasco ha sido fulminado. Es como explicarle el amor a alguien que nunca se ha enamorado. No sé qué cosa indujo a Pablo a pasar de perseguir a los cristianos a convertir a los judíos al cristianismo —o al menos intentarlo—, y no sé qué cosa llevó a Francisco a renunciar a su vida de fiestero y guerrero para vivir en la pobreza hablando con lobos y pajaritos, o lo que pasó con Pedro cuando dejó las redes en el mar para seguir a ese jovenazo llamado Jesús, pero sé lo que me sucedió a mí. Ese 18 de enero me di cuenta de una trampa que me había reducido a la ceguera, condenándome a ser azotado sin remedio entre las orillas opuestas de ese anguloso contenedor que se llama "lógica". Había vivido toda mi vida atrapado en la mente: ese mundo oscuro y fantasioso, constantemente en vilo entre el paraíso y el infierno, donde nada de lo que rehúye a la prosa del mundo animal puede ser comprendido; ese reino donde el imperio de la duda se convierte en tiranía, sacrificando en su altar a sí mismo y consumando así la paradoja de todas las paradojas: poder dudar de todo excepto de la duda misma, transformando la duda en fe.

Be patient with yourself… Be patient with yourself… Fue un bofetón. No sé cuál bofetón recibieron Pablo y Francisco, o todos los místicos que en el curso del tiempo se han quedado deslumbrados o fulminados en el camino de Damasco, pero el mío fue esa frase que me daba vueltas en la cabeza: *Be patient with yourself… Be patient with yourself…* Nunca había sido paciente conmigo mismo. No podía creerlo. ¿Sería posible que nunca me había percatado…? Un sentido de desconcierto me alteró la visión… Luego, de pronto, un golpe de gracia me quitó el aliento: "Pero… si no había sido paciente conmigo mismo —me di cuenta, tartamudeando—, significaba… ¡simplemente significaba que nunca me había amado!". Nunca me había amado. ¡Nunca me había amado! Dicho así puede parecer una banalidad, pero cuando la comprensión de algo trasciende el simple concepto para convertirse en un "destello" que hace temblar a todas las células de tu cuerpo desde los cimientos, no es banal para nada. Darme cuenta de que nunca me había amado fue una especie de muerte.

Be patient with yourself… *Be patient with yourself…* Sentí algo desprenderse dentro de mí… Se me vaciaron los ojos… ¿Cómo había podido suceder? ¿Qué clase de idiota había sido? Nunca había tenido compasión hacia mis debilidades, mis límites y mis contradicciones… Nunca me había amado, ¡nunca!, ni un día ni una hora ni un minuto ni un momento. Estaba aturdido… *Be patient with yourself… Be patient with yourself…*

Esa frase, golpeando, comenzaba a perder significado barriendo todos los pensamientos, para dejar al descubierto sólo una simple y desconcertante verdad: desde que tenía memoria me había odiado por ser lo que era. Había pasado la vida entera juzgándome, criticándome, ofendiéndome y comparándome con los demás. ¿Cómo habría podido nunca realizar el sueño tan humano de ser feliz si había construido mi vida sobre el odio en lugar de hacerlo sobre el amor…? Sentí náuseas… Veía mi soledad escalofriante, veía mi vida pasar como una cadena de conflictos que vacían el significado de una palabra que se da por sentada: "amor". Pero ¿qué amor? ¿Cómo habría podido nunca amar a mis hijos, a mis padres, a mis mujeres y a mis amigos, si no era capaz de amarme a mí mismo? Esas bellas palabras con que me había llenado la boca, como "libertad", "justicia", "amor", habían sido sólo una gran mentira… La garganta se me llenó de saliva. Me sentía al borde de un precipicio. Como alguien que se detiene en el momento justo antes de que sea demasiado tarde, vi mi vida futura como un precipicio sin fondo, listo para tragarme en el tormento y la desesperación, y yo allí, en vilo. Un vórtice me succionó dentro de mí mismo; el estómago se me volteó de arriba abajo; temblaba... ¡Todo era tan despiadadamente claro...! La causa de la miseria no estaba más allá de esas barricadas en que había combatido, sino detrás de ellas: estaba dentro de mí y consistía en esa guerra idiota en que todos se empeñan tratando de hacer ganar a una parte de sí mismos a expensas de la otra. Por más victorias que hubiese podido obtener, por más continentes que hubiese podido conquistar, nada me habría dado la felicidad: ¡porque yo estaba programado para ser infeliz! ¡Estaba programado para vivir en conflicto! Y en esa evidente incapacidad de aceptarme, en el odio hacia mí mismo, se consumía mi eterna derrota. La sola idea de que podría no haberme dado cuenta jamás, continuando en revolcarme en el odio hasta el fin de mis días y transformando mi vida en la grotesca representación de una anónima tragedia, me dio escalofríos... Me faltaba el aire... Habría podido desmayarme de un momento al otro... o tal vez vomitar... o tal vez los esfínteres habrían podido rendirse y dejar ir mi alma allí, en ese momento... Fui poseído por un terror indecible. Ver el abismo delante de mí y haberme parado justo a tiempo antes de caerle dentro... Sentí un vértigo que me nublaba la vista... Oh, Dios, ¡gracias! ¡Gracias! ¡Gracias...! Si hubiera creído en Dios habría caído de rodillas y habría vuelto los ojos al cielo, pero yo nunca he creído en nada, así que dirigí la mirada a ese raro indiano que desde la foto colgada de la pared me miraba con su sonrisa de bribón... y caí a sus pies, caí a sus pies, caí a sus pies y lloré. Allí entendí a Francisco, entendí a Pablo, a Pedro. Lloré, lloré... pero no fue un llanto, fue una explosión de mi corazón, donde agonía y éxtasis se mezclaron haciéndome gritar y llorar, gritar y llorar, gritar y llorar como nunca había gritado y llorado.

¿Había enloquecido? ¿O sólo se trataba de esa experiencia, simple y extraordinaria a un tiempo, que le sucede a quien de pronto ve a un maestro por lo que es? No a un padre que te consuela, sino a una "mala compañía" que te desafía; no un libro cuya lectura da seguridad, sino una ventana de la cual saltar en el vacío; no una medicina que te devuelve a la "normalidad", sino una droga que te hace "enloquecer".

Algo explotó dentro de mí. Una revelación inaccesible a las palabras y al sentido común me empujó con un ímpetu incontenible hasta el borde de la muerte. Mi cuerpo fue sacudido violentamente por una fuerza más grande que yo, que pedía ayuda a ese rostro bribón y barbón que me miraba desde la fotografía... El dolor era demasiado, el éxtasis era demasiado... Todo era demasiado.

—¡Es tuya! ¡Es tuya! —comencé a gritar—. ¡Es tuya, tómala! ¡Córtame la cabeza, Maestro! Toma mi vida. Es tuya, ¡te la ganaste! ¡Gracias! ¡Gracias! Mil veces, infinitas veces ¡gracias! Gracias por despertarme del sueño hipnótico del resentimiento. Gracias por quitarme la ceguera que transforma la vida de los hombres en una condena, gracias por salvarme de la trampa que ha reducido mi existencia a un tormento, gracias por revelarme algo sin lo cual mi vida habría sido una maldición para mí, para el mundo, para la humanidad! Una maldición gritada al universo con el martirio de una eterna maldición. ¡Gracias, Maestro! Gracias por revelarme ese secreto silencioso que todos los maestros han desde siempre gritado al cielo, desafiando al tiempo. Gracias por golpearme con tanta gentileza. Gracias por matarme con una caricia. Ganaste tú. Ganaste tú. Gracias a

Dios, ganaste tú. Toma mi vida, es tuya; haz con ella lo que quieras. Es tuya. Dime que salte en el fuego y saltaré, dime que me pierda en el desierto y me perderé, dime que me tire de la montaña y me tiraré, dime que muera y moriré…

La agonía me llevó a la muerte y la muerte, al éxtasis… y lloré, lloré, lloré… durante tres horas lloré… durante tres días lloré… durante toda la vida lloré… hasta morir y nacer de nuevo.

CONCLUSIONES

Aquí termina mi historia, querida Inés... o, mejor dicho, termina la historia de ese personaje en quien las circunstancias de la vida me habían convertido. Como enamorarse o enloquecer, también ser "fulminado en el camino de Damasco" sucede de improviso, es impredecible, ilógico e incomprensible, y a pesar de que fui protagonista de ello, frente a su representación no puedo evitar quedarme asombrado, perplejo, perturbado y casi molesto como cualquier espectador.

Ese 18 de enero algo murió para siempre y no volvió nunca más: mi oscuridad. En las décadas que siguieron, como todos, he atravesado momentos difíciles, he enfrentado dolores, miedos, y he cometido tantos errores, pero jamás he vuelto a conocer el horror oscuro de la desesperación que gobernó la primera parte de mi vida. Durante muchos años había vivido como en una caja oscura, buscando una vía de escape, hasta llegar a creer que no existía. Ese día descubrí esa vía de fuga y quedé deslumbrado por los rayos del sol que había perseguido durante tanto tiempo. Desde ese momento no he pasado un solo día sin recorrer el camino interno que conduce a esa puerta, para estar seguro de no olvidarme del mapa, y aun cuando me he distraído y le he dado la espalda, la desesperación jamás me ha vuelto a poseer, porque sabía que esa apertura estaba allí y bastaba que me volteara para ver esa misma luz que por milenios todos los maestros le han señalado a sus discípulos. Tener en las manos la llave maestra que abre esa puerta es suficiente para decir que ya no fui la misma persona. En cierto sentido todo cambió completamente... y en otro sentido nada cambió absolutamente. A quien me pregunta quién era yo antes de ser Prem Dayal, le respondo: "Era igual a como soy ahora, sólo que estaba de cabeza". Aquel 18 de enero de 1993 el personaje de quien te he contado murió, dejando tras de sí sólo a un fantasma sin poder que, durante un poco de tiempo aún, siguió haciendo ruido con sus cadenas, azotando ventanas y moviendo cortinas, sin lograr espantar a nadie. Y todavía hoy, cada vez más raramente, de tanto en tanto lo puedo ver flotando cerca de mí, preocupado por haber perdido completamente el control sobre mi vida.

Obviamente, querida Inés, ese día de enero, en Puna, se inició otra historia, pero, como no ha terminado aún, no te la contaré. Así como murió ese personaje de quien te he narrado las alegrías, los dolores, los amores, las dudas y las pasiones, ese día nació "alguien más", alguien al que conocía desde siempre, pero que no tuve ni tendré la posibilidad de conocer a fondo; estoy hablando de ese misterio que para todos se llama "yo mismo". Aunque todos los maestros declaran "saber quiénes son", a mí me gusta decir que "yo no sé quién soy...", y para mí está bien así.

Justo porque el tiempo nunca se detiene…

… algunos de los personajes de esta narración no están más: Lello, por ejemplo, quien hasta el último día de su vida fue fiel a sí mismo, esperando la muerte a su manera, acompañado de su eterna "asistente" Dina. Pero también, mientras escribía, han muerto algunos de los protagonista de este cuento: Dario Fo, por el cual no se puede agregar alguna palabra; Samagra, silenciosa intérprete de una magia que se puede contar sólo a través de sus cuadros y del silencioso recuerdo de quienes la han amado, y mi papá, quien se fue con la misma ligereza con que vivió. A él, probablemente para disculparme por no haberlo contado mejor, dedico las últimas palabras de despedida:

… la vida no pertenece al tiempo
no es una historia larga algunos años
sino la magia que se consuma en un momento solo:
esto.
Un latido de pestaña
que contiene el misterio y la poesía.
que embriaga la mente y la silencia,
que funde en un abrazo el éxtasi y el tormento.
Gracias, papá,
por haberte ido con tanta elegancia
y sin miedo
haber desaparecido en el anónimo universo
de todos los que,
como tú,
vivirán en el aire fresco de la mañana,

en los susurros de dos jóvenes enamorados,

en las voces de los niños que juegan,

en una nube que pasa…

Autobiografía de un pinche güey de Prem Dayal
se terminó de imprimir en octubre de 2017
en los talleres de
Litográfica Ingramex, S.A. de C.V.
Centeno 162-1, Col. Granjas Esmeralda, C.P. 09810
Ciudad de México.